누군가는 성공을 꿈꾸고, 누군가는 깨어나 움직인다.
당신은 당신 운명의 주인이다.

Some people dream of success, while others wake up and work hard at it.
You are the master of your destiny.

나폴레온 힐
Napoleon Hill

나폴레온 힐
성공의 법칙 2

일러두기

- 이 책은 나폴레온 힐의 『성공의 법칙(The Law of Success)』을 번역·출간하였다. 원서가 최초로 출간된 1925년 당시 15권의 작은 책자로 소개되었으며, 1928년 여러 성공자의 조언을 반영하여 추가로 한 권을 더 펴냈다. 후속 판본부터 모든 책자를 통합하여 출간하였다. '나폴레온 힐 컬렉션'으로 펴내는 이번 한국어판은 독자의 편의를 고려해 두 권으로 분권하였다.
- 현대 독자에게 전달할 때 실정에 맞지 않거나 적용하기 힘든 사례 혹은 불분명한 정보나 개념은 저자가 말하고자 하는 바의 명확한 이해를 돕기 위해 일부 편집하였음을 밝힌다.

The Law of
Success

나폴레온 힐
성공의 법칙
2

성공의 무한한 잠재력을 깨우는 15가지 법칙

나폴레온 힐 지음 | 김보미 옮김

21세기북스

모든 실수의 진짜 원인을
거울 속에서 찾기 시작해야
지속 가능한 성공을 누릴 기회가 생긴다.

- 나폴레온 힐

차례

9장 성공의 법칙 8 • 받는 것 이상의 일을 해내라 ⋯ 7
　나폴레온 힐의 성공 수업 | 성공을 돕는 마스터 마인드의 원리 ⋯ 48

10장 성공의 법칙 9 • 호감 넘치는 사람으로 거듭나라 ⋯ 57

11장 성공의 법칙 10 • 스스로 만들어낸 생각, '정확한 사고'를 하라 ⋯ 99

12장 성공의 법칙 11 • 원하는 목표에 집중력 있게 몰입하라 ⋯ 149
　나폴레온 힐의 성공 수업 | 목표를 이루는 사람만이 가진 것은 무엇인가? ⋯ 203

13장 성공의 법칙 12 • 성공의 지름길을 찾는다면 협력하라 ⋯ 211

14장 성공의 법칙 13 • 결국 해내고 싶다면 기꺼이 실패를 경험하라 ⋯ 251
　나폴레온 힐의 성공 수업 | 실패라는 역경은 무엇을 가르쳐주는가? ⋯ 290

15장 성공의 법칙 14 • 관용의 마음으로 모든 것을 마주하라 ⋯ 297

16장 성공의 법칙 15 • 베푼 만큼 돌아온다, 황금률을 기억하라 ⋯ 327
　나폴레온 힐의 성공 수업 | 결심했다면 끝까지 밀고 나아가라 ⋯ 376

9장

성공의 법칙 8

받는 것 이상의 일을
해내라

"처음부터 급여만 따지다가는 인생의 중요한 기회를 놓칠 수
있다. 진심으로 열정을 쏟을 수 있는 일이라면 '실력'을
보여줄 기회로 기꺼이 받아들여라."

이 장을 사랑에 관한 논의로 시작하는 것이 주제에서 다소 벗어난 듯 보일 수 있다. 하지만 끝까지 읽고 나면 당신도 이 장에서 사랑이라는 주제를 빼놓을 수 없다는 점에 동의할 것이다. 여기서 '사랑'은 매우 폭넓은 의미로 사용된다.

사람들의 마음에 사랑을 불러일으키는 대상으로는 여러 동기, 사람 등이 있다. 우리는 어떤 일을 싫어하기도 하고, 적당히 좋아하기도 하며, 특정 조건에서는 진정으로 사랑하기도 한다! 예를 들어, 위대한 예술가는 대체로 자기 일을 사랑한다. 반면, 일용직 노동자는 자기 일을 싫어하거나 심지어 혐오하기도 한다. 돈벌이를 위한 단순한 일은 좀처럼 좋아하기 어렵기에 싫어하거나 증오하는 감정이 앞서는 경우가 많다.

사랑하는 일에 몰두하는 사람은 지치지 않으며, 놀라울 정도로 오랫동안 집중력을 발휘한다. 반대로 싫어하거나 혐오하는 일은 쉽게 피로감을 불러온다. 따라서 사람의 인내심은 그 일을 얼마나 좋아하고 싫어하는지 혹은 사랑하는지에 따라 크게 달라진다.

이제 당신도 내가 무슨 말을 하려는지 짐작했을 것이다. 이 장에서 다룰 중요한 법칙이 바로 이것이다. <u>사람은 사랑하는 일, 혹은 사랑하는 사람을 위해 하는 일에 종사할 때 가장 능률적이며 더 빠르고 쉽게 성공한다.</u> 어떤 일을 하든, 사랑이라는 요소가 더해지면 즉시 일의 질이 향상되고 양이 증가한다. 한편, 일로 느끼는 피로감은 그에 비례해 늘어나지 않는다.

수십 년 전 사회주의자들이 루이지애나에 공동체를 조직했다. 그들은 스스로 '협동조합원'이라고 칭하고 넓은 농지를 구입한 뒤 자신들이 믿는 이상을 실현하기 위해 일했다. 그 이상이란 각자 가장 좋아하는 일을 하는 시스템을 통해 삶의 행복을 더 키우고 걱정을 줄이는 것이었다. 이 시스템에서는 누구에게도 임금을 지급할 필요가 없었다. 각자 자신이 가장 좋아하는 일이나 가장 잘할 수 있는 일을 맡았고, 공동 노동의 결과물은 모두의 소유가 되었다. 공동체는 자체적으로 낙농장과 벽돌 공장을 운영하고, 소와 가금류 등을 길렀으며, 학교를 건립하고, 신문을 발행하는 인쇄소도 갖추었다.

그러던 어느 날 미네소타에서 온 스웨덴 신사 한 명이 공동체에 합류했다. 그는 인쇄소에서 일하고 싶다고 했다. 하지만 그는 곧 그 일이 마음에 들지 않는다고 불평했고, 농장으로 자리를 옮겨 트랙터 운전을 시작했다. 그러나 이 일도 이틀밖에 견디지 못하고 다시 전근을 요청했다. 이번에는 낙농장으로 배정되었지만 소를 돌보는 일 역시 그에게 맞지 않았다. 다시 한번 자리를 옮겨 세탁소에서 일했지만 그곳에서도 하루밖에 버티지 못했다. 그렇게 그는 공동체의 모든 일을 하나씩 시도해보았는데 어떤 일도 마음에 들어 하지 않았다. 그는 협동 생활이라는 이념과 맞지 않는 사람처럼 보였다.

결국 공동체를 떠나려던 그에게 누군가가 아직 시도해보지 않은 일이 하나 있다고 했다. 바로 벽돌 공장 일이었다. 그는 가마에서 구운 벽돌을 손수레에 옮겨 벽돌 야적장에 쌓는 일을 맡았다. 놀랍게도 일주일이 지나도록 그는 단 한마디의 불평도 하지 않았다. 일이 마음에 드나는 질문에 그는 대답했다. "바로 이 일이 내가 좋아하는 일입니다."

벽돌 나르는 일을 좋아하는 사람이 있으리라고 누가 상상이나 했겠는가! 그러나 이 일은 그 스웨덴 신사의 성격에 딱 맞았다. 혼자 일할 수 있었고, 별다른 사고력도 책임도 요하지 않았다. 딱 그가 원하던 일이었다. 그는 벽돌을 운반하고 쌓는 작업을 모두 마칠 때까지 그 일을 계속했다. 그러나 더 이상 해야 할 벽돌 작업이 없게 되자 공동체를 떠났다. 그는 "조용히 혼자 할 수 있는 일이 끝났으니, 나는 이제 미네소타로 돌아가야겠군요."라고 말하며 고향으로 향했다.

일을 사랑하면 탁월해진다

사람이 자기가 사랑하는 일에 종사할 때, 받는 대가 이상으로 더 많이 일하고 더 나은 결과를 만들기 위해 애쓰는 것은 당연하다. 바로 그래서 모든 사람은 자신이 가장 좋아하는 일을 찾는 데 최선을 다할 의무가 있다. 나는 이 성공 법칙의 철학을 배우는 사람에게 이 조언을 전할 자격이 충분하다고 생각한다. 나 역시 이 조언을 따랐는데 그 선택을 후회한 적이 없기 때문이다.

이쯤에서 성공 법칙의 철학에 관한 내 개인적인 이야기를 잠깐 소개하고자 한다. 일 그 자체를 사랑하는 마음으로 수행한 노동은 결코 헛되지 않으며 앞으로도 그럴 것임을 보여주는 이야기다.

이 장은 전반적으로 자신이 받는 대가 이상으로 더 나은 서비스를 더 많이 제공하는 것이 얼마나 가치 있는지를 보여준다. 만약 내가 이 법칙을 직접 실천하지 않았다면 공허하고 무의미한 글에 지나지 않을 것이다. 그런데 나는 25년 이상 이 법칙에 몰두하여 발전시키는 데 전념해왔다. 이 책의 다른 부분에서도 이미 언급했지만 다시 한번 강조하고 싶다. 나는 이 여정에서 얻은 기쁨만으로도 내 노동에 대한 충분한 보상을 받았다고 느낀다. 설령 그 외의 어떤 보상도 주어지지 않았더라도 말이다.

몇 해 전 나는 성공 법칙의 연구에 몰두하던 중 중요한 선택의 기로에 섰다. 당장 눈앞의 금전적인 이득만을 위해 상업적인 길을 택할 것인가, 아니면 미래의 보상을 위해 현재의 길을 계속 걸어갈 것인가를 고민했다. 후자를 선택하면, 단순히 돈뿐 아니라 세상을 더 깊이 이해하고 즐길 기회도 얻을 수 있었다.

자신이 가장 좋아하는 일을 한다고 해서 항상 가까운 친구나 가족의 지지를 받는 것은 아니다. 이 책에 들어갈 자료를 수집하고 정리하며 분류하고 검증하는 연구 작업에 몰두하는 내내 나는 친구와 가족의 부정적 의견에 맞서 싸우느라 엄청난 에너지를 소모해야 했다.

내가 개인적인 경험을 언급하는 이유는 단 하나다. **자신이 가장 좋아하는 일을 하려 할 때, 어떤 형태로든 장해물을 피하기란 거의 불가능하다**는 사실을 알려주기 위해서다. 자신이 좋아하는 일이라 해도 초기에는 큰 보상을 가져다주지 않을 가능성이 크다.

하지만 이 단점을 상쇄하는 2가지 확실한 이점이 있다. 첫째, 자신이 사랑하는 일에 종사하는 사람은 대개 그 일에서 가장 큰 보상인 행복을 찾는다. 이는 무엇과도 바꿀 수 없는 소중한 가치다. 둘째, 평생 노력한 결과를 계산해보면 자신이 사랑하는 일을 했을 때가 그렇지 않은 때보다 금전적인 보상이 훨씬 더 큰 경우가 많다. 일을 사랑하는 마음으로 행한 일의 결과는 단순히 돈을 벌기 위해 한 일보다 양적으로나 질적으로 훨씬 뛰어나다.

사랑하는 일을 선택하자 내게 벌어진 일

내가 선택한 평생의 일에 대해 가장 강하게 반대를 한 사람은 당혹스럽게도 다름 아닌 아내였다. 이 책에서 여러 번 언급했듯 배우자의 선택에 상대 배우자가 얼마나 협조하고 격려하느냐에 따라 그 선택은 '성공'이 될 수도, '실패'가 될 수도 있다.

아내는 내가 정기적인 월급이 보장되는 직장을 구해야 한다고 생각했다. 이전에 얼마간 월급쟁이로 일할 때 나는 많은 돈을 받았는데, 아내는 이를 근거로 내가 시장에서 인정받을 만한 능력을 갖추었다고 주장했다. 나 역시 어느 정도는 아내의 관점을 이해할 수 있었고 공감도 했다. 우리에게는 옷과 교육이 필요한 어린 자녀들이 있었기에 비록 많지는 않더라도 안정적인 급여가 필요해 보였다.

아내의 주장은 분명 논리적이긴 했지만 결국 나는 그 뜻을 따르지 않기로 결심했다. 그러자 양가가 합세해 아내 편에 서서 나를 압박했다. 내게 생각을 바꾸고 안정적인 급여를 받는 직장에 정착하라고 강요했다. 사람을 연구하는 일은 '쓸모없는' 일이며, 시간 낭비일 뿐이라고 했다. 식구들은 그 일이 가정이 있는 젊은 가장에게는 적절하지 않다고 여겼다.

하지만 나는 흔들리지 않았다! 이미 마음을 정했고 그 선택을 끝까지 지키기로 결심했다. 가족의 반대는 쉽게 가라앉지 않았지만 시간이 지나면서 서서히 누그러졌다. 그러나 내 선택이 한동안은 가족에게 어려움을 주었다는 사실과 가장 소중한 이들이 내 선택에 공감하지 못했다는 생각에 고통스러웠다.

다행히 모두가 내 선택을 어리석다고 여기지는 않았다! 몇몇 친구가 내가 의미 있는 성취라는 정상에 도달할 길을 걷고 있다고 믿어주었다. 그들은 내 계획을 믿는 것을 넘어, 역경이나 가족의 반대에 굴하지 않도록 나를 격려하려 애썼다. 특히 정말 힘들었을 때 아낌없는 격려를 보내준 몇 안 되는 믿음직한 친구 중에서도 정말 깊이 감사하는 사람이 있다. 바로 토머스 A. 에디슨의 사업 동료였던 에드윈 C. 반스다.

반스는 내가 선택한 일에 거의 20년 가까이 한결같은 관심을 보여주었다. 이 자리에서 분명히 밝히겠다. 성공 법칙의 철학에 대해 그의 확고한 믿음이 없었다면 나는 아마 주변 사람들의 설득에 굴복해 월급쟁이라는 쉬운 길을 갔을 것이다.

물론 그렇게 했다면 많은 슬픔과 끊임없는 비난은 피할 수 있었겠으나 평생의 꿈을 망쳤을 게 뻔하다. 그리고 결국에는 아마도 삶에서 가장 소중한 가치인 행복까지 잃었을 것이다. 나는 일에서 가장 큰 행복을 느낀다. 심지어 일의 대가가 한때는 감당할 수 없는 빚더미였던 시기에도 그랬다. 나의 이 경험담은 4장에서 빚의 노예 상태를 그토록 강조한 이유를 어느 정도 설명해줄 것이다. 나는 그 장의 내용을 당신이 '깊이 새기길' 바란다.

반스는 성공 법칙의 철학이 타당하다고 믿었을 뿐만 아니라 실제로 입증했다. 그의 재정적 성공과 세상에서 가장 위대한 발명가인 에디슨과 맺은 긴밀한 사업 관계는 이 철학이 실제로 효과가 있음을 보여준다. 그래서 반스는 누구보다 성공 법칙에 관해 권위 있게 말할 자격이 있다.

나는 성공을 향한 보편적인 절차가 존재한다고 믿으며 연구를 시작했다. 비록 당시에는 그 실체를 명확히 알지 못했지만, 그 절차는 적절한 이해력과 성공을 향한 진정한 열망만 있다면 누구나 따를 수 있을 것으로 생각했다. 나는 이 성공의 절차를 밝혀내고 그 적용 방법을 밝히고 싶었다.

반스도 나와 같은 생각이었다. 그는 사업 동료인 에디슨의 놀라운 업적이 이 철학의 몇 가지 원칙을 실제로 적용한 결과임을 잘 알고 있었다. 그는 돈을 모으고, 마음의 평화를 누리며, 행복을 발견하는 것이 누구나 익히고 적용할 수 있는 불변의 법칙으로 가능하다고 믿었다.

나 역시 그렇게 믿었다. 그리고 이 믿음은 이제 그저 가능성이 아니라 실제로 증명된 현실이 되었다. 이 책을 다 읽을 때쯤이면 당신도 이 사실을 이해하게 되기를 바란다. 기억해야 할 중요한 점이 있다. 이 모든 연구가 진행되는 동안, 나는 이 장에서 다루는 '받는 것 이상의 일을 해내는' 법칙을 실천했을 뿐만 아니라 당시에는 보상받을 기대조차 없던 일도 꾸준히 실천했다.

그렇게 수년간의 혼란과 역경, 그리고 수많은 반대 속에서 나는 마침내 이 철학을 완성하고, 원고를 출판할 준비도 마쳤다. 그러나 놀랍게도 그 후 한동안 아무 일도 일어나지 않았다! 말하자면 나는 이 철학을 기꺼이 받아들일 사람들에게 전달하기 위한 다음 단계로 나아가기 전에, 잠시 노를 멈춘 채 숨 고르기를 하고 있던 셈이었다. "신은 불가사의한 방법으로 그의 놀라운 일을 이루신다!" 이 말은 한때 내게 공허하고 무의미하게 들렸으나, 이제는 그 뜻이 마음 깊이 와닿는다.

❖ 가치 있는 결과와 함께 찾아온 보상

어느 날 나는 오하이오주 캔턴에서 강연 요청을 받았다. 강연이 널리 홍보된 터라 많은 청중이 모일 줄 알았다. 하지만 그날 그 지역에서 두 개의 큰 사업체가 동시에 행사를 여는 바람에 내 청중은 겨우 '13명'이라는 행운의 숫자에 그쳤다.

나는 항상 노동에 대한 보상이나 대상에 상관없이 최선을 다해야 한다고 믿었다. 그래서 그날 마치 강연장이 많은 청중으로 가득 찬 것처럼 열정적으로 강연에 임했다. '운명의 수레바퀴'가 불리하게 돌아가는 듯했기에 오히려 오기가 생겼다. 내가 인생에서 정말 설득력 있게 강연을 한 적이 있다면 바로 그날 밤이었을 것이다. 하지만 당시에는 마음 깊은 곳에서 실패했다는 생각이 들었다. 나는 강연을 마친 후 뒷문으로 살짝 빠져나와 호텔로 돌아갔다. 13명의 청중과 마주치고 싶지 않았다.

다음 날이 되어서야 내가 전날 밤 성공 법칙의 철학에 있어 역사적인 일을 했다는 사실을 알았다. 처음으로 내 철학에 실질적인 추진력이 생긴 것이었다. 그날 강연에 참석했던 13명의 청중 중 한 사람이 바로 1장과 4장에서 언급했던 《데일리뉴스》의 발행인 돈 R. 멜렛이었다.

멜렛은 나를 사무실로 초대했다. 그가 먼저 만나자고 제안했기에 대화의 흐름을 그에게 맡겼다. 그는 대략 이런 식으로 말문을 열었다. "당신의 어린 시절부터 현재까지의 인생을 모두 들려주시겠습니까?"

나는 그가 긴 이야기를 들을 준비가 되었다면 기꺼이 하겠다고 답했다. 그러자 그는 할 수 있다며, 내가 이야기를 시작하려고 하자 불리한 사항도 빠뜨리지 말라고 주의를 주었다. 멜렛이 말했다. "당신이 좋은 점과 나쁜 점을 모두 말해주길 원합니다. 당신의 영혼을 가장 좋은 면만이 아니라 모든 면에서 볼 수 있게 말입니다."

이야기는 세 시간 동안 이어졌고 멜렛은 귀 기울여 들었다! 나는 아무것도 빼놓지 않았다. 그간 겪은 고난과 실수, 운명의 파도가 너무 거세게 몰아칠 때 부정직해지고 싶었던 충돌, 결국에는 이성이 승리했으나 양심과 오랜 싸움을 벌인 끝에야 간신히 얻어낸 결과까지 모두 털어놓았다. 성공 법칙의 철학을 구상한 계기와 관련 자료를 수집한 방식, 그리고 어떤 자료는 삭제하고 어떤 부분은 유지하게 된 이유까지 이야기했다.

내가 이야기를 마치자 멜렛이 말했다. "매우 개인적인 질문을 하나 하고 싶습니다. 지금까지 말씀해주신 이야기들처럼 솔직하게 대답해주길 바랍니다. 당신은 노력의 대가로 돈을 모았습니까? 그렇지 않다면, 그 이유가 무엇인지 아십니까?" 나는 대답했다. "아니요. 경험과 지식, 그리고 약간의 빚 외에는 아무것도 모으지 못했습니다. 그 이유가 타당하지 않을 수도 있지만, 설명은 간단합니다. 지난 몇 년간 저는 제 무지를 극복하느라 너무 바빴습니다. 성공 법칙의 철학에 포함될 자료를 지적으로 수집하고 체계화하는 데 온 시간을 쏟았기 때문입니다. 그래서 돈을 벌기 위해 노력할 기회도, 마음의 여유도 없었습니다."

놀랍게도 멜렛의 심각한 표정이 미소로 바뀌었다. 그는 내 어깨에 손을 얹으며 말했다. "당신이 말하기 전에 이미 답을 알고 있었습니다. 다만 당신 스스로 그 답을 아는지 확인하고 싶었을 뿐입니다. 아마 지식을 얻기 위해 당장의 금전적 보상을 포기해야 했던 사람이 당신 혼자만이 아니라는 사실을 벌써 알 겁니다. 사실 당신의 경험은 모든 철학자가 소크라테스 시대부터 오늘날까지 겪어온 여정과 다르지 않습니다." 그의 말은 마치 음악처럼 내 귓가에 울렸다.

나는 내 인생에서 가장 난처한 고백을 한 참이었다. 투쟁의 여정에서 마주쳤던 갈림길 대부분에서의 일시적인 패배를 인정하며 내 영혼을 낱낱이 벗겨 보여주었다. 게다가 성공의 법칙을 주장하는 사람이 정작 자신은 일시적인 실패자라고 시인하면서 그 모든 고백의 정점을 찍었다!

얼마나 모순적인 상황인가! 지금까지 만나본 사람 중 가장 날카로운 눈빛과 깊은 호기심을 가진 사람 앞에 앉아 있으니, 어리석고 굴욕적이며 참담한 기분이 밀려들었다. 그러다 문득, 이 모든 상황의 불합리성이 한순간에 나를 압도했다. **성공 법칙의 철학을 만들고 이를 설파한 사람이 정작 명백한 실패자라니!!** 이 생각이 너무 강렬하게 떠올라 결국 무심코 입 밖으로 내뱉고 말았다.

"뭐라고요? 실패자라고요?" 멜렛은 소리치더니 이어서 말했다. "당신은 분명 실패와 일시적인 패배의 차이를 알 겁니다. 단 하나의 아이디어라도 만들어낸 사람은 결코 실패자가 아닙니다. 하물며 아직 태어나지 않은 세대의 실망을 덜어주고 고난을 줄여줄 수 있는 철학을 창조한 사람이라면 더더욱 그렇습니다."

나는 이 인터뷰의 목적이 무엇인지 궁금했다. 처음에는 멜렛이 자신의 신문에 실을 기사를 쓰려고 성공 법칙의 철학을 비판할 근거를 찾는 게 아닌가 하는 의구심이 들었다. 아마도 이전에 겪었던 몇몇 신문 기자와의 적대적인 경험이 있어서 이런 생각이 들었던 것 같다. 그러나 인터뷰가 시작되자, 나는 결과가 어떻게 되든 있는 그대로의 사실만을 솔직하게 이야기하기로 마음먹었다.

멜렛의 사무실을 떠날 때쯤 우리는 사업 파트너가 되었다. 상황이 허락하는 대로 멜렛이 《데일리뉴스》의 발행인 자리에서 물러나 내 모든 업무를 관리하기로 합의했다. 그동안 나는 성공 법칙의 철학을 바탕으로 《데일리뉴스》에 일요일 특집 칼럼을 연재하기 시작했다.

그중 '실패'라는 제목의 칼럼이 당시 미국철강회사의 이사회 의장이었던 엘버트 H. 개리 판사의 눈에 띄었다. 이를 계기로 멜렛과 개리 사이에 교류가 시작되었고, 결국 개리는 1장에서 설명한 대로 회사 직원을 위한 강연을 제안했다.

마침내 운명의 흐름이 나에게 유리한 방향으로 돌아서기 시작했다! 오랜 세월 받는 것 이상으로 일하면서 고된 노력을 쏟으며 뿌려온 노동의 씨앗이 드디어 싹을 틔우기 시작한 것이다! 비록 계획이 제대로 시작되기도 전에 나의 사업 파트너가 암살당하고 개리도 성공 법칙의 철학이 그의 요구에 맞게 수정되기 전에 세상을 떠났지만, 분명 무언가가 시작되고 있었다. 오하이오주 캔턴에서 13명의 청중 앞에서 연설했던 그 운명적인 밤의 '헛된 수고'는 일련의 사건들을 촉발했다. 그 사건들은 내가 더 이상 특별히 노력하거나 의식하지 않아도 빠르게 확산되고 있다.

여기서 몇 가지 사례를 소개하더라도 비밀을 누설하는 것은 아닐 것이다. 이 사례들은 진심으로 노력하는 것은 결코 헛되지 않으며, 받는 것 이상의 서비스를 제공하는 사람은 언젠가 그 이상의 보상을 받는다는 사실을 보여준다.

이 책의 원고를 출판할 준비를 할 무렵, 스탠더드오일컴퍼니, 뉴욕생명보험회사, 캐딜락 등 여러 유명 기업에서 성공의 법칙에 큰 관심을 보였다. 일부는 직원 교육 프로그램으로 도입을 적극적으로 검토하고 있고, 몇몇 기업은 진작 도입을 확정했다.

이외에도 YMCA 등의 청소년 클럽에서도 성공의 법칙을 교육 프로그램으로 채택할 예정이다. 이와는 별도로 코네티컷주 메리든에 있는 랄스턴대학교출판사가 성공 법칙의 내용을 출판하기로 계약을 체결했으며, 해외 국가에서도 출판될 가능성이 있다. 이로써 성공 법칙의 철학은 이를 진심으로 원하는 수만 명에게 전달될 가능성이 커졌다.

이와 관련해 장황하게 언급한 이유는 성공 법칙의 철학의 실제 적용 가능성을 당신에게 알리고 싶어서다. 즉, 이 철학은 단순한 이론이 아닌 실생활에 효과적으로 활용될 수 있는 실용적 지식이라는 소리다.

우리가 더 많이 일해야 하는 이유

지금까지 전반적인 성공 법칙의 철학과 이 장의 역사적 배경을 살펴보았다. 이로써 이 장의 기반이 되는 법칙을 받아들일 준비를 마친 셈이다.

이제 당신은 받는 것보다 더 나은 서비스를 더 많이 제공하는 습관을 길러야 한다. 대다수의 사람이 실천하지 않는다고 해도 말이다. 그렇게 해야 할 가장 핵심적인 이유로는 2가지 있다.

첫째, 항상 받는 것 이상의 훌륭한 서비스를 제공하는 사람으로 명성을 쌓으면 그렇지 않은 사람과 확연히 구별된다. 그러면 당신의 서비스를 얻기 위해 치열한 경쟁이 벌어질 것이다.

이는 너무나 명백한 결과여서 굳이 설명하는 것이 오히려 불필요할 정도다. 연설, 법률, 저술, 교육, 심지어 단순 육체노동까지 어떤 일을 하든 주어진 대가보다 더 많은 가치를 제공하는 사람으로 인정받는 순간, 당신의 가치는 높아지고 더 나은 보수를 요구할 수 있다.

둘째, 받은 대가 이상의 서비스를 제공해야 하는 가장 중요한 이유는 본질적인 이유다. 알다시피 강한 오른팔을 원한다면 고된 훈련으로 단련해야 한다. 팔이 어떻게 강해지는지 알고 싶다면 대장장이의 팔을 살펴보자. 힘은 저항하는 과정에서 기를 수 있다. 숲에서 가장 강한 참나무는 폭풍을 피하고 햇볕을 가린 곳에서 자라지 않는다. 오히려 바람과 비, 뜨거운 태양에 맞서 생존을 위해 싸워야 하는 탁 트인 공간에서 자란다.

투쟁과 저항을 통해 힘을 기를 수 있다는 것은 변하지 않는 자연법칙 중 하나다. 이 장의 목적은 이 법칙을 활용하는 방법을 보여주고, 사용하는 방법을 알려줌으로써 당신의 성공을 위한 여정에 도움을 주는 것이다. **받은 대가 이상의 더 나은 서비스를 더 많이 제공하면, 그 과정에서 능력이 단련되고 특별한 기술이 개발될 뿐만 아니라 가치 있는 평판도 쌓을 수 있다.** 이렇게 서비스를 제공하는 습관을 들이면, 당신은 일에 매우 능숙해져서 그렇지 않은 사람보다 더 높은 보수를 요구할 자격이 생긴다. 결과적으로 원치 않는 처지에서 벗어날 힘이 길러지기에 아무도 당신을 막을 수 없고 막으려 하지도 않을 것이다.

직장인이라면 받는 대가 이상의 서비스를 제공하여 자기 가치를 크게 높일 수 있다. 현명한 고용주라면 연봉에 대한 당신의 요구를 거절할 리 없다. 그러나 불행히도 고용주가 정당한 보상을 제공하지 않을 수도 있다. 그렇다 해도 곧 다른 고용주들이 당신의 뛰어난 역량을 알아보고 더 나은 조건을 제시할 것이다.

대부분의 사람이 최소한의 서비스만 제공하므로 대가 이상의 서비스를 제공하는 사람은 한층 두각을 나타낼 수밖에 없다. 최소한의 서비스만 제공하며 그저 '적당히' 버틸 수도 있겠지만, 일거리가 줄어들고 감원이 시작되면 그런 사람이 가장 먼저 해고 대상이 될 가능성이 크다.

나는 25년 이상 왜 어떤 사람은 놀라운 성공을 거두는 데 비해 비슷한 능력을 지닌 다른 사람은 성공하지 못하는지를 밝히고자 사람을 주의 깊게 관찰해왔다. 그 결과, 매우 중요한 사실을 발견했다. 받는 대가보다 더 많은 서비스를 제공하는 법칙을 실천하는 모든 사람이 그저 '적당히' 일하는 사람에 비해 더 나은 지위를 얻고 더 높은 보수를 받았다. 개인적으로도 받는 대가 이상의 더 많고 훌륭한 서비스를 제공했을 때 나는 인정을 받고 승진했다.

이 책을 다른 사람을 위해 일하는 수많은 젊은 직장인이 읽을 텐데, 나는 이 법칙을 습관화하는 것이 직장인이 더 높은 지위와 더 많은 보수를 받는 확실한 방법임을 강조하고 싶다. 그런데 이 법칙은 직장인뿐 아니라 고용주와 전문직 종사자에게도 똑같이 적용된다.

이 법칙을 따르면 2가지 보상을 얻는다. 첫째, 이 법칙을 지키지 않는 사람보다 더 큰 물질적 이익을 얻는다. 둘째, 이 서비스를 제공하는 사람만이 누리는 행복과 만족이라는 보상을 받는다. 급여 외에 아무런 보상도 받지 못한다면, 아무리 많은 돈을 받아도 진정으로 보상받고 있다고 할 수 없다.

아내가 방금 도서관에서 내가 읽을 책을 빌려왔는데, 교육자인 러셀 콘웰의 『관찰: 모든 사람이 자신의 대학교다』라는 책이다.

나는 우연히 이 책에 있는 '모든 사람의 대학교'라는 장을 보았다. 처음에는 당신에게도 공공 도서관에 가서 이 책을 읽어보라고 권하려 했는데 다시 생각해보니 그러지 않기로 했다. 그보다 좋은 생각이 떠올라서다. 아예 이 책을 구입해서 한 번이 아니라 100번 읽어보라. 내가 설명하는 것보다 훨씬 더 인상적인 방식으로 『관찰』은 이 장의 주제를 다루고 있다. 다음 인용 구절은 『관찰』 전체에 흐르는 핵심 가치를 보여준다.

✦ 지성은 우리가 흔히 생각하는 것보다 훨씬 더 멀리 내다보게 해주지만, 어떤 대학도 이 능력을 알아서 길러주지 않는다. 이는 자기 계발을 통해서만 얻을 수 있는 결실이며, 누구나 스스로 노력해서 이루어야 한다. 그래서인지 깊고 폭넓은 관찰 능력은 대학 교육을 받지 않았더라도 '고난의 대학교'라는 혹독한 현실을 경험한 사람들에게서 더욱 빛날 때가 많다.

『관찰』을 꼭 읽어보기 권한다. 이 장의 기반이 되는 철학과 심리학을 깊이 이해할 수 있을 것이다.

생각의 틀을 깨는 '점증하는 보상의 법칙'

이제 이 책의 기초가 되는 법칙을 분석해보겠다. 바로 '점증하는 보상의 법칙'이다!

이 법칙이 자연에서 어떻게 작용하는지 농부의 사례로 살펴보자. <u>농부는 정성껏 땅을 갈고 씨앗을 뿌린 후, 점증하는 보상의 법칙이 씨앗을 여러 배로 키워서 돌려줄 때까지 기다린다.</u> 점증하는 보상의 법칙이 없다면 인간은 생존할 수 없다. 토양에서 인간의 생존에 필요한 충분한 식량을 생산할 수 없으니까 말이다. 만약 수확량이 뿌린 씨앗보다 많지 않다면, 농사는 인간에게 아무런 이득이 없을 것이다. 밀밭에서 얻은 자연의 중요한 '힌트'를 바탕으로, 이제 점증하는 보상의 법칙을 우리 삶에 적용해보자. 우리가 제공하는 서비스에 이 법칙을 적용하여 투입한 노력보다 훨씬 더 큰 결과를 얻는 방법을 알아본다.

무엇보다도 이 법칙에는 어떤 속임수나 기만도 존재하지 않는다. 그러나 아무런 노력 없이 무언가를 얻으려 하거나, 실제 가치보다 낮은 가격에 무언가를 취하려는 사람이 많은 것을 보면, 여전히 이 위대한 진실을 깨닫지 못한 이가 꽤 많다는 것을 알 수 있다. 내가 점증하는 보상의 법칙의 활용을 권장하는 이유는 결코 그런 목적 때문이 아니다. 노력 없이는 좋은 결과를 얻을 수 없다.

점증하는 보상의 법칙에 대한 또 다른 놀랍고 주목할 만한 특징은 이 법칙이 서비스를 제공하는 사람은 물론 서비스를 구매하는 사람에게도 큰 이익을 가져다준다는 점이다. 몇 년 전 헨리 포드가 도입한 '하루 5달러 최저 임금제'가 그 효과를 잘 보여준다. 이 사실을 잘 아는 사람들은 포드가 자선가로서 최저 임금제를 도입한 게 아니며 단순히 건전한 경영 원칙을 적용했을 뿐이라고 한다. 이 원칙은 아마도 포드자동차에서 시행한 다른 어떤 정책보다도 금전적 이익과 대중의 호감을 얻는 데 더 큰 효과를 발휘했을 것이다.

직원에게 평균보다 높은 임금을 지급함으로써 포드는 평균보다 더 많고 더 나은 서비스를 제공받았다. 그는 최저 임금제를 도입하여 단번에 시장에서 가장 우수한 노동력을 끌어들였으며, 포드자동차의 공장에서 일하는 것을 하나의 특권으로 만들었다. 이 정책과 관련된 정확한 수치는 없지만, 포드는 지급한 5달러당 적어도 7달러 50센트에 상당하는 서비스를 제공받았다고 충분히 추정할 수 있다.

또한 이 정책으로 포드는 관리 비용을 크게 절감했다. 포드자동차의 공장에서 일하는 것은 매우 매력적인 기회로 여겨졌기에, 직원들은 일을 게을리하거나 형편없는 서비스를 제공하는 등 소중한 일자리를 잃을 만한 행동을 하지 않았다. 다른 업체의 고용주가 직원에게 적절한 임금을 지급하면서도 값비싼 관리 감독 비용까지 부담해야 했던 반면, 포드는 자신의 공장에서 일하는 것을 하나의 특권으로 만들어 더욱 경제적인 방법으로 같거나 더 나은 서비스를 받았다.

마셜 필드는 아마도 그 시대를 대표하는 경영인이었을 것이다. 시카고에 있는 거대한 마셜필드백화점(1852년 시카고에서 설립된 고급 백화점 체인. 2006년 메이시스백화점에 인수되어 현재까지 운영되고 있다.—편집자)은 오늘날까지도 그가 점증하는 보상의 법칙을 얼마나 효과적으로 적용했는지를 보여주는 기념비적 존재로 남아 있다.

한 고객이 마셜필드백화점에서 비싼 레이스 허리띠를 구매했으나 한 번도 착용하지 않았다. 2년 후 그녀는 이를 조카의 결혼 선물로 주었다. 조카는 유행이 지난 이 허리띠를 구입한 지 2년이 지났음에도 불구하고 조용히 다른 상품으로 교환했다. 이 이야기가 특별한 이유는 마셜필드백화점이 순순히 교환을 해주어서가 아니다. 아무런 이의 없이 기꺼이 교환을 받아들인 점이 특별하다! 법적이든 도덕적이든 백화점이 그토록 오랜 시간이 지난 후에 교환을 해줄 의무는 전혀 없다. 그런데도 마셜필드백화점은 이를 받아들여 단순한 거래 이상의 가치를 실현했다. 해당 허리띠는 원래 50달러였지만 2년 뒤에는 재고 처리 코너에 던져져 헐값에 판매될 수밖에 없는 상황이었다. 그러나 마셜필드백화점은 고객의 요청에 따라 교환을 해줌으로써 금전적인 가치로는 환산할 수 없는 이익을 얻었다.

허리띠를 교환한 여성은 원래 그럴 권리가 없다는 사실을 잘 알았을 것이다. 그러나 마셜필드백화점은 교환을 제공하여 여성을 평생 고객으로 만들었다. 그 거래의 효과는 거기서 끝나지 않았으며 오히려 시작에 불과했다. 그녀는 마셜필드백화점에서 경험한 '공정한 대우'에 관해 주변에 이야기했고, 그 소식은 입소문을 타고 빠르게 퍼져나가서 많은 여성 사이에서 화제가 되었다. 결과적으로 마셜필드백화점은 허리띠 가격의 열 배에 달하는 비용을 들여도 얻을 수 없었던 강력한 광고 효과를 누렸다. 마셜필드백화점의 성공 비결은 필드가 점증하는 보상의 법칙을 깊이 이해하고 실천한 데 있다. 그는 이 법칙을 바탕으로 "고객은 언제나 옳다."라는 슬로건을 사업의 핵심 정책으로 삼았다.

<u>받는 만큼만 일한다면 그 거래에 대한 특별한 호의나 긍정적인 평가를 기대하기 어렵다. 그러나 그 이상을 기꺼이 해낸다면 거래에 관련</u>

된 모든 사람의 신뢰와 관심을 얻을 수 있으며 명성을 쌓는다. 이 명성은 곧 당신의 서비스에 대한 수요 증가로 이어진다.

캐롤 다운스는 자동차 기업의 회장인 W.C. 듀랜트(제너럴모터스의 창립자이자 쉐보레의 공동 설립자.─편집자) 아래에서 말단 직원으로 일을 시작했다. 이제 그는 듀랜트에게 중요한 인물이자 자동차 유통사의 사장이 되었다. 이는 그가 점증하는 보상의 법칙을 실천하며 급여보다 더 많은 가치를 창출하고 더 나은 서비스를 제공한 결과다.

최근 나는 다운스를 만나 어떻게 그토록 빠르게 승진했는지 물었다. 그는 짧고 간결한 몇 마디로 비결을 들려주었다. "처음 듀랜트 씨와 함께 일하기 시작했을 때, 저는 그가 언제나 다른 사람들이 모두 퇴근한 뒤에도 사무실에 남아 있는 모습을 보았습니다. 그래서 저도 함께 남기로 했습니다. 아무도 저에게 그렇게 하라고 지시하지 않았지만, 듀랜트 씨가 필요할 때 언제든 도움을 줄 사람이 있어야 한다고 생각했죠. 그는 종종 서류를 가져오거나 사소한 업무를 처리해줄 누군가를 찾았는데, 그때마다 저는 늘 도울 준비가 되어 있었습니다. 결국 그는 저를 찾는 것이 습관이 되었고, 그게 전부입니다."

"그는 저를 찾는 습관이 생겼습니다!" 이 문장을 다시 한번 읽어보자. 그 안에는 깊은 의미가 담겨 있다.

듀랜트에게 다운스를 부르는 습관이 생긴 이유는 무엇일까? 바로 다운스가 듀랜트의 눈에 띄는 자리에 있어서였다. 다운스는 점증하는 보상의 법칙이 자기에게 유리하게 작용하도록, 듀랜트에게 필요한 서비스를 제공하며 의도적으로 그의 시야 안에 머물렀다.

누군가 그렇게 하라고 지시했는가? 아니다! 그럼 대가를 받고 한 일인가? 그렇다! 다운스는 자신을 승진시킬 권한이 있는 사람의 주목을 받을 기회를 대가로 얻었다.

이제 이 장의 핵심에 도달했다. 바로 당신도 다운스처럼 점증하는 보상의 법칙을 활용할 수 있다. 다운스가 그랬듯 **당신도 보수를 받지 않는다는 이유로 남이 꺼리는 일을 자발적으로 맡고, 언제든 준비된 자세를 보여주어라.**

잠시만! 혹시 '하지만 내 상사는 다르다' 식의 익숙하고 진부한 변명을 떠올리고 있다면, 그 생각은 당장 접고 입 밖에도 내지 말아야 한다. 물론 당신의 상사는 다를 수 있다. 하지만 모든 사람이 대체로 다르더라도 한 가지 공통점이 있다. 바로 어느 정도 이기심이 있다는 점이다. 사실 사람들은 다운스와 같은 유능한 인재가 경쟁사로 이직하는 것을 원하지 않을 만큼 이기적이다. **이기심은 부채가 아닌 자산이 될 수 있다. 당신이 현명하게 자기 가치를 높여서 유용한 존재가 되고, 그 서비스를 받는 사람이 당신 없이는 지낼 수 없을 정도가 되면 말이다.**

내가 얻은 최고의 승진 기회는 전혀 중요하지 않아 보였던 사건이 계기가 되었다. 어느 토요일 오후, 우리 회사와 같은 층에 사무실을 둔 한 변호사가 찾아와 그날 마무리할 업무를 도와줄 속기사를 어디서 구할 수 있는지 물었다.

나는 변호사에게 우리 회사의 속기사가 모두 야구 경기를 보러 갔고, 만약 5분만 늦게 왔더라면 나 역시 없었을 거라고 말했다. 그러면서 덧붙였다. "야구 경기는 언제든지 볼 수 있지만 변호사님 일은 당장 처리해야 할 테니 기꺼이 도와드리겠습니다."

일을 도운 뒤에 그가 비용을 내게 물었다. 그래서 나는 "변호사님이시니까 1천 달러쯤이요. 다른 사람이었다면 돈을 받지 않았을 거예요."라고 웃으며 농담했다. 그는 미소를 지으며 고맙다고 했다.

그때만 해도 그가 그날 오후에 일을 도왔다고 실제로 1천 달러를 지급할 줄은 전혀 예상하지 못했다. 6개월이 지나고 그 사건을 완전히 잊고 있을 무렵, 그는 다시 전화를 걸어 내 연봉을 물었다. 내가 연봉을 말하자, 그는 그날 내가 농담처럼 말했던 1천 달러를 지급할 준비가 되었다고 했다. 그리고 실제로 연봉을 1천 달러 인상하는 자리로 보답했다.

그날 오후 나는 무의식적으로 점증하는 보상의 법칙을 적용했다. 야구 경기를 포기하고 서비스를 제공한 것은 금전적 보상을 기대해서가 아니라 순수한 마음으로 그렇게 했다. 토요일 오후를 반납하는 것은 내 의무가 아니었다. 나만 제공할 수 있는 특권이었다! 그리고 그 특권은 상당한 보상을 가져왔다. 단순한 1천 달러의 현금을 넘어 이전보다 훨씬 더 큰 책임이 따르는 직책으로 이어졌다.

다운스의 의무는 단지 정해진 퇴근 시간까지 자리를 지키는 것이었다. 그러나 다른 직원들이 퇴근한 뒤에도 묵묵히 자리를 지킨 것은 그의 특권이었다. 그리고 그는 특권을 현명하게 활용함으로써 더 큰 책임을 부여받았고, 그 결과 과거의 직책에서 평생 벌 수 있는 금액보다 훨씬 높은 연봉을 받는 자리에 올랐다.

나는 25년 이상 우리가 받는 보상보다 더 많이 더 나은 서비스를 제공하는 특권에 대해 깊이 생각해왔다. 그리고 그 긴 숙고 끝에 내린 결론은 명확하다. 매일 단 한 시간이라도 보상을 바라지 않고 기꺼이 서비스를 제공한다면, 단순히 하루의 의무를 다하는 것보다 훨씬 더 큰 성과와 보상을 얻을 수 있다.

이 장의 핵심에 점차 다가가고 있다. 그러니 책장을 넘기기 전에 내용을 깊이 음미하고 온전히 받아들이길 바란다.

당장 보상이 없다 해도 계속해야만 한다

점증하는 보상의 법칙은 내가 창안하지 않았다. 이 법칙을 활용하기 위해 보상 이상의 서비스를 제공해야 한다는 원칙도 내가 처음 발견하지 않았다. 그저 오랜 시간 성공에 이르는 다양한 요소를 주의 깊게 관찰한 끝에 이 법칙의 가치를 발견했을 뿐이다.

간단한 실험 하나만으로도 당신의 눈이 뜨여서 당장 이 법칙을 활용하고 싶어질 것이다. 그런데 실험에 임할 때는 과거에 성경 구절을 시험했던 한 여성처럼 접근해서는 안 된다. 그녀가 실험했던 구절은 "믿음이 겨자씨 한 알 만큼만 있어도 이 산을 명하여 여기서 저기로 옮겨지라 하면 옮겨질 것이요."(마태복음 17장 20절. —편집자)였다.

그녀는 집 앞에서 거대한 산이 보이는 곳에 살았고, 어느 날 밤 잠자리에 들며 산에 다른 곳으로 옮겨지라고 명령했다. 다음 날 아침, 그녀는 서둘러 잠자리에서 일어나 문을 열고 밖을 내다보았다. 그러나 산은 여전히 그 자리에 그대로 있었다. 그러자 그녀는 한숨을 쉬며 이렇게 말했다. "역시나! 내 예상대로야. 산이 그대로 있을 줄 알았어."

이제 나는 당신에게 이 실험이 인생의 가장 중요한 전환점이 될 수 있다고 확신하며 참여할 것을 제안한다. 이번 실험의 목표는 당신의

'성공 신전'이 세워져야 할 자리에 굳건히 자리 잡은 그 '산'을 옮기는 것이다. 당신이 산을 옮기기 전까지는 그 자리에 성공의 신전을 세울 수 없다.

당신은 내가 말하는 '산'이 무엇인지 아직 깨닫지 못했을 수도 있다. 그렇다면 그 산은 여전히 당신의 길을 가로막고 있을 것이다.

"그 산이 도대체 무엇인가요?" 당신은 아마도 이렇게 묻고 싶을 것이다. 바로 당신이 제공하는 모든 서비스에 대해 반드시 물질적인 보상을 받아야 한다고 느끼는 마음이다. 보상을 받지 못하면 마치 손해를 본 듯 느끼는 감정 말이다.

이 감정은 당신이 의식하지 못하는 사이에 여러 가지 방식으로 성공 신전의 토대를 조금씩 무너뜨리고 있을지 모른다. 아직 알아차리지 못했을 뿐이다. 가장 수준이 낮은 인간 유형에게서 이런 감정은 주로 다음과 같은 말로 드러난다. "내가 이 일을 해서 돈 한 푼 받는 것도 아닌데 도대체 왜 해야 하지?"

당신도 이런 유의 사람을 많이 만나보았을 것이다. 하지만 이들 중에 진정한 성공을 거둔 사람은 단 한 명도 없었을 것이며 앞으로도 결코 없을 것이다.

성공은 중력의 법칙처럼 불변하는 원칙들을 이해하고 실천할 때만 얻을 수 있다. 마치 야생의 황소를 억지로 몰아 구석에 가두는 방식처럼 성공을 강제로 잡을 수 없다. 바로 그래서 당신은 다음 실험에 참여해볼 필요가 있다. 이를 통해 점증하는 보상의 법칙이라는 성공의 중요한 원칙 중 하나를 깊이 이해하고 체득할 수 있을 것이다.

앞으로 6개월 동안 매일 최소한 한 사람에게 유용한 서비스를 제공하라. 이때 금전적인 보상을 기대하거나 받아서는 안 된다. 이 실험은 지속적인 성공을 이루는 매우 강력한 법칙을 발견하는 기회가 되어주며, 그럴 거라는 믿음을 갖고 임해야 한다. 당신은 절대로 실망하지 않을 것이다.

제공할 수 있는 서비스의 형태는 매우 다양하다. 특정한 한 사람이나 여러 사람에게 직접 도움을 줄 수도 있고, 근무 시간 이후에 고용주를 위해 추가적인 노력을 기울일 수도 있다. 혹은 다시는 만날 일이 없는 완전히 낯선 이에게 선의를 베풀 수도 있다. 누구에게 서비스를 제공하든, 중요한 것은 진심 어린 마음으로 오직 도움을 주겠다는 순수한 의도로 행하는 것이다.

당신이 이 실험에 올바른 마음가짐으로 임한다면, 먼저 이 법칙을 체험한 많은 사람처럼 중요한 진리를 발견할 것이다. **바로 서비스를 제공하고도 정당한 보상을 받지 못하는 것은 서비스를 제공하지 않고 보상받으려는 것만큼이나 불가능하다는 사실 말이다.**

미국의 사상가이자 문학가인 랠프 월도 에머슨은 이렇게 말했다.

- 원인과 결과, 수단과 목적, 씨앗과 열매는 결코 분리될 수 없다. 결과는 이미 원인 속에 피어 있고, 목적은 수단 속에 미리 존재하며, 열매는 씨앗 속에 담겨 있기 때문이다.

- 만약 감사할 줄 모르는 주인을 섬긴다면, 더욱 헌신적으로 섬겨보라. 신이 당신에게 빚을 지게 하라. 모든 노력은 반드시 보상받게 되어 있다. 그리고 보상이 늦어질수록 더욱 유리하다. 시간이 흐를수록 이자에 이

자가 더해지는 것이 바로 우리의 재무 관리 원리다.

- 자연의 법칙은 이렇게 말한다. "행동하면 힘을 얻지만, 행동하지 않는 자는 힘을 얻지 못한다."

- 사람들은 평생 자신이 누군가에게 속을 수 있다는 어리석은 착각에 사로잡혀 살아간다. 그러나 어떤 것이 동시에 존재하면서 존재하지 않을 수 없듯, 누구도 자신 외의 다른 누군가에게 속을 수 없다. 우리의 모든 거래에는 보이지 않는 제3자, 즉 사물의 본질과 영혼이 존재하며 이들이 모든 계약의 이행을 보증한다. 그러므로 정직하게 제공된 서비스는 결코 손해로 끝나지 않는다.

내가 제안하는 실험을 시작하기 전에 에머슨의 보상에 관한 에세이를 꼭 읽어보길 바란다. 이 실험의 목적을 깊이 이해하는 데 큰 도움을 줄 것이다. 이미 읽어본 적이 있더라도 다시 한번 읽어보자! 이 에세이는 읽을 때마다 이전에는 미처 깨닫지 못했던 새로운 진실을 발견할 수 있다.

❖ 도움의 보상, 복리 이자까지 붙어서 돌아오다

몇 년 전 나는 동부의 한 대학으로부터 졸업 연설을 해달라는 요청을 받았다. 연설에서 나는 받는 돈보다 더 나은 서비스를 제공하는 것의 중요성을 최대한 강조하며, 그 원칙을 세세하게 설명했다.

연설이 끝난 후, 대학 총장과 비서가 나를 점심 식사에 초대했다. 식사 도중 비서는 총장을 향해 말했다. "이제야 이분이 어떤 일을 하시는지 알 것 같습니다. 다른 사람들의 성공을 돕는 데 집중하면서 자신도 앞서 나가시는군요."

그는 내 성공 철학의 핵심을 그 짧은 한마디로 모두 요약했다.

다른 사람의 성공을 돕는 것이야말로 당신이 가장 빠르고 효과적으로 성공하는 길이라는 것은 결코 과장이 아닌 사실이다.

약 10년 전 광고 사업에 몸담았을 때 나는 이 책에 제시한 성공의 법칙을 활용해 고객을 확보했다. 먼저 여러 통신 판매사의 우편 발송 목록에 내 이름을 올려서 판매 자료를 받았다. 그중 개선할 점이 있는 홍보 자료, 소책자, 팸플릿 등을 발견하면 곧바로 개선 작업에 착수했다. 그리고 개선된 결과물을 해당 회사에 다시 보내면서, 이 작업은 내가 제공할 수 있는 서비스의 아주 작은 예시에 불과하다는 내용의 편지를 동봉했다. 더불어 이외에도 훨씬 더 많은 좋은 아이디어를 가지고 있으며, 합리적인 수수료를 받고 정기 서비스를 제공할 의향이 있다고 제안했다. 이 방식의 제안은 거의 항상 서비스 주문이라는 결과로 이어졌다.

한번은 어떤 회사가 부정한 방법으로 내 아이디어를 가져가 대가 없이 사용한 적이 있다. 하지만 그 일은 오히려 나중에 내게 유리하게 돌아왔다. 그 거래에 대해 자세히 알던 그 회사의 한 직원이 새로운 사업을 시작할 때 나를 고용했다. 게다가 원래 회사에서 받았을 금액의 두 배가 넘는 보수를 약속하며 일을 맡겼다. 이처럼 점증하는 보상의 법칙은 부정직한 사람에게 서비스를 제공하면서 잃었던 것을 더 큰 이자와 함께 돌려주었다.

만약 내가 지금 수익성 있는 일자리를 찾아야 한다면, 과거에 활용했던 판매 자료의 재작성 계획을 실행에 옮길 것이다. 물론 또다시 내 아이디어를 대가 없이 이용하려는 사람을 만날지도 모른다. 하지만 대체로 사람들은 공정한 거래로 서비스를 계속 제공받는 것이 결국 더 큰 이익이 된다는 사실을 안다.

몇 년 전 나는 아이오와주 데븐포트에 있는 팔머스쿨에서 강의해달라는 요청을 받았다. 당시 내 매니저는 일반적인 조건에 따라 강의료 100달러와 여행 경비를 제공받는 조건으로 초청을 수락했다. 데븐포트에 도착하자 역에서 환영 위원회가 나를 기다리고 있었다. 그날 저녁 나는 지금까지 강연 활동을 하며 받아본 가장 따뜻한 환대를 받았다. 여러 훌륭한 사람을 만났고, 유익하고 귀중한 정보도 많이 얻었다. 강연이 끝난 후 학교 측에서는 강의료 지급을 위한 경비 계산서를 작성해달라고 요청했다. 그러나 나는 그곳에서 얻은 경험과 배움만으로도 충분히 보상받았다고 느꼈기에 정중히 거절한 뒤 기쁜 마음으로 시카고의 사무실로 돌아왔다.

다음 날 아침 대니얼 데이비드 팔머 박사는 2천 명의 학생들 앞에서 내가 한 말을 소개하며 이렇게 덧붙였다. "지난 20년간 이 학교를 운영하며 수많은 연사가 학생들 앞에서 강연했지만, 다른 방식으로 보상을 받았다고 느꼈다면서 강의료를 거절한 사람은 이번이 처음입니다. 이분은 한 잡지의 편집장으로 저는 모두에게 그 잡지의 구독을 권합니다. 이분이 제공하는 콘텐츠에는 여러분이 현장에 나가 서비스를 제공할 때 꼭 필요한 많은 것이 담겨 있을 것입니다."

그 주 중반쯤 나는 편집장으로 있던 잡지의 구독료로 6천 달러 이상의 수익을 올렸다. 그리고 이후 2년 동안 2천 명의 학생과 그들의 친구로부터 5만 달러가 넘는 구독료가 들어왔다. 자, 생각해보자. 내가 강의료 100달러를 받지 않자, 점증하는 보상의 법칙이 작용해 훨씬 더 큰 이익이 생겨났다. 당신이라면 100달러를 나보다 더 수익성 있게 투자할 방법이 있을까?

✤ 먼저 주고 더 크게 돌려받아라

우리는 인생에서 2가지 중요한 단계를 거친다. 첫째는 지식을 쌓고 체계적으로 정리하는 단계며, 둘째는 그 지식을 바탕으로 인정받기 위해 노력하는 단계다. 배움을 통해 필요한 지식을 갖추는 것은 필수인데 많은 사람이 생각하는 것보다 훨씬 더 큰 노력이 필요하다. 그리고 아무리 유용한 지식을 충분히 쌓았다 하더라도 또 하나의 과제가 남아있다. 바로 다른 사람이 우리가 도움을 줄 수 있다는 사실을 믿도록 하는 것이다.

언제나 서비스를 제공할 준비가 되어 있어야 할 뿐만 아니라 기꺼이 나서야 하는 중요한 이유 중 하나는 그때마다 역량을 입증할 또 다른 기회를 얻기 때문이다. 이렇게 해서 우리는 인정을 받으려 한 걸음 더 나아간다. 세상을 향해 "당신의 돈을 보여주면 내가 무엇을 할 수 있는지 보여주겠다."라고 말하는 대신 규칙을 뒤집어보자. "내 서비스의 가치를 먼저 보여주겠다. 내 서비스가 마음에 든다면 그때 당신의 돈을 보여달라."고 말이다.

1971년 곧 50세를 앞둔 한 여성이 주급 15달러를 받으며 속기사로 일하고 있었다. 급여 수준만 보아도 그녀가 특별히 뛰어난 속기사는 아니었음을 짐작할 수 있으나 주목할 점이 있다. 불과 한 해 전 그녀는 강연으로 10만 달러가 넘는 수입을 올렸다. 이 두 수입 능력 사이에 왜 엄청난 격차가 날까? 해답은 간단하다. <u>그녀는 급여보다 더 가치 있는 서비스를 더 많이 제공하는 습관으로 점증하는 보상의 법칙을 활용했다.</u> 이 여성은 현재 응용 심리학 분야의 저명한 강사로 전국에 잘 알려져 있다.

그녀가 이 법칙을 어떻게 활용했는지 살펴보자. 먼저 그녀는 한 도시에 가서 15회의 무료 강연을 열었다. 누구나 무료로 자유롭게 참석하는 강연이었다. 강연 내내 그녀는 청중에게 '자신을 판매할' 기회를 누렸다. 그리고 강연이 모두 끝난 후에 학생당 25달러를 받는 정식 강의를 개설한다고 발표했다. 그녀의 계획은 이것이 전부였다!

현재 엄청난 수입을 올리고 있지만 사실 그녀보다 더 능숙한 강사가 많다. 그러나 그들은 이 책의 기본 법칙을 그녀만큼 제대로 이해하지 못했고 겨우 경비를 충당할 정도의 수입만 올릴 뿐이다.

여기서 잠시 생각해보자. 특별한 자격도 없던 50세의 한 여성이 점증하는 보상의 법칙을 활용해 주급 15달러의 속기사에서 연간 10만 달러가 넘는 강사로 거듭났다. **그렇다면 왜 당신은 이 법칙을 적용해 지금보다 더 나은 기회를 얻을 수 없다고 생각하는가?** 이 질문에 답하기 전까지는 이 책의 나머지 부분은 신경 쓰지 마라. 반드시 올바르게 답해야 한다!

당신은 세상에서 자기 자리를 찾기 위해 순응해 살아가거나 혹은 열심히 노력하고 있을 것이다. 어쩌면 지금까지 기울여온 노력도 점증하는 보상의 법칙과 결합하고 활용된다면 최고의 성공을 거둘 만큼 충분할지 모른다. 그러므로 당신은 이 법칙을 최대한 활용하는 방법을 알아내야 할 책임이 있다.

자, 다시 그 질문으로 돌아가자. 당신이 이 질문을 가볍게 넘기지 않고 최소한의 답변이라도 시도해보기를 바란다. 그 시도로 무언가를 얻기 바란다. 지금 당신은 자신의 미래에 중대한 영향을 미칠 중요한 질문과 마주하고 있다. 이를 회피한다면 그 책임은 전적으로 당신 자신에게 있다.

이 책을 읽고 그냥 덮어둘 수도 있다. 그것은 당신의 선택이다. 하지만 그렇게 하면 거울 속 자신을 바라볼 때 이런 생각을 떨쳐낼 수 없을 것이다. '나는 스스로 속이고 있다!' 이 말이 다소 직설적으로 들릴지도 모르겠다. 하지만 당신이 이 책을 선택한 이유는 바로 성공의 법칙에 대한 진실을 알고 싶었기 때문일 것이다. 그리고 지금 당신은 미사여구 없이 날것 그대로의 진실을 마주하고 있다.

이 장을 읽은 뒤에 주도력, 리더십, 그리고 열정을 다룬 장을 다시 읽는다면 이 법칙을 더욱 깊이 이해할 수 있다. 그러한 장에서 얻는 교훈과 더불어 이 장에서 반드시 기억해야 할 중요한 교훈은 이렇다. 주도적으로 행동하고, 과감하게 실행하며, 자신이 받은 대가 이상의 가치를 제공하라. 이 3가지 핵심 원칙을 마음 깊이 새긴다면 당신은 완전히 다른 사람이 될 것이다. 이는 당신이 누구든 어떤 일을 하든 변함없이 적용되는 진리다.

혹시 내 솔직한 표현이 불편하게 느껴졌다면 오히려 좋은 일이다. 그만큼 당신에게 변화의 가능성이 있다는 뜻이다. 만약 당신보다 훨씬 더 많은 실수를 경험하고 그 과정에서 삶의 본질적인 진리를 깨달은 내게서 조언을 받고 싶다면 이렇게 해보자. 그 불편한 감정을 긍정적인 에너지로 전환해 자신에게 집중하라. 그리고 그 에너지를 활용해 자신을 밀어붙이고, 최선을 다해 최고의 서비스를 제공하도록 이끌어라. 그러면 당신은 왕의 몸값에 버금가는 보상을 얻을 것이다.

우리의 강점은 약점에서 자라난다

이제 받는 것보다 더 많이 일하는 습관의 또 다른 중요한 특징에 주목할 차례다. 바로 누구의 허락도 받지 않고 습관을 스스로 개발할 수 있다는 것이다.

서비스는 오직 당신의 주도하에 이루어진다. 서비스를 받는 고객과 일일이 상의할 필요조차 없다. 전적으로 통제할 수 있는 특권이 당신에게 주어진다. 자신의 이익을 높일 수 있는 일은 많으나 대개가 다른 사람의 협조나 동의가 필요하다. 그리고 당신이 대가보다 적은 서비스를 제공하려면 고객의 허락을 받아야만 한다. 그렇지 않으면 당신의 서비스에 대한 수요가 곧 사라지고 만다.

특권에는 그만한 책임이 따른다. 만약 책임을 다하지 못하면 어떤 '변명'도 통하지 않는다. 인생의 명확한 주요 목표를 달성하지 못했을 때 당신은 '핑계'를 댈 수도 없으니 스스로 결과를 감당해야 한다.

내가 깨달은 가장 중요하면서도 가장 어려운 진실은 모든 사람이 자신에게 가장 엄격한 감독관이 되어야 한다는 것이다. 우리는 모두 결점을 정당화하기 위해 변명과 핑계를 만드는 데 능숙하다. 그뿐 아니라 사실과 진실을 있는 그대로 보기보다는 바라는 대로 보려는 경향이 있다. 또한 냉정하고 편견 없는 진실의 말보다 달콤한 아첨을 선호하는 것이 바로 인간이라는 동물의 약점이다. 심지어 우리는 도움을 주려고 진실을 밝히는 사람에게조차 반감을 갖는다.

나는 사회생활 초기에 많은 사람이 진실을 말했다는 이유만으로 비난받는 모습을 보고 충격을 받았다. 10년 전쯤 한 남성이 자신의 경영 강연을 홍보하는 책을 썼다. 그는 내게 책을 건네며 솔직한 의견을 듣고 싶다며 대가를 지불하며 검토를 의뢰했다. 나는 책을 꼼꼼히 살펴본 뒤에 부족하다고 느낀 점을 지적하며 최선을 다해 조언을 전했다. 여기서 나는 중요한 교훈을 배웠다. 남성은 몹시 화내며, 내가 감히 그의 책을 내 관점에서 평가했다는 사실을 용납하지 않았다. 책에 대해 솔직한 '비판'을 해달라고 요청했으나 그가 진정으로 원했던 것은 내가 책에서 '칭찬'거리를 찾아내 말해주는 것이었다. 이것이 인간의 본성이다! 우리는 진실보다 아첨에 더 쉽게 끌린다. 나 역시 인간이기에 그 마음을 잘 이해한다.

지금까지의 모든 이야기는 당신이 가장 가혹한 진실과 마주할 준비를 하도록 돕는 과정이었다. 그 진실이란 당신이 최선을 다하지 않았다는 것이다. 당신은 실수와 단점을 인정하고 극복하기 위해 8장에서 다룬 자제력 관련 법칙을 충분히 적용하지 않았다. 이를 실천하려면 상당한 수준의 자기 통제가 필요하다.

만약 누군가 당신의 허영심과 자만심, 아첨에 대한 집착을 걷어내고, 당신이 가장 약한 부분을 직시하게 도와줄 능력과 용기를 갖추었다면, 그 사람에게 100달러를 주는 것은 충분히 가치가 있다. 우리는 인생을 살아가며 비틀거리고, 넘어지고, 무릎을 꿇으며, 다시 일어서려 애쓰다가 또다시 넘어진다. 그렇게 어리석게 살아가다 보면 결국 대부분은 패배한 모습으로 인생을 마주하기 마련이다. 이는 스스로에 대한 진실을 배우는 것을 게을리하거나 아예 외면한 탓이다.

나는 다른 사람이 자신의 약점을 발견하게 도우면서 내 약점을 발견했다. 지난날을 돌아보니 내 모습을 비로소 마주할 수 있었다. 남들이 나를 얼마나 어리석게 여겼을지 떠올리면 부끄러움에 얼굴이 뜨거워진다. 이렇듯 우리는 자신이 만들어낸 허영심의 거대한 그림자 앞에서 스스로를 과시하며, 그 그림자를 곧 진짜 모습이라고 착각한다. 그러나 우리를 제대로 아는 몇 안 되는 사람은 뒤에서 조용히 연민 어린 시선, 혹은 경멸의 눈빛으로 바라본다.

잠깐, 아직 해야 할 이야기가 남아 있다. 당신은 내게 비용을 지불하고 진짜 자기 모습을 깊이 들여다보고 내면을 성찰하고 분석해달라고 요청했다. 그리고 나는 할 수 있는 한 최선을 다해 그 기대에 부응하려 하고 있다.

당신은 과거의 실패에 대한 진짜 이유를 외면했을 뿐만 아니라, 그 책임을 다른 누군가에게 돌리려 했을지도 모른다. 일이 뜻대로 풀리지 않을 때 원인에 대해 온전히 책임을 받아들이는 대신 "에이, 이 일은 그만둬야겠어! '그 사람들'이 나를 대하는 방식이 마음에 안 들어. 그래서 그만둘 거야!"라고 말하며 회피하려 했을 것이다. 부정하지 마라!

이제 당신의 귀에 작은 비밀을 속삭여주겠다. 내가 고통과 상심, 그리고 수많은 시련을 겪으며 깨달은 비밀이다.

극복해야 할 장해물과 어려움이 있었더라도 일을 '그만두는' 대신

사실을 직시해야 했다. 그랬다면 인생이란 결국 어려움과 장해물을 극복해나가는 과정이라는 사실을 깨달았을 것이다.

사람의 가치는 주어진 환경에 얼마나 잘 적응하느냐에 달려 있다. 또한 그 가치는 그가 통제할 수 있는 원인이든 아니든, 마주하는 모든 역경에 대한 책임을 얼마나 진정성 있게 받아들이느냐에 따라 정확히 드러난다.

만약 내가 너무 심하게 비판했다고 느낀다면 부디 이해해주길 바란다. 당신에게 이 진리를 전하기 위해 나는 자신을 당신보다 훨씬 더 혹독하게 질책해왔다.

신에게 감사하게도 나에게는 몇 명의 적이 있었다. 그들이 무례하고 가차 없이 나에 대한 몇 가지 진실을 지적해주었다. 그 덕분에 나는 알지 못했던 심각한 결점을 바로잡을 수 있었다. 나는 돈도 지불하지 않고 적의 비판으로 이득을 얻었다. 물론 다른 방식으로 대가를 치르기는 했지만. 그런데 몇 년 전 에머슨의 보상에 관한 에세이를 공부하고 나서 나의 가장 큰 결점을 깨달았다. 특히 다음 구절이 깊은 인상을 남겼다.

✦ 우리의 강점은 약점에서 자라난다.

찔리고, 쏘이고, 심하게 공격받기 전까지는 내면 깊숙이 숨겨진 비밀스러운 힘을 가진 분노가 깨어나지 않는다. 위대한 사람은 언제나 자신을 낮출 준비가 되어 있다. 그러나 유리한 상황에 안주하면 쉽게 방심한다. 반면, 밀려나고, 괴롭힘을 당하고, 패배를 경험할 때 비로소 무언가를 배울 기회를 얻는다. 자신의 기지를 시험받고 인간성을 되찾으며, 새로운 사실을 깨닫고, 자신의 무지를 자각한다. 또한 자만이라는 광기에서 벗어나 절제와 진정한 능력을 얻는다. 현명한 사람은 항상 자신을 공격하는 자들의 편에 선다. 자신의 약점을 발견하는 것이 결국 그들보다 자신에게 더 큰 이익이 되기 때문이다. 비난은 칭찬보다 안전하다. 나는 신문에서 나를 옹호하는 글을 보는 것이 싫다. 오히려 나에 대한 모든 비난이 제기되는 한, 나는 성공에 대한 확신을 느낄 수 있다. 하지만 달콤한 칭찬이 쏟아지는 순간, 나는 마치 적들 앞에 무방비 상태로 누운 것 같은 기분이 든다.

당신도 불멸의 에머슨 철학을 공부하길 바란다. 이 철학은 당신의 정신을 단련시키고, 인생의 싸움에 대비할 수 있도록 완충제 역할을 해줄 것이다. 마치 탄소가 강철을 단단하게 만들 듯이 말이다. 특히 당신이 젊다면 이 철학을 더욱 깊이 연구해야 한다. 이 철학을 제대로 이해하고 적용하려면 오랜 경험이 필요하다.

내가 다소 직설적으로 중요한 진실을 이야기했지만 냉혹한 현실을 통해 깨닫는 것보다는 더 나을 것이다. 경험이라는 스승은 누구에게도 특혜를 주지 않는다. 하지만 나는 '경험'이라는 냉정하고 냉혹한 스승에게서 배운 교훈으로 당신에게 최대한 도움을 주려고 노력하고 있다. 어린 시절 아버지가 헛간에서 나를 '훈육'하시던 일이 떠오른다. 그때마다 아버지는 항상 격려하는 말로 시작하셨다.

"아들아, 이건 너보다 나에게 더 아픈 일이란다."

승리는 힘을 기르고 의지를 가진 사람의 몫

이렇게 이 장의 끝에 다다랐다. 사실 이 장의 주제에 대한 가능성은 엄청나다. 그러니 지금까지 겨우 표면적인 부분만 간략히 다루었다고 할 수 있다.

이 장의 핵심 내용을 당신의 마음속에 깊이 새겨줄 오래된 이야기가 떠오른다. 이 이야기는 2천 년 전 고대 로마의 안티오크라는 도시를 배경으로 한다. 당시 위대한 도시 예루살렘과 유대 땅 전체는 로마의 압제적인 지배 아래 있었다.

이야기의 주인공은 벤허라는 젊은 유대인으로 억울한 누명을 쓰고 갤리선(고대 지중해 지역에서 사용된 군함.—편집자)에서 노를 젓는 중노동을 선고받았다. 갤리선에 쇠사슬로 묶여 지치도록 노를 저어야 했던 벤허는 강인한 육체를 키우게 되었다. 벤허를 힘들게 한 자들은 가혹한 형벌이 결국 벤허에게 자유를 쟁취할 힘을 길러줄 것이라고는 꿈에도 생각하지 못했다. 어쩌면 벤허 자신조차 그런 희망을 품지 않았을 것이다.

마침내 전차 경주의 날이 찾아왔다. 이날 벤허는 자신을 묶은 사슬을 끊고 자유를 얻을 운명의 순간을 맞았다.

경기장에는 마부 없이 남겨진 말 한 무리가 있었다. 긴박한 상황에서 말의 주인은 강한 팔을 가진 이 젊은 노예에게 사라진 마부를 대신해달라고 간곡히 부탁했다. 벤허가 고삐를 잡는 순간, 구경꾼들 사이에서 큰 함성이 터져 나왔다. "저기 봐! 저 팔 좀 봐! 저런 팔이 어떻게 생긴 거지?" 하고 군중이 외치자, "갤리선에서 노를 저으며 얻었소!"라고 벤허가 대답했다.

경주가 시작되었다. 벤허는 강인한 팔로 말들을 능숙하게 몰며 질주했고 결국 승리를 거머쥐었다. 이 승리는 그에게 자유를 안겨주었다.

인생은 거대한 전차 경주와 같다. 승리는 오직 강인함과 결단력, 승리하려는 의지를 키운 사람에게만 주어진다. 우리가 갤리선의 노를 젓는 혹독한 감금 생활로 힘을 길러야만 하더라도, 그 힘을 결국 승리와 자유를 얻는 데 사용할 수 있다면 무슨 문제가 되겠는가.

힘은 저항에서 자란다. 이는 변치 않는 진리다. 하루 종일 무거운 망치를 휘두르는 불쌍한 대장장이를 동정한다면 그 과정에서 단련되는 놀라운 팔에도 감탄해야 한다.

에머슨은 말했다. "삶에서와 마찬가지로 노동에서도 모든 것은 이중 구조로 이루어져 있기에 속임수는 통하지 않는다." 그리고 이렇게 덧붙였다. "도둑은 결국 자기 자신을 훔치는 것이고, 사기꾼은 자기 자신을 속이는 것이다. 노동의 진정한 대가는 지식과 미덕이며, 부와 신용은 단지 그 징표일 뿐이다. 지폐와 같은 징표는 위조되거나 도난당할 수 있지만, 그것이 나타내는 지식과 미덕은 절대 위조되거나 빼앗길 수 없다."

포드는 매주 1만 5천여 통의 편지를 받는다. 수많은 사람이 재산을 나누어달라고 간청한다. 하지만 이 가련하고 무지한 이들 중 과연 몇 명이나 포드의 진정한 부가 무엇인지 제대로 알고 있을까. 포드의 진정한 부는 은행에 쌓인 돈이나 공장이 아니다. 그의 부는 합리적인 가격에 유용한 서비스를 제공하며 쌓아온 명성이다.

그가 어떻게 이 명성을 얻었을까? 가능한 한 적은 서비스로 고객에게서 최대한 많은 돈을 끌어내려 했다면 결코 불가능했을 것이다. 포드의 사업 철학에서 근간은 바로 이것이다. "사람들에게 최고의 제품을 가능한 한 가장 낮은 가격에 제공한다."

다른 자동차 제조업체들이 가격을 인상할 때 포드는 가격을 인하했고, 다른 고용주들이 임금을 삭감할 때 포드는 임금을 인상했다. 그 결과는 어떻게 되었을까? 이 정책은 점증하는 보상의 법칙을 포드의 편으로 만들었고, 포드를 세계에서 가장 부유하고 가장 강력한 인물로 만들었다.

매일 빈손으로 돌아오는 어리석고 근시안적인 부의 추구자여, 왜 포드와 같은 사람에게서 배울 생각은 하지 않는가? 왜 철학을 바꾸어 얻기 위해 먼저 주는 방법을 택하지 않는가?

나는 지금 크리스마스이브에 이 장을 마무리하고 있다! 서재 옆방에서 아이들이 크리스마스트리를 장식하며 웃는 소리가 내 귀에 음악처럼 들려온다. 아이들은 선물을 받을 거라는 기대감과 함께, 다른 사람에게 줄 선물을 숨겨놓았다는 더 큰 기쁨에 행복해한다. 서재 창문 너머로는 이웃집 아이들도 이 멋진 행사를 준비하며 즐거워하는 모습이 보인다.

문명 세계 곳곳에서 수백만 명이 '평화의 왕'의 탄생을 축하할 준비를 하고 있다. 그분은 주는 것이 받는 것보다 더 복되다는 진리를 직접 보여주셨다. 또한 진정한 행복은 물질적 부의 소유가 아니라 인류에게 봉사하는 데서 온다는 것을 가르쳐주셨다.

이 장을 크리스마스이브에 마무리하게 되어 나는 기쁘다. 이는 중요한 사실을 되새길 좋은 기회를 제공한다. 바로 이 장에서 다룬 기본 원칙이 마태복음의 산상수훈에 깊이 뿌리내리고 있다는 것이다.

기독교는 오늘날 세계에서 가장 크고 광범위한 영향력 있는 종교 중 하나로 그리스도의 철학적 교리는 이 장의 기본 원칙과 완벽하게 일치한다. 따라서 이를 다시 한번 강조하는 것은 의미가 있다고 생각한다.

행복으로 가득한 아이들의 얼굴과 선물을 줄 기쁨에 들뜬 크리스마스 쇼핑객들의 분주한 모습을 보니, 매일이 크리스마스이브였으면 하는 바람이 든다. 그렇게 된다면 세상은 생존을 위한 투쟁이 최소화되고 증오와 갈등이 사라진 더욱 나은 곳이 될 것이다.

인생은 결국 짧은 찰나에 불과하다. 우리는 촛불처럼 잠시 빛을 발하다가 이내 깜빡이면서 사라질 뿐이다. 우리가 죽음의 어두운 그림자 너머의 삶을 위한 보물을 쌓아두기 위해 이 세상에 왔다면, 사랑과 동정심으로 가능한 한 많은 이에게 최선을 다해 봉사함으로써 그 보물을 가장 값지게 모을 수 있지 않을까? 당신도 이 말에 동의하기를 바란다.

이 장은 여기서 마무리되나 완전히 끝난 것은 아니다. 내가 사고의 고리를 내려놓는 이 지점부터 당신이 이어받아 자신만의 방식으로 자신의 이익을 위해 발전시켜야 한다.

이 장의 주제는 특성상 결코 끝날 수 없으며, 이는 모든 인간 활동의 핵심으로 이어진다. 이 장의 목적은 당신이 그 기본 법칙을 받아들이고, 마음을 열어 잠재력을 끌어내도록 돕는 데 있다.

이 장의 목적은 단순히 가르침을 전달하는 것이 아니라, 당신 스스로 인생의 위대한 진리 중 하나를 깨닫도록 돕는 데 있다. 진정한 교육의 본질이 그렇듯 내면에 잠재된 마음의 힘을 끌어내고 더욱 발전시키려고 말이다.

　최선을 다해 서비스를 제공하고, 매번 이전의 노력을 뛰어넘으려는 마음가짐으로 임하는 것이야말로 교육을 가장 고귀한 형태로 실천하는 것이다. 자신이 받는 대가 이상으로 더 많은 가치와 더 나은 서비스를 제공하려 노력하면 그 누구보다도 당신 자신이 가장 큰 보상을 얻는다.

　자신이 선택한 분야에서 숙달되려면 우수한 서비스를 제공하는 것만이 유일한 길이다. 그러므로 매사에 이전의 모든 성과를 뛰어넘기 위해 노력하는 것을 명확한 주요 목표의 일부로 삼아라. 이를 매일의 습관으로 만들어 마치 식사처럼 규칙적으로 실천하도록 하자. **당신이 받는 보수보다 더 많은 가치와 우수한 서비스를 제공하는 것을 습관화하면, 어느 순간 세상은 노력에 대해 예상보다 더 큰 보상을 기꺼이 제공할 것이다.** 복리에 복리가 더해지는 마법, 그것이 당신이 제공하는 서비스에서 받을 보상이다. 이 이득의 피라미드를 어떻게 쌓아 올릴지는 전적으로 당신의 선택에 달렸다.

　이제 이 장에서 배운 것을 어떻게 활용할지 고민해보자. 언제, 어떻게, 왜 실천할 것인가? 이 장에서 얻은 지식은 그저 머릿속에만 머물러서는 아무런 가치가 없다. 적극적으로 받아들이고 행동으로 옮겨야 비로소 힘을 발휘한다. 지식은 체계적으로 정리되고 사용될 때만 힘이 된다! 이 점을 명심하자.

　받는 대가보다 더 많은 가치를 제공하지 않고서는 리더가 될 수 없으며, 선택한 분야에서 리더십을 키우지 않고서는 성공을 이룰 수 없다.

성공을 돕는 마스터 마인드의 원리

성공은 힘이 적용되어야 이루어진다. 제시된 그림에는 2가지 형태의 힘이 담겨 있다.

왼쪽에는 자연이 만들어낸 물리적 힘이 표현되어 있다. 나이아가라 폭포 위로 떨어지는 수많은 빗방울이 조화롭게 모여 만들어낸 힘으로, 인간은 이처럼 자연의 힘을 활용해왔다.

오른쪽에는 이보다 훨씬 더 강력한 또 다른 형태의 힘이 존재한다. 조화롭게 조정된 사고를 통해 사람들의 마음속에서 생성된 정신적 힘이다. 여기서 중요한 것은 '조화롭게'라는 단어다. 그림에는 현대적인 사무실의 회의 테이블에 앉아 있는 사람들이 보인다. 이들의 머리 위로 떠오른 강력한 형상은 '마스터 마인드'를 상징한다. 사람들이 완벽한 조화를 이루고 구체적인 목표를 공유할 때 어디에서든 창출되는 힘이다.

인간은 마음의 힘을 통해 살고 있는 지구뿐만 아니라, 끝없는 공간을 가득 채우는 공기와 에테르, 그리고 우주를 떠도는 수백만 개의 행성과 천체에 대한 수많은 흥미로운 사실을 발견해왔다. '분광기'라는 작은 장치(인간의 창의적인 사고가 만들었다.)로는 지구로부터 약 1억 5천 킬로미터 떨어진 태양을 구성하는 물질의 성질까지 밝혀냈다.

우리는 석기 시대, 철기 시대, 청동기 시대, 종교적 광신의 시대, 과학적 탐구의 시대, 그리고 산업 시대를 거쳐 이제 사고의 시대로 접어들고 있다. 인간은 오랜 암흑기를 거치면서도, 그 잔해 속에서 생각하는 힘을 키울 양식을 찾아냈다. 지성에 맞선 무지와 미신, 두려움에 둘러싸여 1만 년 넘게 싸워온 인간은 그 과정에서 조금씩 유용한 지식을 습득했다.

인간이 모은 유용한 지식 중 하나는 모든 물질을 구성하는 83가지 원소를 발견하고 분류한 것이다. 인간은 연구와 분석, 비교를 하면서 우주에 존재하는 물질의 '거대함'을 깨달았다. 태양과 별들로 대표되는 이 물질 중 일부는 인간이 사는 지구보다 1천만 배나 크다. 반면, 인간은 물질을 분자, 원자, 그리고 마지막으로 가장 작은 입자인 전자까지 축소하며 물질의 '미세함'도 발견했다. 원자는 상상할 수 없을 정도로 작아서 모래알 하나에도 원자가 수백만 개 들어 있다.

분자는 원자로 이루어져 있으며, 원자는 마치 지구와 다른 행성들이 태양 주위를 끊임없이 회전하듯 서로를 중심으로 번개 같은 속도로 연속적으로 회전한다. 원자는 다시 빠르게 움직이는 전자로 이루어져 있다. 따라서 물 한 방울, 모래알 하나에도 온 우주를 작동시키는 원리가 그대로 담겼다고 할 수 있다.

얼마나 놀라운가! 정말 엄청난 일이지 않은가! 우리는 어떻게 이러한 사실들을 알 수 있었을까? 바로 정신의 힘을 통해서다.

다음에 스테이크를 먹을 때 접시에 놓인 스테이크와 그 접시, 식탁, 사용 중인 식기가 모두 궁극적으로 동일한 물질인 전자로 이루어져 있다는 사실을 떠올려보자. 그러면 이 모든 것의 경이로움을 조금이나마 이해할 수 있을 것이다.

물리적이거나 물질적인 세계에서 하늘에 떠 있는 아주 큰 별이든 지구에서 발견되는 가장 작은 모래 알갱이든, 우리가 관찰하는 모든 대상은 단지 분자와 원자, 전자의 조직적인 집합체일 뿐이다. (전자란 양극과 음극으로 이루어진 분리할 수 없는 형태의 힘이다.) 인간은 우주에 대한 물리적 사실을 많이 알고 있다!

다음으로 이루어질 위대한 과학적 발견은 이미 존재하는 사실에 대한 것이다. 바로 모든 인간의 뇌가 송신기이자 수신기 역할을 한다는 사실이다. 이는 뇌에서 방출되는 모든 생각이 진동의 형태를 띠며, 이 진동은 송신하는 뇌와 진동 속도가 조화를 이루거나 '맞추어진' 다른 뇌들에 포착되고 해석될 수 있음을 의미한다.

인간은 어떻게 지구의 물리 법칙에 대한 지식을 얻었을까? 까마득한 옛날, 인류가 문명을 갖추기 이전 시대의 일들은 어떻게 알 수 있었을까? 인간은 자연이라는 거대한 성서를 탐독하며 그 해답을 찾아냈다. 마치 오래된 책장을 넘기듯 돌을 뒤집어 대자연이 지층 속에 놀랍도록 오랜 시간 감추어온 뼈, 골격, 발자국 등의 증거로 낮은 지능을 가진 생물의 치열했던 생존의 흔적을 발견했다. 이는 수백만 년에 걸친 투쟁의 역사를 보여주는 명백한 증거다.

이제 인간은 자연이라는 성서의 새로운 페이지를 펼치려 한다. 그것은 사고의 영역에서 벌어진 위대한 정신적 투쟁의 역사가 기록된 부분이다. 인간의 정신에서 방출된 모든 생각은 에테르라는 무한한 공간에 진동으로 새겨져 있다.

자연의 성서에서 이 위대한 페이지는 어떤 인간도 함부로 할 수 없는 진실한 기록이다. 머지않아 우리는 에테르에 기록된 인류의 정신적 역사를 명확하게 해독할 수 있을 것이다. 그 기록은 인간이 결코 조작할 수 없다. 그러므로 에테르에 쓰인 이야기의 진위는 의심의 여지가 없다.

교육(인간의 정신 속에 잠재력을 펼치고 이끌어내고 개발하는 것을 의미한다.) 덕분에 이제 자연의 성서가 해독되고 있다. 인류의 길고 위험한 투쟁의 이야기는 자연이라는 위대한 성서 속에 고스란히 기록되어 있다.

이 책 3장에서 설명한 6가지 기본적인 두려움을 어느 정도 극복하고, 미신과 무지를 성공적으로 정복한 사람만이 자연의 성서에 기록된 내용을 읽을 수 있다. 그 외의 사람에게는 이 특권이 허용되지 않는다. 따라서 현재 전 세계에서 이 성서를 읽는 법을 아는 사람은 물론이고 심지어 초보 수준에 도달한 사람조차도 1천 명이 채 되지 않을 것이다.

오늘날 전 세계를 통틀어 정신의 화학 작용에 대해 알고 있거나 들어본 사람은 아마도 100명도 채 되지 않을 것이다. 정신의 화학이란 두 개 이상의 정신이 완벽한 조화 속에 하나로 합쳐져 불멸의 에테르 기록 속에 쓰이고, 현존하는 사고의 진동 이야기를 읽는 초인적인 힘을 지닌 제3의 정신이 탄생하게 해준다.

새롭게 발견된 전파 원리는 회의적인 사람을 침묵시켰고, 과학자들을 새로운 실험 분야에 몰두하게 했다. 머지않아 과학자들은 혁신적인 결과를 보여줄 것이다. 마치 올챙이와 아메바에서 인간에 이르기까지 동물 생명체의 전 과정을 읽는 생물학 교수의 지능 차이만큼이나, 현재 우리가 이해하는 정신은 미래의 정신에 비해 아주 기초적인 수준에 불과하다는 사실을 말이다.

지금 살아 있는 강력한 인물 중 몇몇을 짧게나마 소개해보겠다. 이들은 두 개 이상의 정신이 조화를 이루며 융합된 힘을 효과적으로 활용하고 있다. 우선 각자의 분야에서 큰 업적을 이룬 것으로 알려진 세 명의 유명 인사로 시작하겠다. 그들의 이름은 포드, 에디슨, 하비 S. 파이어스톤(파이어스톤타이어사의 설립자.—편집자)이다.

세 사람 중에 포드는 경제적 힘에서 가장 강력한 인물이다. 포드는 현재 지구상에서 영향력이 가장 막강하며, 역사상 가장 강력한 인물로 여겨진다. 너무나 큰 힘을 가진 그는 물질적인 것과 그에 상응하는 것은 무엇이든 가질 수 있다. 수백만 달러는 그에게 장난감에 불과하며, 아이가 모래로 터널을 만드는 것만큼이나 쉽게 얻을 수 있다.

에디슨은 자연에 대해 매우 예리한 통찰력을 갖추고 있어서, 역사상 그 누구보다도 더 많은 자연의 법칙을 인류의 이익을 위해 활용하고 결합했다. 바늘 끝과 왁스 조각을 결합해 인간의 목소리를 기록하고 보존할 수 있게 한 사람도 바로 에디슨이다. 번개를 이용한 백열등으로 처음 집과 거리를 밝힌 것도 그다. 또한 그는 현대적인 영사 장치로 카메라가 모든 종류의 움직임을 기록하고 재생할 수 있게 했다.

파이어스톤의 산업적 업적은 워낙 유명해서 굳이 언급할 필요가 없을 정도다. 그는 돈을 눈덩이처럼 불려서 그의 이름은 자동차가 운행되는 곳이라면 어디에서나 쓰이는 대명사가 되었다.

이 세 사람 모두 자본금도 없이 흔히 '교육'이라고 불리는 정규 교육도 거의 받지 못한 채 사업과 전문직 경력을 시작했다. 아마도 세 사람 중 포드가 가장 초라하게 시작했을 것이다. 극심한 가난과 가장 기초적인 형태의 학교 교육도 받지 못한 채 힘든 어린 시절을 보냈다. 그는 무지 등 여러 약점이 있었지만, 불과 25년 만에 이 모든 것을 극복했다.

이렇게 우리는 잘 알려진 세 명의 성공한 힘 있는 사람들의 업적을 간략하게 설명할 수 있다! 하지만 단지 결과만을 다룰 뿐이다! 진정한 철학자라면 바람직한 결과를 낳은 원인에 대해 알고 싶어 하기 마련이다. 포드, 에디슨, 파이어스톤이 친한 친구 사이며, 매년 휴식과 재충전을 위해 함께 숲으로 떠난다고 널리 알려져 있다.

그런데 일반적으로 알려지지 않은 사실이 있다. 심지어 세 사람조차 이 사실을 알지 의문이다. 바로 세 사람 사이에 조화로운 유대감이 존재하며, 이로부터 마스터 마인드가 형성되어 세 사람 각자가 이를 활용한다는 사실 말이다. 마스터 마인드는 초인적인 능력을 지닌 마음이며, 사람들에게는 대부분 생소한 힘에 '동조'할 수 있는 능력이 있다. 둘 이상의 마음(12~13명이 가장 이상적인 숫자로 보인다.)을 융합하고 조화시키면 에테르의 진동에 '동조'해 어떤 주제에 대해서든 유사한 생각을 끌어내는 능력을 지니는 정신이 만들어질 수 있음을 다시 한번 강조한다.

포드, 에디슨, 파이어스톤은 정신의 조화라는 원리를 통해 각자의 노력을 보완하는 마스터 마인드를 만들어냈다. 의식적으로든 무의식적으로든 마스터 마인드는 세 사람에게 원동력이 되었다. 이들이 각자의 분야에서 막대한 권력을 얻고, 엄청난 성공을 거둔 이유는 다른 데 있지 않다. 비록 그들 중 누구도 자신들이 창조한 이 힘이나 그 방식에 대해 완전히 인식하지 못했을지라도, 이 사실은 변하지 않는다.

시카고에는 '빅식스Big Six'라고 불리는 여섯 명의 강력한 인물들이 살고 있다. 이 여섯 명은 중서부에서 가장 강력한 집단이라고 알려져 있으며, 이들의 연간 수입을 합치면 2,500만 달러 이상에 달한다. 이 그룹의 모든 구성원은 아주 초라한 환경에서 시작했다. 이들의 이름은 다음과 같다.

우선 윌리엄 리글리 2세가 있다. 그는 껌 사업체 리글리를 소유하며 연간 수입이 1,500만 달러가 넘는다. 다음으로 존 R. 톰슨은 전국에 톰슨셀프서비스식당 체인을 운영하는 사업가며, 앨버트 D. 래스커는 로드앤드토마스광고대행사를 소유하고 있다. 찰스 맥컬러는 세계에서 가장 큰 운송 회사인 파말리익스프레스의 소유주며, 존 리치와 존 헤

르츠는 미국 전역을 운행하는 옐로우택시캡을 소유하고 있다.

일반적으로 백만장자가 되는 것만으로는 놀랄 일이 아니다. 하지만 이 특정 백만장자들의 재정적 성공에는 놀라운 것 이상의 무언가가 있다. 그들 사이에는 우정의 유대감이 존재하며, 그 유대감에서 마스터 마인드를 만들어내는 조화로운 상태가 생겨난다. 여섯 사람은 우연이든 계획적이든 각자의 정신을 하나로 모아 마스터 마인드라는 초인적인 힘을 만들어냈고, 이 힘으로 서로의 부족한 정신을 채워주었다. 그 결과, 그들은 혼자서는 누릴 수 없는 엄청난 물질적인 이득을 얻었다.

마스터 마인드의 원리가 작동하는 법칙은 예수 그리스도가 12명의 제자와 함께 세계 최초의 13인 클럽을 만들었을 때 발견되었다. 비록 13명 중 한 명인 유다가 조화의 사슬을 끊었지만, 그들 사이에 처음 존재했던 조화로운 시기에 충분한 씨앗이 뿌려져 있었다. 이에 따라 지구상에서 가장 위대하고 광범위한 영향력을 가진 이 철학은 계속 이어질 수 있었다.

수많은 사람이 스스로 지혜를 가지고 있다고 믿는다. 하지만 어느 정도 기초적인 지혜는 있을 수 있지만, 마스터 마인드의 도움 없이는 아무도 진정한 지혜를 가질 수 없다. 그리고 마스터 마인드는 두 명 이상의 정신을 조화롭게 융합하는 원리를 통해서만 만들 수 있다.

수년간의 실험으로 완벽한 조화 속에서 융합된 13개의 마음이 가장 실질적인 성과를 만들어낸다는 사실이 입증되었다. 이 시대에 풍부하게 존재하는 모든 위대한 산업적·상업적 성공은 의식적이든 무의식적이든 이 법칙에 기반을 둔다. '합병'이라는 단어는 신문 용어에서 인기 있는 단어다. 산업, 상업, 금융 혹은 철도 합병에 관한 기사가 없는 날이 거의 없다. 세상은 (아주 소수의 사람만) 우호적인 동맹과 협력으로 강력한 힘을 키울 수 있음을 천천히 배우기 시작했다.

성공적인 사업, 산업, 금융 기업은 의식적으로든 무의식적으로든 이 글에서 설명하는 협력의 법칙을 실천하는 리더가 이끌고 있다. 어떤 분야에서든 훌륭한 리더가 되고 싶다면, 협력의 정신으로 조화를 이룰 수 있는 사람으로 주변을 채우고 하나의 목표를 향해 행동하고 기능하도록 이끌어야 한다. 이 법칙을 제대로 이해하고 실천한다면, 당신은 자신의 노력을 통해 이 세상에서 원하는 어떤 것이든 성취할 수 있을 것이다!

성공의 법칙 9

호감 넘치는 사람으로 거듭나라

"의견이 다른 사람을 관대하게 받아들일 때까지,
존경하지 않는 사람에게도 따뜻한 말을 건넬 때까지,
그리고 다른 사람에게서 결점이 아닌 장점을 발견할 줄
알 때까지 당신은 성공도 행복도 얻지 못한다."

매력적인 성격이란 무엇일까? 물론 답은 간단하다. 바로 사람들을 끌어당기는 성격이다. 그런데 성격을 매력적으로 만드는 것은 무엇일까? 당신의 성격은 다른 사람과 구별 짓는 특징과 외모의 총합이다. <u>입는 옷, 얼굴의 표정, 목소리 톤, 사고방식, 그리고 그 생각으로 발전된 기질 등 모든 것이 성격을 구성하는 요소다.</u>

당신의 성격이 매력적인지 아닌지는 또 다른 문제다. 성격에서 가장 중요한 부분은 눈에 보이지 않는다. 물론 옷 스타일과 적절성도 성격에서 매우 중요하다. 외모가 첫인상을 형성하는 것은 사실이다.

악수하는 방식조차도 성격에서 중요한 부분을 차지한다. 악수는 상대방을 끌어당기거나 밀어내는 데 큰 영향을 미친다. 이 기술은 갈고닦을 수 있다. 눈빛 또한 성격에서 중요한 부분을 차지한다. 상대의 눈을 통해 마음속을 들여다보고 가장 은밀한 생각의 본질을 읽어내는 사람이 생각보다 많다. 때로는 신체적 활력도 성격에서 중요한 부분을 차지한다.

나를 사로잡은 영업의 여왕

이제 성격의 본질이 표현되는 외관상 요소를 정리해 사람을 끌어당기고 밀어내지 않는 방법을 알아보겠다. 당신이 뚱뚱하고 못생겼더라도 <u>호감 가는 성격으로 항상 사람을 끌어당기는 방법이 있다. 바로 상대방이 '좋아하는 일'에 진심으로 관심을 두는 것이다.</u>

몇 년 전 내게 일어났던 일로 이 말이 무슨 뜻인지 설명해보겠다. 이

때 나는 영업 기술에 대한 교훈을 얻었다.

어느 날 한 나이 든 여성이 사무실에 와서 비서들에게 명함을 주면서 나를 직접 만나고 싶다고 했다. 비서들이 여러 번 물어보았으나 그녀는 방문 목적을 밝히지 않았다. 이 소식을 전해 들은 나는 그녀가 책을 팔려는 불쌍한 노인이라고 생각했다. 그리고 어머니를 떠올리며 접견실로 나가서 어떤 책을 팔든 사주기로 마음먹었다. 이제부터 이야기의 모든 세부 사항을 주의 깊게 보길 바란다. 당신도 이 사건에서 영업 기술에 대한 교훈을 얻을 수 있을 테니 말이다.

내가 개인 사무실에서 복도를 따라 걸어 나오자, 접견실로 이어지는 통로에 서 있던 이 노부인이 미소 짓기 시작했다. 여태껏 이 부인처럼 달콤하게 미소 짓는 사람은 본 적이 없었다. 부인의 미소에 전염된 듯 나도 덩달아 미소를 지었다.

내가 가까이 가자 노부인은 악수를 청하며 손을 내밀었다. 보통 나는 누군가가 사무실에 찾아왔을 때 처음부터 너무 친근하게 대하지 않는다. 혹시라도 어려운 부탁을 받으면 거절하기가 매우 어렵기 때문이다. 하지만 이 사랑스러운 노부인은 너무나 순수하고 온화해 보였다. 나는 손을 내밀어 그녀와 악수했다! 그 순간 나는 그녀가 매력적인 미소뿐만 아니라 사람을 끌어당기는 악수까지 할 줄 아는 사람임을 알게 되었다. 그녀는 내 손을 쥐었는데 너무 세게 잡지는 않았다. 마치 나와 악수해서 영광이며 정말 기쁘다는 그녀의 생각이 전해지는 듯했다. 나는 그녀의 악수가 손뿐만 아니라 마음에서 진심으로 우러나온 것임을 알 수 있었다.

나는 사회생활을 하면서 수천 명의 사람과 악수했지만, 그 노부인만큼 악수를 잘하는 사람은 본 적이 없다. 그녀가 내 손을 잡는 순간, 마치 온몸이 '녹아내리는' 듯한 느낌을 받았다. 이 사람은 무엇을 원하든 결국 얻을 것이라는 생각이 들었고, 나도 모르게 최선을 다해 그녀를 돕고 싶은 마음이 솟아났다.

다시 말해, 그녀의 마음을 꿰뚫는 듯한 미소와 따뜻한 악수는 나를 무장 해제시켰고 기꺼이 '자발적인 희생자'가 되게 만들었다. 단 한 번의 악수로 이 노부인은 영업 사원이 끈질기게 달라붙을 때마다 나를 보호하던 방어막을 허물어뜨렸다. 앞서 언급했던 표현을 빌리면, 그녀는 나를 중립 상태로 만들어 자기 이야기에 귀 기울이도록 했다. 하지만 바로 이 지점에서 영업 사원 대부분은 실수를 저지른다. 비유하면 낭떠러지에서 발을 헛디뎌 떨어지는 것과 같다. 상대방이 귀 기울일 준비가 되기 전에 무언가를 팔려고 하는 것은 마치 지구의 자전을 멈추라고 명령하는 것만큼이나 부질없는 짓이다.

이 노부인이 내 마음의 문을 열기 위해 미소와 악수를 어떻게 활용했는지 잘 기억해두길 바란다. 하지만 그녀의 진짜 전략은 아직 시작되지 않았다.

마치 세상의 모든 시간을 가진 듯(적어도 그 순간에는 그렇게 느껴졌다.) 노부인은 천천히 그리고 신중하게 말을 이어 나갔다. 그녀의 승리를 위한 첫 번째 포석은 바로 이것이었다. "사실은 선생님께 꼭 하고 싶은 말이 있어서 왔습니다…. (그러고선 내게는 아주 오랜 멈춤처럼 느껴진 침묵이 잠시 있었다.) 선생님이 지금 하시는 일은 그 어떤 것보다도 훌륭하다고 생각해요."

그녀는 모든 단어에 힘을 실어 말했고, 그동안 부드럽지만 단호하게 내 손을 잡고 있었으며 마음속을 꿰뚫을 듯 내 눈을 바라보았다. 곧 정신을 차리고 나서, (참고로 내가 그 자리에서 기절했다는 소문은 사무실 직원들 사이에서 두고두고 웃음거리가 되었다.) 나는 허리를 굽혀 문에 달린 작은 빗장을 풀고 그녀에게 말했다.

"어서 들어오세요, 부인. 제 개인 사무실로 모시겠습니다." 마치 옛날 기사라도 된 듯 멋지게 인사하고 그녀를 사무실 안으로 안내했다. "편히 앉으세요."

그녀가 내 개인 사무실로 들어오자, 나는 책상 뒤에 있는 커다란 안락의자를 권했다. 그리고 평소 같으면 손님이 내 시간을 너무 빼앗지 못하도록 앉혔을 작고 딱딱한 의자에는 내가 앉았다. 그렇게 45분 동안 나는 살면서 들어본 것 중 가장 훌륭하고 매력적인 대화에 빠져들었다. 물론 대화를 주도한 건 그녀였다. 처음부터 그녀는 주도권을 쥐고 대화를 이끌었고, 나는 45분간 그녀를 전혀 방해하지 않았다. 혹시 이해하지 못했을까 봐 다시 한번 강조하지만, 나는 정말 기꺼이 그녀의 이야기에 귀 기울였다!

이제부터 부끄러운 이야기를 하려고 한다. 당신과 나는 책으로 만나고 있으니 그나마 다행이라고 해야 할까, 아니었다면 나는 얼굴이 빨개졌을 것이다. 하지만 용기를 내서 사실대로 말해야겠다. 그렇게 하지 않으면 이 이야기 전체가 의미를 잃어버리고 말 것이다.

이미 말했듯 방문객은 45분 동안 훌륭하고 매력적인 대화로 나를 사로잡았다. 자, 그 시간 내내 그녀가 무슨 이야기를 했을 것 같은가? 아니! 틀렸다. 그녀는 내게 책을 팔려고도 하지 않았고, 단 한 번도 '나'라는 인칭 대명사를 사용하지도 않았다. 하지만 그녀는 무언가를 팔려고 시도했을 뿐만 아니라 실제로 나에게 팔았다. 바로 나 자신이었다.

그녀가 푹신한 의자에 앉자마자, 나에게 팔려고 가져온 책일 거라고 생각했던 꾸러미를 펼쳤다. 과연 그 꾸러미 안에는 책이 있었다. 사실 몇 권이나 되었다. 그녀는 내가 편집장으로 있던 잡지 《힐의 황금률》의 1년 치 묶음을 가지고 있었다. 그녀는 그 잡지들의 페이지를 넘기며 여기저기 표시해둔 곳을 읽어주었고, 그러는 동안 자신이 항상 그 글의 철학을 믿어왔다고 확신시켜주었다.

내가 완전히 넋이 나가 그녀의 말에 귀 기울일 때, 그녀는 대화 주제를 재치 있게 바꾸었다. 아마도 그녀는 내 사무실에 나타나기 훨씬 전부터 나와 이 주제에 관해 이야기하고 싶어 했을 것이다. 하지만 이것이 영업 사원 대부분이 실수하는 또 다른 지점이다. 만약 그녀가 대화 순서를 바꾸어서 마지막에 했던 이야기를 먼저 했다면, 그녀는 커다란 안락의자에 앉을 기회조차 얻지 못했을 것이다.

노부인은 자리를 뜨기 전 마지막 3분간 노련하게 자신이 판매하는 증권의 장점을 설명했다. 내게 구매를 요청하지는 않았다. 하지만 그녀가 증권의 장점을 설명하는 방식, 그리고 내가 하는 '일'의 장점을 인상적으로 설명했던 방식은 심리적인 효과를 발휘해 나도 모르게 구매하고 싶은 마음이 들게 했다. 비록 내가 직접 그녀에게 증권을 구매하지는 않았지만, 그녀는 판매에 성공했다. 내가 전화를 걸어 다른 사람을 소개했고, 그녀는 그 사람에게 원래 나에게 팔려고 했던 것보다 다섯 배 이상 많은 금액의 증권을 판매했기 때문이다. 만약 그 노부인이나 그만큼 뛰어난 재치와 성격을 갖춘 다른 사람이 찾아온다면, 나는 다시 한번 45분 동안 기꺼이 그들의 이야기에 귀 기울일 것이다.

인간이라면 누구나 어느 정도 허영심이 있다! 우리 모두는 이 점에서 똑같다. <u>우리는 마음속 깊이 와닿는 사람들의 말에 흥미를 느끼고 귀 기울인다.</u> 그러고 나서 그 사람이 마침내 자신에게 가장 중요한 주제로 화제를 돌릴 때도 관심 있게 경청한다. 그리고 결국에는 '계약서에 서명'할 뿐만 아니라 "정말 멋진 성격을 가진 사람이군!"이라고 말하기 마련이다.

남에게 진심으로 관심을 두라

몇 년 전 시카고에서 나는 한 증권사의 의뢰를 받아 1,500명이 넘는 영업 사원의 교육을 담당했다. 그 거대한 조직은 매주 600명의 신입 영업 사원을 뽑아 교육했다. 그런데 그 프로그램을 거쳐 간 수천 명 중에서 내가 설명하는 이 원칙의 중요성을 처음 들었을 때 바로 이해한 사람은 단 한 명뿐이었다. 그 사람은 증권을 판매해본 적이 없었고, 교육을 받을 때도 솔직히 자신은 영업 사원의 자질이 없다고 인정했다. 정말로 그에게 영업 사원의 자질이 없었는지 한번 살펴보자.

그가 교육을 마친 후의 일이다. 잘나가는 '스타' 영업 사원 한 명이 그가 듣는 모든 것을 믿는 순진한 사람이라고 여기고선 장난칠 생각을 했다. 이 스타는 별다른 노력 없이도 증권을 팔 수 있는 사람이 있다며 내부 정보를 '귀띔'해주었다. "내가 직접 판매할 수도 있지만"이라고 운을 떼며 한 평범한 예술가를 잠재 고객으로 소개했다. 약간의 설득만으로도 쉽게 구매할 거라며 "나 같은 사람이 굳이 나설 필요도 없을 만큼 쉬운 상대예요."라고 덧붙였다.

갓 영업 사원이 된 이 남성은 기뻐하며 즉시 사무실을 나섰다. 그러자 스타는 다른 스타들을 불러 모아 자신이 꾸민 장난에 관해 이야기했다. 사실 스타도 그 부유한 예술가에게 증권을 판매하려고 거의 한 달 동안 노력했지만 성공하지 못했다. 심지어 다른 모든 스타가 그 예술가를 방문했으나 관심을 끌지 못했다. 신입 사원은 약 한 시간 30분 동안 자리를 비웠다. 그리고 그가 돌아왔을 때, 스타들은 얼굴에 미소를 띠고 기다리고 있었다.

놀랍게도 신입 사원도 얼굴에 밝은 미소를 띠고 있었다. 스타들은 서로 의아하게 쳐다보았다. 그들은 이 '풋내기'가 즐거운 기분으로 돌아오지 않을 것이라고 예상했기 때문이다.

"자, 그 사람에게 증권을 팔았나요?" 이 장난을 시작한 사람이 물었다. "물론이죠." 신입 사원이 대답했다. "그 예술가는 당신이 말한 그대로였어요. 완벽한 신사이자 아주 흥미로운 사람이었죠." 그러더니 주머니에 손을 넣어 주문서와 2천 달러짜리 수표를 꺼냈다. 스타들은 그가 어떻게 해냈는지 알고 싶어 했다. "별거 아니었어요." 신입 사원이 설명했다. "그냥 들어가서 몇 마디 나눴더니 그가 먼저 증권 이야기를 꺼내더라고요. 그러더니 사고 싶다고 했어요. 사실 내가 팔았다기보다는 그가 자발적으로 구매한 셈이에요."

나는 그 소식을 듣고 신입 사원을 불러 자세히 이야기해달라고 했다. 그리고 그가 말한 그대로 여기에 옮겨 적겠다.

작업실에 도착했을 때 예술가는 그림을 그리고 있었다. 예술가는 작업에 너무 몰두해서 그 영업 사원이 들어오는 것을 보지 못했다. 그래서 영업 사원은 그림이 보이는 곳까지 걸어가 아무 말 없이 서서 그림을 감상했다.

마침내 예술가가 그를 발견했다. 그러자 영업 사원은 불쑥 찾아와 미안하다고 한 뒤 말을 시작했다. 예술가가 그리는 그림에 대해서 말이다! 그는 예술에 대해 어느 정도 알고 있었기에 그림의 장점을 지적으로 논할 수 있었고, 진심으로 관심을 보였다. 그는 그림이 마음에 들었고 예술가에게도 그렇게 솔직히 말했다. 물론 이 말에 예술가는 매우 흥분했다! 거의 한 시간 동안 두 사람은 예술, 특히 이젤 위에 있는 그림에 관해서만 이야기했다.

마침내 예술가가 영업 사원에게 이름과 하는 일을 물었고, 영업 사원은 (맞다, 바로 그는 진정한 영업 사원이다.) 이렇게 대답했다. "아, 제 이름이나 하는 일은 신경 쓰지 마세요. 저는 당신과 당신의 예술에 더 관심이 있어요!" 예술가의 얼굴에 기쁨의 미소가 번졌다. 그 말은 그의 귀에 마치 감미로운 음악처럼 들렸다. 하지만 공손한 방문객에게 작업실에 온 목적이 무엇인지 알아야겠다고 주장했다. 그러자 진심으로 마지못해서 이 진정한 스타 영업 사원은 자신을 소개하고 업무에 관해 이야기했다.

간략하게 자신이 담당하는 증권을 설명하자, 예술가는 마치 그의 모든 말을 즐기듯 귀 기울여 들었다. 영업 사원이 설명을 마쳤을 때 예술가가 말했다. "이런이런! 내가 정말 어리석었군요. 당신 회사의 다른 영업 사원들이 여기에 와서 그 증권을 팔려고 했지만 업무 이야기만 했어요. 사실 나를 너무 귀찮게 해서 그중 한 명에게는 나가달라고까지 했죠. 뭐였더라, 그 친구 이름이⋯ 아, 맞다, 퍼킨스 씨였어요. (퍼킨스는 갓 영업 사원이 된 그에게 장난을 친 바로 그 스타 영업 사원이었다.) <u>하지만 당신은 문제를 아주 다르게 제시하는군요.</u> 이제 내가 얼마나 어리석었는지 알겠어요. 그 증권을 2천 달러어치 주세요."

이 말을 한번 생각해보자. "당신은 문제를 아주 다르게 제시하는군요!" 이 초보 영업 사원은 무엇을 그토록 다르게 제시했을까? 다시 말해, 이 진정한 영업 사원은 예술가에게 무엇을 판매했을까? 과연 증권을 판매한 것일까?

그렇지 않다! <u>그는 자신의 캔버스에 그려진 본인의 그림을 판매했다.</u> 증권은 단지 부수적이었다. 이 점을 간과하지 마라. 그 영업 사원은 45분 동안 나를 즐겁게 해주었던 노부인의 이야기를 기억했다. 그 이야기에 깊은 인상을 받아 잠재 고객을 연구한 뒤 가장 큰 관심거리를 찾아내 관련한 이야기를 하기로 마음먹었다.

이 풋내기 영업 사원은 판매 업무에 뛰어든 첫 달에 7,900달러의 수수료를 벌어들였다. 2위보다 두 배 이상 많은 금액이었다. 하지만 안타깝게도 1,500명의 영업 사원 중 아무도 시간을 내어 그가 어떻게, 왜 진정한 스타가 되었는지 알아내려고 하지 않았다.

앤드루 카네기, 존 D. 록펠러, 제임스 J. 힐, 필드와 같은 사람은 누구나 활용할 수 있는 법칙으로 부를 일구었다. 하지만 우리는 그들의 철학을 배우고 자신의 것으로 만들 생각은 하지 않고 그저 그들의 부를 부러워하기만 한다. 우리는 성공한 사람이 승리의 순간에 서 있는 모습을 보고 어떻게 그렇게 되었는지 궁금해한다. 하지만 정작 그들의 성공법을 분석하는 것의 중요성은 간과하고, 노력의 결실을 거두기에 앞서 그가 거쳐야 했던 신중하고 체계적인 준비 과정은 잊어버린다.

이 책의 성공 법칙 가운데 새로운 법칙은 단 하나도 없다. 모든 법칙은 문명만큼이나 오래되었다. 하지만 그 법칙과 적용법을 제대로 이해하는 사람은 거의 없다.

예술가에게 증권을 판매했던 남성은 뛰어난 진정한 영업 사원일 뿐만 아니라 성격도 매력적이었다. 그는 외모가 뛰어난 편은 아니었다. 아마도 그래서 스타 영업 사원이 그런 잔인한(?) 장난을 칠 생각을 했을 것이다. 하지만 외모가 평범한 사람이라도 자신의 작품을 칭찬하는 예술가의 눈에는 매력적인 성격의 사람으로 보일 수 있다.

내 설명을 잘못 이해한 나머지, 싸구려 아첨이 진정한 관심을 대신할 수 있다고 결론짓는 사람들도 있을 수 있다. 당신은 부디 그런 사람이 아니기를 바란다. 당신이 이 장의 바탕이 되는 진정한 심리학 원리를 이해하고, 다른 사람을 자세히 관찰해 그들이나 그들의 일에서 진심으로 감탄할 만한 것을 찾아내기 바란다. 오직 이런 방식으로만 거부할 수 없을 만큼 매력적인 성격을 만들 수 있다. 싸구려 아첨은 정반대의 부작용만 일으킨다. 사람을 끌어당기기는커녕 밀어내고, 진실성이 없기에 누구나 쉽게 알아챈다.

아마 당신은 이미 알아차렸을 수도 있고, 아직 못 했다면 지금 알아차리기를 바란다. 이 장에서 나는 다른 사람의 일, 사업 혹은 직업에 깊이 관심 두는 습관이 중요하다고 상당히 길게 강조하고 있다. 그리고 이 장의 기본 원칙은 상상력에 대한 6장의 법칙과 매우 밀접하게 관련되어 있다. 또한 이 장은 협력에 대한 13장의 핵심 내용과도 거의 같은 원칙에 기반을 두고 있다.

돈을 부르는 실용적인 아이디어란?

이제 상상력, 협력 그리고 매력적인 성격의 법칙을 결합하거나 조정해 유용한 아이디어를 얻고, 나아가 수익성 있는 결과를 얻는 방법에 대해 몇 가지 실용적인 제안을 하겠다. 사상가라면 '아이디어'가 모든 성공적인 업적의 시작임을 안다. 사람들이 내게 가장 자주 묻는 말은 "돈 버는 아이디어를 만드는 방법을 어떻게 배울 수 있을까요?"다. 그래서 이제부터 이 질문에 대한 답변의 일부로 새롭고 독창적인 아이디어를 제안한다. 누구든 어느 지역에서든 실질적으로 이 아이디어를 발전시켜 수익을 낼 수 있을 것이다.

❖ '장난감 제조 판매'로 돈 버는 아이디어

세계대전으로 독일은 막대한 장난감 무역을 잃었다. 전쟁 전에는 독일에서 많은 장난감이 제조되어 전 세계로 팔렸다. 장난감은 미국뿐만 아니라 해외에서도 수요가 많다. 그중 여러 나라가 이제 독일에서 장난감을 구입하지 않는다. 그래서 미국 장난감 기업의 유일한 경쟁자는 일본이지만, 일본 장난감은 품질이 너무 낮아서 경쟁 상대가 되지 않는다.

당신이 장난감 사업을 하고 싶다면 이런 질문을 할 것이다. "무슨 종류의 장난감을 만들어야 하고, 사업 자본은 어디서 구해야 하나요?" 먼저 지역 장난감 판매점에 가서 어떤 종류의 장난감이 가장 잘 팔리는지 알아보자. 현재 시중에 나와 있는 장난감을 개선할 능력이 없다면, '시장성 있는 장난감에 대한 아이디어를 가진' 발명가를 찾는 광고를 내라. 그러면 곧 빠진 고리를 채워줄 기계의 천재를 찾을 수 있다. 그에게 원하는 장난감의 작동 모델을 만들어달라고 요청한 다음, 작은 제조업체, 목공소, 기계 공장 등에 가서 장난감 제작을 의뢰하자. 그러고선 장난감의 원가를 알아보면, 큰 도매업자나 유통업체에 가서 제품의 판매를 협의할 준비가 된 것이다.

만약 당신이 유능한 영업 사원이라면 발명가를 찾는 광고에 적은 돈만 들여도 전체 프로젝트에 대한 자금을 조달할 수 있다. 발명가를 찾아 여가 때 잠시 시간을 내어 당신이 필요로 하는 모델을 만들어달라고 설득하자. 장난감을 직접 제작하면 더 나은 일자리를 주겠다고 약속하면서 말이다. 아마도 당신이 노동력에 대한 대가를 지불할 때까지 그는 일을 해줄 것이다. 아니면 사업 지분을 대가로 요구할 수도 있다.

장난감 제조업체에는 판매 대금을 받을 때까지 기다려달라고 하거나, 필요하다면 판매된 장난감의 송장을 양도해 대금이 업체에 직접 전달되도록 할 수 있다. 물론 당신이 특별히 매력적이고 설득력 있는 성격과 뛰어난 조직 능력을 갖추었다면, 장난감 모델을 가지고 투자자에게 가서 사업 지분을 제공하는 대가로 직접 자본을 확보할 수도 있다.

어떤 장난감이 잘 팔릴지 알고 싶다면 아이들이 노는 모습을 관찰하자. 아이들이 무엇을 좋아하고 싫어하는지, 무엇에 재미있어하는지 연구하면 어떤 장난감을 만들지 아이디어를 얻을 수 있다. 발명에는 천재성이 필요하지 않다! 상식만 있으면 된다. 사람들이 무엇을 원하는지 파악하고 만들면 된다. 단, 다른 누구보다 잘 만들어야 한다. 개성을 더하고 독특하게 만들어보자.

수많은 어른이 아이들을 즐겁게 하려고 매년 수백만 달러를 장난감에 쓴다. 새로운 장난감을 만든다면 재미있을 뿐만 아니라 쓸모도 있어야 한다. 되도록 교육적 요소를 넣으면 좋다. 장난감이 재미있으면서 동시에 교육적이라면 잘 팔릴 테고 오랫동안 사랑받을 것이다. 만약 게임을 만든다면 아이들에게 세상에 대한 지식, 지리, 산수, 영어, 생리학 등을 가르쳐주는 것이어야 한다. 더 좋은 것은 아이들이 뛰어다니고, 점프하고, 운동하게 하는 장난감을 만드는 것이다. 아이들은 움직이는 것을 좋아하고, 움직이는 것은 아이들에게 유익하다. 특히 놀이를 통해 자극받을 때는 더욱 그렇다.

❖ '광고 대행'으로 돈 버는 아이디어

이 계획은 '위험을 감수하고' 큰돈을 벌겠다는 야망과 자신감을 품은 일부 사람에게만 흥미로울 것이다. 이 제안은 미국 전역의 대도시에서는 적어도 40~50명의 사람이, 그리고 소규모 도시에서는 그보다 더 적은 수의 사람이 실행에 옮길 만한 방법이다. 광고 문구, 판촉 자료, 수금 편지 등을 쓸 만큼 기본적인 글쓰기 능력이 있거나, 혹은 쓰는 법을 배우고 싶은 사람이라면 누구든 도전할 수 있다. 이 제안을 실행하고 수익을 내려면 믿을 만한 광고 대행사와 협력해야 한다. 그리고 대행사를 통해 예산을 집행할 만큼 광고를 많이 하는 다섯 개 정도의 회사 혹은 개인도 필요하다.

먼저 대행사에 가서 당신이 가져오는 계약이 벌어들이는 수입 중 7퍼센트를 수수료로 받는 계약을 맺는다. 이는 새로운 고객을 유치하고, 광고 문구를 작성하고, 광고 예산 관리로 고객에게 제공하는 서비스에 대한 보상이다. 괜찮은 대행사라면 당신 가져오는 사업에 기꺼이 이 수수료를 지급할 것이다.

그런 다음, 당신은 광고 계정을 관리하고 싶은 회사 혹은 개인에게 사실상 무보수로 일하겠다고 말한다. 회사의 매출 증진에 도움이 되는 무엇을 할 수 있고 무엇을 할지도 알린다. 그 회사에 광고 담당자가 있다면 무보수 조수 역할을 자처하는 것 또한 좋다. 단, 광고 예산이 당신과 연결된 대행사를 거쳐 집행되어야 한다는 조건으로 말이다. 이 방식으로 당신은 계정을 확보한 회사 혹은 개인이 당신의 서비스를 무료로 받으면서도, 다른 대행사에서 광고를 진행하는 것보다 더 큰 비용을 쓰지 않게 할 수 있다. 시간을 들여 꼼꼼히 준비하고 설득력 있게 제안한다면 계정을 확보하는 데 어려움이 없을 것이다.

이런 식으로 유리하게 관리할 수 있는 계정을 여러 개 확보할 때까지 같은 과정을 반복한다. 보통 12개를 넘지 않아야 관리를 할 수 있다. 하지만 한 명 이상의 고객이 광고에 연간 2만 5천 달러 이상의 큰돈을 지급한다면, 그보다 더 적은 수의 계약을 관리하는 것도 괜찮다.

만약 당신이 유능한 광고 카피라이터인데 고객을 위해 새롭고 수익성 있는 아이디어를 만들어낼 능력이 있다면 여러 계약을 매년 유지할 수 있다. 물론 할 수 있는 것보다 더 많은 계정을 맡아서는 안 된다. 당신은 각 고객의 사업장에 직접 찾아가 시간을 보내야 한다. 고객의 판매 문제를 정확히 파악하고, 상품과 제품에 대한 정보를 얻으려면 현장에 당신만의 책상과 작업 공간을 마련하는 것도 좋은 방법이다.

이렇게 해서 당신은 광고 대행사에 '다른 방법으로는 얻지 못하는 효과적인 서비스'를 제공하는 곳이라는 명성을 안겨줄 수 있다. 그리고 고객은 당신의 노력으로 만족스러운 결과를 얻어서 기뻐할 것이다.

광고 대행사와 고객을 만족시키는 한 당신의 일자리는 안정적이며 수익도 보장된다. 이 계획에 따라 기대할 수 있는 수익은 연간 총 25만 달러며, 그중 7퍼센트는 1만 7,500달러에 달한다. 능력이 뛰어난 사람은 이 숫자를 훨씬 더 높일 수 있다.

이 계획에는 분명한 잠재력이 있다. 독립적인 업무 기회를 제공하며, 당신의 수익 창출 능력을 100퍼센트 발휘하게 해준다. 광고 담당자와 비교했을 때, 같은 수준의 수입을 올린다고 해도 이 계획이 더 가치가 있다. 왜냐하면 이 계획으로 당신은 자신만의 사업을 운영하는 위치에 오를 수 있으며, 지속적인 가치를 창출할 수 있기 때문이다.

♣ '홍보물 제작'으로 돈 버는 아이디어

이 계획은 평균적인 지능을 가진 사람이라면 약간의 준비만으로 실행에 옮길 수 있다. 먼저 최고의 인쇄업체를 찾아가 일감을 가져오는 대가로 10퍼센트의 수수료를 받는 계약을 맺는다. 그리고 인쇄물을 많이 사용하는 회사에 가서 온갖 종류의 인쇄물 샘플을 모은다.

다음으로는 디자이너와 파트너십 혹은 협력 관계를 맺어서 모아놓은 인쇄물을 검토하고 적절한 것을 찾아 그림을 개선하거나 추가하게 한다. 이때 간단한 스케치를 그려 원본 인쇄물에 붙일 수도 있다. 그런 다음, 카피라이터와 협력 관계를 맺어 인쇄물의 광고 문구를 검토하게 하고 가능한 모든 면에서 개선한다.

작업이 완료되면 이전에 인쇄물을 받았던 회사를 다시 방문해 개선된 결과물을 보여주자. 이때 구체적인 개선 사항과 방법을 보여주기 전까지는 견적을 제시하지 않는 것이 중요하다. 이와 같은 전문 서비스를 제공함으로써 당신은 인쇄 작업을 수주할 기회를 얻을 수 있다.

당신이 서비스를 제대로 제공하면 곧 디자이너, 카피라이터, 그리고 연간 5천 달러의 수입을 가져다줄 사업을 얻을 것이다. 이 사업 계획에서 다른 사람의 작업을 바탕으로 얻는 이익은 모두 정당한 이익이다. 즉, 만족스러운 서비스를 제공하는 데 필요한 재능과 능력을 조직한 대가로 받는 이익이다. 예를 들어, 당신이 장난감 사업을 한다면 장난감 제작자의 작업으로부터 이익을 얻을 자격이 있다. 그들이 고용된 것은 당신의 능력 덕분이기 때문이다.

당신의 두뇌와 능력을 함께 일하는 사람들의 능력과 합치면 그들의 수입을 크게 늘릴 수 있다. <u>당신의 지도 덕분에 더 많은 돈을 벌 수 있기에 그들은 당신이 약간의 이익을 얻어도 기꺼이 받아들인다.</u>

당신은 이것들 중 어떤 계획을 수용하여 이익을 창출하고 싶은가? 당신이 회사 직원이라면 지금 이 순간에도 회사의 책임자가 조직적·재정적 능력을 활용해 당신의 수입 능력을 높이고 있지 않을까?

당신은 직원의 위치를 넘어 고용주의 위치에 서기를 원한다. 그러려면 자신이 회사의 책임자라고 생각하고 직원이 해주었으면 하는 방식으로 현재의 회사에서 일해야 한다.

오늘날 영향력 있는 고용주는 누구인가? 부유한 사람의 자녀로서 고용주의 자리를 물려받은 이일까? 절대 아니다! 가장 낮은 계급에서 올라온 사람이다. 이런 사람이 얻은 기회는 당신의 기회보다 더 크지 않았다. 하지만 뛰어난 능력으로 다른 사람들을 이끌었기에 현재의 자리에 올랐다. 당신도 노력한다면 그런 능력을 충분히 얻을 수 있다.

돈을 잘 버는 사람의 사업 접근법

당신이 사는 지역에는 당신이 도울 수 있는 사람이 있으며, 분명히 당신도 도움을 받을 수 있다. 예를 들어, 한쪽에는 식료품점을 팔고 영화관을 열고 싶어 하는 존 스미스가 있고, 다른 쪽에는 영화관을 식료품점과 바꾸고 싶어 하는 사람이 있다. 당신이 이 둘을 연결할 수 있다면, 두 사람에게 도움을 줄 수도 있고 그에 대한 보상도 받을 수 있다.

또한 도시에는 주변 농장에서 생산된 신선한 농산물을 원하는 사람이 많다. 농장에는 농산물을 재배해 도시 사람에게 판매하고 싶어 하는 농부가 있다. 농장에서 도시 소비자에게 직접 농산물을 전달할 방법을 찾는다면, 농부는 더 높은 가격에 농산물을 팔 수 있고 소비자는 더 저렴하게 살 수 있다. 그리고 생산자와 소비자 사이의 경로를 단축한 당신은 독창성을 발휘한 데 대한 보상을 받을 수 있다.

사업은 크게 생산자와 소비자라는 두 부류로 나뉜다. 시대의 흐름에 따라 두 부류를 많은 중개자 없이 연결하는 방법을 찾는 것이 중요해졌다. 생산자와 소비자 사이의 과정을 단축하는 방법을 찾으면, 양쪽 모두에게 도움이 되고 당신도 이익을 얻을 것이다. 노동자는 자신의 노력에 대해 정당한 보상을 받을 자격이 있다. 만약 이러한 계획을 세운다면, 소비자를 위해 절약한 비용의 일부와 생산자를 위해 창출한 이익 일부를 받을 수 있다.

결론적으로 돈을 벌기 위한 계획을 세울 때는 무엇이든 소비자에게 부담을 더하기보다는 조금이라도 줄이는 방법을 찾는 것이 중요하다. 생산자와 소비자를 연결하는 사업은 양측 모두에게 공정하고 수익성이 좋은 사업이다. 단, 눈앞의 이익만을 좇지 않는다는 전제가 필요하다! 대중은 폭리를 취하는 것에 대해서는 어느 정도 관대하지만, 그 누구도 넘지 못할 선이 존재한다. 다이아몬드 시장을 독점하고 다이아몬드의 가격을 높이는 것은 용인될 수도 있다. 하지만 식료품, 의류, 기타 생필품의 가격이 지나치게 오르면 대중의 반감을 살 가능성이 크다.

만약 당신이 부를 열망하며 그에 따르는 책임과 부담을 감당할 준비가 되어 있다면, 기존의 방식과는 반대로 접근해야 한다. 즉, 가능한 낮은 이윤으로 세상에 상품과 서비스를 제공함으로써 부를 얻는 방법을 선택하라. 포드는 직원에게 최소한의 임금을 지급하는 대신, 가능한 최대한의 임금을 제공하는 것이 오히려 수익성을 높인다는 사실을 입증했다. 또한 포드는 다른 제조업체가 가격을 계속 올리는 상황에서도 소비자에게 자동차를 더 낮은 가격에 제공함으로써 오히려 수익을 올릴 수 있다는 사실도 발견했다.

소비자에게서 최대한의 이익을 짜내는 완벽한 계획이 존재할 수는 있다. 하지만 포드의 방식처럼 소비자와 직원 모두를 고려한 계획을 세운다면 장기적으로 더 큰 마음의 평화와 더 높은 이윤을 얻을 수 있다.

당신도 아마 록펠러가 상당히 비난받는 것을 알 것이다. 하지만 그 비난은 돈은 갖고 싶어 하면서도 벌 노력은 하지 않으려는 자들의 단순한 시기심에서 비롯된 것이다. 록펠러에 대한 당신의 개인적인 의견과는 무관하게, 그가 보잘것없는 경리로 시작해 덜 유능한 사람들을 조직하고 이끄는 능력을 발휘한 덕분에 점차 정상에 올라 부를 쌓았다는 사실을 잊어서는 안 된다. 나는 등불을 밝히려고 뜨거운 태양 아래에서 4킬로미터 정도를 걸어가 25센트를 지불하고 양철통에 등유를 담아 집으로 가져오던 시절을 기억한다. 그러나 지금은 록펠러의 유통 시스템 덕분에 그 절반도 안 되는 가격으로 도시나 농장에서나 뒷문까지 등유를 배달받을 수 있다.

필요한 상품의 가격을 낮춤으로써 모은 록펠러의 수백만 달러를 누가 시기할 자격이 있을까? 그는 등유 가격을 50센트까지 쉽게 올릴 수도 있었지만, 그렇게 했다면 오늘날 그가 억만장자가 되었을지 의문이다. 많은 사람이 돈을 원한다. 하지만 돈을 벌 계획을 세우는 100명 중 99명은 돈을 손에 넣으려는 계획에만 집중할 뿐, 그 대가로 제공할 서비스는 전혀 고려하지 않는다.

호감 가는 성격은 상상력과 협력이 어우러져 나타난다. 나는 상상력, 협력, 그리고 호감 가는 성격을 어떻게 조화롭게 활용할 수 있는지를 보여주기 위해 앞서 아이디어가 만들어지는 몇 가지 사례를 제시했다. 호감이 가지 않는 성격의 사람을 분석해보면 상상력과 협력을 발휘하는 능력이 부족하다는 것을 알게 수 있다.

성격이 좋아야 성공도 할 수 있다

이제 우리는 성격에 대한 아주 중요한 가르침 중 하나를 소개할 적절한 시점에 도달했다. 이 가르침은 또한 효과적인 판매 기술에 대한 최고의 교훈 중 하나다. 매력적인 성격과 판매 기술은 불가분의 관계, 즉 항상 함께 작용하는 요소다. 여기서 내가 전하려는 이야기는 바로 셰익스피어의 명작인 희곡 『율리우스 카이사르』의 한 장면인 카이사르(로마 공화정 말기의 최고 권력자.—편집자)의 장례식에서 마르쿠스 안토니우스 장군이 행한 유명한 연설이다. 이 연설을 읽어본 적이 있을지도 모르겠다. 여기서는 이해를 돕기 위해 괄호 안에 해석을 추가해 새로운 시각으로 이 연설을 살펴보겠다.

❖ 안토니우스의 연설이 가르쳐주는 것

연설의 배경은 다음과 같다. 카이사르가 암살당하고, 암살자인 브루투스(당시 정치인이자 카이사르의 친구.—편집자)는 장례식에 모인 로마 시민에게 카이사르를 제거해야 했던 이유를 설명해야 하는 상황에 놓인다. 카이사르에게 적대적이었고, 브루투스의 행위를 숭고한 행위로 여기는 격앙된 군중을 머릿속에 그려보자. 브루투스는 연단에 올라 카이사르를 죽일 수밖에 없었던 이유를 간략하게 설명하고, 승리를 확신한 듯 의기양양하게 자리에 앉는다. 그의 태도에서는 자신의 말이 당연히 받아들여질 것이라는 오만함이 엿보인다.

이제 카이사르의 친구였기에 군중의 적대감을 아는 안토니우스가 연단에 오른다. 그는 낮고 겸손한 목소리로 연설을 시작한다.

- **안토니우스**: 브루투스를 위해 여러분께 감사드립니다.

  네 번째 시민: 브루투스에 대해 뭐라고 하는 거지?

  세 번째 시민: 브루투스를 위해 우리 모두에게 감사하다고 말했어.

  네 번째 시민: 여기서 브루투스에게 해가 되는 말은 하지 않는 게 좋을 텐데.

  첫 번째 시민: 카이사르는 폭군이었잖아.

  세 번째 시민: 맞아, 확실해. 로마가 그자에게서 벗어난 건 정말 다행이야.

두 번째 시민: 조용! 안토니우스가 무슨 말을 하는지 들어보자. (여기서 안토니우스는 영리하게도 첫 문장에서 청중의 마음을 '중립'으로 만든다.)

안토니우스: 신사적인 로마 시민 여러분. (그들은 혁명 노동자 집회에 모인 볼셰비키(소련의 최고 권력자였던 레닌이 이끈 좌익의 다수파. ─ 편집자) 무리만큼이나 '신사적'이다.)

모두: 조용! 들어보자!

(만약 안토니우스가 브루투스를 '헐뜯는' 말로 연설을 시작했다면, 로마의 역사는 달라졌을 것이다.)

안토니우스: 벗들이여, 로마 시민이여, 동포들이여, 제 말에 귀 기울여주십시오. 저는 카이사르를 찬양하러 온 게 아니라, 그의 장례를 치르러 왔습니다. (안토니우스는 청중의 심리 상태를 파악하고 자신을 그들과 동일시하고 있다.)

사람들이 저지른 악행은 그들이 죽은 후에도 남지만, 선행은 종종 그들의 뼈와 함께 묻힙니다. 카이사르도 그러할 것입니다. 고귀한 브루투스는 여러분에게 카이사르가 야심가였다고 말했습니다. 만약 그렇다면, 그것은 큰 잘못이었을 겁니다. 그리고 카이사르는 그 잘못에 대해 혹독한 대가를 치렀습니다. 여기 브루투스와 다른 분들의 허락 아래에서. 브루투스는 존경받을 만한 분이고, 그분들 모두가 존경받을 만하기에 저는 카이사르의 장례식에서 연설하기 위해 이 자리에 섰습니다. 그는 저의 친구였습니다. 저에게 성실하고 정의로웠습니다.

하지만 브루투스는 그가 야심가였다고 말합니다. 그리고 브루투스는 존경받는 분입니다. 그는 로마로 많은 포로를 데려왔고, 그들의 몸값은 국고를 채웠습니다. 이것이 카이사르가 야망에 사로잡혀 있었다는 증거입니까? 가난한 자들이 울부짖을 때, 카이사르는 함께 눈물을 흘렸습니다. 야심은 더 단단한 것으로 만들어져야 합니다. 하지만 브루투스는 그가 야심가였다고 말합니다.

그리고 브루투스는 존경받는 분입니다.

여러분 모두, 제가 루퍼칼 축제에서 카이사르에게 왕관을 세 번이나 바쳤지만, 그가 세 번 모두 거절한 것을 보았습니다. 이것이 야심이었습니까? 하지만 브루투스는 그가 야심가였다고 말합니다. 그리고 분명히 그는 존경받는 분입니다. 저는 브루투스의 말을 반박하려는 것이 아니라, 제가 아는 사실을 말하려는 것입니다.

여러분 모두 한때 그를 사랑했습니다. 이유 없이 그랬던 것은 아닙니다. 그렇다면 이제 와서 그를 애도하지 않는 이유는 무엇입니까? 오, 판단력이여! 그대는 짐승들에게로 달아나버렸고, 인간은 이성을 잃고 말았습니다. 부디 저를 용서하십시오. 제 마음은 저기 관 속에 있는 카이사르와 함께 있습니다. 그 마음이 돌아올 때까지 잠시 멈춰야겠습니다.

(이 시점에서 안토니우스는 잠시 말을 멈추고 군중이 급히 논의할 시간을 주었다. 이는 그의 말이 군중에게 어떤 영향을 미치는지 확인하기 위함이었으며, 이는 마치 숙련된 판매자가 잠재 고객이 스스로 생각을 말하도록 유도해 그 마음을 파악하려는 것과 같다.)

첫 번째 시민: 그의 말에 일리가 있는 것 같아.

두 번째 시민: 이 일을 잘 생각해보면 카이사르는 크게 부당한 일을 당한 것 같군.

세 번째 시민: 정말 그런가? 더 나쁜 일이 닥칠까 두렵군.

네 번째 시민: 그가 한 말 들었어? 왕관을 받지 않으려 했다잖아? 그러니

그가 야심가가 아니었다는 건 확실해.

첫 번째 시민: 그게 사실이라면 누군가는 반드시 대가를 치르게 될 거야.

두 번째 시민: 불쌍한 사람! 그의 눈은 울어서 불처럼 빨갛군.

세 번째 시민: 안토니우스보다 더 고귀한 사람은 로마에 없어.

네 번째 시민: 자, 그를 봐. 다시 말을 시작하네.

안토니우스: 불과 어제까지만 해도 카이사르의 말 한마디는 온 세상을 거스를 만한 힘을 가졌건만, 지금 그는 저기 쓰러져 있고, 그에게 경의를 표하는 이조차 없군요.

여러분(그들의 허영심에 호소하며), 만약 제가 여러분의 마음과 정신을 선동과 분노로 뒤흔들고자 한다면, 저는 브루투스와 카시우스(당시 정치인으로 카이사르 암살 사건의 주동자 중 한 명. — 편집자)에게 잘못을 저지르는 것이 될 겁니다. 여러분 모두 아시다시피, 그들은 존경받는 분들이기 때문입니다.

(안토니우스가 '존경받는'이라는 단어를 얼마나 자주 반복하는지 주목하자. 또한 브루투스와 카시우스가 로마 군중이 믿는 것만큼 존경받을 만한 사람들이 아닐 수 있다는 첫 번째 암시를 얼마나 영리하게 전달하는지도 주목하자. 이 암시는 그가 휴식을 취하며 군중이 자신의 주장에 동조하고 있음을 관찰할 시간을 가진 후 처음으로 사용한 '선동'과 '분노'라는 단어에 담겨 있다. 그가 얼마나 신중하게 상황을 '살피며' 청중의 심리 상태에 맞추어 자신의 말을 조율하는지 관찰하자.)

저는 그분들에게 잘못을 저지를 생각은 없습니다. 차라리 죽은 자를 해치고, 저 자신과 여러분을 해치더라도, 그처럼 존경받는 사람들을 해치지는 않겠습니다.

(브루투스와 카시우스에 대한 적개심을 부추기면서, 그는 이제 군중의 호기심을

자극하며 연설의 절정을 향해 나아가기 시작한다. 그는 이 절정이 군중의 마음을 사로잡을 것을 알고 있으며, 군중은 그의 교묘한 술수에 넘어가 자신들이 스스로 결론에 도달했다고 믿을 것이다.)

하지만 여기 카이사르의 도장이 찍힌 양피지가 있습니다. 제가 그의 방에서 찾았습니다. 바로 그의 유언장입니다. 하지만 용서해주십시오, 읽어드릴 생각은 없습니다만 여러분이 이 유언장을 듣는다면…. (안토니우스는 유언장을 읽지 않을 것처럼 말하며 군중의 궁금증을 더욱 증폭시킨다.)

여러분은 달려가 죽은 카이사르의 상처에 입을 맞추고, 신성한 그의 피를 손수건에 적시려 할 겁니다. 심지어는 그를 기리기 위해 머리카락 한 올이라도 간청하고, 죽을 때 유언에 남겨 자손에게 귀한 유산으로 물려주려 할 겁니다.

(사람들은 원래 얻기 어려운 것, 혹은 곧 잃을 것에 더 집착하는 경향이 있다. 안토니우스가 이 본성을 얼마나 교묘히 이용해 군중의 관심을 불러일으키고, 그들이 유언장을 간절히 듣고 싶어 하도록 만드는지 관찰하자. 그는 이를 통해 군중이 열린 마음으로 유언장을 듣도록 준비하는, 즉 마음을 '중립 상태'로 만드는 두 번째 단계를 완성했다.)

군중: 유언장! 유언장! 우리는 카이사르의 유언장을 듣고 싶다!

안토니우스: 인내하십시오, 신사적인 벗들이여. 저는 그것을 읽어서는 안 됩니다. 카이사르가 여러분을 얼마나 사랑했는지 알게 되는 건 합당치 않습니다. 여러분은 나무도, 돌도 아닌 사람입니다. 그리고 사람으로서 카이사르의 유언장을 듣는다면, 여러분은 격분할 것입니다. (이것이 바로 안토니우스가 의도한 것이다.)

그건 여러분을 미치게 할 것입니다. 여러분이 그의 상속인이라는 사실을 모르는 게 좋습니다. 만약 알게 되면, 오! 무슨 일이 벌어지겠습니까!

네 번째 시민: 유언장을 읽어주시오! 듣겠습니다.

안토니우스: 카이사르의 유언장을 읽어주시오!

안토니우스: 여러분, 인내심을 가지시겠습니까? 조금만 기다려주시겠습니까? 제가 너무 성급하게 이야기했나 봅니다. 저는 카이사르를 칼로 찌른 그 존경받는 분들에게 잘못을 저지르는 것이 아닌가 두렵습니다.

('칼'과 '찌른'이라는 말은 잔인한 살인을 암시한다. 안토니우스는 교묘하게 이 암시를 연설에 집어넣었고, 군중의 마음이 그 암시를 받아들이도록 준비시켰다. 이제부터 얼마나 빨리 군중이 암시의 의미를 포착하는지 주목하자.)

네 번째 시민: 그들은 반역자였어, 존경받는 사람들이라니!

군중: 유언장! 유언장을 읽어라!

두 번째 시민: 그들은 악당이자 살인자였어! 유언장을 읽어라! (안토니우스가 처음부터 하고 싶었던 말이지만, 그는 그 생각을 군중의 마음속에 심은 뒤 그들 스스로 말하도록 유도하는 게 더 효과적이라고 생각했다.)

안토니우스: 여러분은 저에게 유언장을 읽으라고 강요하시는군요. 그렇다면 카이사르의 시신 주위에 원을 그리며 모여주십시오, 유언장을 작성한 그를 여러분에게 보여드리겠습니다. 제가 내려가도록 허락해주시겠습니까?

(이 시점에 브루투스는 도망칠 뒷문을 찾았어야 했다.)

군중: 내려와요.

두 번째 시민: 내려오시오.

세 번째 시민: 안토니우스 경을 위해 길을 비키시오, 가장 고귀한 안토니우스에게.

안토니우스: 아닙니다, 저에게 너무 가까이 오지 마십시오. 멀리 떨어져 서십시오. (그는 이 말이 군중을 더 가까이 다가가게 할 것을 알았다. 그것이 바로 의도한 바였다.)

군중: 물러서! 길을 비켜!

안토니우스: 눈물이 있다면 지금 흘릴 준비를 하십시오. 여러분 모두 이 망토를 아실 겁니다. 제가 기억하기로는 카이사르가 처음 이 망토를 입은 날이었습니다. 어느 여름 저녁, 그의 천막 안에서였죠. 그날 그는 네르비족(갈리아 북부에 살던 부족으로 반란을 일으켰다가 카이사르에게 제압당했다.—편집자)을 정복했습니다. 보십시오, 여기 카시우스의 칼이 지나간 자국이 있습니다. 질투심에 눈먼 카스카(당시 정치인이자 군인. 카이사르 암살 사건의 주동자 중 한 명.—편집자)가 낸 상처를 보십시오.

그리고 여기로 그가 가장 사랑했던 브루투스가 칼을 찔렀습니다.

브루투스가 저주받은 칼을 뽑아낼 때, 카이사르의 피가 솟구쳤습니다. 마치 문을 박차고 뛰쳐나와 브루투스가 그토록 잔인하게 공격했는지 아닌지 확인하려는 듯이 말입니다.

브루투스는, 여러분도 아시다시피, 카이사르의 천사였습니다. 오, 신들이시여, 카이사르가 그를 얼마나 사랑했는지 판단해주십시오!

이것이야말로 가장 잔인한 상처였습니다. 고귀한 카이사르는 칼에 찔리는 순간, 반역자의 칼날보다 더 날카로운 배신감에 완전히 무너지고 말았습니다. 그의 웅장했던 심장은 그렇게 찢어졌습니다. 그리고 그는 망토로 얼굴을 감싼 채, 핏물이 뚝뚝 떨어지는 폼페이우스의 동상 바로 앞에서 쓰러졌습니다.

오, 동포 여러분! 얼마나 처참한 몰락이었습니까! 그 순간, 저와 여러분, 우리는 모두 피비린내 나는 반역의 기세에 짓눌려 함께 쓰러졌습니다. 오, 이제 여러분의 눈에서 눈물이 흐르는군요. 저는 여러분의 가슴속에 연민의 아픔이 차오르는 것을 느낍니다. 이 눈물은 참으로 귀한 것입니다.

착한 시민 여러분, 어찌해 우리 카이사르의 옷자락에 난 상처만 보고도 이리 슬퍼하시는 겁니까? 여기를 보십시오! 여기, 반역자들의 손에 찢기고 망가진, 바로 그분이 있습니다! (안토니우스가 '반역자'라는 단어를 거침없이 사용하는 것에 주목하자. 그는 이제 자신의 생각이 로마 군중의 마음속에 자리 잡은 생각과 일치한다는 것을 알고 있기 때문이다.)

첫 번째 시민: 오, 이 얼마나 비통한 모습인가!

두 번째 시민: 오, 비통할 날이로다!

세 번째 시민: 오, 저주받을 날이여!

첫 번째 시민: 오, 피로 물든 저 광경을 보라!

두 번째 시민: 우리는 복수할 것이다!

(브루투스가 허풍만 가득한 자가 아니라 현명한 사람이었다면, 이쯤에는 이미 멀리 도망쳤을 것이다.)

군중: 복수다! 당장 나서자! 찾아라! 불태워라! 죽여라! 없애버려라! 반역자는 단 한 명도 살려두지 마라!

(여기서 안토니우스는 격앙된 군중을 행동으로 이끄는 다음 단계로 나아간다. 하지만 그는 노련한 영업 사원처럼 억지로 행동을 강요하지 않는다.)

안토니우스: 잠시만, 시민 여러분!

첫 번째 시민: 조용히! 존경하는 안토니우스의 말을 들어보자!

두 번째 시민: 듣겠습니다! 따르겠습니다! 그와 함께 죽겠습니다!

(이 말들을 듣고 안토니우스는 이제 군중이 완전히 자신에게 넘어왔음을 확신한

다. 노련한 영업 사원이라면 기다리는 바로 그 결정적인 순간, 안토니우스가 이 심리적 우위를 어떻게 활용하는지 살펴보자.)

안토니우스: 벗들이여, 사랑하는 벗들이여, 부디 저 때문에 갑작스럽게 폭동의 물결에 휩쓸리지 마십시오. 이 일을 저지른 이들은 존경받는 분들입니다. 그분들이 어떠한 개인적인 고뇌 때문에 그랬는지, 아아, 저는 감히 헤아릴 수 없습니다. 그분들은 현명하고 존경받는 분들이니, 분명 여러분에게 그 이유를 소상히 설명해줄 겁니다.

벗들이여, 저는 여러분의 마음을 빼앗으러 온 것이 아닙니다. 저는 브루투스 같은 웅변술을 가진 사람이 아닙니다. 저는 여러분 모두 아시다시피, 그저 친구를 아끼는 평범하고 솔직한 사람일 뿐입니다. 그리고 저에게 그분에 관해 이야기할 공적인 허락을 주신 분들도 이 사실을 잘 알고 계십니다. 저는 사람들의 마음을 뒤흔들 만한 재치도, 화려한 언변도, 훌륭한 인품도, 행동력도, 설득력도, 뛰어난 연설 능력도 없습니다. 그저 있는 그대로의 진실을 말할 뿐입니다. 여러분 스스로도 잘 아시는 사실을 전하고, 사랑하는 카이사르의 가엾고 불쌍한, 말 못 하는 상처를 보여드릴 뿐입니다. 그 상처들이 저를 대신해 증언하게 합니다. 하지만 만약 제가 브루투스고, 브루투스가 안토니우스였다면, 그 안토니우스는 여러분의 영혼을 격동시키고, 로마의 돌멩이들마저 들고일어나 반란을 일으키도록 카이사르의 모든 상처에 혀를 집어넣었을 것입니다.

군중: 반란이다!

첫 번째 시민: 브루투스의 집을 불태워버리자!

세 번째 시민: 가자! 공모자들을 찾아내자!

안토니우스: 잠깐만, 시민이여! 제 말을 좀 들어보십시오!

군중 전체: 조용! 안토니우스의 말을 들어라! 가장 고귀한 안토니우스!

안토니우스: 벗들이여, 여러분은 지금 무슨 일을 하려는지도 모르고 달려가려 하는군요.

카이사르가 여러분의 사랑을 받을 만한 어떤 일을 했는지 아십니까? 아, 여러분은 모르시겠군요. 그렇다면 제가 말씀드려야겠습니다. 여러분은 제게 유언장이 있다는 것을 잊으셨습니다!

(안토니우스는 드디어 결정적인 순간, 비장의 카드를 꺼낼 준비를 마쳤다. 그는 이제 연설의 절정을 향해 나아간다. 그가 행동을 촉구하는 가장 중요한 발언을 마지막 순간까지 아껴두면서, 얼마나 단계적으로 차근차근 암시를 심어왔는지에 주목하자. 판매나 대중 연설 분야에서 많은 사람이 이 지점에 너무 성급하게 도달하려 한다. 그 결과 청중이나 잠재 고객을 '몰아붙이다가' 오히려 설득력을 잃고 만다.)

군중: 맞아! 유언장! 멈추고 유언장을 들어보자!

안토니우스: 여기 카이사르의 도장이 찍힌 유언장이 있습니다. 그는 모든 로마 시민에게, 한 사람 한 사람에게 75드라크마씩을 남겼습니다!

두 번째 시민: 정말 고귀하신 카이사르 폐하! 그의 죽음을 복수하리라!

세 번째 시민: 오, 위대한 카이사르 폐하!

안토니우스: 제 말을 차분히 들어주십시오.

군중 전체: 조용!

안토니우스: 게다가 그는 테베레강 이쪽 편에 있는 모든 산책로와 개인 정원, 그리고 새로 심은 과수원까지 모두 여러분에게 남겼습니다. 여러분과 여러분의 후손에게 영원히 물려주었습니다. 자유롭게 산책하고 휴식을 취할 수 있는 공동의 유산입니다.

이분이 바로 카이사르였습니다! 이런 분이 다시 나올 수 있을까요?

첫 번째 시민: 절대, 다시는 없을 것입니다! 갑시다! 어서 갑시다! 신성한 곳에서 그의 시신을 화장하고, 그 불씨로 반역자들의 집을 모조리 태워버립시다! 시신을 옮겨라!

두 번째 시민: 불을 가져와!

세 번째 시민: 벤치를 부숴버려라!

네 번째 시민: 의자든 창문이든 뭐든 부숴라!

그것이 브루투스의 최후였다! 그는 안토니우스처럼 로마 군중의 관점에서 자신의 주장을 펼칠 만한 성격도 아니었고 현명한 판단력이 부족했기 때문에 패배했다. 또한 그는 자신을 꽤 괜찮게 생각하고, 자기 행동을 자랑스러워했다. 오늘날에도 우리는 이러한 면에서 브루투스와 다소 닮은 사람들을 보곤 하지만, 자세히 관찰하면 그들이 그다지 많은 것을 성취하지 못했음을 알 수 있다.

만약 안토니우스가 '거만한' 태도로 연단에 올라 다음처럼 연설을 시작했다고 가정해보자. "이제 여러분 로마 시민에게 이 브루투스라는 자에 관해 말씀드리겠습니다. 그는 마음속부터 살인자며…." 그는 더 이상 말을 이어 가지 못했을 것이다. 군중이 야유하며 그를 끌어내렸을 테니까. 영리한 영업 사원이자 노련한 심리학자였던 안토니우스는 자신의 주장을 로마 군중에게 그들의 생각인 것처럼 여기게 했다.

주도성과 리더십을 다룬 4장으로 돌아가 다시 읽어보자. 그리고 그 장에 제시된 심리학과 안토니우스가 한 연설의 바탕이 된 심리학을 비교해보자. 다른 사람들을 향한 '나'가 아닌 '여러분' 중심의 태도를 주목해야 한다. 이는 이 책 전반에 걸쳐, 특히 열정을 다루는 7장에서도 일관되게 강조된다.

셰익스피어는 단연코 인류 문명에 알려진 가장 뛰어난 심리학자이자 작가였다. 그렇기에 그의 모든 작품은 인간의 정신에 대한 정확한 지식을 바탕으로 한다. 안토니우스의 입을 통해 전달되는 이 연설 전체에서도 그가 얼마나 신중하게 '여러분' 중심의 태도를 보였는지 관찰할 수 있다. 그 결과 로마 군중은 자신의 결정을 스스로 내린 것으로 확신했다.

그러나 한 가지 지적해야 할 점이 있다. 안토니우스가 로마 군중의 사리사욕을 자극한 방식은 매우 교활했으며, 이는 종종 부정한 사람이 희생자의 탐욕과 이기심을 이용할 때 사용하는 방식과 유사하다. 안토니우스는 연설 초반에 브루투스에 대해 진심이 아닌 태도를 보이는 놀라운 자기 통제력을 보여준다. 이와 동시에 그의 모든 호소는 로마 군중의 마음을 아첨으로 사로잡는 방법에 대한 깊은 이해에 기반을 두었다.

7장에서 제시한 두 통의 편지는 '상대방' 중심 화법이 얼마나 효과적인지, 그리고 '나' 중심 화법이 얼마나 치명적인지 명확하게 보여주는 좋은 예시다. 다시 그 편지들을 읽어보라. 그리고 두 편지 중 더 성공적인 편지가 안토니우스의 연설 방식을 얼마나 충실히 따르는지, 반면 다른 편지는 얼마나 정반대의 접근 방식을 취하는지 살펴보자. 영업용 편지, 설교, 광고, 심지어 책을 쓸 때도 안토니우스의 연설에서 사용된 원칙을 따른다면 큰 도움이 될 것이다.

호감 가는 성격, 이렇게 만들어라

이제부터는 시선을 돌려 호감 가는 성격을 어떻게 발전시킬 수 있는지 그 방법과 수단을 살펴보겠다.

가장 중요한 것은 바로 인격이다. **굳건하고 긍정적인 인격이라는 기반 없이는 누구도 매력적인 성격을 갖출 수 없다.** 우리는 마치 텔레파시를 사용하듯 만나는 사람들에게 우리의 인격을 무의식적으로 '전달'한다. 처음 만난 잘 알지 못하는 사람에게서 왠지 모르게 불신감을 느끼기도 하는 것은 바로 이 때문이다. 흔히 이를 '직감'이라고 부른다.

아무리 멋진 옷을 입고 외적으로 보기 좋게 행동하더라도, **마음속에 탐욕, 시기, 증오, 질투, 탐심, 이기심이 가득하다면 자신과 비슷한 부류의 사람들 외에는 아무도 끌어당기지 못한다.** 유유상종이라는 말처럼 당신에게 끌리는 사람은 당신과 비슷한 내면을 가진 사람일 가능성이 크다.

인위적인 미소로 속마음을 가리거나, 능숙한 사람의 악수를 완벽하게 따라 할 수는 있다. 하지만 외적인 매력 표현에 진정성이라는 중요한 요소가 빠져 있다면, 사람을 끌어당기기는커녕 오히려 반감을 불러일으킬 수 있다.

그렇다면 어떻게 인격을 쌓을 수 있을까? 인격 형성의 첫걸음은 엄격한 자기 절제다. 2장과 8장에서 당신은 원하는 모습으로 인격을 다듬을 방법을 찾을 수 있다. 여기서는 그 핵심 원칙만 다시 한번 강조하고자 한다. 이 원칙은 여러 번 반복해도 좋을 만큼 중요하다. 방법은 다음과 같다.

첫째, 자신이 갖추고 싶은 자질을 지닌 인물을 롤 모델로 선택한다. 그리고 2장에서 설명했듯 자기 암시로 롤 모델의 장점을 자신의 것으로 만들어나간다. 매일 밤 얻고 싶은 자질을 명확하게 적은 후 상상 속 회의에 롤 모델을 초대한다. 그리고 당신의 귀에 들릴 만큼 큰 소리로 원하는 자질을 발전시키고 있다고 스스로 확언하고 암시한다. 이때 눈을 감고 2장에서 설명한 방식대로 상상 속 테이블에 앉아 있는 롤 모델의 모습을 떠올린다.

둘째, 8장에서 설명한 자기 통제에 대한 원칙으로 생각을 통제하고 긍정적인 생각으로 마음을 활기차게 유지한다. 마음속의 주된 생각이 당신이 되고자 하는 사람, 즉 이 과정에서 의도적으로 만들고 있는 사람의 모습이 되도록 한다. 하루에 적어도 12회, 혼자만의 시간이 생길 때마다 눈을 감고 상상 속 회의에 참석하도록 선택한 인물들에게 생각을 집중한다. 그리고 확고한 믿음을 가지고, 자신이 선택한 인물들의 성격을 완벽하게 닮아가고 있다고 느껴라.

셋째, 매일 적어도 한 사람, 가능하다면 그 이상에게서 칭찬할 만한 좋은 자질을 발견하고 칭찬한다. 하지만 이 칭찬은 값싸고 진실하지 않은 아첨이 아니어야 한다. 진심이어야 한다. 말을 건네는 사람에게 감동을 줄 만큼 진지하게 칭찬의 말을 전한다. 그리고 무슨 일이 일어나는지 지켜본다. 칭찬은 상대에게 실질적이고 매우 귀중한 이익을 선사하는 동시에, 당신이 다른 사람의 좋은 점을 발견하는 습관을 키우는 데 도움을 준다.

다른 사람의 훌륭한 자질을 공개적이고 진심으로 칭찬하는 습관의 긍정적인 효과는 아무리 강조해도 지나치지 않다. **이 습관은 곧 자기**

존중감과 다른 사람으로부터 감사를 받는 보상을 주어 당신의 모든 인 격을 변화시킨다. 여기서 다시 한번 끌어당김의 법칙이 작용해, 당신이 칭찬하는 사람은 당신에게서도 동일한 자질을 발견할 것이다. 이 방법 의 성공은 그 타당성에 대한 당신의 믿음과 정확히 비례한다.

나는 이 방법의 타당성을 단순히 믿는 것이 아니라 확신한다. 내가 직접 성공적으로 사용해왔고, 다른 이에게도 성공 사례를 만들어주었 기 때문이다. 그러므로 당신 또한 같은 성공을 거둘 수 있다고 자신 있 게 약속한다.

더욱이 이 방법을 활용하면 주변 사람이 깜짝 놀랄 정도로 빠르게 당 신의 성격을 호감 가는 성격으로 발전시킬 수 있다. 이러한 성장은 전 적으로 당신의 통제하에 있다. 이는 큰 장점인 동시에, 이 기회를 활용 하지 않거나 소홀히 할 경우의 책임 또한 당신에게 있음을 의미한다.

이제 호감 가는 성격을 만들기 위해 선택한 바람직한 자질을 발전시 키고 있다고 소리 내어 확언하는 이유를 살펴보겠다. 이 과정은 2가지 중요한 효과를 가져온다.

첫째, 당신의 말에 담긴 생각이 진동을 통해 잠재의식에 스며들어 뿌리내리게 한다. 뿌리내린 생각은 점차 성장해 당신의 외적인 행동을 이끌고, 결국 현실로 나타나도록 하는 강력한 힘이 된다.

둘째, 힘과 확신을 담아 말하는 능력을 키워준다. 이는 궁극적으로 훌륭한 대중 연설가로서의 역량으로 이어진다. 당신의 직업이 무엇이 든, 사람들 앞에서 설득력 있게 말하는 능력은 매우 중요하다. 이는 호 감 가는 성격을 만드는 가장 효과적인 방법 중 하나다.

말할 때는 감정과 진심을 담아 이야기하고, 깊고 풍부한 목소리 톤을 만들어보자. 만약 목소리가 높은 편이라면 부드럽고 듣기 좋은 음색으로 조절해야 한다. 거칠거나 날카로운 목소리로는 호감 가는 성격을 제대로 표현하기 어렵다. 듣기 좋고 리듬감 있는 목소리를 가꾸도록 노력해야만 한다.

<u>말은 당신의 성격을 드러내는 가장 중요한 수단이라는 점을 기억하자. 그렇기에 힘 있으면서도 듣기 좋게 말하는 습관을 기르는 것은 중요하다.</u> 나는 호감 가는 성격의 사람 중 강력하고 확신에 찬 화법을 갖추지 않은 경우를 단 한 명도 떠올릴 수 없다. 오늘날 여러 분야에서 두각을 나타내는 사람들을 살펴보자. 그들이 저명할수록 힘 있고 설득력 있게 말하는 능력이 뛰어나다.

과거 정치와 외교 분야에서 뛰어난 업적을 남긴 인물을 연구해보면, 성공한 사람은 모두 힘과 확신을 실어 말하는 능력으로 유명했다. 사업, 산업, 금융 분야에서도 마찬가지로 성공한 리더는 대체로 대중 연설 능력이 뛰어나다. 어떤 분야에서든 주목받는 리더가 되기를 바란다면, 설득력이 있는 힘 있는 말하기 능력을 반드시 갖추어야 한다. 비록 공식적인 연설을 할 기회는 없을지라도 영업 사원이 이 능력을 키우면 일상 대화에서 더욱 설득력 있는 화법을 구사할 것이다.

❖ 호감 가는 성격을 만드는 요소

이제 호감 가는 성격을 형성하는 중요한 요소를 살펴보자.

✦ 첫째, 다른 사람에게 진심으로 관심을 가지는 습관을 들여라. 특히 상대의

장점을 찾아 칭찬하는 것을 생활화하자.

둘째, 평소 대화뿐만 아니라 더 큰 목소리를 내야 하는 대중 연설을 할 때 힘과 확신을 담아 말하는 능력을 키워라.

셋째, 자신의 체형과 종사하는 일에 맞는 옷차림을 갖추어라.

넷째, 이 장에서 제시된 방법을 활용해 긍정적인 인격을 형성한다.

다섯째, 따뜻한 감정과 열정을 전달하는 악수 방법을 익힌다.

여섯째, 다른 사람을 끌어당기기 위해 자신을 매력적이게 만든다.

일곱째, 합리적인 범위 내에서 당신의 유일한 한계는 자신이 마음속에 설정한 한계라는 점을 명심한다.

성격은 저절로 만들어지지 않는다. 자신이 되고 싶은 모습으로 변화하겠다는 굳은 의지로 이 장에 제시된 지침을 꾸준히 실천하고 훈련한다면 분명히 발전할 것이다.

개인적으로는 7가지 요소 중 특히 두 번째와 네 번째 요소가 중요하다는 생각이 든다. 긍정적인 인격을 형성하는 데 바탕이 되는 더 나은 생각과 감정, 행동력을 키우고 힘과 확신을 담아 자신을 표현하는 방법을 익힌다면, 당신은 호감 가는 성격을 갖출 것이다. 이러한 성취를 하면 앞서 제시된 다른 자질도 자연스럽게 따라오기 마련이다.

긍정적인 인격을 지닌 사람에게는 강력한 끌어당김의 힘이 존재하며, 이 힘은 눈에 보이는 것뿐 아니라 보이지 않는 곳에서도 발휘된다. 그러한 사람에게 가까이 가는 순간, 비록 아무 말이 오가지 않더라도 '내면의 보이지 않는 힘'의 영향력을 느낄 수 있다.

'떳떳하지 못한' 거래에 관여하거나 부정적인 생각을 하는 것, 파괴적인 행동에 빠지는 모든 순간은 당신 내면의 '미묘한 어떤 것', 즉 인격 일부를 깎아내리는 행위다. 이에 관해 에머슨은 이렇게 말했다.

✦ 우리 눈빛과 미소, 인사와 악수에는 모든 것이 드러난다. 죄악은 그 사람을 더럽히고, 모든 좋은 인상을 망쳐놓는다. 사람들은 그런 이를 신뢰하지 않는다. 그의 악덕은 그의 눈을 흐리게 하고, 뺨은 초라하게 만들며, 코를 찡그리게 하고, 뒷머리에는 짐승의 표식을 새긴다. 심지어 이마에도 '어리석은 자! 어리석은 자!'라고 써 있는 듯하다.

이제 7가지 요소 중 첫 번째 요소에 주목해보자. 이 장의 전반에 걸쳐 나는 다른 사람에게 호감 주는 것이 가져다주는 실질적인 이점을 자세히 설명했다. 무엇보다 중요한 것은 금전적 이익이나 물질적인 보상이 아니라 호감 주는 것을 실천하는 모든 사람의 인격에 미치는 아름다운 영향력이다.

남에게 호감을 주는 습관을 들이면 물질적으로나 정신적으로 모두 이득을 본다. 다른 사람을 행복하게 해줄 때 느끼는 행복만큼 큰 행복은 다른 곳에서 찾기 어렵다. 어깨에 짊어진 불만을 내려놓고, 쓸데없는 논쟁으로 사람들을 끌어들이려는 행동을 멈추자! 삶을 우울하게 여기게 하는 검은 안경을 벗고, 그 대신 밝게 빛나는 친절의 햇살을 바라보라. 비난의 망치를 던져버리고 헐뜯는 일을 그만두라. 인생의 큰 성공은 파괴자가 아닌 건설자의 몫임을 알아야 한다.

집을 짓는 사람은 예술가고, 집을 허무는 사람은 고물상이다. 불평불만이 가득한 사람의 '독설'은 사람들이 잠깐 관심을 보일 뿐이다. 하지만 친절과 희망을 전하는 사람의 이야기는 사람들이 기꺼이 귀 기울인다. **불만을 품은 사람은 매력적인 인격을 가질 수 없다!** 호감을 주는 기술, 이 단순한 자질 하나가 모든 성공적인 영업의 기본이다.

나는 집에서 두 블록 거리에서도 살 수 있는 휘발유를 굳이 약 8킬로미터나 떨어진 도시 외곽까지 차를 몰고 가서 산다. 그곳 주유소 사장이 사람을 기분 좋게 하는 데 아주 능숙해서다. 그곳에 가는 이유는 휘발유가 싸서가 아니라, 호감 주는 그의 성격에서 나오는 긍정적인 에너지를 즐길 수 있어서다!

그리고 신발은 뉴욕의 50번가와 브로드웨이에 있는 리갈 매장에서 구매한다. 동일한 가격에 다른 좋은 신발을 찾을 수 없어서가 아니라 그곳 매니저인 코브가 호감 가는 성격이어서다. 그는 신발을 신겨주며 내가 관심 있어 하는 주제로 대화를 이끈다.

또한 은행은 44번가와 5번가에 있는 해리먼내셔널은행을 이용한다. 직장에서 훨씬 가까운 곳에 여러 좋은 은행이 있음에도 불구하고 이곳을 선택한 이유는 창구 직원과 출납 담당자, 로비 경비원, 그리고 은행장인 조셉 W. 해리먼을 비롯해 내가 만나는 모든 이가 친절하다. 비록 내 계좌는 소액이지만, 그들은 마치 거물 고객을 대하듯 정중하게 나를 대해준다.

내가 록펠러 2세를 존경하는 이유는 세계적 부호의 아들이라서가 아니다. 그 역시 사람들에게 호감 주는 기술을 터득했기 때문이다.

펜실베이니아의 작은 도시 랭커스터에는 성공한 사업가 M. T. 가빈이 산다. 나는 그를 만나기 위해 수백 킬로미터를 달려갈 의향이 있다. 단순히 부유한 사업가여서가 아니라 그가 사람을 편안하게 해주어서다. 물론 그의 사업 성공에는 이 친화력이 큰 영향을 미쳤으리라고 생각한다.

나는 양복 조끼 주머니에 파커 만년필을 가지고 다니고, 아내와 아이들도 같은 브랜드의 펜을 사용한다. 다른 좋은 만년필이 없어서가 아니다. 파커사 설립자 조지 S. 파커가 친절함을 실천하는 습관에 매료되어서다.

내 아내는 비슷한 잡지가 없는 것도 아닌데《레이디스홈저널》을 구독한다. 사회 운동가 에드워드 W. 복이 편집장이던 시절, 그 잡지에 매력을 느낀 이유는 그가 사람들에게 호감을 주는 능력을 갖추었기 때문이다.

무지개 너머의 행복을 찾아 방황하는 이들이여, 물을 긷고 나무를 베는 고된 삶을 살아가는 이들이여, 잠시 발걸음을 멈추고 '호감 주는 기술'을 익혀 성공한 사람의 이야기에서 교훈을 배우자! 때로는 무자비함과 교활함으로 잠시 성공을 거둘 수 있다. 굳이 다른 사람에게 잘 보이려 애쓰지 않아도, 오로지 힘과 영리한 전략만으로 필요한 이상의 부를 축적할 수도 있다. 하지만 결국에는 인생의 어느 지점에서 분명 후회의 고통과 부유함 속의 공허함을 느끼는 순간이 찾아온다.

나는 힘으로 얻은 권력과 지위, 부를 생각할 때마다 나폴레옹의 무덤 앞에서 어떤 사람이 남긴 말을 떠올리며 깊은 감회에 젖는다.

✦ 얼마 전 나는 나폴레옹 보나파르트의 묘 앞에 섰다. 금과 금박으로 꾸며진 웅장한 무덤은 마치 죽은 신을 위한 것처럼 보였다. 나는 희귀하고 이름조차 알려지지 않은 대리석으로 만든 석관을 바라보았다. 그 안에는 마침내

파란만장한 삶을 마감한 그의 유해가 안치되어 있었다. 난간에 몸을 기대고 현대사에서 가장 위대한 군인이었던 그의 삶을 되짚어 보았다. 툴롱(프랑스 남부의 항구 도시.—편집자)에서 빛나는 그의 모습을 보았다. 자살을 고민하며 센강 변을 거닐던 그의 모습도 보았다. 파리의 거리에서 폭동을 진압하던 용맹한 모습과 이탈리아에서 군대를 이끌던 모습도 보았다. 로디 다리(이탈리아 북부 로디 지역에 있는 다리.—편집자) 위에서 삼색기를 휘날리며 진격하던 모습과 이집트의 피라미드 그림자 아래 서 있던 모습, 알프스를 넘어 프랑스의 기상과 산악의 기상을 하나로 합쳤던 모습까지 그의 모든 순간이 보였다. 마렝고, 울름, 아우스터리츠(나폴레옹이 전투를 치른 유럽 여러 곳의 지명.—편집자)에서 그를 보았다. 눈의 보병과 거센 바람의 기병이 그의 군단을 겨울의 시든 잎처럼 흩어버렸을 때, 러시아에서 그를 보았다. 라이프치히에서 패전해 수많은 총검에 쫓겨 파리까지 밀려났고, 맹수처럼 붙잡혀 엘바섬으로 유배되는 그의 모습도 보았다. 하지만 천재적인 지략으로 탈출해 다시 제국을 일으켜 세운 모습 그리고 우연과 운명이 뒤엉켜 한때 왕이었던 그의 운명을 산산이 부쉈던 워털루의 처절한 전장까지. 마지막으로 세인트헬레나섬에서 두 손을 등 뒤로 한 채 슬프고 고요한 바다를 바라보던 그의 모습이 눈앞에 선했다.

나는 그가 만들어낸 과부와 고아들, 그의 영광을 위해 흘린 눈물, 그리고 그를 진정으로 사랑했던 유일한 여인이 야망이라는 차가운 손에 그의 마음으로부터 밀려났던 것을 생각했다. 나는 이렇게 말했다. 차라리 그가 나무 신발을 신은 프랑스 농부로 살았더라면 더 좋았을 것이다. 문 위로 포도 덩굴이 자라고, 가을 햇볕의 따스한 입맞춤 속에서 포도가 자줏빛으로 익어가는 작은 오두막에서 살았더라면 더 행복했을 것이다. 차라리 해 질

녘 옆에는 실을 잣는 아내가 있고 무릎에 앉힌 아이들이 두 팔로 안아주는 그런 가난한 농부였더라면 좋았을 것이다.

이 장을 마무리하며 당신에게 이 불멸의 성찰을 남기고자 한다. 이는 힘의 칼을 휘두르며 살았으나, 수치스러운 죽음을 맞이하고 동료들의 눈에 버림받은 인물에 관한 이야기다. 그는 문명의 기억 속에 아픈 상처로 남았고 실패자로 기록되었다. 그 이유는 바로 남에게 호감 주는 기술을 터득하지 못해서다! 그는 자신을 따르는 사람들의 이익을 위해 '자신'을 낮추지 못했거나 그렇게 하지 않았다.

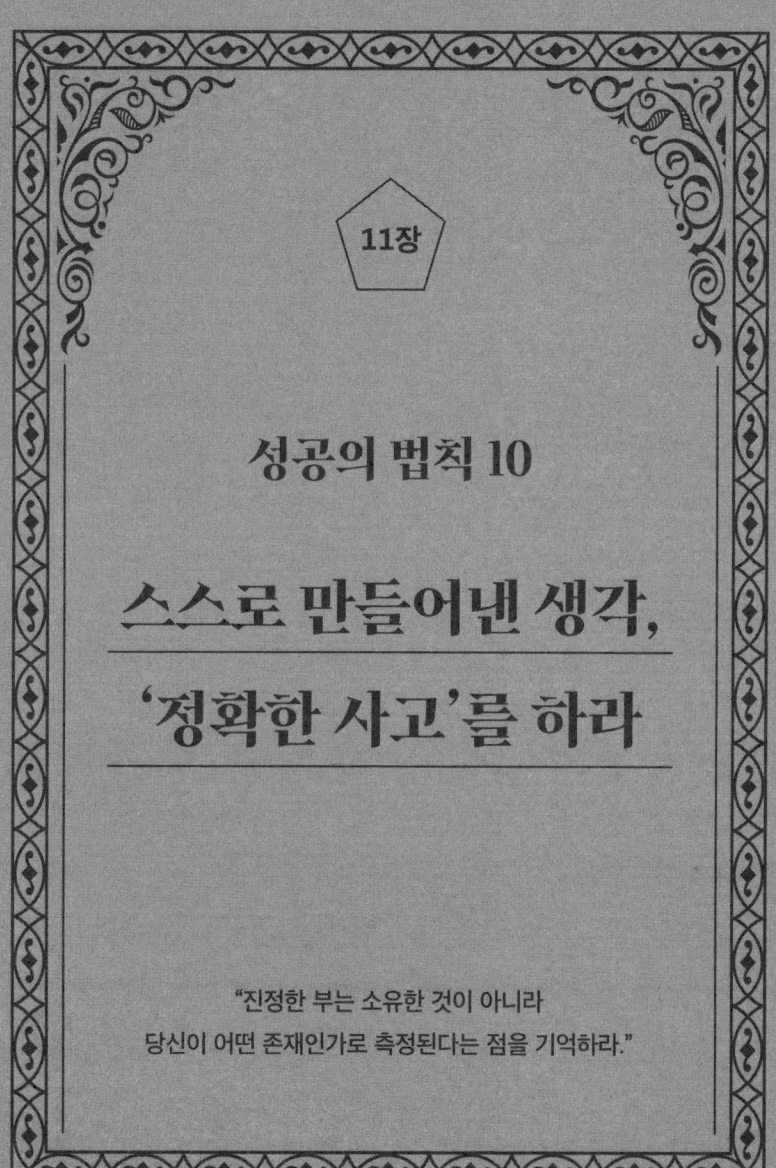

11장

성공의 법칙 10

스스로 만들어낸 생각,
'정확한 사고'를 하라

"진정한 부는 소유한 것이 아니라
당신이 어떤 존재인가로 측정된다는 점을 기억하라."

이 장은 이 책 전체를 통틀어 가장 중요하면서도 흥미롭고, 동시에 가장 설명하기 어려운 내용을 다룬다. 성공의 법칙 전체를 관통하는 핵심 원리를 다루면서, 평범한 사람들의 인식 범위를 훨씬 뛰어넘어 익숙하지 않은 사고의 영역으로 안내하기 때문이다. 따라서 열린 마음으로 임하지 않으면 이 책의 핵심을 이루는 가장 중요한 주춧돌을 놓치는 셈이다. 당신은 이 주춧돌 없이는 결코 성공의 탑을 쌓아 올릴 수 없다.

이 장에서는 당신이 지금까지 거쳐온 과정 이상으로, 한층 더 높은 차원의 사고방식을 접할 것이다. 그러므로 처음 읽었을 때 모든 내용을 완전히 이해하지 못하더라도 실망하지 말자. 사람들은 대개 이해할 수 없는 것을 믿지 않는 경향이 있음을 염두에 두고, 처음 읽을 때 모든 내용을 완전히 파악하지 못하더라도 마음을 닫지 말아야 한다.

수천 년 동안 사람들은 나무로만 배를 만들었다. 나무만이 물에 뜰 수 있다고 믿었기 때문이다. 하지만 이는 강철이 물에 뜨고, 배를 만드는 데 훨씬 더 적합한 재료라는 사실을 깨달을 만큼 사고가 발전하지 못한 결과였을 뿐이다. 같은 부피의 물보다 가벼운 물질은 무엇이든 뜰 수 있다는 진리를 몰랐기에 계속해서 나무로 배를 만들었다.

약 25년 전까지만 해도 사람들은 새만이 하늘을 날 수 있다고 여겼다. 하지만 이제 인간은 새처럼 날 뿐 아니라, 그보다 더 뛰어난 비행 능력을 갖출 수도 있다.

사람들은 아주 최근까지도 공기라는 거대한 공간이 지구상의 어떤 것보다 더 생동감 있고 더 민감하다는 사실을 알지 못했다. 전선 없이도 말이 번개처럼 빠른 속도로 허공을 가로지를 수 있다는 것을 상상조차 하지 못했다. 사고가 그 진리를 받아들일 만큼 충분히 확장되지 않았으니, 어찌 알 수 있었겠는가?

    이 장의 목표는 당신의 사고를 확장하고 발전시켜 정확하게 사고하도록 돕는 것이다. 사고의 확장은 성공의 전당을 건설하는 데 필요한 힘으로 통하는 문을 열어준다.

    앞선 장들에서는 누구나 쉽게 이해하고 적용할 수 있는 원리를 다루어왔다. 또한 이 원리들은 물질적인 부를 기준으로 평가되는 성공으로 이어진다. 이는 사람들 대부분에게 성공이라는 단어와 돈이라는 단어가 동의어로 받아들여지므로 필요했던 접근 방식이다. 사실 앞선 장들은 세속적인 가치와 물질적인 풍요를 성공의 전부로 여기는 이들을 염두에 두고 집필되었다.

    다른 관점에서 이야기해보면, 나는 이 책을 읽는 사람들 대다수가 사업, 금융, 산업 분야 외의 다른 길을 통해 성공으로 향하는 방법을 안내받으면 실망할 것으로 생각했다. 현실적으로 성공은 $UCCE$$로 여겨지기 때문이다.

    좋다. 물질적인 성공에 만족하는 사람들은 그렇게 살아가게 하자. 하지만 어떤 사람들은 물질적인 기준이 아닌 다른 가치로 평가되는 더 높은 차원의 성공을 추구한다. 이 장과 앞으로의 장들은 바로 이러한 사람들을 위해 마련되었다.

정확한 사고는 성공자의 강력한 도구다

정확한 사고에는 반드시 지켜야 할 2가지 기본 원칙이 있다. 첫째, 단순한 정보와 사실을 명확히 구분해야 한다. 우리 주변에는 사실에 기반하지 않은 '정보'가 넘쳐난다. 둘째, 사실들을 중요성과 관련성에 따라 2가지 범주로 나누어야 한다. 즉, 중요하고 관련 있는 사실과 중요하지 않고 관련 없는 사실로 구분해야 한다. 이를 제대로 수행해야 비로소 정확한 사고가 가능하다.

당신이 명확한 주요 목표를 달성하는 데 사용할 수 있는 모든 사실은 중요하고 관련이 있으며, 사용할 수 없는 사실은 중요하지 않고 무관하다. 이 구분을 분명히 하지 못하는 데서 동일한 능력과 기회를 가진 듯 보이는 사람들 사이에 차이가 현저하게 벌어진다. 주변만 둘러봐도 자신과 비슷하거나 어쩌면 자신보다 못한 능력을 갖춘 것 같은데도 훨씬 큰 성공을 거두는 사람이 한 명 이상은 찾아볼 수 있을 것이다.

당신은 그 이유가 궁금할 것이다! **주의 깊게 살펴보면 큰 성공을 거둔 사람들은 자신의 분야에 큰 영향을 미치는 사실을 선별해 활용하는 습관을 지녔음을 알 수 있다.** 그들은 당신보다 훨씬 더 열심히 일하는 것이 아니라, 오히려 더 적은 노력으로 더 큰 성과를 내고 있는지도 모른다. 그들은 중요한 사실과 그렇지 않은 사실을 구별하는 비결을 터득한 덕분에 당신이 온몸의 무게로도 움직일 수 없는 짐을 손가락 하나로 움직이는 일종의 지렛대와 받침점을 마련했다.

중요한 사실에 주의를 집중하는 습관을 기른 사람은 성공의 성전을 건설하는 데 필요한 강력한 도구를 얻는다. 이는 마치 평범한 망치가 아닌 10톤의 강력한 힘을 발휘하는 대형 망치를 가진 셈이다!

사실과 단순한 정보를 구별하는 것이 얼마나 중요한지 이해하려면 주변 이야기에만 의존하는 사람들을 살펴보자. '온갖 소문이 하는 말'에 쉽게 흔들리고 신문에 실린 내용을 아무런 비판 없이 받아들이며, 적이나 경쟁자, 혹은 주변 사람의 말로 다른 사람을 평가하는 그런 사람들 말이다.

이 주제를 다루는 동안, 당신이 아는 사람 중 이런 유형에 해당하는 인물을 한 명 마음속에 그려보자. 그런 사람들은 대개 "신문에서 보니까….' 혹은 "사람들이 그러는데….'라는 말로 대화를 시작한다. 정확하게 사고하는 사람은 신문의 보도가 항상 진실을 담고 있는 것은 아니며, "사람들이 그러는데…."라는 말에는 진실보다 거짓이 더 많이 섞였다는 것을 잘 안다. 만약 당신이 아직도 "신문에서 보니까…."나 "사람들이 그러는데…." 수준의 정보에 머물러 있다면, 정확한 사고를 하는 사람으로 거듭나기까지 아직 갈 길이 멀다. 물론 일상 대화나 신문기사 속에 진실과 사실이 담긴 경우도 많다. 하지만 정확하게 사고하는 사람은 보고 듣는 모든 것을 비판 없이 수용하지 않는다. 이 점은 아무리 강조해도 지나치지 않다. 비판 없는 수용은 너무나 많은 사람에게 거짓된 결론이라는 끝없는 바다에서 좌초되어 침몰하게 만드는 암초가 된다.

법적 절차에는 '증거의 법칙'이라 불리는 원칙이 있다. 이 법칙의 목적은 사실을 밝히는 데 있다. 판사는 판단의 근거가 되는 명확한 사실이 있을 때만 모든 관련자에게 공정한 판결을 내릴 수 있다. 하지만 증거의 법칙을 무시한 채 풍문이나 추측에 근거해 판단을 내린다면 무고

한 사람에게 심각한 피해를 줄 수 있다. 증거의 법칙은 적용되는 상황과 주제에 따라 해석이 달라지지만, 명백한 사실이 없을 경우에는 다른 사람에게 해를 주지 않으면서 자신의 이익을 뒷받침하는 증거만을 기준으로 삼는다면 판단의 오류를 최소화할 수 있을 것이다.

이 점은 이 장에서 매우 중요한 핵심 내용이므로 절대 가볍게 넘어가서는 안 된다. 많은 사람이 의식적이든 무의식적이든 편의를 사실로 착각한다. 다른 사람의 권리를 침해하는지 고려하지 않고, 오로지 자신의 이익에 부합한다는 이유만으로 어떤 행동을 하거나 하지 않는다. 유감스럽게도 오늘날의 사고방식은 정확성과는 거리가 멀며, 대부분 편의주의에 기반을 두는 것이 현실이다. 이익이 될 때는 '정직'을 외치지만, 부정직한 행동이 더 유리하거나 이익이 될 때는 사실이라는 탈을 쓴 수많은 핑계를 만들어 자신을 합리화하는 사람이 아주 많다. 분명 당신 주변에도 그런 사람이 있을 것이다.

정확하게 사고하는 사람은 자신만의 기준을 세운다. 그리고 그 기준이 당장의 이익에 부합하든 불리한 상황에 놓이게 하든 항상 그 기준을 고수한다.

정확한 사고를 하는 사람은 자기 이익이 어떻게 되든 사실에 기반해 판단한다. 결국에는 이 원칙을 따르는 것이 인생의 뚜렷한 목표를 달성하는 데 도움이 된다는 것을 알아서다. 이런 사람은 고대 철학자 크로이소스가 남긴 다음 말의 의미를 이해한다. "인간사는 굴러가는 수레바퀴와 같아서 누구도 항상 행운만 누릴 수는 없다."

정확하게 사고하는 사람은 다른 사람들과의 관계에서 단 하나의 기준으로 행동한다. 그 기준이 일시적인 손해를 가져올 때도 큰 이익을 가져다줄 때와 마찬가지로 충실히 지킨다. 자기 기준을 지키느라 잠시 잃는 것이 있더라도 언젠가는 훨씬 더 큰 보상을 받게 된다는 것을 알기 때문이다. 정확하게 사고하는 사람이 되려면 매우 강인하고 흔들리지 않는 성격이 필요하다. 이는 이 장의 주요 논지다. 정확하게 사고하는 데에는 어느 정도의 일시적 대가가 따른다는 것은 부정할 수 없는 사실이다. 하지만 압도적인 보상이 기다리고 있다는 것 또한 진실이므로 당신은 기꺼이 대가를 감수할 필요가 있다.

사실을 찾으려면 종종 다른 사람의 지식과 경험에 의존해야 한다. 이때는 제시된 증거뿐 아니라 증거를 제공하는 사람까지 꼼꼼히 살펴보도록 한다. 특히 증거가 증언자의 이해관계와 얽혀 있다면 더욱 신중하게 검토해야 한다. 자신의 이익과 관련된 증언을 하는 사람은 그 이익을 지키기 위해 사실을 왜곡하거나 과장하려는 유혹에 쉽게 빠진다.

누군가 다른 사람을 헐뜯는다면 그 말이 조금이라도 가치가 있다고 해도 주의해야 한다. 우리에게는 흔히 싫어하는 사람에게서 나쁜 점만 보려는 경향이 있다. 적의 단점은 부풀리지 않고 장점은 축소하지 않으면서 적에 관해 이야기하는, 정확한 사고를 하는 사람은 극히 드물다. 뛰어난 능력을 지녔어도 적이나 경쟁자, 동료를 깎아내리는 저급하고 자기 파괴적인 습관을 버리지 못하는 사람이 있다. 이 흔한 경향은 정확한 사고를 가로막는 치명적인 요소이므로 주의가 필요하다.

어떤 분야에서든 누군가 리더의 위치에 오르기 시작하면 그의 인격에 대한 은밀한 소문이 퍼져나가기 시작한다. 정확하게 사고하는 사람이 되려면 이 점을 이해하고 고려해야 한다. 아무리 훌륭한 인품을 지녔고 세상에 크게 이바지했어도 건설보다 파괴에 집착하는 사람들의 왜곡된 시선을 피할 수는 없다. 에이브러햄 링컨의 정적은 그가 흑인 여성과 동거했다는 유언비어를 퍼뜨렸다. 조지 워싱턴에게도 이와 유사한 험담이 나돌았다. 링컨과 워싱턴 모두 남부 출신이었다. 그러므로 이 소문을 퍼뜨린 사람들은 가장 적절하면서도 치명적인 모략이라고 여겼을 것이다.

사실 비방의 사례를 찾기 위해 미국의 초대 대통령까지 거슬러 올라갈 필요도 없다. 정적은 고故 워런 G. 하딩을 기리는 과정에서 그의 몸에 흑인의 피가 흐른다는 터무니없는 소문을 퍼뜨리기까지 했다.

우드로 윌슨은 전쟁을 종식하고 국제 분쟁을 해결할 획기적인 방안을 가지고 파리에서 귀국했다. 하지만 정확하게 사고하는 사람들을 제외한 거의 모든 사람이 "사람들이 그러는데…."라는 근거 없는 소문에 휩쓸리는 바람에 그를 마치 네로와 유다를 합쳐놓은 듯한 인물로 여겼다. 소인배 정치인, 질 낮은 정치꾼, 사리사욕에 눈먼 정치 모리배, 그리고 자기 생각 없이 남의 말만 좇는 무지한 사람까지 모두 합세해, 전쟁 종식을 위한 유일한 해법을 제시한 역사상 단 한 사람을 무너뜨리려 했다.

험담꾼들은 하딩과 윌슨을 죽였다. 악의적인 거짓말로 그들을 살해한 것이나 다름없다. 링컨에게도 같은 짓을 저질렀는데, 광신자를 부추겨 총으로 그의 목숨을 앗아가는 더욱 극적인 방식을 택했다.

정치와 국정 운영만이 정확한 사고를 하는 사람이 "사람들이 그러는데…."라는 합창에 주의를 기울여야 하는 유일한 분야는 아니다. 한 사람이 산업이나 비즈니스 분야에서 자신의 존재감을 드러내기 시작하는 그 순간, 이 합창은 활기를 띤다. 만약 어떤 사람이 이웃보다 더 나은 쥐덫을 만든다면 세상 사람들은 그의 집으로 몰려올 것이다. 의심의 여지가 없다. 그리고 그 무리 중에는 칭찬하러 오는 것이 아니라 명성을 비난하고 파괴하려는 사람들이 있을 것이다. 내셔널캐시레지스터컴퍼니의 사장이었던 존 H. 패터슨은 이웃보다 더 뛰어난 금전 등록기를 만들었을 때 무슨 일이 일어날지를 알려주는 주목할 만한 사례다. 그러나 정확하게 사고하는 사람의 관점에서 볼 때, 경쟁자가 퍼뜨린 패터슨에 대한 악의적인 소문을 뒷받침할 만한 근거는 단 하나도 없었다.

후대가 하딩과 윌슨을 어떻게 평가할지 알고 싶다면, 링컨과 워싱턴의 이름이 어떻게 불멸이 되었는지 보라. 진실만이 영원하다. 다른 모든 것은 시간과 함께 사라진다.

나는 특별히 찬사가 필요하지 않은 사람들을 찬양하려는 것이 아니다. "사람들이 그러는데…."라는 말은 항상 면밀하게 검토해야 한다는 점을 강조하려는 것이다. 특히 그 증거가 부정적이거나 파괴적인 성격일 때는 더욱 그렇다. 전해 들은 증거 중 건설적인 것은 사실로 받아들이는 것이 해가 되지 않는다. 하지만 그 반대로 부정적인 말들을 받아들여야 한다면 가능한 모든 수단을 동원해 증거의 법칙을 적용하고 가장 철저한 검증을 거치도록 하자.

<u>정확하게 사고하는 사람에게는 사실을 외면하지 않고 활용해야 할 특권이자 의무가 있다. 온갖 정보에 휘둘려서는 절대로 정확한 사고를 하는 사람이 될 수 없으며, 정확한 사고 없이는 인생의 명확한 목표를 달성할 수 없다.</u>

수많은 사람이 편견과 증오 탓에 적이나 경쟁자의 강점을 과소평가해 패배했다. **정확하게 사고하는 사람은 편견, 증오, 질투라는 망상이 아닌 냉철한 사실을 직시한다.** 정확한 사고를 하는 사람은 어느 정도 훌륭한 스포츠맨의 태도를 갖추어야 한다. 그는 적어도 자신에게는 공정하게 다른 사람들의 단점뿐만 아니라 장점도 찾아보려고 노력해야 한다. 모든 사람에게는 장단점이 있다고 보는 것이 합리적이다.

"나는 다른 사람을 속일 여유가 없다고 믿는다. 그리고 자신을 속일 여유는 절대 없다는 것을 안다!" 이것이 정확한 사고를 하는 사람의 좌우명이 되어야 한다.

사실을 집요하게 추구한 사람들

지금까지의 '힌트'가 사실을 찾는 것이 얼마나 중요한지, 그리고 찾은 사실에 대해 합리적인 확신을 가질 때까지 탐구하는 것이 얼마나 중요한지 충분히 깨닫게 해주었을 것으로 생각한다. 이제부터는 발견한 사실들을 조직화하고, 분류하며, 활용하는 방법에 관해 이야기해보겠다.

다시 한번 주변에서 다른 이들보다 더 적은 노력으로 더 많은 성과를 내는 사람을 찾아서 자세히 관찰하자. 그러면 점증하는 보상의 법칙을 효과적으로 활용하고, 사실들을 적절하게 배열하는 방법을 터득한 전략가임을 발견할 수 있을 것이다.

자신이 사실에 근거해 일하고 있다고 확신하는 사람은 자신감 있게

업무에 임한다. 자신감은 어설프게 임시방편을 쓰거나, 우물쭈물 망설이거나, 상황을 살피며 시간을 끌지 않게 해준다. 자신의 노력이 어떤 결과를 낼지 알고 있기에 더 신속하게 움직이고, 사실에 대한 확신이 없어 '조심스럽게 길을 더듬어 가는' 사람보다 더 많은 성과를 낸다.

사고의 바탕으로 사실 탐구가 얼마나 중요한지 깨달은 사람은 벌써 정확한 사고의 발달에서 상당한 진전을 이룬 것이다. 하지만 사실을 중요한 것과 무용한 것으로 구분하는 법을 터득한 사람은 훨씬 앞서 나간다고 할 수 있다. 전자는 평범한 망치로 1만 번 두드려야 얻을 결과에, 후자는 10톤의 강력한 힘을 발휘하는 대형 망치로 단 한 번에 얻는 결과에 비유할 수 있다.

이제 자기 삶과 관련한 중요하고 핵심적인 사실들을 다루는 것을 목표로 삼은 몇몇 인물을 간략하게 살펴보자. 과거의 위대한 사상가인 플라톤, 아리스토텔레스, 소크라테스, 솔로몬, 모세, 예수 그리스도 등의 사례를 살펴볼 수도 있으나 현세대와 더 가까운 사례를 들어 더 효과적으로 설명해보겠다.

오늘날은 돈이 성공의 가장 확실한 척도로 여겨지는 시대이므로, 역사상 그 누구 못지않게 막대한 부를 쌓은 록펠러를 살펴보는 것은 의미가 있다. 록펠러에게는 다른 어떤 특징보다 단연 돋보이는 한 가지가 있다. 바로 사업과 직결된 핵심 사실만 다루는 습관이다. 아주 어린 시절, 그것도 극도로 가난했던 록펠러는 엄청난 부를 축적하는 것을 인생의 명확한 목표로 정했다. 그의 재산 축적 방식을 자세히 논하는 것은 이 글의 목적과 부합하지도 특별히 유익하지도 않다. 다만 그가 사업 철학의 근간으로 사실을 무엇보다 중요하게 여겼다는 점은 분명히 짚고 넘어가야 한다. 일각에서는 록펠러가 경쟁자에게 항상 공정하지는 않았다고 주장한다. 이는 사실일 수도, 아닐 수도 있는데 이 장은 정확한 사고를 추구하기에 이 논쟁에 섣불리 개입하지 않겠다. 하지만 아무도, 심지어 경쟁자조차 록펠러가 '성급하게 판단'을 내리거나 경쟁자의 능력을 얕잡아 보았다고 비난한 적은 없다. **그는 사업에 영향을 미치는 사실이라면 언제 어디서든 놓치지 않고 파악했을 뿐 아니라, 완전히 파악했다고 확신할 때까지 집요하게 찾아다녔다.**

에디슨 역시 핵심 사실을 정리하고 활용해 위대한 업적을 남겼다. 에디슨은 자연법칙을 주요 도구로 활용했기에, 무엇보다 사실을 정확히 파악하는 데 집중했다. 당신이 스위치를 눌러 전등을 켤 때마다 에디슨의 사실 정리 능력이 이를 가능하게 했음을 기억하자. 축음기로 음악을 들을 때마다 이 기기를 현실로 만든 것은 관련 사실을 다루는 에디슨의 끈질긴 습관 덕분임을 기억해야 한다. 영화를 볼 때도 에디슨의 중요하고 관련된 사실을 다루는 습관에서 영화 필름이 탄생했다(에디슨은 35밀리미터 필름과 필름 양옆에 네 개의 구멍을 뚫는 방식을 고안했고, 이는 영화 필름의 국제 표준이 되었다.—편집자)는 사실을 떠올려야 한다.

과학 분야에서 사실은 도구가 된다. 단순한 정보나 전해 들은 이야기는 에디슨에게 아무런 가치가 없었다. 전해 들은 이야기로는 백열전구, 축음기, 영화 필름을 만들 수 없었으며, 설령 만들었다 해도 단순한 '우연'이었을 것이다. 이 장의 목표는 당신이 이 '우연'을 피하도록 돕는 데 있다.

그렇다면 무엇이 중요하고 관련된 사실일까? 그 답은 인생의 명확한 목표에 달려 있다. <u>중요한 사실이란 다른 사람의 권리를 침해하지 않으면서 그 목표를 달성하는 데 활용할 수 있는 사실이다.</u> 그 외의 사실은 불필요하거나 기껏해야 사소한 것에 불과하다. 중요하지 않은 사실을 정리하고 분류하는 데에도 같은 노력을 기울일 수 있지만, 그만큼의 성과는 얻지 못할 것이다.

창의적 사고와 자기 암시

지금까지 정확한 사고의 한 가지 요소, 즉 연역적 추론에 기반한 사고에 관해서만 논의했다. 이 시점에서부터는 익숙하지 않은 사고방식으로 생각해야 할 것이다. 이제 단순히 사실을 수집하고, 조직하고, 결합하는 것을 넘어서는 사고에 관해 이야기하려 한다. 이를 '창조적 사고'라고 이름 붙여보자!

창조적 사고라고 하는 이유를 이해하려면 생각하는 인간이 진화해 온 과정을 간략히 살펴볼 필요가 있다. 인간은 오랜 진화의 여정을 거쳐 상당한 발전을 이루었다. 영국 판사인 T. 트로워드는 이런 말을 남겼다. "완성된 인간은 진화 피라미드의 정점이며, 이는 필연적인 결과다." 인간이 거쳐왔다고 여겨지는 5단계의 진화 과정을 가장 낮은 단계부터 살펴보자.

1단계: 광물 시대 이 단계에서는 생명이 가장 낮은 형태로 존재하며,

움직이지 않고 비활성 상태에 있다. 이는 광물질로 이루어진 덩어리로 움직이는 힘이 없다.

2단계: 식물 시대 이 단계에서는 생명이 더 활발한 형태로 나타난다. 음식물을 모으고 성장하며 번식할 정도의 지능을 갖추었지만, 여전히 고정된 자리에서 벗어나 움직일 수는 없다.

3단계: 동물 시대 이 단계에서는 생명이 더 높은 형태로 발전하며, 장소를 이동할 수 있는 능력을 갖춘다.

4단계: 인간 시대 사고하는 인간기다. 이 단계에서 생명은 현재 알려진 가장 고등한 형태로 존재한다. 인간은 사고할 수 있으므로 가장 높은 존재며, 사고는 가장 고도로 조직된 에너지의 형태다. 사고의 영역에서 인간의 상상력에는 한계가 없다. 번개처럼 빠른 속도로 생각을 우주 끝까지 보낼 수 있고, 사실들을 모아 새롭고 다양한 방식으로 조합할 수도 있다. 또한 가설을 세우고 생각을 통해 현실로 구현할 수 있으며, 귀납적 사고와 연역적 사고 모두 가능하다.

5단계: 영적 시대 이 단계에 이르면 앞선 단계들에서 설명한 하위 생명체들이 하나로 결집해 무한한 본질을 이룬다. 이때 사고하는 인간은 사고 능력을 무한 지성으로까지 확장하고 그 지성을 투영할 정도로 성장하고 발전한다. 하지만 인간은 아직 갓난아이나 마찬가지다. '영'이라고 불리는 이 무한 지성을 어떻게 활용해야 하는지 아직 배우지 못했기 때문이다. 극히 일부 예외적인 사람을 제외하고는, 인간은 아직 '생각'이 자신을 무한 지성의 힘으로 이어주는 연결고리라는 사실을 깨닫지 못한다. 모세, 솔로몬, 예수 그리스도, 플라톤, 아리스토텔레스, 소크라테스, 공자와 같은 위대한 인물은 깨달음을 얻은 드문 사례에

속한다. 이후로도 이 위대한 진실의 일부를 발견한 사람이 있었지만, 진실 자체는 당시와 마찬가지로 지금도 누구나 활용할 수 있게 여전히 열려 있다.

창조적 사고를 하려면 믿음을 가져야 한다. 이는 사람들이 창조적 사고를 잘 못하는 가장 큰 이유다. 아무리 무지하더라도 순전히 물리적이고 물질적인 문제에 대해서는 연역적 추론으로 사고할 수 있지만, 한 단계 더 나아가 무한 지성의 영역에서 사고하는 것은 전혀 다른 차원의 문제다. 보통 사람은 보고, 듣고, 느끼고, 냄새 맡고, 맛보는 오감을 통해 인지할 수 있는 범위를 벗어나는 순간 혼란을 느낀다. 무한 지성은 감각 기관을 통해 작용하지 않으며, 오감의 도움을 받을 수도 없다. 그렇다면 어떻게 무한 지성의 힘을 활용할 것인가? 바로 '창조적 사고'로 가능하다.

이 과정이 어떻게 가능한지 명확히 하려면 창조적 사고를 다룬 앞선 내용을 다시 살펴보고 그 의미를 이해해야 한다. 나는 2장을 시작으로 지금까지 거의 모든 장에서 '자기 암시(스스로에게 하는 암시를 의미)'라는 용어를 반복적으로 언급했다. 다시 이 용어를 살펴보자. 자기 암시란 현실에서 이루고자 하는 바를 잠재의식에 전달하는 통신선과 같은 역할을 한다. 이 과정은 누구나 쉽게 익혀 활용할 수 있다.

잠재의식은 의식적 사고와 무한 지성을 연결하는 강력한 매개체다. 잠재의식 속에 원하는 바를 명확하게 지시하는 방식으로 우리는 무한 지성의 힘에 접근한다. 잠재의식의 작동 원리를 이해하면 인생의 명확한 목표 설정이 왜 중요한지 그 심리적 이유를 파악할 수 있다. 만일 이를 아직 깨닫지 못했더라도 이 장의 마지막에서는 그 중요성을 분명히 알게 될 것이다.

나는 이 주제와 관련된 주제를 처음 공부할 때, '잠재의식', '자기 암시', '창의적 사고'와 같은 용어를 잘 이해하지 못했다. 그래서 이 책 전반에 걸쳐 이 용어들을 모든 가능한 비유와 예시를 들어 설명하고, 그 의미와 적용 방법을 명확히 전달하고자 했다. 당신이 이 책을 읽으면서 용어를 이해하지 못하는 일이 없도록 하기 위해서였다. 책 전반에 걸쳐 같은 용어가 반복되는 이유도 그래서다.

잠재의식에는 주목할 만한 특징이 하나 있다. **바로 자기 암시로 우리가 전달하는 생각이나 이미지를 기록하고, 자연스러운 과정을 거쳐 이러한 생각과 이미지를 현실의 물리적인 형태로 바꾸어낼 때 무한 지성의 힘을 빌린다는 것이다.** 이 모든 변환 과정은 자연스럽게 진행된다. 이 문장을 제대로 이해하는 것은 매우 중요하다. 만일 제대로 이해하지 못하면 이 장 전체가 토대로 삼고 있는 무한 지성의 원칙을 이해하지 못할 가능성이 크다. 더구나 무한 지성의 원칙은 1장에서 설명한 마스터 마인드 법칙의 도움을 받아 당신이 의도적으로 접근하여 활용할 수 있다. 그러므로 앞 단락 전체를 주의 깊게 심사숙고하며 명상하는 마음으로 살펴보자.

잠재의식에는 또 다른 중요한 특징이 있다. 외부에서 들어오든 자기의식에서 비롯된 내용이든, 건설적인 내용이든, 파괴적인 내용이든, 잠재의식은 자신에게 전달되는 모든 암시를 그대로 받아들이고 그에 따라 행동한다. 따라서 증거의 법칙을 준수하고, 이 장의 초반에 제시된 원리를 신중히 따라가며 잠재의식에 전달할 내용을 선택하는 것은 아주 중요하다. 왜 사실을 부지런히 찾아야 하는지, 왜 비방이나 험담을 퍼뜨리는 사람의 말에 귀를 기울여서는 안 되는지도 이해할 수 있을 것이다. 그런 사람의 말을 받아들이는 것은 잠재의식에 창의적인 사고를 해치는 독을 주입하는 것과 마찬가지다.

잠재의식은 카메라의 감광판에 비유할 수 있다. 카메라의 감광판은 렌즈를 통해 들어온 물체의 이미지를 그대로 기록한다. 감광판은 어떤 사진을 기록할지 선택하지 않으며 렌즈를 통해 들어오는 모든 것을 기록한다. 의식은 감광판으로 들어오는 빛을 차단하는 셔터와 같다. 조작하는 사람이 원하는 것만 감광판에 기록되도록 조절하는 것이다. 카메라의 렌즈는 자기 암시에 비유할 수 있다. 기록될 대상의 이미지를 감광판으로 전달하는 매개체이기 때문이다. 그리고 무한 지성은 감광판에 기록된 이미지를 현상하여 물리적 현실로 구현하는 사람에 비유할 수 있다.

일반 카메라는 창의적 사고의 전 과정을 설명하는 데 아주 훌륭한 비유가 되어준다. 먼저 카메라 앞에 노출할 대상을 선택하는 과정이 있다. 이는 인생에서 명확한 주요 목표를 정하는 것과 같다. 그다음에는 자기 암시라는 렌즈를 통해 이 목표를 잠재의식이라는 감광판에 명확한 윤곽을 새기는 작업이 이어진다. 여기서 무한 지성이 개입해 그 목표의 개요를 적절한 물리적 형태로 발전시킨다.

이제 당신의 역할은 분명하다! 기록할 대상, 즉 명확한 주요 목표를 선택하는 것이다. 그리고 그 목표에 의식을 집중해 자기 암시를 통해 잠재의식과 소통하고, 이미지를 각인시킨다. 그 뒤에는 이미지가 현실로 나타나는 것을 주시하고 기대한다.

하지만 무한 지성이 당신에게 목표를 뚝 떨어뜨려줄 것으로 기대하며 가만히 앉아 있거나 잠만 자서는 안 된다. 대신 평소처럼 당신의 일상을 진행하며, 9장에 제시된 지침에 따라 매일의 일을 수행해야 한다. <u>목표를 달성하기 위한 자연스러운 방법과 수단이 적절한 시기에 나타날 것이라는 신념과 자신감을 가져야 한다.</u>

목표를 향해 나아가는 길이 단번에 활짝 열리지 않을 수 있다. 하지만 한 걸음씩 나아갈 기회가 주어질 것이다. 그러므로 첫 번째 단계를 밟을 기회가 왔다고 느끼면 주저하지 말고 실행한다. 이후에도 두 번째, 세 번째, 그리고 목표 달성에 필요한 모든 후속 단계가 나타날 때도 마찬가지로 행동한다.

❖ 무한 지성, 창조적 사고의 원천

무한 지성은 집을 지어주고, 완전히 준비된 상태로 그 집을 제공해주는 존재가 아니다. 무한 지성은 당신이 스스로 집을 지을 수 있도록 길을 열어주고 필요한 수단을 제공하는 존재다. 무한 지성은 단지 당신이 잠재의식에 특정 금액을 요청했다는 이유만으로 은행원에게 그 돈을 당신의 계좌로 입금하라고 명령하는 존재가 아니다. 무한 지성은 그 돈을 벌거나 빌릴 수 있는 길을 열어주는 존재다. 무한 지성은 현재 백악관에 있는 사람을 몰아내고 대신 당신을 대통령 자리에 앉히지는 않을 것이다. 하지만 적절한 상황에서 당신이 그 직책을 훌륭히 수행할 준비를 하도록 영향을 미치고, 정규 절차를 밟아 그 자리에 오르도록 도와줄 수는 있다.

기적에 의존해 주요 목표를 이루려 해서는 안 된다. 무한 지성의 힘이 자연스러운 경로와 자연법칙으로 당신을 이끌 것이라고 믿어야 한다. 무한 지성이 목표를 바로 가져다주는 존재라고 기대해서는 안 된다. 대신에 무한 지성이 당신을 그 목표로 향하게 인도하리라 기대해야 한다.

초보자인 당신은 무한 지성이 즉각적으로 움직여주길 기대해서는 안 된다. 하지만 자기 암시의 원리를 사용하는 데 능숙해지고 그것을 빠르게 실현할 수 있는 신념과 이해를 발전시켜나간다면, 설정한 명확한 목표가 물리적 현실로 즉각 변환되는 모습을 목격할 것이다. 어릴 적 당신이 처음 걸음마를 시도했을 때는 곧바로 걷지 못했다. 하지만 어른이 된 지금은 걷기에 능숙해진 상태이므로 아무런 노력 없이 걸을 수 있다. 비틀거리며 걷기를 배우는 어린아이를 보며 그 모습에 웃음을 지을지도 모른다. 창의적 사고를 사용하는 초보자로서 당신은 마치 이처럼 처음 걸음을 배우는 어린아이와도 같다. 이 비유가 정확한 이유를 나는 알지만 굳이 말하지 않겠다. 당신이 스스로 이유를 찾아내길 바란다.

항상 진화의 원리를 명심하라. 진화의 원리를 통해 모든 물리적인 것은 영원히 위로 뻗어가며 유한한 지성과 무한 지성 사이의 순환을 완성하려고 노력한다.

인간은 이 진화 원리가 작용한 가장 고귀하고 주목할 만한 예다. 처음에 인간은 생명이 있으나 지성은 없는 광물로 발견되었다. 다음으로 인간은 식물의 성장(진화)을 통해 훨씬 고등한 형태의 생명이 되어 스스로 먹이를 공급하는 지성을 얻었다. 그다음으로는 동물로 발전해 인간은 비교적 높은 수준의 지성을 갖추고 장소를 이동하는 능력을 지니게 되었다. 마지막으로 인간은 동물계의 하위 종을 넘어서는 존재로 성장한 끝에 사고하는 존재로서 무한 지성을 활용하고 사용하는 능력을 획득했다. 인간이 높은 경지에 단번에 도달한 것은 아니라는 점에 주목하자. 아마도 여러 번의 환생을 거쳐 단계적으로 올라갔을 것이다.

무한 지성은 자연의 법칙을 거스르며 인간을 단숨에 모든 지식과 능력을 지닌 존재로 변화시킬 수 없다. 인간이 유한한 지성을 넘어 더 높은 수준의 지식과 능력을 활용할 준비가 되었을 때만 비로소 가능하다.

갑자기 권력을 장악한 사람에게 어떤 일이 일어날 수 있는지에 대한 적절한 예를 원한다면, 갑자기 부자가 된 사람이나 재산을 상속받은 사람을 연구해보자. 돈이라는 권력이 록펠러의 손에 있을 때, 그 돈은 단지 안전하게 관리되는 것을 넘어 전 세계 인류를 위해 쓰였다. 무지를 없애고, 전염병을 퇴치하며, 보통 사람은 잘 모르는 수많은 방법으로 세상을 도왔다. 그러나 록펠러의 막대한 재산이 아직 고등학교도 졸업하지 않은 한 젊은이의 손에 들어간다면 이야기는 완전히 달라질 것이다. 이후의 전개는 당신의 상상력과 인간 본성에 대한 통찰이 생생히 그릴 수 있을 것이다. 이 주제에 관해서는 14장에서 더 자세히 이야기하겠다.

만일 당신이 농사를 지어본 경험이 있다면, 땅에서 작물이 자라기 위해서는 반드시 일정한 준비가 필요하다는 것을 알 것이다. 숲속에서는 곡물이 자랄 수 없으며, 곡물이 성장하려면 햇빛과 비가 필수라는 사실도 잘 알 것이다. 마찬가지로 농부가 토양을 갈고 곡물을 올바르게 심는 과정이 선행되어야 한다는 점 역시 이해할 것이다. 이 모든 준비가 끝난 뒤에야 농부는 자연이 자기 몫을 하기를 기다린다. 자연은 외부의 도움 없이 제때 스스로 그 일을 해낸다.

이 비유는 인간이 명확한 주요 목표를 이루는 과정을 잘 설명해준다. 먼저 땅을 준비해 씨앗을 심는 단계가 필요하다. 여기서 땅을 준비한다는 것은 믿음, 무한 지성, 자기 암시의 원리, 그리고 잠재의식을 이해하는 것을 의미한다. 이렇게 해서 명확한 목표라는 씨앗이 심어진다. 그다음으로는 목표를 이루기 위해 노력하고 기다리는 시간이 필요하다. 이 과정에는 지속적이고 강한 믿음이 필요하다. 이 믿음은 곡물이 자라는 데 필요한 햇빛과 비와 같은 역할을 한다. 만약 믿음이 부족하면 씨앗은 땅속에서 시들어버리고 만다. 그 반대라면 마침내 목표가 실현되는 수확의 시기가 찾아온다. 이때 놀라운 결과가 나타날 것이다.

나는 이 과정이 처음에는 초보자에게 다소 어려울 수 있음을 잘 알고 있다. 나 역시 처음 이 길을 걸었을 때 어려웠다. 그러나 진화의 과정은 분명히 끊임없이 진행되며, 시간이 흐르면 이 책의 다른 모든 장에서 다루는 원리가 점차 친숙해질 것이다. 마치 구구단을 외우던 때처럼 말이다. 더 중요한 것은 이 원리들이 구구단의 원리가 항상 변함없이 작동하듯 변함없이 확실하고 일관되게 작동한다는 사실이다.

이 책의 각 장은 명확하고 따라가기 쉬운 지침을 제공한다. 이 지침은 누구나 이해하도록 최대한 간결하고 체계적으로 설계되었다. 당신은 그저 이 지침의 효과를 굳건히 믿고 성실히 따르면 된다. 믿음이 없다면 아무리 훌륭한 지침이라도 무의미해진다.

이 장에서는 4가지 핵심 요소를 다룬다. 바로 자기 암시, 잠재의식, 창의적 사고, 무한 지성이다. 당신이 이 요소들에 익숙해지길 바라며 다시 한번 주의를 환기하고자 한다. 이 4가지는 지식을 향해 나아가는 여정에서 반드시 거쳐야 할 단계들이다. 특히 이 중 3가지는 당신이 통제할 수 있다. 나아가 이 3가지를 어떻게 활용하느냐에 따라 네 번째 요소인 무한 지성에 도달하는 시점과 방법이 결정된다.

당신은 이미 자기 암시와 잠재의식의 의미를 이해할 것이다. 이제 창의적 사고의 개념도 명확히 이해해야 한다. 창의적 사고란 긍정적이고 파괴적이지 않은, 건설적이고 창조적인 사고를 의미한다. 자기 통제를 다룬 8장은 창의적 사고의 원리를 이해하고 성공적으로 적용할 준비를 돕는 내용이었다. 8장을 완전히 숙지하지 못했다면 창의적 사고를 통해 명확한 주요 목표를 달성할 준비가 아직 부족한 상태라고 할 수 있다.

다시 비유를 들면, 잠재의식은 명확한 주요 목표라는 씨앗을 심는 밭이나 토양이다. 창의적 사고는 그 밭을 비옥하게 해 씨앗이 자라고 성숙하게 하는 조건을 만드는 도구다. 만약 증오, 질투, 시기, 이기심, 탐욕 같은 부정적이고 파괴적인 생각으로 마음을 채우면, 잠재의식은 씨앗을 싹 틔우지 않으며 무한 지성 또한 목표를 현실로 바꾸지 않는다. 부정적 생각은 목표라는 씨앗을 질식시키는 잡초와 같다.

창의적 사고는 명확한 목표를 이루겠다는 기대감을 마음속에 품고, 그 목표의 달성을 굳게 믿고 신뢰하는 상태에서 시작된다. 목표는 반드시 정해진 순서와 적절한 시점에 이루어진다는 신념과 자신감을 가져야 한다. 이 장의 목적이 달성되면 3장에서 다룬 자기 신뢰에 대한 더 깊고 충만한 깨달음을 얻을 것이다. 원하는 것을 잠재의식이라는 비옥한 토양에 심고 생명과 행동으로 꽃피우는 방법을 배울 때, 비로소 자신을 믿을 이유를 발견할 것이다.

그리고 진화의 여정에서 이 단계에 도달하면, 자신의 힘이 진정 어디에서 비롯되는지 온전히 이해하게 된다. 그리고 과거에 자신감 덕분이라고 여겼던 모든 성취가 사실은 무한 지성의 힘에서 비롯된 것이었음을 깨달을 것이다.

위대한 성취로 이끄는 자기 암시

자기 암시는 강력한 도구로 긍정적으로 사용하면 위대한 성취를 이룰 수 있다. 하지만 부정적으로 사용하면 성공의 가능성을 모두 망칠 수 있으며, 계속 잘못 사용하면 건강까지 해칠 수 있다.

유명 의사와 정신과 의사의 연구에 따르면, 약 75퍼센트의 환자가 건강에 대한 지나친 걱정으로 병적인 상태인 건강염려증으로 고통받고 있다. 간단히 말해 건강염려증 환자는 자신이 질병에 걸렸다고 믿는다. 이 불행한 사람들은 대개 자신이 들어본 적이 있는 모든 병에 걸렸다고 여긴다.

❖ 자기 암시의 힘이 발휘된 사례

헨리 R. 로즈 목사는 자기 암시의 힘을 보여주는 전형적 사례를 다음처럼 소개한다.

✦ "내 아내가 죽는다면, 나는 신의 존재를 믿지 않을 겁니다." 한 부인이 폐렴

에 걸렸다. 내가 그 집에 도착하자 남편이 이렇게 말했다. 부인은 의사로부터 회복이 어렵다는 진단을 받은 후, 목사인 나를 불러달라고 요청했다. 그녀는 남편과 두 아들을 침대 곁으로 불러 작별 인사를 나눈 뒤, 마지막으로 나를 찾았다. 내가 도착했을 때, 남편은 앞방에서 흐느끼고 있었고 두 아들은 그녀를 격려하려 애썼다. 방에 들어가보니 그녀는 숨을 쉬기조차 어려워했고, 간호사는 그녀의 상태가 매우 위중하다고 말했다.

나는 곧 부인이 자기가 세상을 떠난다면 두 아들을 돌봐달라고 부탁하기 위해 나를 불렀다는 것을 알게 되었다. 그래서 나는 그녀에게 말했다. "포기해서는 안 됩니다. 당신은 죽지 않을 겁니다! 당신은 항상 강하고 건강한 여성이었고, 나는 신이 당신이 아이들을 나나 다른 사람에게 맡기고 죽기를 원한다고 생각하지 않습니다."

나는 이런 말을 계속하며 시편 103편을 읽고 기도를 했다. 그 기도에서 나는 그녀가 죽음을 준비하는 것이 아니라 살아날 준비를 하도록 격려했다. 나는 그녀에게 신께 믿음을 두고, 죽음을 생각하는 모든 마음과 의지를 떨쳐내라고 했다. 그러고 나서 그녀에게 말했다. "예배가 끝난 후 다시 오겠습니다. 분명히 훨씬 나아질 거예요."

그때가 일요일 아침이었다. 오후에 다시 방문했을 때 그녀의 남편이 웃으며 맞이했다. 그는 말했다. "목사님이 떠나시자마자 아내가 저와 아들들을 방으로 부르더니 이렇게 말했습니다. 로즈 목사님이 내가 죽지 않을 거라고 했어요. 내가 나을 거라고 했어요. 그리고 나는 정말 나을 거예요."

그녀는 정말로 회복했다. 무엇이 그녀를 낫게 했는가? 2가지다. 내가 그녀에게 전한 자기 암시와 그녀 스스로의 믿음이다.

나는 때맞추어 도착했고, 그녀의 깊은 신뢰를 바탕으로 스스로에 대한 믿음을 심어주었다. 바로 그 믿음이 그녀를 폐렴에서 회복시켰다. 의사조차 인정하듯 폐렴을 완전히 치료할 수 있는 약은 없다. 그런데 이 사례처럼 마음이 제대로 작용하고 올바르게 활용되면 상황을 극적으로 뒤바꿀 수 있는 순간이 있다. 생명이 있는 한 희망도 있다. 그러나 희망은 단순히 존재하는 데 그쳐서는 안 된다. 희망은 우리를 지배하고, 그 의도대로 선한 역할을 다해야 한다.

다음은 인간의 마음이 건설적으로 활용될 때 발휘되는 놀라운 힘을 보여주는 로즈의 또 다른 경험담이다.

✦ 한 의사가 나에게 한 부인을 만나달라고 요청했다. 그녀는 신체적인 이상은 없지만 음식을 전혀 먹으려 하지 않았다. 자신이 음식을 소화할 수 없다는 생각에 사로잡힌 나머지, 그녀는 식사를 완전히 포기했고 서서히 굶어 죽어가고 있었다.

나는 그녀에게 종교적 신념이 없다는 것을 알게 되었다. 그녀는 신에 대한 믿음을 잃었고, 음식을 소화할 수 있다는 자신감마저 없었다. 나는 그녀가 신에 대한 믿음을 되찾을 수 있도록 돕고, 신께서 그녀와 함께하며 힘을 주실 것이라는 믿음을 심어주었다. 그리고 그녀에게 무엇이든 원하는 음식을 먹을 수 있다고 말했다. 그녀는 나를 깊이 신뢰했고, 내 말은 강렬한 영향을 미쳤다.

그날부터 그녀는 다시 음식을 먹기 시작했다. 그리고 불과 3일 만에 몇 주 동안 누워 있던 침대에서 일어섰다. 지금 그녀는 완전히 정상적이고 건강하며 행복한 삶을 살아가고 있다.

무엇이 그녀를 낫게 했는가? 이전 사례와 같은 힘, 즉 그녀가 믿음으로 받아들여 자기 암시를 통해 작동시킨 외부의 암시와 내면의 자신감이었다.

때로는 마음이 병들어 몸까지 아프다. 이런 순간에 필요한 것은 더 강한 마음이다. 강한 마음은 올바른 방향을 제시하고, 스스로에 대한 자신감과 믿음을 심어줌으로써 치유를 돕는다. 이를 바로 암시라고 한다. 암시는 자신의 자신감과 힘을 다른 사람에게 전달해, 그들이 당신이 원하는 대로 믿고 행동하게 한다. 반드시 최면이 필요한 것은 아니다. 환자가 완전히 깨어 있고 이성적인 상태에서도 충분히 놀라운 결과를 얻을 수 있다. 핵심은 당신을 향한 환자의 신뢰며, 당신 또한 인간의 마음이 작동하는 방식을 이해해 환자의 질문과 의구심에 효과적으로 대응할 수 있어야 한다는 점이다. 우리는 모두 이 방식으로 치유자가 되어 이웃과 주변 사람들을 도울 수 있다.

모두가 마음의 힘에 관한 좋은 책들을 읽고, 마음이 건강과 행복을 지키기 위해 발휘할 수 있는 놀라운 능력을 배워야 할 의무가 있다. 우리는 잘못된 사고가 사람들에게 끔찍한 영향을 미치며, 정신적 질병으로 이어지는 모습을 종종 목격한다. 이제 단순히 정신적 장애를 넘어 신체적 질병까지도 치유할 수 있는, 마음이 지닌 선한 역할에 대해 깊이 알아볼 때다.

이 주제를 더 깊이 탐구할 필요가 있다. 물론 마음이 모든 것을 치료할 수 있다고 주장하는 것은 아니다. 특히 암은 사고나 신념, 혹은 정신적·종교적 과정으로 치유된다는 신뢰할 만한 증거가 없다. 암을 치료하려면 초기 단계에서 발견하고 외과적으로 치료해야 한다. 따라서 다른 치료 방법이 있다고 제안하는 것은 무책임하다고 할 수 있다. 그러나 <u>마음이 수많은 인간의 질병과 문제에 큰 영향을 미치는 것은 분명한 사실이다. 우리는 마음의 힘을 지금보다 더 자주 사용하고 더 효과적으로 활용해야 한다.</u>

나폴레옹은 이집트 원정 중 수백 명의 병사가 흑사병으로 죽어가자 직접 그들 사이로 들어갔다. 그는 한 병사의 손을 잡고 또 다른 병사를 일으켜 세워, 병사들에게 두려움을 극복하라고 용기를 북돋웠다. 이 끔찍한 병은 병사들이 너무 두려워한 나머지 실제보다 더욱 전염성이 있는 듯 보였기 때문이다. 괴테도 악성 열병이 유행하는 곳에 직접 갔지만 의지를 발휘해 병에 걸리지 않았다고 한다.

이 위인들은 우리가 이제야 서서히 깨닫고 있는 무언가를 알고 있었다. 바로 자기 암시의 힘이다! 이것은 질병에 걸리거나 아플 수 없다고 믿음으로써 우리 자신에게 미치는 영향을 의미한다. 잠재의식이 작동하는 방식에는 독특한 힘이 있다. 우리가 질병에 대한 두려움을 떨치기로 결심하거나 심지어 전염병 환자들 사이를 아무런 걱정 없이 드나들 때 잠재의식은 질병에 맞서 싸우는 힘을 발휘한다.

❖ 자기 암시에 상상력을 더하면

"상상력만으로 고양이를 죽일 수 있다."라는 말이 있다. <u>상상력은 사람을 죽일 수도 있고, 반대로 자신감의 기초로 삼는다면 놀라운 성취를 이루게 도와주기도 한다.</u>

한 실험에서 어떤 이들은 목의 정맥이 베였다고 상상해 사망에 이르렀다. 실제로는 실험 시작 전에 눈을 가려놓고, 얼음 조각을 녹여 물 떨어지는 소리를 들려주어 피가 흐른다고 믿게 한 실험이었다. 아침에 출근할 때 아무리 건강하더라도, 만나는 사람마다 "얼굴이 안 좋아 보이네요, 의사를 찾아가보세요."라고 말하면 어떨까. 곧 몸이 아파진다. 그러다 저녁에 귀가했을 때는 완전히 지쳐 의사를 찾아갈 준비가 되어 있을 것이다. 이것이 바로 상상력, 즉 자기 암시의 힘이다.

인간의 상상력은 놀라운 정신적 도구지만, 지속적인 경계와 통제가 없으면 이상한 장난을 칠 수 있다. 상상력이 '최악의 상황'을 예상하도록 내버려두면 큰 혼란을 초래한다. 예를 들어, 의대생은 질병에 대한 강의와 토론을 듣고 나서 자신이 그 질병에 걸린 게 아닌지 두려워하는 경우가 종종 있다.

건강염려증은 상상의 부적절한 사용으로도 발생할 수 있다. 다시 말해, 건강염려증의 증상은 실제 신체적 원인으로 발생할 수도 있고, 상상력을 방치한 결과로 발생할 수도 있다. 의사들도 이 사실에 대체로 동의한다!

우리는 자기 암시를 통해 상상 속 질병에서 벗어날 수 있다. 이는 상상으로 병이 생기는 방식과 똑같은 원리로 작용한다. **잘못된 상상을 바로잡기에 가장 좋은 시간은 잠자리에 들기 직전이다. 이때 잠재의식은 모든 것을 지배하며, 낮의 마음이 휴식 상태로 들어가기 직전에 심어준 생각이나 암시는 밤새 잠재의식에서 받아들여져 작용한다.**

믿기 어렵겠지만 다음 방법으로 이 원리를 간단히 테스트할 수 있다. 예를 들어, 평소와 달리 내일 아침 7시에 일어나고 싶다면 잠들기 전에 "나는 내일 아침 7시에 꼭 일어날 거야."라고 몇 번 반복해서 말하자. 이 말을 하면서 반드시 그 시간에 일어나야 한다는 확신을 마음에 새기고, 그 생각을 잠재의식에 맡겨라. 그러면 정해진 시간에 잠재의식이 당신을 깨울 것이다. 이 방법은 이미 수백 번 성공적으로 검증되었다. 잠재의식은 마치 누군가가 어깨를 두드려 깨우듯 정확히 원하는 시간에 당신을 깨운다. 단, 명령은 모호하거나 불확실하지 않게 분명히 내려야 한다.

이처럼 잠재의식은 다양한 형태의 명령을 받아들여 수행할 수 있다. 매일 밤 잠들기 전 자신감, 용기, 주도성 같은 자질을 키우라고 잠재의식에 명령해보라. 그러면 잠재의식은 그 명령을 충실히 따른다.

상상력이 상상의 질병을 만들어 사람을 병들게 할 수 있다면, 그 질병의 원인을 제거하는 것도 상상력을 통해 충분히 가능하다.

인간 정신의 경이로운 매커니즘

인간은 화학 물질의 조합으로 이루어져 있으며, 그 가치는 26달러 정도에 지나지 않는다. 물론 여기에는 정신이라는 놀라운 힘은 계산되지 않았다.

전체적으로 인간의 정신은 매우 복잡한 기계처럼 보인다. 그러나 일반적인 기계와 달리, 정신은 끊임없이 작동하며 멈추지 않는 영구적인 운동에 가깝다. **우리가 잠든 동안에도 정신은 자동으로 활동하고, 깨어 있을 때는 의지와 결합해 자발적이면서도 무의식적으로 작동한다.**

정신은 모든 사고의 원천이다. 이 장의 핵심 목표인 정확하게 사고하는 법을 배우려면 다음 사실을 명확히 이해해야 한다.

첫째, 정신은 통제되고, 방향을 잡아주며, 창의적이고 건설적인 목표를 위해 활용될 수 있다.

둘째, 정신은 파괴적인 목적으로도 사용될 수 있다. 계획적이고 신중하게 통제되지 않으면 자신을 파괴하거나 해를 끼치는 방향으로 작용할 수 있다.

셋째, 정신은 신체의 모든 세포를 통제하는 힘이 있어서 각 세포가 본래의 역할을 완벽히 수행하도록 한다. 때로 이 힘이 방치되거나 잘못된 방향으로 사용되면 세포의 정상적인 기능은 일부 혹은 전부가 손상될 수 있다.

넷째, 인간의 모든 성취는 사고의 결과물이며, 신체의 역할은 부차적이다. 많은 경우에 신체는 단순히 정신을 담는 그릇에 불과하다.

다섯째, 문학, 예술, 금융, 산업, 상업, 교통, 종교, 정치, 과학적 발견 등 모든 위대한 성취는 한 사람의 머릿속에서 시작된 아이디어에서 비롯된다. 아이디어가 현실로 변형되는 과정에는 다른 사람의 정신과 신체가 결합한 노력이 필요하다. 이는 아이디어를 구상하는 것이 물질적으로 실현하는 것보다 더 중요하다는 의미다. 유용한 아이디어를 구상할 수 있는 사람은 상대적으로 적지만, 그 아이디어를 발전시키고 실현하는 사람은 무수히 많다.

여섯째, 대부분의 인간 사고는 정확하지 않다. 대부분이 단순한 '의견'이나 '성급한 판단'에 가깝다.

알렉산더 대왕이 더 이상 정복할 세상이 없다고 한탄했을 때(그는 그렇게 믿었다.) 오늘날 과학, 산업, 발명 분야에서 활약하는 '현대판 알렉

산더'들과 비슷했다. 이들은 '정확한 사고'를 통해 공기와 바다를 정복하고, 지구상의 거의 모든 땅을 탐험했으며, 과거에 '기적'으로 여겨졌던 자연의 수많은 '비밀'을 밝혀냈다.

그러나 우리가 물질세계를 탐구하고 정복하는 동안, 정작 가장 놀라운 힘인 인간의 정신을 무시하고 간과해왔다는 것은 정말 이상한 일이 아닐 수 없다! 인간의 정신을 연구한 과학자는 한결같이 이렇게 말한다. 인간의 정신에 잠재된 경이로운 힘은 아직 제대로 탐구되지도 않았으며, 마치 도토리 속에 잠든 참나무처럼 깨어나 일을 시작하기를 기다린다고. 이 주제에 대해 의견을 밝힌 이들은 모두 다음 위대한 발견은 바로 인간 정신의 영역에 있을 것이라고 한다. 이 책에서는 이 발견의 가능성을 거의 모든 장에서, 특히 이 장과 다음 장에서 다양한 방식으로 제시하고 있다.

만약 당신에게 이런 내용이 익숙한 수준보다 더 깊은 사고를 요한다고 느껴진다면, 준비될 때까지 원하는 깊이에서 멈출 수 있다는 점을 기억하자. 생각과 학습으로 더 나아갈 준비가 되었을 때 다시 도전하라. 나는 당신을 이끌기 위해 앞서 나가고 있다. 당신이 평소보다 더 깊이 사고하도록 안내하는 역할을 맡았다. 초보자가 이 모든 내용을 처음부터 완벽히 이해하고 실천하기를 기대하지는 않는다. 이 책이 당신의 마음에 건설적인 사고의 씨앗을 심는 것만으로도 내 작업은 충분히 완성된 셈이다. 나머지는 시간과 당신 스스로의 배움에 대한 열망이 자연스럽게 채워줄 것이다.

이 시점에서 솔직히 말하자면, 이 책의 많은 제안은 일반적인 비즈니스 철학이나 현재의 필요를 넘어선다. 즉, 이 책은 사업적으로나 재정적인 성공을 위한 도구를 넘어 인간 정신이 어떻게 작동하는지를 더 깊이 탐구한다. 그러나 이 강의를 공부하는 많은 사람이 단순히 물질적인 성취 이상으로 정신의 힘을 더 깊이 탐구하고 싶어 할 것이다. 그래서 나는 이 책을 구성하고 집필하는 동안 그런 사람을 염두에 두었다.

인간의 몸은 하나의 단일체가 아니라 수십억 개의 살아 있는 지능적 세포들이 이루는 복잡한 집합체다. 이 세포들은 신체를 구성하고 성장시키며, 그 기능을 유지하려 정교하고 체계적인 역할을 한다. 또한 이 세포들이 각자의 임무를 수행하도록 지시하는 것은 잠재의식이나 자동으로 작동하는 정신이다. 더 나아가 잠재의식은 의식적이거나 자발적인 정신이 상당 부분을 통제하고 그 방향을 설정한다. 아울러 마음속에 반복적으로 자리 잡은 아이디어나 생각은 신체의 물질적 현실로 변하도록 영향을 미친다. **자기 암시의 법칙을 통해 잠재의식에 올바르게 전달된 명령은 더 강력한 명령으로 방해받거나 취소되지 않는 한 반드시 실행된다. 잠재의식은 명령을 전달받는 출처나 그 명령의 타당성을 의심하지 않는다.** 단지 전달받은 명령을 신체의 근육계에 전달해 실행하도록 지시할 뿐이다.

이 사실은 우리가 어떤 환경에서 제안받는지 신중히 살펴야 하는 이유를 잘 보여준다. 우리의 의식적인 정신이 알아차리지 못하는 사이에도, 환경은 미묘하고 조용하게 영향을 미칠 수 있다. 또 인간 신체의 모든 움직임은 의식적 정신이나 잠재의식적 정신 중 하나에 통제된다. 단 하나 근육의 움직임조차도 반드시 이 두 정신 중 하나로부터 명령을 받아야만 가능하다. 이 원리를 이해하면 상상력을 통해 만들어낸 아이디어나 생각이 의식 속에 자리 잡고 잠재의식이 이를 받아들여 현실로 바꾸는 과정의 강력한 힘을 이해할 수 있다. 아이디어가 처음 의식에 들어와 잠재의식이 이를 받아들일 때까지 머무르는 이 원리를 이해하면, 다음 장에서 다룰 집중력의 법칙을 실제로 활용할 지식을 얻을 수 있다. 또한 이 책의 철학에서 집중력의 법칙이 핵심 요소인 이유도 명확히 이해할 수 있다.

<u>상상력, 의식, 잠재의식 간의 작용 관계를 이해하면, 명확한 목표를 달성하는 첫 번째 단계가 원하는 바에 대한 선명한 이미지를 그리는 것임을 알 수 있다.</u> 이 이미지는 집중력의 법칙을 통해 의식에 자리 잡고, 잠재의식이 이를 받아들여 다음 장에서 제시하는 공식을 통해 궁극적으로 원하는 형태로 변환할 때까지 의식에 유지된다.

이 원칙은 분명하게 설명되었다. 나는 단순히 설명하기 위해서가 아니라 이 원칙이 모든 인간의 성취에서 어떤 핵심 역할을 하는지 당신의 마음에 깊이 각인시키기 위해 반복해서 강조했다.

명확한 목표, 무엇으로 어떻게 실현하는가?

정확한 사고를 다루는 이 장은 명확한 주요 목표가 갖는 진정한 의미와 함께, 목표를 어떻게 실현할 수 있는지를 알기 쉽게 설명한다. 먼저 상상력을 활용해 마음속에 추구하는 목표를 구체화한다. 그런 다음 목표를 명확한 문장으로 작성해 종이에 적는다. 이것이 바로 명확한 주요 목표의 형태다. 이렇게 작성한 목표를 매일 확인하면 목표가 의식 속에 자리 잡게 되어 결국에는 잠재의식으로 전달된다. 결과적으로 잠재의식은 신체의 모든 에너지를 동원해 목표, 즉 갈망을 현실의 형태로 구현한다.

♦ 열망

강하고 깊이 뿌리내린 열망은 모든 성취의 출발점이다. 마치 전자가 과학자가 식별할 수 있는 물질의 가장 작은 단위이듯, 열망은 모든 성취의 씨앗이다. 그것은 시작점이며, 그 이전에는 아무것도 없다.

명확한 주요 목표는 열망의 또 다른 이름일 뿐이며, 강렬하고 깊이 자리 잡은 열망에 기반하지 않는다면 무의미하다. **많은 사람이 다양한 것을 '바라지만', 단순한 바람은 강한 열망과 같지 않다.** 따라서 단순한 바람은 명확한 열망의 형태로 구체화하지 않는 한 거의 가치가 없거나 전혀 가치가 없다.

이 주제를 수년간 연구해온 사람들은 우주 곳곳의 모든 에너지와 물질이 끌어당김의 법칙에 따라 움직이며, 이 법칙에 따라 지배된다고 믿는다. 이 법칙은 비슷한 성질을 가진 요소와 힘들을 특정한 인력의 중심으로 끌어모은다. 바로 이 우주의 끌어당김 법칙의 작용을 통해 강렬하고 깊이 자리 잡은 열망은 원하는 것의 물리적 실체나 목표를 이루기 위한 수단을 끌어당긴다.

이 가설이 맞다면 인간의 모든 성취 주기는 다음과 같은 방식으로 작동한다. 먼저 강렬한 열망에 기반한 명확한 주요 목표를 통해 의식 속에 어떤 목표를 그린다. 그런 다음에 목표를 끊임없이 생각하고 성취에 대한 믿음을 가지며 의식을 집중한다. 이 과정이 반복되면 잠재의식이 목표의 그림이나 윤곽을 받아들여, 그 목표를 현실로 바꾸는 데 필요한 행동을 하도록 이끈다.

❖ 암시와 자기 암시

당신은 환경에서 비롯된 감각적 인상이나 다른 사람들의 진술이나 행동에서 나오는 인상이 모두 암시라는 사실을 배웠다. 그리고 마음에 넣는 감각 인상은 자기 제안, 즉 자기 암시를 통해 형성된다는 것도 알게 되었다.

환경이나 다른 사람에게서 오는 모든 암시는 우리가 받아들이고, 자기 암시의 과정을 거쳐 잠재의식에 전달될 때만 영향을 미친다. 즉, <u>모든 암시는 잠재의식에 영향을 미치기 전에 반드시 자기 암시로 바뀌어야 하며, 그렇게 될 수밖에 없다.</u> 또한 다른 사람이 영향을 미칠 수 있는 것은 우리가 이를 스스로 받아들였을 때뿐이다. 다시 말해, 자기 암시를 통해 이루어진 영향만 우리 마음에 작용할 수 있다.

의식은 깨어 있는 동안 마치 마음의 파수꾼처럼 잠재의식을 지키며, 외부에서 들어오는 모든 암시를 차단한다. 이 암시는 의식이 검토하고 승인한 뒤에야 잠재의식에 전달된다. 이는 자연이 인간을 보호하기 위해 마련한 방법으로, 그렇지 않으면 누군가가 원하는 대로 마음을 조종할 수 있는 위험에 처할 것이다. 이는 현명한 설계라고 할 수 있다.

❖ 명확한 목표를 달성할 때 자기 암시의 가치

자기 암시의 가장 훌륭한 활용법은 인생에서 명확한 주요 목표를 성취하는 데 사용하는 것이다. 방법은 매우 간단하다. 구체적으로는 2장에서 설명했지만, 여기서 다시 한번 간단히 정리하겠다.

먼저 앞으로 5년 동안 성취하고자 하는 명확한 주요 목표를 명확하고 간결한 진술문으로 작성한다. 이 진술문은 최소 두 개의 복사본을 만들어야 한다. 하나는 작업 중에 하루에도 여러 번 읽을 수 있도록 눈에 잘 띄는 곳에 두고, 다른 하나는 잠들기 전과 아침에 일어난 직후 여러 번 읽게 침실에 두자. 암시적 영향력은 곧 당신의 명확한 주요 목표를 잠재의식에 깊이 새길 것이다. 그러면 마치 마법처럼, 그 목표를 이루는 데 필요한 사건들이 점차 눈앞에 펼쳐지기 시작한다.

당신이 인생에서 진심으로 원하는 것, 즉 목표나 위치를 마음속에 분명히 정한 순간부터, 책이나 신문, 잡지를 읽을 때면 자연스럽게 그 목표와 관련된 중요한 정보가 눈에 들어오기 시작할 것이다. 또한 그 목표에 점점 더 가까워질 기회들이 하나둘씩 당신 앞에 나타날 것이다. 마음의 작동 원리를 잘 모르는 사람들에게는 불가능하거나 비현실적으로 보일 수 있다. 의심이 들 수도 있겠으나 이런 회의적인 태도는 이 시대에 맞지 않다. 가장 좋은 방법은 이 원칙을 직접 실천하고 효과를 스스로 경험해보는 것이다.

현대에는 기계적 발명 분야에서 더 이상 도전할 것이 없다고 느껴질 수 있다. 하지만 모든 사상가, 심지어 정확한 사고를 하지 않는 사람들조차 인간 정신의 힘에 대해서라면, 우리가 이제 막 새로운 진화와 실험, 분석의 시대에 들어섰다는 점에 동의한다. '불가능'이라는 단어는 인류 역사상 어느 때보다 그 의미를 잃어가고 있다. 실제로 이 단어를 아예 자신의 어휘에서 지워버린 사람도 있다. 상상하고 믿는 모든 것을 이루어낼 수 있다고 확신하는 사람이다!

우주는 2가지 물질, 즉 물질과 에너지로 이루어져 있다. 오랜 과학적 연구로 모든 물질을 가장 세밀하게 분석하면 결국 전자에 도달한다는 강력한 증거를 발견했다. 이 전자는 에너지의 한 형태일 뿐이다. 한편 인간이 창조한 모든 물질적인 것은 에너지에서 시작되었다. 이는 인간의 상상력에서 나온 아이디어의 씨앗을 통해 형성되었다. 즉, 모든 물질적인 것은 에너지로 시작되며, 그 끝 또한 에너지로 돌아간다.

모든 물질은 어떤 형태로든 에너지의 명령을 따른다. 그중 가장 고차원적인 에너지는 바로 인간의 정신이다. **인간의 정신은 인간이 창조하는 모든 것의 유일하고도 지배적인 원동력이다.** 앞으로 이 정신의 힘이 빚어낼 창조물은 과거의 성취가 사소하고 미미하게 느껴질 만큼 위대하고 경이로울 것이다.

인간 정신의 힘에 대한 새로운 발견을 기다릴 필요는 없다. 인간 정신이 인류 역사상 가장 위대한 힘이라는 사실은 이미 명백하다. 지금 이 순간에도 정신 속에 뚜렷이 자리 잡은 아이디어나 목표 혹은 목적이 이를 실현하려는 강한 의지와 결합할 때, 어떤 것도 막을 수 없는 거대한 힘이 작동한다는 것을 우리는 안다.

영국 사회 개혁가 토머스 포웰 벅스턴은 이렇게 말했다. "살아갈수록 사람들 간의 차이, 즉 약한 자와 강한 자, 위대한 자와 평범한 자의 차이는 바로 에너지에 있다는 점을 확신하게 된다. 그것은 불굴의 결단력이며, 한 번 세운 목적을 이루기 위해 죽음이든 승리든 끝까지 밀어붙이는 정신이다. 이 자질은 세상에서 이루어질 수 있는 모든 것을 가능하게 한다. 이 자질 없이는 어떤 재능도, 어떤 환경도, 어떤 기회도 인간을 진정으로 위대하게 만들 수 없다."

미국 문학가 도널드 G. 미첼도 훌륭한 말을 남겼다. "결단력은 사람을 특별하게 만드는 중요한 요소다. 하지만 그것은 약하고 흔들리는 결심도, 어설픈 의지력도, 목적 없이 방황하는 태도도 아니다. 결단력은 어려움과 위험을 딛고 나아가는 강인하고 지치지 않는 의지다. 마치 소년이 겨울 언 땅을 힘차게 밟으며 나아가듯, 굳은 결단력은 앞으로 나아간다. 이는 소년의 눈과 머리에 불가능해 보이는 목표를 불어넣고 가슴 뛰게 만든다. 의지는 사람을 거인으로 만든다!"

또 위대한 영국 정치가 벤저민 디즈레일리는 이렇게 말했다. "오랜 명상 끝에 확고한 목적을 가진 사람은 반드시 그 목표를 이룰 수 있다는 확신이 생겼다. 그리고 자신의 존재를 걸고 그 목표를 이루고자 하는 의지는 그 무엇도 막을 수 없다는 결론에 도달했다."

존 심프슨 경은 이렇게 말했다. "뜨거운 열망과 꺾이지 않는 의지는 불가능해 보이는 일조차 가능하게 한다. 냉정하고 소심하며 허약한 이들에게는 불가능으로 보일지라도 말이다."

그리고 영국 문학 평론가 존 포스터는 다음과 같은 말을 남겼다. "굴하지 않는 정신 앞에서는 인생의 우연한 불행도 결국 굴복하고 만다. 처음에는 실패로 보일 것 같은 상황조차 결국 그 목적을 돕기 위해 길을 열어주는 것은 참으로 놀랍다. 확고하고 단호한 정신이 인식될 때, 신기하게도 그 사람의 주변 상황이 정리되고 자유와 여유가 생기는 것은 흥미롭다."

링컨은 율리시스 그랜트 장군(남북전쟁 때 명장으로 명성을 날린 북군의 총사령관. 미국 18대 대통령을 역임했다.—편집자)에 관해 이렇게 말했다.

"그랜트의 진정한 위대함은 냉철하고 끈질긴 목적의식에 있다. 그는 쉽게 동요하지 않으며, 불도그처럼 한번 물면 절대 놓지 않는 강한 집념을 지녔다. 한 번 목표를 붙잡으면, 그 무엇도 그를 떼어놓을 수 없다."

이제 이 시점에서 다음처럼 정리할 수 있다. **강렬한 열망이 현실이 되기 위해서는 그 열망이 잠재의식 깊이 자리 잡을 때까지 끈기로 뒷받침되어야 한다.** 명확한 목표에 대한 강한 열망을 단 몇 시간, 며칠 느꼈다가 잊어버리는 것으로는 절대 충분하지 않다. 이 열망은 패배를 모르는 끈기로 마음속에 계속 새겨져야 하며, 자동으로 마음속에 새겨지거나 잠재의식이 받아들이는 순간까지 흔들림 없이 유지되어야 한다. 초기에는 스스로 열망을 밀어붙여야 하지만, 어느 순간부터는 그 열망이 당신을 이끌며 목표를 향해 나아가게 할 것이다. 끈기는 물방울이 떨어져 결국 가장 단단한 돌을 뚫는 것에 비유할 수 있다. 인생의 마지막 장이 쓰일 때, 비로소 끈기가 있거나 혹은 없는 것이 성공이나 실패에 중요한 역할을 했음을 알게 될 것이다.

나는 시카고에서 열린 터니와 뎀프시의 권투 경기를 지켜보며, 그들의 이전 경기와 관련된 심리를 깊이 탐구했다. 많은 이가 뎀프시가 더 강하고 뛰어난 선수라고 믿었음에도, 그는 두 번 모두 터니에게 패배했다. 그 운명을 결정지은 요인은 2가지였다. 첫째는 뎀프시의 자신감 부족, 즉 터니에게 패할지도 모른다는 두려움이었다. 둘째는 터니의 흔들림 없는 자기 확신과 반드시 뎀프시를 이길 것이라는 굳건한 믿음이었다.

터니는 턱을 높이 치켜들고 당당히 링에 올랐다. 그의 움직임 하나하나에는 자신감과 확신이 넘쳤다. 반면 뎀프시는 어딘가 불안한 걸음으로 링에 올라섰고, 터니를 바라보며 마치 "당신이 나에게 어떤 일을 할지 궁금하군."이라고 말하는 듯한 의심 가득한 표정을 지었다. 뎀프시는 링에 오르기 전부터 진작 마음속에서 패배를 받아들인 상태였다. 터니의 뛰어난 사고력과 전략 덕분에 언론과 선전 활동은 뎀프시의 자신감을 철저히 무너뜨렸다. 이 이야기는 가장 거친 직업인 권투에서부터 가장 고귀하고 존경받는 직업에 이르기까지 동일하게 적용된다. **성공은 사고의 힘을 올바르게 이해하고 활용할 줄 아는 자의 몫이다.**

나는 이 책 전반에서 환경과 습관의 중요성을 강조했다. 환경과 습관은 인간 정신의 '톱니바퀴'를 움직이게 하는 자극을 만들어낸다. 자신의 정신을 깨우고 자극하는 방법을 발견한 사람은 진정한 행운아다. 강렬한 자극이 깊은 열망과 결합할 때, 정신의 힘은 건설적이고 창조적으로 작동한다. 정확한 사고란 인간 정신의 모든 능력을 지적으로 활용하는 사고를 말한다. 단순히 아이디어를 조사하고 분류하며 정리하는 데 그치지 않는다. 정확한 사고는 새로운 아이디어를 창출한 뒤, 가장 유익하고 생산적인 형태로 변화하게 한다.

이 책에서 제시된 법칙들은 내 개인적인 생각에만 의존하지 않았다. 이를 염두에 두고 당신은 의심이나 회의 없이 더 깊이 분석할 준비를 하라. 나는 정신 현상의 분야에서 저명한 연구자들과 긴밀히 협력했으며, 이 책에 담긴 모든 결론은 여러 전문가의 의견을 집약한 결과물이다.

집중력에 대한 다음 장에서 자기 암시의 원칙을 적용하는 방법을 더욱 자세히 배울 것이다. 이 책은 진화의 원리와 유사하게 점진적으로 내용을 전개하는 방식을 따르고 있다. 첫 번째 장은 두 번째 장의 기초를 다지고, 두 번째 장은 세 번째 장을 준비하는 방식이다. 나는 이 책을 자연이 인간을 형성하듯 단계적으로 설계하고자 노력했다. 한 단계씩 차근차근 당신을 더 높은 곳으로 이끌어, 이 책 전체가 상징하는 피라미드의 꼭대기에 다다르게 했다.

이 책을 이렇게 구성한 이유는 끝까지 읽고 나면 분명히 알게 된다. 이 책은 다른 사람이 가르쳐줄 수 없는 특별한 지식을 당신에게 알려준다. 오직 당신 자신의 내면에서 끌어내고 발전시켜야만 얻을 수 있는 종류의 것이다. 마치 색을 본 적 없는 시각 장애인에게 색깔을 설명할 수 없듯 이 지식 역시 다른 사람이 대신 전해줄 수 없다.

나 역시 이 책에 제시한 지침을 성실히 따르며 스스로 깨친 후에야 비로소 이 지식의 본질을 명확히 이해했다. 그러므로 이 지식을 제대로 설명할 적절한 비유나 단어는 없다고 자신 있게 말할 수 있다. 이 지식은 오직 각자의 내면에서 스스로 터득해야만 한다.

나는 앞서 지식을 얻기 위한 숨겨진 통로를 진지하고 지적으로 탐구하는 이들이 얻게 될 보상에 대해 어렴풋이 '암시'했다. 이제 정확한 사고라는 단계를 논의해보자. 이 단계는 당신을 도달할 수 있는 가장 높은 경지까지 이끌 것이다. 하지만 앞서 언급한 비밀 통로를 발견하고 활용하지 않는다면 그 이상으로 나아갈 수는 없다.

생각은 실체다!

많은 사람이 모든 완성된 생각이 끝없이 이어지는 진동을 만들어낸다고 믿는다. 그리고 그 진동은 언젠가 그 생각을 만들어낸 사람을 다시 마주한다. 인간 자체는 무한 지성이 생명을 불어넣은 생각의 물리적 반영에 불과하다. 성경에는 이런 구절이 있다.

✦ 말씀이 육신이 되어 우리 가운데 거하시매, 우리가 그 영광을 보니 아버지의 독생자의 영광이요, 은혜와 진리가 충만하더라.

— 요한복음 1장 14절

성경 전체에서 인류에게 제시된 유일한 희망은 건설적인 사고를 통해서만 얻을 수 있다. 성경을 조금이라도 공부하고 해석할 줄 아는 사람이라면 그 말을 쉽게 이해할 것이다. 성경이 무엇보다도 분명히 강조하는 한 가지가 있다면 바로 생각이 모든 물질적인 것의 시작이라는 점이다.

할 수 있다고 믿으면 해낼 수 있다!

이 책 곳곳에는 좌우명이 제시되어 있다. "할 수 있다고 믿으면 해낼 수 있다!" 이 문장은 성경 전체의 가르침을 관통하는 중요한 진리에 바탕을 둔다. 특히 '믿다'라는 단어에 주목해야 한다. '믿다'라는 단어 뒤에는 마스터 마인드 법칙의 도움과 자기 암시를 통해 당신의 잠재의식에 생각을 전달하고, 그 생각에 생명력과 활력을 불어넣는 힘이 숨어 있다. 이 점을 절대 놓쳐서는 안 된다. 이것은 당신이 가진 모든 능력의 시작이자 핵심이며, 끝이라고도 할 수 있다.

모든 생각은 창조적인 힘을 가지고 있다! 하지만 모든 생각이 긍정적이고 건설적이지는 않다. 만약 불행과 가난에 관한 생각을 떨쳐내지 못하고 그 상황을 벗어날 길이 없다고 여긴다면, 그러한 생각들이 실제로 불행과 가난을 만들어내 당신을 괴롭힐 것이다. 그러나 순서를 뒤집어 긍정적이고 기대에 찬 생각을 한다면, 그 생각이 긍정적인 조건을 만들어낼 것이다. **생각은 마치 자석과도 같다. 그래서 당신의 본질적인 생각과 조화를 이루는 외부의 물리적 요소를 끌어들인다.** 이 사실은 이전 장들에서 여러 차례 강조되었으며 여기서 다시 한번 언급하고 앞으로도 계속 강조할 것이다. 이렇게 반복하는 이유는 정신의 작용을 처음 배우는 사람은 이 근본적이고 변하지 않는 진리의 중요성을 쉽게 놓치기 때문이다.

명확한 주요 목표를 잠재의식에 심으려면 무한 지성이 그 목표를 정확히 이루도록 도와줄 것이라는 확고한 믿음으로 가꾸어야 한다. 믿음이 부족하면 실망만 할 것이다.

특정한 열망이 포함된 명확한 주요 목표를 잠재의식에 심을 때는 반드시 그 목표가 실현될 것이라는 강한 믿음과 신념을 가져야 한다. 목표 대상을 손에 쥔 자신을 그릴 수 있을 정도여야 한다. 즉, 마치 벌써 그 목표를 이룬 것처럼 자신을 상상하고 행동해야 한다. 잠재의식에 목표를 심는 순간부터, 이미 그 목표를 성취한 사람처럼 행동하는 것이 중요하다. 의심하지 말자. 자기 암시의 원칙이 효과가 있을지 의문을 품지 마라. 의심하지 말고, 믿어라!

이 점은 당신의 마음에 그 중요성이 충분히 각인되었을 것이다. 확실한 목적을 이루겠다는 긍정적인 믿음은 당신의 '생각의 알'을 수정

시키는 씨앗과 같다. 이 믿음을 심지 않는다면 수정되지 않은 알에서 병아리가 태어나기를 기대할 수 없듯, 명확한 주요 목표의 실현 또한 기대하기 어려울 것이다.

✦ 생각이 어떤 결과를 가져올지는 결코 알 수 없다.
　미움을 가져다줄지 사랑을 가져다줄지.
　생각은 실체며, 그들의 가벼운 날개는
　메시지를 전하는 비둘기보다 빠르기 때문이다.
　생각은 우주의 법칙을 따르며
　생각 하나하나는 저마다의 결과를 만들어낸다.
　그리고 마음에서 나온 것은 무엇이든
　다시 우리에게 돌아온다.

생각은 실체다! 이는 위대한 진리며, 이를 이해하게 되면 이전에 언급된 지식으로 가는 비밀 통로의 문에 가능한 한 가까이 다가갈 수 있다. 이 근본적인 진리를 깨달으면 당신은 곧 그 문을 찾아 열 수 있다. 자신이 원하는 대로 생각하는 능력은 당신이 절대적으로 통제할 수 있는 유일한 능력이다.

바로 앞의 문장을 읽고 그 의미를 완전히 이해할 때까지 깊이 탐구해보자. 당신에게 생각을 통제할 능력이 있다면, 그 생각의 방향에 대한 책임 또한 당신에게 있다. 당신의 생각이 긍정적인 길을 걸을지, 아니면 부정적인 길로 향할지는 오로지 당신의 선택에 달렸다. 이는 세계에서 가장 유명한 시 하나를 떠올리게 한다.

✦ 밤의 어둠이 나를 감싸고
온 세상이 깊은 구덩처럼 칠흑 같은 어둠 속에서도
나는 어떤 신이라도 감사한다.
내 꺾이지 않는 영혼에 대해

냉혹한 운명의 손아귀 속에서도
나는 움츠러들거나 소리 내 울지 않았다.
무자비한 운명의 망치질 아래서
내 머리는 피투성이가 되었지만, 결코 굴하지 않았다.

분노와 눈물이 가득한 이곳을 넘어
그저 죽음의 공포가 어른거려도,
세월의 위협이
나를 찾고 또 찾아도, 나는 두렵지 않을 것이다.

문이 아무리 좁고,
형벌로 가득 찬 두루마리가 아무리 엄중해도,
나는 내 운명의 주인이며
내 영혼의 선장이다.

― 헨리

헨리는 내가 언급한 비밀 통로로 가는 문을 발견한 뒤에야 이 시를 썼다.

당신은 생각을 통제할 수 있는 능력이 있기에 '운명의 주인'이며 '영혼의 선장'이다. 이 생각의 힘으로 원하는 모든 것을 창조할 수 있다.

당신의 생각이 곧 당신의 세계

죽음이라 불리는 관문을 가리고 있는 커튼을 걷어내고 그 너머의 세계를 들여다보자. 육체의 도움 없이도 스스로 기능하는 존재로 가득한 또 다른 차원의 세계를 보게 될 것이다. 자세히 살펴보면 좋든 싫든 그 세계는 당신이 생전에 표현했던 생각의 본질과 정확히 일치하는, 바로 당신 자신의 창조물로 이루어져 있다. 그곳에는 당신의 마음과 생각에서 비롯된 자신, 즉 당신이 생각하는 이미지를 따라 만들어진 존재가 함께한다.

당신의 증오, 질투, 이기심, 다른 사람에게 품었던 불공정한 생각에서 태어난 존재는 결코 좋은 이웃이 될 수 없다. 하지만 당신은 그들과 함께 살아야 한다. 그들은 당신이 만들어낸 자식이며, 결코 내칠 수 없는 존재다. 만약 사랑, 정의, 진실, 그리고 다른 사람에 대한 친절에서 태어난 자식이 전혀 없다면 정말 불행한 일이다.

이 비유적 암시는 정확한 사고라는 주제에 새로운 중요성과 깊은 의미를 부여하지 않는가? 이생에서 내보낸 모든 생각이 죽음 이후에 살아 있는 존재의 모습으로 당신을 맞이할 가능성이 있다면, 육신에 주는 음식보다 훨씬 더 주의 깊게 자신의 모든 생각을 관리할 충분한 이유가 된다.

내가 이 제안을 '비유적'이라고 표현하는 데에는 이유가 있다. 그 이유는 앞서 말한 지식으로 통하는 비밀의 문을 통과하고 나면 비로소 명확히 알게 된다. 그 문을 통과하기 전에는 내가 이런 것을 어떻게 아는지 묻는 것은 부질없다. 마치 눈으로 색을 본 적 없는 사람이 나에게 빨간색이 어떤 모습인지 묻는 것과 같으니 말이다.

당신에게 이 관점을 무조건 받아들이라고 강요하는 것이 아니다. 이 관점이 옳다고 주장하려는 것도 아니다. 단지 하나의 암시를 전달함으로써 내 의무와 책임을 다하려는 것이다. 당신은 이제 자신의 판단과 의지에 따라 이 제안을 받아들일지 거부할지를 결정하면 된다.

이 장에서 말하는 '정확한 사고'란 당신이 스스로 만들어낸 생각을 뜻한다. 다른 사람의 제안이나 직접적인 언급으로 전달된 생각은 이 장의 의미와 목적에서 분류하는 정확한 사고의 범주에 속하지 않는다. 사실에 근거했더라도 말이다.

이제 나는 당신을 이 장에서 다루는 정확한 사고의 정점까지 이끌었다. 여기서 더 나아가는 것은 나의 역할이 아니다. 그러나 당신의 여정은 끝난 것이 아니며 이제 막 시작되었을 뿐이다. 여기서부터는 당신 스스로가 자신의 안내자가 되어야 한다. 하지만 이 장의 근본적 진리를 제대로 이해했다면 길을 찾는 데 큰 어려움은 없을 것이다. 이 장의 근본적인 진리가 처음 읽을 때는 잘 이해되지 않더라도 낙심하지 말길 바란다. 이 진리를 완전히 이해하기 위해 몇 주, 혹은 몇 달간의 깊은 성찰이 필요할 수도 있다. 그 노력은 충분히 가치가 있을 것이다.

이 장의 초반에 제시된 원칙은 매우 기본적이어서 쉽게 이해하고 받아들일 수 있을 것이다. 하지만 장의 후반부로 갈수록 생각의 흐름을 따라가다 보면 가늠하기 어려운 깊은 물속으로 들어가는 느낌이 들 수도 있다. 이에 대해 마지막으로 한 가지 실마리를 더 전하겠다. 지금 당신이 이 글을 읽는 동안에도 목소리, 음악, 그리고 자연의 다양한 소리가 당신이 있는 공간을 지난다. 이 소리는 인간의 청각으로는 들을 수 없으며 오로지 현대식 라디오 원리의 도움이 있어야 한다. 20년 전에 이와 같은 주장을 한다면 미쳤거나 어리석다고 여겨졌을 것이다. 하지만 지금은 모두가 아무 의심 없이 이 말을 받아들인다. 이제 그것은 사실이기 때문이다.

생각은 단순한 소리보다 훨씬 더 고차원적이고 정교하게 조직된 에너지다. 그러므로 지금 방출되는 모든 생각과 과거에 방출된 모든 생각이 에테르(혹은 어떤 형태로든) 속에 존재하며, 이를 해석할 도구가 있다면 읽어낼 수 있다는 가정은 충분히 합리적이다.

그렇다면 어떤 종류의 장비가 필요할까? 이 질문에 대한 답은 지식으로 가는 비밀 통로로 이어지는 문을 통과한 뒤에야 알 수 있다. 그 전에는 결코 알 수 없다. 자기 생각을 통해서만 통로에 도달할 수 있다. 그래서 과거의 위대한 철학자가 너 자신을 알라고 가르쳤던 것이다. "너 자신을 알라."는 오래전부터 시대를 관통하는 외침이었다. 예수 그리스도의 삶은 모든 사람이 자기 존재 안에서 발견할 수 있는 지식에 기반한 희망과 가능성의 약속이었다.

하나님의 일 가운데 가장 풀리지 않는 신비 중 하나는 위대한 발견이 항상 자기의 발견에 있다는 점이다. 인간이 평생을 두고 찾아 헤매는 진리는 다름 아닌 자신의 존재 속에 감추어져 있다. 따라서 삶의 황야에서나 다른 이의 마음속에서 그 진리를 찾으려는 시도는 헛된 일일

뿐이다. 그렇게 할수록 찾고자 하는 진리에 가까워지기는커녕 오히려 더 멀어진다.

그리고 어쩌면 지금 이 장을 마치는 이 순간 당신은 이전에 결코 도달하지 못했던 지식으로 향하는 비밀 통로의 문에 그 어느 때보다 가까이 다가와 있을지 모른다. 이 사실을 아는 사람은 오직 당신 자신뿐일 것이다. 이 장을 완전히 이해한다면 1장에서 언급된 마스터 마인드 법칙을 더욱 깊이 이해할 수 있다. 이제 당신은 두 명 이상의 사람들 간에 우호적이고 협력적인 동맹이 왜 중요한지도 분명히 알 것이다. 이 동맹은 참여자의 마음을 고양하고, 사고력을 무한 지성과 연결하는 길을 열어준다.

이 설명으로 1장에서 다룬 내용이 한층 더 깊고 새로운 의미로 다가올 것이다. 이 장은 마스터 마인드 법칙을 왜 활용해야 하는지 그 핵심적인 이유를 명확히 이해하도록 돕는다. 더불어 이 법칙을 제대로 이해하고 실천하는 사람이 얼마나 높은 경지에 도달할 수 있는지도 생생히 보여준다.

이쯤이면 왜 소수의 사람만이 막대한 권력과 부를 이루는 반면, 그들 주변의 다수는 여전히 가난과 궁핍 속에 머무르는지 이해할 수 있어야 한다. 만약 지금 그 이유를 이해하지 못했다면 이 책을 끝까지 읽을 때쯤에는 분명히 알게 될 것이다.

이 장을 처음 읽고 나서 완전히 이해하지 못하더라도 절대 낙심하지 마라. 이 책에서 이 장은 초보자가 단 한 번의 읽어서는 완전히 소화할 수 없는 유일한 장이다. 이 장이 지닌 풍부한 지식의 보물은 오직 깊은 사고와 성찰, 명상을 통해서만 서서히 드러난다. 그러므로 이 장을 최소한 일주일 간격으로 4회 이상 읽어라. 또한 1장을 다시 읽어 마스터 마인드 법칙과 이 장에서 다룬 정확한 사고와의 관계를 더 명확히 이해하기를 권한다. 마스터 마인드 법칙은 당신이 정확한 사고를 하는 사람으로 만들어줄 것이다.

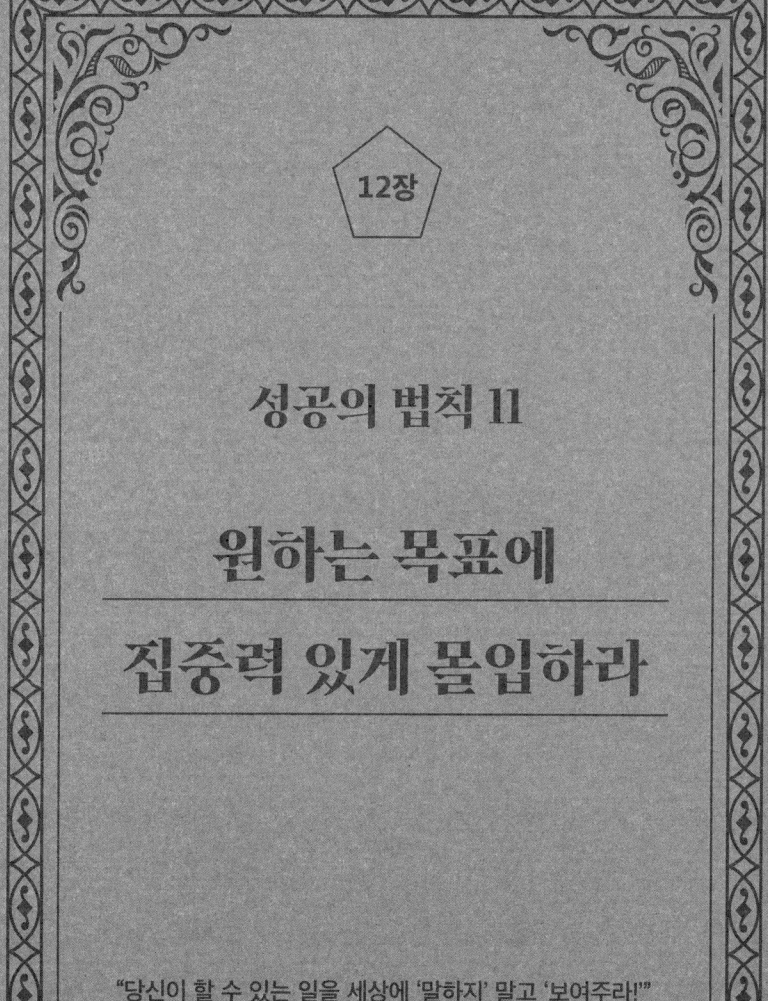

이 책에서 이 장은 매우 중요한 의미가 있다. 이 장이 기반한 심리적 법칙이 이 책의 다른 모든 법칙에도 깊은 영향을 미치기 때문이다. 먼저 여기서 말하는 '집중력'이라는 단어는 다음처럼 정의된다.

<u>집중이란 어떤 욕구를 실현하는 방법과 수단이 완벽히 계획되고 성공적으로 실행될 때까지 마음을 한곳에 몰두시키는 행위다.</u>

마음을 특정한 욕구에 집중하기 위해서는 2가지 중요한 법칙이 작용한다. 하나는 '자기 암시의 법칙'이며, 다른 하나는 '습관의 법칙'이다. 자기 암시의 법칙은 앞선 장에서 충분히 다루었으므로, 이제 습관의 법칙을 간단히 살펴보겠다.

평생 갈 좋은 습관은 마음에 길을 낸다

습관은 사람들이 놓인 환경에서 자연스럽게 만들어진다. 같은 일을 같은 방식으로 반복하고, 같은 생각을 끊임없이 되새기는 반복적인 과정에서 습관은 서서히 자리 잡는다. 일단 형성된 습관은 마치 거푸집에서 굳어버린 콘크리트 블록처럼 쉽게 깨지지 않는다. 습관은 모든 기억력 훈련의 근본이 된다. 방금 만난 사람의 이름도 습관을 이용해 기억해보자. 이름을 여러 번 반복해 말하면 자연스럽게 머릿속에 또렷하게 각인된다.

애터베리는 이렇게 말했다. "교육의 힘은 실로 막강하다. 우리는 젊은이의 마음과 행동을 원하는 어떤 모습으로든 빚어낼 수 있으며, 평생 지워지지 않을 습관으로도 만들어줄 수 있다."

정신이 환경을 뛰어넘는 특별한 순간을 제외하면 인간은 대체로 자신이 처한 환경에서 생각의 재료를 끌어온다. 이렇게 만들어진 생각은 반복을 통해 습관으로 굳어지고 잠재의식 깊숙이 자리 잡는다. 습관은 성격 일부가 되어 조용히 행동을 이끌고 편견과 선입견을 만들며 사람의 생각과 판단을 자연스럽게 지배한다.

한 위대한 철학자는 정직한 사람이 범죄에 빠지는 과정을 이렇게 설명하면서 습관의 강력한 영향을 강조했다. "<u>처음에는 견디고, 그다음에는 동정하며, 마침내 받아들인다.</u>"

습관은 마치 축음기 레코드의 깊게 파인 홈과 같고, 마음은 그 홈을 따라 움직이는 바늘과 같다. 어떤 습관이든 반복된 생각이나 행동으로 단단히 형성되면, 마음은 축음기의 바늘이 홈을 따라가듯 습관을 자연스럽게 따라간다. 그 습관이 긍정적이든 부정적이든 상관없다.

따라서 환경을 신중하게 선택해야 한다. 환경은 마음을 채우는 정신적 양식이 자라나는 토대다. 환경은 생각을 만들어내는 데 필요한 재료와 양식을 대부분 공급하고, 생각은 습관을 통해 굳어져 영구적으로 자리 잡는다. 여기서 '환경'이란 시각, 청각, 후각, 미각, 촉각이라는 오감을 거쳐 우리가 영향받는 모든 요소의 총합이다.

습관은 평범한 사고를 지닌 사람이라면 누구나 그 힘을 인식할 수 있는 요소지만, 대개 좋은 측면은 간과하고 부정적인 측면에만 집중하는 경향이 있다. "<u>모든 사람은 습관의 산물이다.</u>"라는 말이 있듯 <u>습관은 쇠사슬과 같아서 우리가 매일 한 가닥씩 엮어내면 결국 굉장히 강해져 도저히 끊을 수 없다.</u>

습관이 잔인한 폭군처럼 사람의 의지와 욕망, 성향을 거스르며 지배하고 강요한다는 것이 사실이라면, '이 강력한 힘도 자연의 다른 힘들처럼 인간을 위해 활용하고 통제할 수 있지 않을까?' 하는 의문이 생기는 것은 당연하다. 만약 이것이 가능하다면, 인간은 더 이상 습관의 노예가 되어 불평하며 끌려가지 않고, 오히려 습관을 지배하며 자신의 목표를 이루는 강력한 도구로 활용할 수 있다. 현대 심리학자 역시 우리가 습관을 충분히 통제하고 다스리며 유용하게 활용할 수 있다고 단언한다. 실제로 수많은 사람이 습관의 힘을 긍정적인 방향으로 이끌고 행동의 원동력으로 전환했다. 그래서 습관이 쓸모없이 낭비되거나, 사람들이 공들여 쌓아 올린 것을 무너뜨리거나, 풍요로운 마음의 밭을 황폐하게 만드는 것을 막아냈다.

습관은 우리의 행동이 오랫동안 지나온 '마음의 길'과 같다. 그 길을 지날 때마다 길은 조금씩 더 깊어지고 넓어진다. 넓은 들판이나 숲을 가로질러 걸어가야 한다면 사람들은 덜 다져진 길보다 가장 잘 닦인 길을 자연스럽게 선택할 것이다. 우리 마음도 이와 정확히 같다. 마음은 저항이 가장 적은 방향으로 움직이며 이미 닦여진 익숙한 길을 따라가려는 성향이 있다. 습관은 반복을 통해 만들어지며 모든 생명체에서 볼 수 있는 자연의 법칙에 따라 형성된다. 어떤 사람들은 무생물에도 이 법칙이 적용된다고 한다. 예를 들어, 종이는 한 번 접으면 다음에도 같은 선을 따라 쉽게 접힌다. 또한 재봉틀이나 다른 정밀한 기계를 사용하는 사람들은 기계가 일단 '길들면' 이후에도 그 방식대로 작동한다는 사실을 안다. 이 법칙은 악기에도 똑같이 적용된다. 사용자의 습관에 맞게 옷이나 장갑에 주름이 잡히면 아무리 다림질해도 완전히 사라지지 않는다. 강이나 개울도 길을 내면 항상 그 물길을 따라 흐른다. 이처럼 습관의 법칙은 어디에서나 끊임없이 작용하고 있다.

이 예시들은 습관의 본질을 이해하고, 새로운 마음의 길인 정신적 주름을 만드는 데 도움을 줄 것이다. 그리고 항상 기억하라. 오래된 습관을 없애는 가장 좋은 방법이자 어쩌면 유일한 방법은 바람직하지 않은 습관을 대체하고 상쇄할 새로운 습관을 만드는 것이다. 새로운 마음의 길을 만들어 따라가다 보면 기존의 오래된 길은 점차 희미해지고 결국 사용하지 않게 된다. 바람직한 정신적 습관의 길을 걸을 때마다 그 길은 점점 더 깊고 넓어져 이후에는 길을 가기가 훨씬 수월해진다. 정신적 길을 만드는 과정은 매우 중요하며, 당신이 원하는 바람직한 마음의 길을 만들기 위해 지금 당장 실천에 나서야 하는 것은 아무리 강조해도 지나치지 않다. 연습, 연습, 또 연습하자. 좋은 길을 만드는 사람이 되어야 한다.

❖ 습관을 만드는 규칙

다음은 당신이 원하는 습관을 형성하는 데 도움이 되는 실천 규칙이다.

첫째, 새로운 습관을 형성하기 시작할 때는 당신의 말과 행동에 힘과 열정을 싣도록 한다. 자신이 생각하는 바를 진심으로 느껴보자. 새로운 마음의 길을 만드는 첫걸음 떼는 순간이 가장 어렵고, 시간이 지날수록 점차 쉬워진다. 처음부터 길을 최대한 뚜렷하고 깊게 내야 다음에 그 길을 다시 걸을 때도 쉽게 찾을 수 있다.

둘째, 새로운 길을 만드는 데 온전히 집중하고, 오래된 익숙한 길로 마음이 쏠리지 않도록 주의한다. 과거의 오래된 길은 모두 잊고 오직 새롭게 만드는 길에만 집중하자.

셋째, 새로 만든 길을 가능한 한 자주 걷자. 운이나 우연을 통해 기회가 오기를 기다리지 말고 스스로 기회를 만든다. 새로운 길로 자주 다닐수록 더 빨리 익숙해지고 쉽게 걸을 수 있다. 처음부터 새로운 습관의 길로 자주 다닐 계획을 세워보자.

넷째, 과거에 사용하던 익숙하고 편한 옛길을 다시 걷고 싶은 유혹을 이겨내자. 유혹을 이겨낼 때마다 당신은 더 강해지고 다음번에는 더 쉽게 이겨낼 수 있다. 반대로 유혹에 굴복하면 또다시 굴복하기 쉬워지고 다음번에는 저항하기가 더 어려워진다. 맨 처음 유혹이 있을 때가 가장 중요하다. 시작 단계부터 당신의 결단력과 끈기, 의지력을 증명하자.

다섯째, 명확한 주요 목표를 바탕으로 올바른 길을 설정했다는 확신을 품고 두려움 없이 의심하지 말고 나아가라. "쟁기를 단단히 잡고 뒤돌아보지 마라."(누가복음 9장 62절을 응용한 말.—편집자) 목표를 선택했으면 곧장 이어지는 훌륭한 깊고 넓은 정신적 길을 만들어라.

이미 알아차렸겠지만 습관과 자기 암시 사이에는 밀접한 관계가 있다. 습관적으로 똑같이 반복된 행위는 굳건한 성향으로 자리 잡으며, 결국 우리는 그 행동을 자동적이거나 무의식적으로 수행한다. 예를 들어, 피아노 연주자는 다른 주제를 의식하는 동안에도 익숙한 곡을 연주할 수 있다.

<u>자기 암시가 정신의 길을 만들어가는 도구라면, 집중력은 그 도구를 다루는 손이며, 습관은 그 길을 형성하는 지도이자 설계도다.</u> 어떤 생

각이나 욕구가 행동으로 이어져 현실이 되려면 의식적으로 꾸준히 유지해야 한다. 그리고 습관을 통해 영구적으로 자리 잡을 때까지 계속 반복해야 한다.

피아노 선율이 흐르는 세탁소의 전략

이제 우리의 관심을 환경으로 돌려보자. 앞서 살펴보았듯이 우리는 주변 환경에서 생각의 재료를 흡수한다. 여기서 말하는 '환경'은 매우 넓은 범위를 포함한다. 우리가 읽는 책, 우리가 교류하는 사람들, 우리가 사는 지역 사회, 우리가 종사하는 일의 성격, 우리가 거주하는 국가 혹은 민족, 우리가 입는 옷, 우리가 부르는 노래 등이 모두 환경에 속한다. 그리고 그중 가장 중요한 것은 14세 이전에 받는 종교적·지적 교육이다.

환경이라는 주제를 분석하는 목적은 우리가 발전시키고 있는 성격과 환경의 직접 관련이 있음을 보여주고, 환경을 보호하는 것이 얼마나 중요한지를 깨닫게 하기 위해서다. 삶의 명확한 주요 목표를 달성하는 데 필요한 재료를 제공하도록 환경을 보호해야 한다.

정신은 우리가 제공하거나 환경을 통해 강제로 주어진 것들로부터 양분을 얻는다. 따라서 가능하면 정신이 명확한 주요 목표를 달성하는 데 적합한 재료를 얻을 수 있는 환경을 선택해야 한다. 만약 현재의 환경이 마음에 들지 않는다면 바꾸어라!

가장 먼저 할 일은 명확한 주요 목표를 가장 효과적으로 달성할 수 있는 이상적인 환경을 마음속에 정확하고 명확하며 구체적으로 그려보는 것이다. 그리고 그 환경이 실제로 실현될 때까지 이미지를 마음속 깊이 집중하고 몰입하는 연습을 지속해야 한다.

2장에서 어떤 욕구를 이루기 위한 첫 번째 단계는 성취하고자 하는 목표를 마음속에 명확하고 구체적으로 그려보는 것임을 배웠다. 이를 지키지 않거나 소홀히 하면 우연을 제외하고는 성공할 수 없다.

당신이 매일 함께하는 사람들은 환경 중에서도 가장 중요하고 영향력 있는 요소다. 그들이 누구냐에 따라 당신의 발전을 도울 수도, 오히려 퇴보하게 만들 수도 있다. 가능하면 당신의 명확한 주요 목표와 이상에 공감하며 당신에게 열정, 자신감, 결단력, 야망을 불어넣어줄 사람들을 가까이 두어야 한다.

우리가 듣는 모든 말, 눈에 담기는 모든 장면, 오감을 통해 받아들이는 모든 감각적 자극은 태양이 동쪽에서 떠서 서쪽으로 지듯 확실하게 생각에 영향을 미친다. 이 말이 모두 사실이라면, 우리가 생활하고 일하는 환경을 가능한 한 주도적으로 관리하는 것이 얼마나 중요한지 알 수 있지 않은가? 명확한 주요 목표와 직접 관련된 주제를 다룬 책을 읽는 것의 중요성도 이해할 수 있지 않은가? 무엇보다 당신의 목표에 공감하며 격려하고 자극을 줄 사람들과 대화하는 것이 얼마나 중요한지 느껴지지 않는가?

우리는 소위 문명 시대에 살고 있다. 세계의 주요 과학자는 현재의 문명화된 환경이 수백만 년에 걸친 진화의 과정을 거쳐 자연이 만들어낸 결과라는 점에 의견을 같이한다.

북미 대륙에 살았던, 이른바 인디언이 현대 문명으로 나아가지 못하고 얼마나 오랫동안 그 상태로 살았는지는 정확히 알 방법이 없다. 인디언은 오랫동안 야생 그대로의 자연에서 살았고, 그 환경을 변화시키거나 개선하려고 하지 않았다. 변화는 오직 먼 나라에서 온 새로운 인종들이 진보된 문명 환경을 강제로 들여오면서 비로소 시작되었다.

불과 300년이라는 짧은 시간 동안 어떤 변화가 일어났는지 주목해 보자. 한때 사냥터였던 땅은 거대한 도시로 변했고, 인디언은 교육과 문화를 받아들여 백인 형제들과 견줄 만큼의 성취를 이루었다. (15장에서는 환경의 영향을 전 세계적 관점에서 다루며, 젊은 세대의 마음에 환경이 어떻게 영향을 미치는지와 관련해서 사회적 유전의 원리를 자세히 설명한다.)

입는 옷도 우리에게 영향을 미치므로 옷 또한 환경의 일부다. 더럽거나 낡은 옷은 기분을 가라앉히고 자신감을 떨어뜨리지만, 깨끗하고 적절한 스타일의 옷은 정반대의 효과를 낸다. 관찰력이 있는 사람은 작업대, 책상 혹은 업무 공간만 보아도 상대를 정확히 분석할 수 있다. 잘 정리된 책상은 잘 정리된 두뇌를 의미한다. 그리고 상인의 상품 재고를 보면, 그가 체계적인 사고를 하는지 아니면 혼란스러운 사고를 하는지도 알 수 있다. 이처럼 사람의 정신적 태도와 물리적 환경은 밀접한 연관성이 있다.

환경은 공장, 상점, 사무실에서 일하는 사람들에게 매우 큰 영향을 미친다. 고용주는 점차 직원에게 영감을 주고 동기를 부여할 수 있는 환경을 조성하는 것이 얼마나 중요한지 점점 깨닫고 있다.

시카고의 한 진취적인 세탁소 사장은 경쟁자들을 능가하는 방법을 찾아냈다. 그는 작업장에 피아노를 설치하고, 단정하게 차려입은 젊은 여성에게 근무 시간 때 연주하도록 했다. 또한 세탁소 직원에게 흰색 유니폼을 착용하게 했으며, 일터 어디에서도 일이 고되고 힘들다는 인상을 주지 않게 조치했다. 이처럼 쾌적한 환경 덕분에 이 세탁소 사장은 더 많은 작업량을 처리하고, 더 많은 수익을 올리며, 경쟁 세탁소보다 더 나은 임금을 직원에게 지급하고 있다.

집중력, 성공의 문을 여는 마법 열쇠

이제 집중력이라는 주제와 직접적으로나 간접적으로 관련된 원칙들을 어떻게 적용할 수 있는지를 설명하기에 적절한 시점에 이르렀다. 이 원칙들의 적용법을 '성공의 문을 여는 마법 열쇠'라고 부르겠다.

이 마법 열쇠를 소개하기에 앞서 이것이 내가 새롭게 발명하거나 발견한 것이 아님을 먼저 밝힌다. 이는 긍정적인 낙관주의 철학에 기초한 신사상을 비롯해 다른 종파의 추종자들이 사용하는 것과 같은 열쇠다.

이 마법 열쇠는 누구나 사용할 수 있는 강력하고도 저항할 수 없는 힘을 지녔다. 이 마법 열쇠가 부의 문을 열어줄 것이다! 명예로 가는 문을 열어줄 것이다! 그리고 많은 경우에 건강으로 가는 문도 열어줄 것이다. 이 열쇠는 교육의 문을 열어 당신을 잠재된 능력의 보고로 안내할 것이다. 당신에게 적합한 인생의 어떤 자리에도 통하는 만능열쇠 역할을 할 것이다.

이 마법 열쇠의 도움으로 인간은 세계의 위대한 발명품의 비밀스러운 문을 열어왔다. 과거의 모든 위대한 천재는 이 마법의 힘으로 발전해왔다.

당신이 단순 노동자면서 더 나은 삶의 자리를 원한다고 가정해보자. 이 마법 열쇠는 그 소망을 성취하도록 도와줄 것이다! 이 열쇠를 사용해 카네기, 록펠러, 힐, E. H. 해리먼(미국 철도 사업가.—편집자), J. P. 모건 등과 같은 인물들이 막대한 물질적 부를 축적했다. 이 열쇠는 감옥의 문을 열어 방황하는 이들을 유능하고 신뢰받는 사람으로 변화시킬 것이다. 실패는 성공으로, 불행은 행복으로 뒤바뀔 것이다.

당신은 묻는다. "그 마법 열쇠는 무엇입니까?" 단 한 단어로 답하겠다. "집중력이다!"

이제 여기서 말하는 집중력을 정의하겠다. 먼저 신비주의적 개념이 아님을 분명히 한다. 비록 세계의 모든 과학자가 아직 집중력을 통해 발생하는 신비로운 현상을 설명하지는 못했지만 말이다.

여기서 말하는 집중력은 고정된 습관과 연습으로 한 가지 주제를 완전히 익히고 숙달할 때까지 정신을 유지하는 능력을 의미한다. 이는 주어진 문제를 해결할 때까지 주의를 제어하고 집중하는 능력을 뜻한다.

집중력이란 버리고자 하는 습관의 영향을 떨쳐내고, 원하는 새로운 습관을 만들어가는 능력을 의미한다. 곧 완전한 자기 통제력을 뜻한다. 다른 말로 표현하면, **집중력은 원하는 대로 생각할 수 있는 능력, 생각을 통제하고 그것을 명확한 목표로 향하게 하는 능력, 지식을 체계적으로 정리해 현실적이고 실행 가능한 행동 계획으로 전환하는 능력이다.**

인생에서 명확한 주요 목표에 집중할 때는 그 목표와 밀접하게 연결된 많은 관련 주제를 함께 다루어야 한다. 이 주제들은 서로 유기적으로 연결되어 당신이 집중하는 핵심 목표를 완성한다.

야망과 욕구는 성공적인 집중력을 이루는 데 핵심 요소다. 이 요소가 없다면 마법 열쇠는 아무런 쓸모가 없다. 소수만 이 열쇠를 활용하는 주된 이유는 사람들은 대체로 야망이 부족하고, 특별히 원하는 것이 없어서다.

당신이 무엇을 바라든 합리적이고 매우 강한 욕구라면, 집중력이라는 마법 열쇠가 목표를 이루도록 도와줄 것이다. 일부 학자는 기도의 놀라운 힘이 간절한 바람에 깊이 집중하는 과정에서 비롯된다고 본다. **인간이 이룬 모든 성취는 처음에는 마음속 욕구로 상상되었다가, 이후 집중력을 통해 현실로 구현된 것이다.**

이제 마법 열쇠가 진짜 효과가 있는지 분명한 공식으로 직접 시험해보자. 먼저 마음속의 의심과 회의를 과감히 떨쳐야 한다! 믿지 않는 사람은 결코 이 마법 열쇠가 주는 놀라운 혜택을 누릴 수 없다. 당신은 지금부터 하게 될 이 실험을 반드시 믿고 실천해야 한다.

이 실험에서는 대중 연설가를 사례로 들겠다. 반드시 모든 지침을 한 글자도 빠짐없이 따라야 한다.

일반 편지지 크기의 백지를 준비한 뒤 다음처럼 적어보자.

- ✦ 나는 강력한 대중 연설가가 될 것이다. 이는 내가 세상에 필요한 유익한 서비스를 제공하게 해줄 것이며, 이로써 삶에 필요한 물질적인 것을 얻을 수 있는 재정적 보상을 받을 것이다.

나는 이 욕망을 현실로 바꾸려면 어떻게 해야 할지 결정하기 위해 매일 잠자리에 들기 직전과 아침에 일어난 직후인 10분 동안 이 욕망에 집중할 것이다.

나는 강력하고 매력적인 연설가가 될 수 있음을 알고 있으므로 어떤 것도 나를 방해하게 두지 않을 것이다.

서명 _____

이 서약서에 서명하고 서약한 대로 실천해나가자. 원하는 결과가 나타날 때까지 꾸준히 이어 가야 한다.

집중할 때는 다음의 방법으로 실천하도록 한다. 1년, 3년, 5년 혹은 10년 후, 당신이 시대를 대표하는 가장 영향력 있는 대중 연설가가 된 모습을 상상하라. 안정적인 수입을 얻는 모습도 떠올려보자. 연설가나 강연가로서 한 노력으로 마련한 집에서 편안하게 생활하는 자신을 상상하라. 노후를 대비해 넉넉한 예금이 쌓여 있는 은행 계좌도 그려보자. 뛰어난 대중 연설 능력 덕분에 사회에서 영향력 있는 사람이 된 모습을 상상하라. 그리고 직업을 잃을 걱정 없이 당신이 진심으로 좋아하는 일을 즐겁게 하는 자신을 떠올려보라.

이 모든 장면을 생생하게 머릿속에 그려보라. 자! 바로 당신의 마음 깊이 간직된 강한 열망이 현실로 바뀌는 모습을 보여줄 것이다. 이 열망을 당신의 집중력이 향할 가장 중요한 목표로 삼고 그 과정에서 어떤 변화가 일어나는지 지켜보라.

이제 당신은 마법 열쇠가 지닌 놀라운 비밀을 알게 되었다! 마법 열쇠가 가진 힘을 과소평가하지 마라. 이 열쇠가 신비롭지도 않고 쉽게 이해되는 언어로 설명되어 있다고 해서 과소평가하는 실수를 저지르면 안 된다. 모든 위대한 진리는 결국 단순하며 이해하기 쉽다.

이 마법 열쇠를 가치 있는 목표를 달성하는 데에만 지혜롭게 사용하도록 하자. 그러면 이 열쇠는 행복과 성공을 계속 가져다줄 것이다. 이미 저지른 실수와 실패의 경험은 잊어버려라. 과거에서 사는 것은 그만두어라. 어제는 절대로 돌아오지 않는다는 사실을 알고 있지 않은가? 지금까지의 노력이 좋은 결과를 내지 못했다면 완전히 새롭게 시작하라. 앞으로의 5년, 10년을 가장 큰 야망을 충족시킬 성공담으로 만들어내라.

야망, 욕망, 집중된 노력으로 당신 자신의 이름을 알리고 세상에 크게 이바지하자! 할 수 있다고 믿으면 할 수 있다! 마법 열쇠에 관한 이야기는 여기까지다.

완벽한 조화가 초인적인 힘을 끌어낸다

의식 속에 존재하는 어떤 생각이나 아이디어는 관련된 감정을 불러일으키고 그에 상응하는 적절한 행동을 하게 만드는 경향이 있다. 집중력의 원리로 마음 깊이 열망을 품고 실현된다고 완전히 믿고 행동하면 과학적으로 설명하기 어려운 힘이 끌어당겨진다.

이제 지속적인 성공을 이루는 첫걸음으로 명확한 주요 목표를 선택하는 이유가 이해될 것이다. <u>깊은 열망으로 목표 달성에 마음을 집중하자. 그러면 설명할 수 없는 힘의 도움으로 마치 자석처럼 열망에 필</u>

요한 요소가 끌어당겨진다. 이 사실은 이 장의 가장 중요한 부분, 어쩌면 전체 과정에서 가장 중요한 원리를 설명하는 밑거름이 될 것이다.

✦ 두 사람 이상이 완벽한 조화를 이루어 하나의 명확한 목표를 달성하기 위해 협력할 때, 그 동맹은 각 구성원에게 초인적이고 거스를 수 없는 힘을 부여한다. 단, 구성원 모두가 동맹을 충실히 지켜야 한다.

이 말 뒤에는 과학이 아직 그 본질을 규명하지 못한 법칙이 존재한다. 내가 이 책 전체에서 조직적 노력의 힘에 관해 반복해서 언급할 때 염두에 둔 것이 바로 이 법칙이다.

우리는 화학에서 2가지 이상의 원소가 결합해 개별 원소와는 완전히 다른 성질을 가진 새로운 물질이 만들어진다는 사실을 배운다. 예를 들어, 화학식 H_2O로 알려진 일반적인 물은 두 개의 수소 원자와 한 개의 산소 원자로 구성된 화합물이지만, 물은 수소도 아니고 산소도 아니다. 원소들의 '결합'은 구성 요소 중 어느 것도 닮지 않은 완전히 다른 물질을 만들어낸다. 물리적 원소를 변환할 수 있게 하는 법칙이 두 명 이상의 사람들이 완벽한 조화와 이해 속에서 특정 목표를 달성하기 위해 연합할 때 나타나는 초인적 힘의 원인일 수 있다.

이 세상과 다른 행성을 구성하는 모든 물질은 전자로 이루어져 있다. 전자는 물질의 가장 작은 분석 단위로 전기나 에너지 형태와 유사한 성질을 지닌다. 한편, 생각과 우리가 '정신'이라고 부르는 것도 에너지의 한 형태다. 다시 말해, 생각은 조직화한 에너지며, 전기 발전기로 생성되는 에너지와 본질상 동일한 형태일 가능성이 있다. 다만 훨씬 더 고도로 조직화한 형태다.

모든 물질은 결국 전기라고 불리는 에너지의 한 형태인 전자의 집합으로 이루어져 있다. 마음 또한 고도로 조직화한 전기의 한 형태다. 그렇다면 물질에 작용하는 법칙이 마음에도 동일하게 적용될 수 있지 않을까?

또한 두 개 이상의 물질 요소가 적절한 비율과 올바른 조건에서 결합하면 H_2O의 경우처럼 원래의 요소와는 전혀 다른 새로운 것이 만들어질 수 있다. 그렇다면 두 개 이상의 정신적 에너지가 결합했을 때, 그 결과로 원래의 개별적 정신과는 완전히 다른 복합적 정신이 형성될 수 있다는 것도 이해할 수 있지 않은가?

당신은 다른 사람들과 함께 있을 때 어떤 영향을 받는지 분명히 알 것이다. 어떤 사람은 당신에게 낙관주의와 열정을 불어넣는다. 그의 존재 자체가 당신의 정신을 더 큰 행동으로 이끈다. 반면 어떤 사람의 존재는 당신의 활력을 떨어뜨리고 우울하게 만드는 경향이 있다.

우리가 다른 사람과 일정 범위 내에서 함께 있을 때 이러한 변화가 발생하는 원인은 무엇일까? 나 역시 그 원리를 완전히 이해하지는 못했으나 추측해보면 이렇다. 두 개의 수소 원자와 한 개의 산소 원자가 결합해 물을 만들어내는 법칙과 유사한 법칙을 통해, 다른 사람의 정신과 우리의 정신이 혼합되거나 결합하면서 일어나는 변화일 것이다.

이 가설에 대한 과학적 근거는 없다. 하지만 오랜 시간 진지하게 고민한 결과, 나는 최소한 타당한 가설이라는 결론에 도달했다. 다만 아직 입증할 방법은 없다.

어떤 사람의 존재는 당신에게 영감을 주고, 어떤 사람의 존재는 당신을 우울하게 만든다는 사실에는 굳이 증거가 필요하지 않다. 이것은 이미 사실이다. 생각해보면 영감을 주고 마음을 더 활발하게 만드는 사람은 당신이 목표를 이루는 데도 큰 힘을 준다. 반면, 활력을 떨어뜨리거나 쓸모없고 혼란스러운 생각으로 에너지를 낭비하게 만드는 사람은 정반대의 영향을 미친다. 이는 어떠한 가설이나 추가적인 증거 없이도 여러 번 직접 경험했을 테니 당신은 충분히 이해할 것이다.

이제 처음의 주장으로 다시 돌아가보자.

✦ 두 사람 이상이 <u>완벽한 조화를 이루어</u> 하나의 명확한 목표를 달성하기 위해 협력할 때, 그 동맹은 각 구성원에게 초인적이고 거스를 수 없는 힘을 부여한다. 단, 구성원 모두가 동맹을 충실히 지켜야 한다.

여기서 강조된 대목을 주의 깊게 살펴보자. 바로 그 안에 이 모든 효과를 만들어내는 '정신적 공식'을 찾을 수 있다. 그러나 이 공식이 충실히 지켜지지 않으면 아무런 효과가 없다.

수소 원자 하나와 산소 원자 하나가 결합한다고 해서 물이 만들어지지 않듯이, 동맹을 맺는 사람들 사이에 '완벽한 조화의 정신'이 동반되지 않은 명목상의 동맹은 결코 초인적이고 저항할 수 없는 힘을 만들어내지 못한다.

❖ 놀라운 성취 뒤에는 집중력과 협력이 있다

나는 켄터키 산악 지대에서 6대째 살아온 한 가문을 안다. 이들은 여러 세대에 걸쳐 조상의 방식을 그대로 따르며 살아왔고, 정신적으로 눈에 띄는 발전 없이 전통적인 삶을 유지해왔다. 생계를 위해 땅을 일구며 지냈으며, 그들이 아는 세상 전부는 레처카운티라는 작은 지역이었다. 또한 공동체 규범을 엄격히 지키며 지역 사회 안에서만 결혼만을 허용해왔다.

그러던 중 가족 구성원 중 한 명이 인근 버지니아주 출신의 교육 수준이 높은 교양 있는 여성과 결혼했다. 말하자면 그는 전통적인 울타리를 벗어났다. 이 여성은 야망이 있었고 세상이 레처카운티를 넘어 최소한 남부 전체로 확장된다는 사실을 잘 알고 있었다. 그녀는 화학, 식물학, 생물학, 병리학, 심리학, 교육학 등 다양한 학문에 관한 깊은 이해가 있었다. 아이들이 자라 이해할 나이가 되자 그녀는 이 주제들에 관해 자주 이야기했다. 그 결과, 아이들은 점점 지적 호기심을 키우기 시작했다.

현재 그녀의 자녀 중 한 명은 명망 있는 교육 기관의 총장으로서 다양한 학문을 가르치고 있다. 또 다른 자녀는 저명한 변호사가 되었으며, 다른 자녀는 성공한 의사로 활동하고 있다. 그녀의 남편 또한 그녀의 지적 영향 덕분에 가족의 전통에서 벗어나, 6대 만에 최초로 새로운 길을 개척했다. 그는 유명한 치과 의사가 되었다. 그녀의 사고방식과 결합한 그의 정신은 새로운 가능성을 보여주었다. 그는 그녀의 영향이 아니었다면 결코 알지 못했을 야망을 품을 수 있었다.

나는 수년간 세상이 위대하다고 부르는 인물들의 전기를 연구해왔다. 사실 확인이 가능한 모든 사례에서 그들의 위대함 뒤에는 대중에게 잘 알려지지 않은 누군가가 존재했다. 이는 단순한 우연 같지 않다. 이 '숨겨진 힘'은 방금 설명한 사례처럼 남편에게 영감을 주고 위대한 업적을 이루도록 격려한 인내심 깊은 아내일 때가 많다.

 포드는 이 시대의 현대적 기적이라 할 만하며, 나는 미국은 물론 세계 어느 나라에서도 그와 같은 산업적 천재는 드물다고 생각한다. 포드의 놀라운 업적 뒤에는 대중에게 거의 알려지지 않은 한 여성이 있었다. 바로 그의 아내다!

 사람들은 포드의 업적과 막대한 수입을 알고 나면 그가 뛰어난 능력을 타고난 사람일 것으로 생각한다. 그는 분명 뛰어난 능력을 지녔다. 하지만 그의 능력도 오랜 시간 그와 함께 '완벽한 조화를 이루며 분명한 목표를 위해 협력한' 아내의 영향이 없었다면 세상에 알려지지 않았을 것이다.

 또 다른 천재를 꼽자면 전 세계에 잘 알려진 에디슨이 있다. 그의 발명품들은 너무나도 유명해서 굳이 나열할 필요조차 없다. 우리는 스위치를 눌러 전등을 켜거나 축음기에서 음악을 들을 때마다 에디슨을 떠올려야 한다. 백열전구와 현대 축음기를 완성한 사람이 바로 에디슨이기 때문이다. 또한 영화를 볼 때마다 에디슨을 생각해야 한다. 영화 산업을 가능하게 만든 것은 천재적인 에디슨이기 때문이다.

 포드와 마찬가지로, 에디슨 뒤에도 아주 놀라운 여성인 아내가 있었다! 에디슨 가족과 아주 가까운 몇몇 친구를 제외하고는 그의 위대한 업적 이면에 어떤 방식으로 그녀의 영향력이 작용했는지 아는 이는 거의 없을 것이다. 에디슨의 아내는 내게 말한 적이 있다. 에디슨이 가진 수많은 장점 중에서도 가장 뛰어난 자질을 말이다. 그건 바로 집중력이다!

에디슨은 일단 실험이나 연구 혹은 조사를 시작하면, 자신이 찾고자 하는 것을 발견하거나 찾기 위해 할 수 있는 노력을 다할 때까지 결코 '포기'하지 않는다. 에디슨은 하루에 고작 서너 시간만 자면서 밤낮없이 열정적으로 연구에 몰두했다. (7장에서 열정의 지속적인 효과를 언급했으니 참고하자.) 에디슨 뒤에는 2가지 위대한 힘이 있었다. 하나는 집중력이고, 다른 하나는 바로 에디슨의 아내다!

작은 사과 씨앗을 적절한 시기에 알맞은 토양에 심으면, 점차 작은 싹이 트고 결국 사과나무로 자라난다. 그 나무는 단순히 흙에서 비롯된 것도, 공기의 요소에서 나온 것도 아니며, 흙과 공기라는 두 요소가 결합해 만들어진 결과다. 아직 공기와 흙에서 사과나무를 구성하는 세포들이 서로 결합하도록 끌어당기는 법칙을 설명할 수 있는 사람은 없다. 사과나무는 단지 작은 씨앗에서 바로 자라나지 않으나 그 씨앗은 분명 사과나무의 시작점이다.

두 사람 이상이 '명확한 목표를 달성하기 위해 완벽한 조화 속에서' 동맹을 맺는다고 해보자. 여기서 목표 자체 혹은 목표 뒤에 있는 욕망은 사과 씨앗에 비유할 수 있으며, 그들의 에너지가 결합한 힘은 사과나무를 키우는 공기와 흙에 비유할 수 있다. 이 결합은 결국 그 열망의 구체적인 결과물, 즉 현실 속 물질적 성과를 만들어낸다.

정신의 이러한 힘들이 서로 끌어당기고 결합하는 원리는 사과나무가 다양한 요소의 결합을 통해 '성장'하는 원리만큼이나 설명하기 어렵다. 하지만 중요한 것은 적절하게 심어진 사과 씨앗이 자라 사과나무가 되듯, 두 사람 이상의 마음이 명확한 목표를 가지고 체계적으로 결합하면 위대한 성과를 이룰 수 있다는 점이다. 13장에서는 이 협력의 원리가 상상을 초월할 정도로 확장되는 모습을 보게 될 것이다. 조직적인 사고방식으로 생각하도록 훈련하지 않은 사람에게는 놀라운 내용일 것이다!

이 책은 조직적인 노력이라고 부르는 개념의 기본 원리를 매우 구체적으로 보여준다. 16장에 걸쳐 이 원리를 완벽하게 설명하며, 어느 한 장이라도 빠지면 사슬의 한 고리가 빠져 전체 사슬에 영향을 미치듯 전체적인 이해에 큰 영향을 줄 것이다.

이미 여러 방식으로 언급했지만 한 번 더 강조하겠다. 한 가지 주제에 집중하면 밀접하게 관련된 정보가 다양한 경로로 '쏟아져' 들어온다는 타당한 가설이 있다. 깊이 자리 잡은 열망이 올바른 '정신적 토양'에 심어지면 그 열망의 본질과 조화를 이루는 모든 것을 끌어당기는 중심이자 자석 같은 역할을 한다는 이론이다.

워싱턴 D. C.의 엘머 게이츠 박사는 아마도 세계에서 가장 유능한 심리학자 가운데 한 명일 것이다. 그는 심리학 분야뿐만 아니라 직간접적으로 관련된 다른 과학 분야에서도 세계적으로 최고의 학문적 권위를 지닌 인물로 인정받고 있다. 잠시 그의 연구 방법을 함께 살펴보자!

게이츠는 특정 주제를 일반적인 연구 방법으로 철저히 조사하고 관련된 모든 기록된 정보를 최대한 활용한다. 그런 다음 연필과 노트를 들고 앉아 주제에 관한 생각이 떠오르기 시작할 때까지 깊이 집중해 추가 정보를 얻는다. 그러면 어디에서 오는지 알 수는 없으나 관련된 생각이 흘러 들어오기 시작한다. 게이츠는 자신의 중요한 많은 발견이 이 방법으로 이루어졌다고 했다. 내가 게이츠와 이 주제에 관해 처음 이야기를 나눈 지 20년이 넘었다. 이후 라디오 원리의 발견으로 우리는 이 '앉아서 생각하기'의 결과를 설명하는 합리적인 가설을 세울 수 있었다.

현대 라디오 장치에서 발견했듯이 에테르는 끊임없이 요동치는 상태에 있다. 음파는 언제나 에테르를 통해 떠다니지만, 이 파동은 적절히 조율된 기구의 도움 없이는 발신지에서 가까운 거리 이상으로는 감지되지 않는다. 이렇게 보면 에너지 중 가장 고도로 조직화한 형태인 '생각'도 에테르를 통해 끊임없이 파동을 보내고 있다고 가정하는 것이 합리적으로 보인다. 그러나 생각의 파동 역시 음파와 마찬가지로 적절히 조율된 마음을 통해서만 감지되고 올바르게 해석될 것이다. 게이츠가 조용한 방에 앉아 마음을 차분하고 수동적인 상태로 만들었을 때, 마음속에 지배적으로 자리 잡은 생각은 에테르를 통해 흐르는 다른 사람의 유사하거나 관련된 생각의 파동을 자석처럼 끌어당겼음이 분명하다.

이 가설을 조금 더 확장해보자. 나는 현대 라디오 원리가 발견된 이후 여러 번 이런 생각을 했다. 즉, 인류가 언제든 마음속에서 조직적인 형태로 내보낸 모든 생각은 여전히 에테르 속에 파동으로 존재하며 끊임없이 거대한 순환 속을 돌고 있다는 것이다. 또한 어떤 주제에 깊이 집중하면 강력한 생각의 파동이 방출되어 관련 있거나 비슷한 다른 생각의 파동과 연결되고 융합된다. 이를 통해 집중하는 사람과 이전에 방출되어 떠돌고 있는 유사한 생각들 사이에 직접적인 연결이 만들어진다.

한 걸음 더 나아가 생각하면 사람이 자기 마음을 조율해 생각의 진동 속도를 에테르의 진동 속도와 일치시킨다면, 과거에 조직적인 생각을 통해 축적된 모든 지식을 활용할 수 있지 않을까? 이 가설을 염두에 두고 이 책의 2장으로 돌아가 카네기가 어떻게 마스터 마인드로 막대한 부를 축적했는지 살펴보자.

카네기는 신중하게 선발한 20명이 넘는 사람들과 협력 관계를 맺고 정신적 에너지를 결합했다. 그리고 세계가 목격했듯 매우 강력한 산업을 일구었다. 이때 카네기가 만든 마스터 마인드 그룹의 구성원들은 마치 한 사람처럼 생각하고 행동했다! 많은 개별 정신으로 구성된 마스터 마인드 그룹은 오직 하나의 목표에 집중했다. 그 목표가 무엇인지는 카네기를 아는 모든 사람, 특히 철강 산업의 경쟁자들에게는 잘 알려져 있다.

당신이 포드의 업적을 조금이라도 들여다본 적이 있다면 그가 얼마나 집중력 있게 노력을 기울이는 사람임을 알 것이다. 사업 초기 그는 자신이 제작할 자동차의 전반적인 유형을 표준화하겠다는 정책을 채택했다. 그리고 1927년 대중의 수요 변화로 어쩔 수 없이 그 방침을 변경하기 전까지 이를 일관되게 유지했다.

몇 년 전 나는 포드자동차 공장의 전 수석 엔지니어를 만나 포드가 사업을 시작하던 초기의 일화를 들을 수 있었다. 이 일화는 포드의 경제 철학에서 집중된 노력이 중요한 기본 원칙이었음을 잘 보여준다.

당시 공장의 엔지니어들은 자동차의 후륜 차축 설계 변경안을 논의하려 엔지니어링 사무실에 모여 있었다. 포드는 자리에 서서 모든 엔지니어가 각자의 '의견'을 모두 말할 때까지 토론을 경청했다. 그런 다음 포드는 테이블로 걸어가 제안된 차축 도면을 손가락으로 톡톡 두드리며 말했다. "이제 잘 들으세요! 우리가 지금 쓰는 차축은 본래 의도한 대로의 역할을 잘하고 있습니다. 그러니 그 차축에는 더 이상 어떤 변경도 없을 겁니다!" 그 길로 그는 사무실에서 나갔고 그날 이후로 오늘날까지 이 회사 자동차의 후륜 차축 구조는 거의 동일하게 유지되고 있다. 포드가 자동차를 제조하고 판매하는 데 성공한 것은 한 번에 하나의 명확한 목표를 염두에 두고 일관되게 한 가지 계획에 집중하는 정책 덕분이었을 가능성이 크다.

몇 년 전 나는 복의 책『메인에서 온 남자』를 읽었다. 이 책은 그의 장인인 사이러스 H. K. 커티스의 전기다. 커티스는《새터데이이브닝포스트》와《레이디스홈저널》등 여러 출판물을 펴낸 발행인이다. 책을 읽으며 나는 커티스가 명확한 목표를 향해 집중적으로 노력을 기울였음을 알게 되었다.《새터데이이브닝포스트》의 창간한 초기에 그는 수십만 달러의 손실을 감수하며 자금을 쏟아부었다. 이처럼 용기가 뒷받침된 집중적인 노력은 오직 소수만이 할 수 있다. 오늘날《새터데이이브닝포스트》는 세계에서 가장 수익성 있는 잡지 중 하나로 손꼽힌다. 그러나 커티스가 이 잡지를 훌륭한 매체로 만들겠다는 명확한 목표에 자신의 관심과 재산을 집중하지 않았다면 그 잡지는 오래전에 잊혔을 것이다.

기억력을 훈련하는 방법

여태껏 환경과 습관이 집중력에서 얼마나 중요한 역할을 하는지 살펴보았다. 이제 이에 못지않게 집중과 밀접하게 관련 있는 기억력에 관해 간략히 이야기해보겠다. 정확하고 흔들리지 않는 기억을 훈련하는 원리는 비교적 단순하며 다음과 같다.

1. 보유 감각적 인상을 받아들이는 것이다. 오감 중 하나 이상을 통해 정보를 받아들이고, 그 인상을 질서 정연하게 마음속에 기록한다. 이 과정은 마치 카메라 필름에 사진이 기록되는 것과 비슷하다.
2. 회상 잠재의식에 저장된 감각적 인상을 의식으로 불러내거나 되살리는 것이다. 이 과정은 카드 색인을 살펴보고 이전의 정보가 기록된 카드를 꺼내는 행위에 비유할 수 있다.
3. 인지 의식 속으로 불러온 감각적 인상을 인식하고, 그것이 처음 경험했던 원래의 인상과 같다는 것을 확인한 뒤, 그 인상이 처음 기록되었던 원래의 출처와 연결하는 능력이다. 이 과정은 '기억'과 '상상'을 구별하게 해준다.

이 3가지가 바로 기억의 작용에 관여하는 핵심 원리다. 이를 적용하고 효과적으로 사용하는 방법은 다음과 같다.
첫째, 이름, 날짜, 장소와 같은 감각적 인상을 확실히 기억하고 싶다면 대상의 세부 사항에 집중해 머릿속에 생생한 인상을 그린다. 기억하고자 하는 내용을 여러 번 반복하면 효과적이다. 사진작가가 카메라의 감광판에 선명한 이미지를 담기 위해 적절한 '노출' 시간을 주는 것처럼 나중에 쉽게 떠올릴 감각적 인상을 원한다면 잠재의식에 명확히 기록할 충분한 시간이 필요하다.

둘째, 기억하고 싶은 내용을 자신이 익숙하게 알고 있는 다른 사물, 이름, 장소 혹은 날짜와 연결한다. 고향 이름, 친한 친구, 생일과 같이 쉽게 떠올릴 수 있는 것과 연관시킨다. 이렇게 하면 기억하고 싶은 정보가 쉽게 떠올릴 수 있는 정보와 함께 저장되어 둘 중 하나를 의식 속으로 불러낼 때 자연스럽게 다른 정보도 함께 떠오른다.

셋째, 기억하고 싶은 내용을 여러 번 반복하는 동시에 정신을 집중한다. 아침에 특정 시간에 일어나고 싶을 때 그 시간을 마음속에 집중해서 생각하면 정확히 그 시간에 깨어나는 것과 같은 원리다. 많은 사람이 다른 사람의 이름을 잘 기억하지 못하는 이유는 처음에 이름을 제대로 기록하지 않아서다. 소개받은 사람의 이름을 기억하고 싶을 때는 그 이름을 정확히 들었는지 확인한 뒤 네다섯 번 반복한다. 만약 그 이름이 원래 알고 있는 다른 사람의 이름과 비슷하다면 연관 지어 반복해서 기억하면 더욱 쉽게 떠올릴 수 있다.

누군가 당신에게 편지를 부쳐달라고 했다면, 편지를 잠시 바라본 뒤 상상 속에서 크기를 키워서 우체통 위에 올려놓은 모습을 떠올려보라. 편지가 문 크기만큼 커졌다고 상상하고 우체통과 연결하는 것이다. 그러면 길을 걷다가 우체통을 처음 볼 때 주머니에 넣어둔 편지가 자연스럽게 떠오른다.

엘리자베스라는 여성을 소개받았는데 이름을 기억하고 싶다고 해보

자. 그녀의 이름을 반복해서 되뇌며 엘리자베스 영국 여왕을 함께 떠올려보자. 그러면 나중에 엘리자베스라는 이름을 떠올리는 데 도움이 된다.

이번에는 로이드 키스라는 이름을 기억하고 싶다고 해보자. 그 사람 이름을 여러 번 반복하며 유명한 로이드조지나키스극장과 이름을 연관시키면 된다.

이처럼 연상 법칙은 매우 간단한 법칙이지만 효과가 좋다. 기억하고 싶은 것을 쉽게 떠올릴 다른 정보와 연결하기만 하면 된다.

내 지인 중 한 명이 흔히 말하는 '산만한 정신'으로 고통받고 있었다. 점점 건망증이 심해지고 기억력도 나빠졌던 그는 이를 극복해냈다. 어떻게 했는지 이야기를 직접 들어보자.

"저는 50세입니다. 지난 10년간 대형 공장의 부서장으로 일해왔습니다. 처음에는 업무가 수월했지만, 회사는 급성장하면서 저에게 더 많은 책임을 지웠습니다. 제 부서의 젊은 직원 중 몇몇은 뛰어난 에너지와 능력을 보여주었고 제 자리를 노리는 사람도 있었습니다.

저는 인생에서 편안함을 추구하는 나이에 접어들었고, 회사에 오랫동안 근무했으니 편안한 자리에 안주해도 될 거라 생각했습니다. 그런데 이러한 자세는 제 지위에 거의 치명적인 영향을 미쳤습니다.

약 2년 전부터 집중력이 약해지고 업무가 점점 귀찮게 느껴지기 시작했습니다. 서류 업무를 미루다 보니 서신들이 쌓여가는 모습에 두려움까지 느꼈습니다. 보고서도 밀리고, 부하 직원들은 업무 지연으로 불편을 겪었습니다. 저는 책상에 앉아 있었지만 마음은 딴 데에 가 있었습니다.

그 외의 여러 상황도 제 정신이 일에 집중하지 못하고 있다는 사실을 분명히 보여주었습니다. 임원 회의에 참석하는 것을 깜빡했고, 부하 직원이 화물차 한 대 분량의 물품 견적에서 제가 큰 실수를 저지른 것을 발견하기도 했습니다. 그리고 당연히 그 직원은 이 사실을 상부에 보고했습니다.

저는 상황의 심각성에 크게 놀랐습니다! 그래서 모든 것을 다시 생각해보려 일주일간 휴가를 요청했습니다. 회사를 그만두거나 문제를 찾아 해결하겠다는 결심이었습니다. 외딴 산속 휴양지에서 며칠간 진지하게 자신을 돌아본 끝에 정신이 산만해졌다는 사실을 깨달았습니다. 집중력이 부족했고, 책상에서의 육체적·정신적 활동이 산만하고 무기력해져 있었습니다. 저는 부주의하고 게으르며 태만했습니다. 모두 제 마음이 일에 제대로 집중하지 못했기 때문이었습니다. 스스로 문제를 충분히 진단한 뒤에 해결책을 찾기 시작했습니다. 완전히 새로운 업무 습관을 반드시 만들겠다고 다짐했습니다.

저는 종이와 연필을 꺼내 하루 업무 일정을 세웠습니다. 먼저 아침에 도착한 우편물을 처리하고, 이어서 주문 업무를 진행했으며, 지시 사항을 전달하고, 부하 직원들과의 회의 및 기타 업무를 처리했습니다. 마지막으로 퇴근 전에는 책상을 깨끗이 정리하는 것으로 마무리했습니다.

'습관은 어떻게 형성되는가?'라고 저는 자신에게 물었습니다. '반복을 통해서'라는 답이 돌아왔습니다. 그러자 내 안의 또 다른 내가 '하지만 나는 이런 일들을 수천 번이나 반복해왔잖아'라고 항변했습니다. 그러자 다시 '맞아, 하지만 질서 정연하고 집중해서 하지는 않았잖아'

라는 목소리가 메아리쳤습니다.

저는 마음을 단단히 붙잡고 사무실로 돌아왔지만 여전히 불안했습니다. 하지만 곧바로 새로운 업무 일정을 실행에 옮겼습니다. 되도록 매일 같은 시간에 똑같이 열정적으로 같은 업무를 수행했습니다. 마음이 산만해지려 할 때마다 재빨리 다시 정신을 집중했습니다.

저는 의지력으로 만들어낸 정신적 자극을 통해 습관 형성을 이어 나갔습니다. 날마다 저는 생각을 집중하는 걸 연습했습니다. 마침내 이 과정을 편안하게 반복할 수 있게 되었을 때 성공했다는 걸 깨달았습니다."

기억력을 훈련하거나 원하는 습관을 개발하는 능력은 전적으로 주어진 주제의 윤곽이 마음의 '감광판'에 완전히 새겨질 때까지 얼마나 깊이 주의를 집중할 수 있는지에 달려 있다. **집중력 자체는 주의력을 통제하는 것에 불과하다!**

익숙하지 않고 이전에 본 적이 없는 인쇄된 문장을 읽고 눈을 감아보자. 그러면 마치 그 문장을 실제로 보는 것처럼 선명하게 보인다. 실제로 당신이 '보고 있는 것'은 종이에 인쇄된 글자가 아니라 바로 마음속 감광판에 새겨진 글자다. 이 실험을 시도했는데 처음에 잘되지 않는다면 충분히 집중하지 않았기 때문이다! 몇 번 반복하면 결국은 성공할 것이다. 예를 들어, 시를 암송하고 싶다면 한 구절 한 구절에 깊이 집중해서 눈을 감아도 마음속에 선명하게 떠오를 정도로 연습해보라. 그렇게 하면 시를 매우 빠르게 암송할 수 있다.

주의력 통제라는 주제는 너무나 중요하기에 당신이 결코 가볍게 넘기지 않도록 꼭 강조하고 싶다. 나는 이 주제를 이 장의 마지막에 배치했다. 이 책에서 가장 핵심적인 내용이라고 생각해서다.

이와 같은 '수정응시crystal-gazing'를 연습하는 사람이 경험하는 놀라운 결과는 전적으로 주어진 주제에 오랜 시간 집중한 덕분이다. 이에 성공하는 사람의 집중력은 일반적인 수준을 훨씬 뛰어넘는다. 수정응시는 집중된 주의력 그 자체다!

이제 내 신념을 분명히 말하고자 한다. 집중된 주의력을 통해 정신을 에테르의 진동에 맞추면, 미지의 정신 현상 세계에 감추어진 모든 비밀이 마치 원하는 대로 읽을 수 있는 열린 책처럼 펼쳐진다. 이는 실로 깊이 숙고할 만한 놀라운 생각이 아닐 수 없다!

나는 충분한 근거를 바탕으로, 사람이 극도의 집중 상태에 이르면 다른 사람의 생각에 '접속'해서 이해할 수 있다고 믿는다. 그러나 이것이 내가 오랜 연구 끝에 도달한 가설의 전부는 아니며, 가장 핵심적인 부분도 아니다. 더 나아가 나는 모든 지식이 저장된 우주적 지성에 '접속'해 지식을 습득하는 것도 충분히 가능하다고 확신한다. 이는 그 기술을 터득한 사람이라면 누구나 할 수 있다.

매우 정통적 사고방식을 가진 사람에게는 이 주장이 비이성적으로 보일 수 있다. 그러나 극히 드물긴 해도 이 주제를 어느 정도 깊이 이해하고 연구해온 사람은 이 가설이 단순히 가능성을 넘어 반드시 실현될 수 있다고 생각할 것이다. 이 가설을 직접 실험해보라! 삶에서 이루고자 하는 명확한 목표만큼 실험하기에 좋은 것은 없다.

명확한 목표를 적은 내용을 보지 않고 외울 수 있을 만큼 완벽히 암기한다. 그리고 매일 최소 두 번 이상 다음과 같은 방식으로 목표에 주의를 집중하는 연습을 해보자.

우선 방해받지 않을 조용한 곳으로 가서 편안히 앉아 마음과 몸을 완전히 이완시킨다. 그런 다음 눈을 감고 손가락으로 귀를 막아 주변의 모든 소리와 빛을 차단한다. 그런 상태에서 자신의 명확한 주요 목표를 반복해서 되뇐다. 그리고 목표를 완전히 달성한 자기 모습을 상상 속에서 생생하게 그려본다. 만약 돈을 모으는 것이 목표라면 돈을 손에 쥐고 있는 모습을 상상한다. 목표가 집을 소유하는 것이라면 현실에서 보고 싶은 집의 모습을 상상 속에서 생생하게 떠올린다. 만약 목표가 강력하고 영향력 있는 강연자가 되는 것이라면 수많은 청중 앞에 서 있는 모습을 그린다. 그리고 마치 위대한 바이올리니스트가 현을 다루듯이 그들의 감정을 자유자재로 연주하는 것을 상상한다.

이제 이 장의 마지막에 가까워졌다. 여기서 당신이 할 수 있는 2가지 선택이 있다.

첫째, 지금부터라도 주어진 주제에 정신을 집중하는 능력을 기르기 시작할 수 있다. 이 능력이 완전히 개발되면 명확한 주요 목표를 이룰 수 있다는 믿음을 가지고 말이다.

둘째, 코웃음 치며 냉소적인 미소를 띠고 스스로에게 "말도 안 돼!"라며 이 모든 내용을 부정할 수도 있다. 하지만 그렇게 한다면 결국 자신을 어리석은 사람으로 만드는 결과를 초래할 것이다.

선택은 전적으로 당신의 몫이다. 이 장은 논쟁이나 토론을 위한 것이 아니다. 이 내용을 전부 받아들일지, 아니면 일부만 받아들이거나 혹은 아예 거부할지는 온전히 당신 자유다. 하지만 여기에서 분명히 말하고 싶다. 지금은 냉소주의나 의심의 시대가 아니다. 하늘과 바다를 정복하고, 사람 목소리를 순식간에 지구 반대편으로 전달하는 이 시대는 결코 의심이 많거나 "못 믿겠어."라고 말하는 이에게 힘을 실어주지 않는다.

인류는 '석기 시대'와 '철기 시대' 그리고 '강철 시대'를 거쳐왔다. 그리고 내가 시대 흐름을 잘못 읽지 않았다면, 우리는 이전의 모든 '시대'를 뛰어넘는 엄청난 성취를 이룰 '정신력 시대'로 접어들고 있다. **주어진 주제에 원하는 시간만큼 의도적으로 주의를 집중하는 법을 배워라. 그러면 힘과 풍요로 가는 비밀의 통로를 발견할 수 있다!** 이것이 바로 집중력이다!

이 장에서 당신은 두 사람 이상이 힘을 모아 마스터 마인드를 형성하는 목적이 한 사람의 노력만으로는 적용하기 어려운 집중력의 법칙을 더욱 효과적으로 실현하기 위함임을 깨달았을 것이다. 마스터 마인드란 명확한 목표나 목적을 이루기 위해 여러 사람의 정신적 에너지를 하나로 모으는 과정에 지나지 않는다. 한 사람의 정신이 다른 사람의 정신과 상호 반응하며 '상승 작용'을 일으킬 때 집단의 집중력은 훨씬 더 강력한 힘을 만들어내기 때문이다.

설득할 것인가, 강요할 것인가?

이 책 전반에서 여러 차례 다양한 방식으로 언급했듯이 **성공은 대체로 다른 사람들과 재치 있고 조화롭게 협상하는 능력에 달렸다.** 일반적으로 '자신이 원하는 방향으로 사람들이 행동하도록 이끄는' 방법을 알면 어떤 분야에서든 성공할 수 있다.

이제 사람들에게 영향을 미치고 협력을 끌어내며, 적대감을 해소하고 우호적인 관계를 형성하는 집중력의 법칙의 핵심 원리를 설명하겠다.

강요는 때때로 겉보기에 만족스러운 결과를 가져올 수 있다. 그러나 강요만으로는 결코 지속적인 성공을 이루지 못한다. 세계대전은 인류 역사상 어떤 것보다도 강요가 인간의 마음에 영향을 미치는 수단으로 얼마나 무의미한지를 보여주었다. 구체적인 사례를 일일이 언급하지 않더라도 우리는 지난 40년간 독일 철학이 강요를 기반으로 발전해왔음을 안다. 힘이 곧 정의라는 사상은 전 세계적으로 실험되었지만 결국 실패로 돌아갔다.

인간의 몸은 물리적인 힘으로 억제하거나 통제할 수 있다. 그러나 인간의 정신은 그렇지 않다. 정상적이고 건강한 사람이 신이 주신 권리를 행사해서 자기 마음을 스스로 통제하겠다고 결심하는 이상, 세상 누구도 그의 마음을 지배할 수 없다. 하지만 사람들은 대개 이 권리를 제대로 행사하지 않는다. 잘못된 교육 시스템 탓에 많은 사람이 마음속에 잠재된 힘을 깨닫지 못한 채 살아간다. 그러다 가끔 우연에 가까운 어떤 계기로 진짜 힘이 어디에 있는지 스스로 발견하고, 그 힘을 산업이나 전문 분야에서 활용할 방법을 깨닫는다. 그 결과 천재가 탄생한다!

인간의 정신은 어느 지점에 이르면 더 이상 성장하거나 탐구하지 않는다. 그러나 일상에서 벗어난 특별한 계기로 '밀어서 올려주면' 한계를 뛰어넘을 수 있다. 어떤 사람은 한계점이 매우 낮고, 어떤 사람은 매우 높으며, 또 어떤 사람은 그 사이를 오간다. 정신을 인위적으로 자극하고 깨워 평균적인 한계점을 계속 넘는 방법을 발견한 사람은 그 노력이 긍정적이고 건설적이라면 반드시 명성과 부로 보상받는다.

어떤 마음이든 부정적인 반응 없이 한계점을 넘어서도록 자극하는 방법을 발견한 교육자는 인류에게 이루 말할 수 없는 축복을 안겨줄 것이다. 그 업적은 인류 역사상 어떤 성과에도 절대 뒤지지 않는다. 물론 여기서 말하는 자극은 신체적 자극제나 마약과 같은 것이 아니다. 그런 것은 일시적으로 마음을 깨우지만 결국 정신을 완전히 무너뜨리고 만다. 여기서 말하는 자극이란 강렬한 흥미, 열망, 열정, 사랑 등에서 비롯되는 순수한 정신적 자극이다. 마스터 마인드는 이런 요소가 모여 만들어진다.

부정적인 반응을 유발하지 않으면서도 한계점을 넘어서도록 자극하는 방법을 발견한 사람은 범죄 문제 해결에도 크게 기여할 것이다. **한 사람의 마음에 영향을 미치는 법을 알면 어떤 방향으로든 변화시킬 수 있다. 마음은 드넓은 밭과도 같다. 어떤 씨앗이 뿌려지느냐에 따라 반드시 걸맞은 열매를 맺는 매우 비옥한 땅이다.** 진정한 과제는 선택한 씨앗이 뿌리를 잘 내리고 빠르게 자라도록 하는 방법을 배우는 데 있다. 우리는 매일, 매시간, 아니 매 순간 정신에 씨앗을 뿌리고 있다. 그러나 대부분은 무분별하고 무의식적인 행동에서 비롯된다. 이제는 철저히 준비된 계획과 치밀하게 설계된 방향에 따라 씨앗 심는 법을 배워야 한다! 정신에 무작위로 뿌려진 씨앗은 결국 혼란스럽고 무질서한 결과로 되돌아온다! 결코 그 결과를 피할 수는 없다.

✤ 다람쥐 사냥꾼 알빈 요크 이야기

역사는 법을 잘 지키고 평화롭고 건설적인 시민이었던 사람이 방황하고 잔인한 범죄자로 변한 수많은 사례로 가득하다. 반대로 타고난 범죄자라 불릴 만큼 악랄하고 비열했던 사람이 건설적이고 법을 준수하는 시민으로 변화한 사례도 수없이 많다. 이 모든 사례에서 변화는 그 사람의 마음속에서 일어났다. 그들은 어떤 이유에서든 스스로가 원하는 모습을 마음속에 그려냈고 그 이미지를 현실로 바꾸었다. 실제로 특정 환경이나 상황, 사물에 대한 이미지를 마음속에 그리고, 그 이미지에 오랜 시간 집중하고 강한 열망을 더하면 물질적이든 정신적이든 현실이 되는 것은 시간문제일 뿐이다.

세계대전은 인간 마음의 놀라운 경향성을 드러냈으며, 이는 심리학자들이 정신의 작용에 대해 연구해온 결과를 뒷받침한다. 다음에 소개할 거칠고 무례하며, 교육도 제대로 받지 못하고 훈련되지 않은 젊은 산악인의 이야기는 대표적 사례라 할 수 있다.

✦ 신앙을 위해 싸운 남자

— 문맹의 다람쥐 사냥꾼 알빈 요크에게

글: 조지 W. 딕슨 기자

문맹의 다람쥐 사냥꾼 알빈 콜럼 요크는 테네시주 출신이다. 그가 프랑스에서 미군 원정군 최고의 영웅이 된 이야기는 세계대전 역사에서 낭만적인 장을 차지한다.

요크의 고향은 철도조차 없는 펜트리스카운티다. 그는 테네시의 깊은 산속에서 강인한 산악인들 사이에서 태어나고 자랐다. 젊은 시절 그는 무모한 성격이었으며 일명 총잡이로 불렸다. 백발백중하는 그의 권총 실력은 테네시 산골의 평범한 사람들 사이에서 널리 알려져 있었다.

어느 날 요크와 부모가 살던 마을에 한 종교 단체가 천막을 세웠다. 종교인이 개종자를 찾아 산악 지대로 온 것은 보기 드문 일이었지만, 새로운 종교의 전도자들이 전하는 설교는 열정과 감정으로 가득 차 있었다. 그들은 죄인과 악한 자, 이웃을 이용하는 자를 강하게 비난했다. 그리고 본보기로서 예수 그리스도의 믿음을 제시했다.

요크, 신앙을 얻다

어느 밤 요크는 갑자기 회개자의 의자에 엎드려 이웃들을 깜짝 놀라게 했다. 테네시 산맥의 어둠 속에서 죄와 싸우는 요크의 모습에 노인들은 자리에서 몸을 움직였고, 여성들은 목을 길게 빼고 지켜보았다.

요크는 곧 새로운 신앙의 열렬한 사도가 되었다. 그는 설교자가 되었고 지역 사회의 종교 활동을 이끄는 리더가 되었다. 그의 사격 실력은 여전히 치명적이었지만, 이제 정의로운 길을 걷는 그를 사람들은 두려워하지 않았다.

전쟁 소식이 외딴 테네시 산골에도 전해졌다. 산악 주민이 '징집될 것'이라는 이야기를 들었을 때 요크는 침울하고 반항적인 태도를 보였다. 그는 전쟁 중이라도 사람을 죽여서는 안 된다고 여겼다. 그의 성경은 '살인하지 말라'고 가르쳤다. 요크는 이 말을 문자 그대로 받아들였고 절대적으로 믿었다. 결국 그는 '양심적 병역 거부자'로 낙인찍혔다.

징집 담당자들은 그와의 마찰을 예상했다. 요크가 마음을 굳혔다는 것을 알았기에 단순한 처벌 위협이 아닌 다른 방법으로 접근해야 한다고 생각했다.

성스러운 대의를 위한 전쟁

사람들은 성경을 들고 요크를 찾아가 이번 전쟁이 자유와 인권을 위한 성스러운 대의임을 설명했다. 그들은 요크가 더 높은 권능에 따라 세상을 자유롭게 만들기 위한 부름을 받았다고 말했다. 이 전쟁은 무고한 여성과 아이들을 폭력으로부터 보호하고, 가난하고 억압받는 이들에게 삶의 가치를 선사하며, 성경에 묘사된 '짐승'을 무찌르고, 세상을 기독교적 이상과 참된 인간성을 실현할 수 있는 곳으로 만들기 위한 싸움이었다. 곧 정의의 군대와 사탄의 무리 간의 싸움이었다. 악마는 독일 황제 카이저와 그의 장군들을 대리인으로 삼아 세계를 정복하려 하고 있었다.

요크의 눈은 맹렬하게 타올랐다. 그는 큼지막한 주먹을 꽉 움켜쥐고 단단한 턱으로 딱딱 소리를 냈다. "카이저." 그는 이를 악물고 말했다. "그는 짐승이다! 여자와 아이들을 파괴하는 자! 그가 내 사정거리 안에 들어온다면 그자가 있어야 할 자리가 어딘지 반드시 보여주겠어!"

요크는 소총을 어루만지며 어머니에게 작별 인사를 건넸다. 그리고 카이저를 처단한 뒤 반드시 돌아오겠다고 약속했다.

그는 훈련소로 가서 명령에 철저히 복종하며 성실하게 훈련에 임했다. 그의 뛰어난 사격 실력은 곧 주목받았다. 동료들은 그의 높은 사격 점수에 깜짝 놀랐다. 아무도 산골에서 다람쥐를 사냥하던 사내가 최전선 참호에서 저격수가 되어 뛰어난 재능을 발휘할 줄은 예상하지 못했던 것이다.

요크의 전쟁 속 활약은 이제 역사가 되었다. 퍼싱 장군은 그를 전쟁에서 가장 뛰어난 영웅으로 칭했다. 요크는 미국 의회 명예 훈장, 프랑스 크루아 드게르 훈장, 레지옹 도뇌르 훈장 등 여러 훈장을 휩쓸었다. 요크는 죽음을 두려워하지 않고 독일군과 맞섰다. 그는 신앙을 지키고, 가정의 신성함을 보호하며, 여성과 아이들에 대한 사랑, 그리고 기독교적 이상과 가난하고 억압받는 이들의 자유를 지키기 위해 싸웠다. 두려움은 그의 신념에도, 그의 어휘에도 존재하지 않았다. 그의 대담함은 100만 명이 넘는 병사들에게 전율을 불어넣었고, 전 세계는 테네시 산골에서 온 이 낯설고 교육받지 못한 영웅에 관해 이야기하기 시작했다.

조금만 다른 방식으로 접근했더라면 이 젊은 산악인은 징집에 저항했을 테고, 어쩌면 조국에 깊은 원한을 품은 채 반격할 기회를 노리는 무법자가 되었을지도 모른다.

요크를 설득한 사람들은 인간 정신의 작동 원리를 이해했으며, 먼저 그의 마음속에서 저항감을 극복하도록 유도하는 방식으로 접근했다. 바로 이 지점에서 수많은 사람이 이 원리를 잘못 이해하여 누군가를 자의적으로 범죄자로 낙인찍고 위험하고 악랄한 인물로 취급하는 실수를 범하곤 한다. 그러나 요크를 다루었던 것처럼 적절한 암시와 이해를 바탕으로 접근한다면 누구나 유용하고 생산적인 인간으로 성장할 수 있다.

자신의 마음을 이해하고 조절해 삶에서 원하는 것을 창조하는 방법을 찾는 과정에서 짜증과 분노, 증오, 혐오 혹은 냉소를 불러일으키는 모든 것은 예외 없이 파괴적이며 해롭다는 점을 기억해야 한다. 분노나 두려움으로 정신이 자극되지 않도록 통제하고 조절하는 법을 배우기 전까지는 결코 정신에서 최대치나 평균 수준의 건설적 행동을 끌어낼 수 없다. 분노와 두려움이라는 부정적인 감정은 정신에 확실히 파괴적이며, 이 감정이 남아 있는 한 기대 이하의 불만족스러운 결과를 얻을 것이다.

부흥회, 심리학의 무대가 되다

우리는 환경과 습관에 관한 논의에서 개인의 마음이 환경의 암시에 영향을 받는다는 점을 배웠다. 또한 군중의 마음은 리더나 지배적인 인물의 영향력 아래에서 서로 융합된다는 것도 알게 되었다.

현대 심리학은 종교적 '부흥' 현상이 본질적으로 영적이라기보다는 심리적인 성격을 지니며, 그중에서도 비정상적인 심리 현상에 가깝다는 사실을 확립했다. 주요 권위 있는 학자는 '부흥 설교자'의 감정적 호소에서 비롯되는 정신적 흥분이 진정한 종교적 경험이라기보다는 최면 암시 현상으로 분류되어야 한다고 한다. 또한 이 주제를 깊이 연구한 이들은 이 흥분이 개인의 마음과 정신을 고양하기보다는 비정상적인 심리적 광란과 감정적 과잉의 진흙탕으로 끌어들여 마음을 약화하고 타락시키며 정신을 훼손한다고 믿는다. 실제로 각각의 현상에 정통한 일부 신중한 관찰자는 종교적 '부흥회'를 심리적 도취와 히스테리적 과잉이 나타나는 전형적인 사례로 대중 최면 '오락'과 동일시한다.

예를 들어, 리랜드스탠퍼드대학교 명예 총장인 데이비드 스타 조던은 "위스키, 코카인, 알코올은 일시적인 광기를 불러오며, 종교 부흥회도 마찬가지다."라고 언급했다. 또한 하버드대학교의 저명한 심리학자였던 고故 윌리엄 제임스도 "종교적 부흥회는 술에 취하는 것보다도 더 위험하다."라고 말했다.

이 장에서 '부흥'이라는 용어는 전형적인 종교적·감정적 흥분에 한정해 사용한다. 과거에 청교도, 루터교도 등 사이에서 매우 존경받았던 종교적 경험을 일컫는 용어가 아니다. '부흥'이라는 주제에 대한 일반적인 해석은 다음과 같다.

✦ 부흥은 모든 종교에서 발생하는 현상으로 영적 문제에 무관심하거나 소극적이었던 많은 사람이 동시에 혹은 연속적으로 그 중요성을 깨닫는 것을 뜻한다. 부흥이 임한 사람들은 영적으로나 도덕적으로 변화하며, 자신의 신념으로 다른 사람들을 개종시키는 데 열성을 보인다.

이슬람교의 부흥은 코란의 엄격한 교리로의 회귀와 이를 무력으로 전파하려는 열망으로 나타난다. 그래서 해당 지역의 기독교 소수 집단이 부흥 운동가들에게 학살당할 위험에 처하기도 한다. 성령의 오순절 강림(예수 그리스도의 부활 후 50일째 되던 날, 제자들과 성도에게 성령이 임한 사건.—편집자)은 초기 교회 내에서 부흥을 일으켰고, 그 후 외부에서 수많은 개종자가 생겨났다. 당시 그렇게 불리지는 않았으나 부흥은 사도 시대(예수 그리스도가 임명한 12명의 사도가 교회를 세우고 이끌던 약 1세기.—편집자)부터 종교 개혁까지 간헐적으로 발생했다. 부흥 운동가들은 때때로 동조를 받지 못해 교회를 떠나 분파를 형성하기도 했고, 어떤 경우에는 수도원 설립자들처럼 교회에 남아 교회 전체에 영향을 미치기도 했다. 종교 개혁을 이끈 영적 충동과 예수회 설립을 촉진하거나 동반한 반대 운동도 모두 부흥 운동의 일환이었다.

그러나 '부흥'이라는 용어는 주로 개신교 교회 내에서의 갑작스러운 영적 활동 증가를 의미하는 데 사용된다. 1738년부터 웨슬리 형제(신학자 형제로 감리교를 창립했다. ―편집자)와 화이트필드(복음 전도자이자 부흥사. ―편집자)가 영국과 미국에서 전개한 활동은 전형적인 부흥 운동이었다. 그 이후로도 다양한 부흥 현상이 때때로 발생했으며, 거의 모든 교파가 이를 추구해왔다.

부흥을 이끄는 방법으로는 성령의 강림을 위한 기도, 밤낮으로 계속되는 집회, 주로 평신도 부흥 운동가들의 감동적인 설교, 감명받은 이들을 위한 후속 모임 등이 있다. 개종한 깃처럼 보였던 사람 중 일부는 신앙을 굳건히 지키지만, 또 다른 이들은 다시 이전 상태로 돌아가며, 때로는 부흥 당시의 흥분에 비례한 침체기를 일시적으로 겪기도 한다. 부흥회에서 흥분한 사람들은 종종 날카로운 비명을 지르거나 심지어 쓰러진다. 이런 병적인 현상은 현재는 권장되지 않으며, 결과적으로 드문 현상이 되었다.

부흥회에서 정신적 암시가 작용하는 원리를 이해하려면 먼저 군중 심리에 대한 이해가 필요하다. 심리학자는 군중 전체의 심리가 구성원 개개인의 심리와 상당히 다르다는 것을 파악했다. 개별적인 개인의 집합으로서의 군중과 구성원의 감정적 본질이 서로 혼합되고 융합된 집합체로서의 군중이 있다. 첫 번째 유형에서 두 번째 유형으로의 전환은 진지한 주의 집중, 깊은 감정적 호소, 혹은 공통 관심사의 영향으로 발생한다. 전환이 일어나면 군중은 복합적인 개인이 되며, 그 지능과 감정 통제 수준은 가장 약한 구성원의 수준에 가깝다. 보통의 사람에게는 놀라울 수 있지만 이는 널리 알려진 사실로 오늘날 주요 심리학자도 인정한다. 그리고 이에 관한 많은 에세이와 책이 있다.

'복합 심리'의 주요 특징으로는 극도의 피암시성, 감정적 호소에 대한 반응, 생생한 상상력, 모방에 따른 행동 등이 있다. 모두가 원시 인류에게서 보편적으로 나타났던 정신적 특성이다. 즉, 군중은 초기 인류의 특성으로의 회귀하는 일종의 퇴행을 보여준다.

❖ 군중 심리

심리학자 기드온 다이얼은 저서 『청중의 집합적 정신의 심리학』에서 강력한 연설을 듣는 청중의 마음이 '융합'이라는 독특한 과정을 거친다고 주장한다. 이 과정에서 청중은 일시적으로 어느 정도 개인적 특성을 잃고 단일한 개인으로 축소된다. 이 개인은 마치 20세의 충동적인 청년과 같은 특성을 보이며, 일반적으로 높은 이상을 지니지만 추론력과 의지력이 부족한 것이 특징이다. 프랑스 심리학자 가브리엘 타르드도 유사한 견해를 제시한다.

미국 심리학자 조지프 재스트로 교수는 저서 『심리학의 사실과 허구』에서 다음처럼 밝혔다.

- 이러한 정신 상태의 형성에는 아직 언급되지 않은 중요한 요소가 있는데, 바로 정신적 전염의 힘이다. 오류는 진리와 마찬가지로 군중 속에서 쉽게 퍼진다. 공감이 형성되는 순간, 2가지 모두는 각자 자신의 자리를 찾는다. 두려움, 공황, 광신, 무법, 미신, 오류와 같은 정신적 전염만큼 교묘하게 시작되고, 확산을 막기 어려우며, 언제든지 해로운 영향을 드러낼 수 있는

씨앗을 남기는 전염병은 존재하지 않는다. 결국 우리는 속임수를 만드는 여러 요소와 더불어, 군중의 일원이 되는 것만으로도 비판적 사고력, 정확한 관찰력, 합리성이 저하된다는 사실을 기억해야 한다.

마술사는 많은 청중 앞에서 공연하는 것이 수월하다고 여긴다. 그 이유 중 하나는 청중의 감탄과 공감을 불러일으키기 쉽고, 그들이 자신을 잊고서 비판적이지 않은, 동화된 정신에 빠져들게 만들 수 있기 때문이다. 마치 사슬의 강도가 그 사슬에서 가장 약한 고리의 강도와 같듯이, 집단의 비판적인 수준은 어떤 면에서는 그 집단에서 가장 약한 구성원의 수준을 따르는 것 같다.

프랑스 심리학자 귀스타브 르봉 교수는 저서 『군중』에서 다음과 같이 언급했다.

✦ 집단에 속한 모든 사람의 감정과 생각은 하나의 동일한 방향으로 흐르며, 그들의 의식적인 개별적 자아는 사라진다. 매우 뚜렷한 특징을 지닌 집단적 정신이 형성되는데, 이는 일시적이지만 강력하다. 더 나은 표현이 없으므로 나는 이런 모임을 조직화한 군중 혹은 심리적 군중이라 부르겠다. 이는 하나의 존재가 되어 군중의 정신적 통일성 법칙의 지배를 받는다.

심리적 군중이 보여주는 가장 큰 특징은 다음과 같다. 군중을 구성하는 개인들이 누구든, 그들의 생활 방식, 직업, 성격, 지능이 얼마나 비슷하거나 다르든, 이와 상관없이 군중이 되는 순간 그들은 일종의 집단적 정신을 갖는다. 그 결과, 고립된 상태였다면 결코 느끼거나 생각하거나 행동하지 않았을 방식으로 느끼고 생각하며 행동한다. 군중 속에 있는 개인에게서만 생기거나 행동으로 이어지는 특별한 생각과 감정이 존재한다.

군중 속에서는 지혜가 아니라 어리석음이 축적된다. 집단적 정신 속에서는 개인의 지적 능력이 약해지고 결과적으로 개성도 약해진다. 세심한 관찰에 따르면, 행동하는 군중 속에 잠시 몰입한 개인은 곧 최면에 걸린 사람이 느끼는 매혹 상태와 매우 유사한 특별한 상태에 빠진다. 이 상태에서 의식적인 자아는 완전히 사라지고, 의지와 분별력마저 상실된다. 모든 감정과 생각은 마치 최면술사가 유도한 방향으로 자연스럽게 쏠린다.

사람은 암시에 영향을 받으면 저항할 수 없는 충동으로 특정 행동을 수행하려는 경향을 보인다. 이러한 충동은 군중의 경우 더욱 강력해지는데, 이는 군중을 이루는 모든 개인이 동일한 암시에 노출되어 그 힘이 상호 작용을 통해 더욱 증폭되기 때문이다. 게다가 개인이 조직된 군중의 일부가 되는 순간, 그는 문명의 계단에서 몇 단계를 내려선다. 혼자 있을 때는 교양 있는 개인일지라도, 군중 속에서는 본능적으로 행동하는 야만인으로 변한다. 이때 그는 원시적인 존재들이 지닌 자발성, 폭력성, 야만성뿐만 아니라 열정과 영웅심도 함께 드러낸다. 나아가 자신의 가장 뚜렷한 이익이나 익숙한 습관에 반하는 행동도 쉽게 저지른다. 군중 속의 개인은 마치 바람에 휘둘리는 모래알처럼, 다른 수많은 모래알 사이에서 방향 없이 흔들리는 존재가 된다.

미국 정치학자 프레더릭 모건 데븐포트 교수는 저서『종교적 부흥에서의 원시적 특성』에 다음처럼 서술했다.

✦ 군중의 마음은 놀랍게도 원시인의 사고방식과 매우 유사하다. 군중을 이루는 대부분의 사람은 감정이나 사고, 성격 면에서 원시인과는 거리가 멀다. 하지만 사람들이 모였을 때 나타나는 결과는 언제나 비슷하다. 자극이 가해지면 곧바로 행동으로 이어지고 이성은 잠시 멈춘다.

냉정하고 이성적인 연설가는 감정을 자극하는 능숙한 연설가에 비해 거의 영향력을 발휘하지 못한다. 군중은 이미지를 통해 사고하므로 연설도 이러한 형태로 전달되어야 한다. 이 이미지들은 본질적으로 연결 고리가 없어서 빠르게 서로 교체된다. 결국 상상력을 자극하는 호소가 군중에게 가장 강력한 영향을 미친다는 결론에 이른다.

군중은 이성보다 감정으로 결속되고 지배된다. 감정은 자연스러운 결속의 힘이다. 사람들은 지능에서는 큰 차이를 보이지만 감정에서는 큰 차이가 없다. 또한 1천 명이 모인 군중은 각 개인의 감정을 단순히 합산한 것보다 훨씬 더 크고 강한 감정을 실제로 생성한다. 특정 상황이나 연설자가 군중의 관심을 항상 공통된 아이디어로 집중시키기 때문이다.

예를 들어, 종교 집회에서의 '구원'과 같은 개념이 그렇다. 집회에 모인 모든 개인은 아이디어나 구호 자체에 감동하므로 감정적으로 동요할 뿐만 아니라, 집회에 있는 다른 모든 사람이 아이디어나 구호를 믿고 함께 감동하고 있다는 사실을 인식하여 더욱 감정적으로 흔들린다. 이러한 인식은 개인의 감정을 더욱 증폭시키고, 결국 군중 전체의 감정도 극대화된다. 원시적인 사고방식과 마찬가지로 상상력은 감정의 물꼬를 튼다. 이는 때로는 열광적인 흥분으로 변하며, 때로는 광기로 변한다.

❖ 암시

　암시를 연구하는 사람이라면 부흥회 청중 중 감정적으로 동요하는 사람들이 '군중 심리'로 형성된 '집단적 사고방식'의 영향을 받아 저항력이 약해진다는 사실을 안다. 군중은 또한 2가지 강력한 정신적 암시의 영향을 추가로 받아서 영향력이 더욱 커진다. 첫 번째는 부흥 설교자가 행사하는 강력한 권위의 암시로, 이는 전문 최면술사의 기법과 매우 유사한 방식으로 최대한 발휘된다. 두 번째는 군중의 나머지 구성원이 각 개인에게 미치는 모방의 암시다.

　프랑스 심리학자 에밀 뒤르켐의 심리학적 연구에 따르면, 평균적인 개인은 주변의 군중이 만들어내는 '규모에 압도되어' 그 영향을 받는다. 단순히 많은 군중 속에 있다는 것만으로도 개인은 자신의 자아와는 다른 군중의 심리적 영향 아래 놓인다. 암시에 취약한 사람은 설교자의 권위적인 암시나 조력자의 권고에 쉽게 반응할 뿐만 아니라, 감정적인 활동을 경험하고 외부로 표출하는 주변 사람의 모방적 암시의 영향을 직접 받는다. 이는 단순히 목자의 목소리만이 사람들을 앞으로 나아가게 하는 것이 아니라, 앞장선 양의 방울 소리를 따라서 전체 양 떼가 움직이는 것과 같다. 자기 앞에 있는 양이 뛰어오르니 다음 양이 뛰어오르고, 마지막 양이 뛰어오를 때까지 계속되는 양 떼의 모방적인 경향은 리더가 시범만 보이면 발생한다. 이 현상은 결코 과장이 아니다. 인간은 공포나 공항, 혹은 강렬한 감정에 휩싸일 때 양들이 집단으로 행동을 모방하는 경향을 보이며 소나 말도 유사한 경향을 보인다.

　부흥회와 최면 암시는 매우 유사한 점이 있다. 둘 다 비정상적인 절차로 청중의 주의와 관심을 집중시킨다. 먼저 말과 행동으로 신비로움과 경외심이 조성되고, 이어서 강렬하고 권위적인 어조로 반복되는 단조로운 대화가 감각을 서서히 마비시킨다. 그러는 가운데 마침내 명령적이고 암시적인 방식으로 최종적인 암시가 주어진다. 단계적 접근을 거치며 감수성이 예민한 사람들은 점차 암시에 익숙해지고 결국 최종적인 지시에 자연스럽게 반응한다. 마지막으로 "앞으로 나오세요, 어서 이쪽으로 나오세요, 오세요, 오세요, 오세요!"와 같은 강력한 암시는 청중의 감정을 최고조로 끌어올려서 자발적으로 앞으로 나아가게 만든다. 이 과정은 최면 실험, 심령회, 열광적인 부흥회에서도 거의 같다. 뛰어난 부흥 설교자는 곧 훌륭한 최면술사가 될 수 있으며, 반대로 숙련된 최면술사는 마음만 먹으면 뛰어난 부흥 설교자가 될 수 있다.

부흥회에서 암시를 주는 사람은 청중의 감정을 자극해 저항을 무너뜨린다. 어머니와 가정, 천국의 영향력을 묘사하는 이야기나 〈어머니께 전해주세요, 제가 그곳에 있을 거라고요〉와 같은 노래는 사람들의 감정을 자극한다. 이외에 어린 시절과 과거의 소중한 추억을 떠올리게 하는 개인적 호소는 청중이 강력하고 반복적인 암시에 더욱 쉽게 영향을 받게 한다. 특히 젊은이와 예민한 여성은 감성적 암시에 더욱 취약하다. 설교와 노래, 그리고 부흥회 참석자의 개인적 호소에 감정이 흔들리다가 결국 의지에까지 점차 영향을 받는다.

가장 신성한 감정적 기억이 순간적으로 되살아나며 과거의 심리 상태가 다시 불러일으켜진다. 〈내 방황하는 아들은 오늘 밤 어디에 있을까?〉라는 노래는 어머니에 대한 기억을 성스럽게 여기는 많은 이에게 눈물을 자아낸다. 또한 어머니는 하늘 너머 축복의 상태에 있지만, 믿음을 고백하지 않는 자녀는 그곳에 함께할 수 없다는 설교는 순간적으로 많은 이를 행동하게 만든다. 부흥회에서는 두려움의 요소도 작용한다. 예전만큼은 아니지만 여전히 상당한 정도로 더 교묘하게 작용한다. 회개하지 않은 청중에게는 갑작스러운 죽음에 대한 두려움이 드리워지고, "왜 지금이 아니고, 왜 오늘 밤이 아닌가?"라는 질문이 〈오, 왜 주저하는가, 사랑하는 형제여?〉라는 찬송가와 함께 제시된다. 이에 관해 데븐포트는 이렇게 말한다.

✦ 상징적인 이미지를 활용하면 청중의 감정을 극대화할 수 있다고 널리 알려져 있다. 부흥회의 언어에는 십자가, 왕관, 천사의 무리, 지옥, 천국과 같은 상징적인 이미지로 가득하다. 이제 생생한 상상력과 강렬한 감정, 믿음은 충동적인 행동뿐만 아니라 암시에도 유리한 정신 상태가 된다. 또한 군중이 제시된 아이디어에 대해 공감할 때, 이는 죄인으로 간주된 개인에게 강한 압박감을 주거나 위압감을 형성한다. 처음에는 이러한 형태의 사회적 압력만으로 개종하는 경우가 상당히 많지만 그 이상으로는 발전하지 못할 수도 있다. 마지막으로 부흥회에서는 기도와 연설로 모든 무관한 생각을 억제하도록 장려한다. 그래서 암시에 극도로 민감한 상태가 된다.

청중이 부정적인 의식 상태에 있을 때, 웨슬리나 피니(19세기 미국과 영국에서 활동한 목사인 찰스 피니를 가리킴.—편집자)와 같은 강한 최면적 영향력이 있거나 화이트필드처럼 매우 설득력 있고 매력적인 성격을 가진 집회 리더가 더해지면, 군중 속 특정 개인에게 비정상적이거나 완전히 최면에 가까운 영향력을 쉽게 행사할 수 있다. 설령 최면 상태까지 이르지 않더라도, 여전히 정상 범위 안에서 극도로 예민한 암시성이 작용하고 있음을 간과할 수 없다.

부흥회에서 영향을 받은 사람은 부흥 설교자나 동료에게 '집중적으로 설득'당한다. 자신의 의지를 내려놓고 "모든 것을 주님께 맡기라."는 권유를 받는다. 또한 "지금, 바로 지금 이 순간 하나님께 자신을 맡기라."거나 "지금 믿기만 하면 구원을 받을 것이다." 혹은 "예수님께 자신을 바치지 않겠는가?" 등의 말을 듣는다. 이들 죄인은 끊임없는 권유와 기도를 받으며, 어깨를 감싸는 따뜻한 손길 속에서 감정적 설득과 암시의 모든 기법이 동원되어 결국 '항복'하도록 유도된다.

미국 심리학자 에드윈 스타벅은 저서 『종교 심리학』에서 부흥회를 통해 개종한 사람들의 여러 경험을 소개한다. 그중 한 사람은 자신의 경험을 이처럼 기록했다.

- 내 의지는 완전히 다른 사람의 손아귀에 있는 것 같았다. 특히 부흥 설교자의 영향이 컸다. 지적인 요소는 전혀 없었고 오로지 순수한 감정만이 있었다. 이후 나는 황홀경에 빠졌으며, 선을 행하려는 열망에 사로잡혀 다른 이에게 열정적으로 호소했다. 그러나 이 도덕적 고양 상태는 오래가지 않았으며 결국 나는 정통 신앙에서 완전히 멀어지고 말았다.

데븐포트는 부흥회에서 개종자에게 영향을 미치는 옛날 방식이 과거의 조잡한 신학과 함께 사라졌다는 주장에 대해 이렇게 답한다.

- 여기서 이 문제를 특히 강조하고자 한다. 그 이유는 부흥회에서 비이성적인 공포를 조성하는 방식은 대체로 사라졌지만, 최면 기법을 이용하는 것은 여전히 남아 있기 때문이다. 오히려 공포라는 오래된 도구가 사라지면

서 최면 기법이 다시 유행하고 의도적으로 강화되고 있다. 이는 명확한 의미에서 고차원의 '영적' 힘이 아니라 불가사의하고 심령적이며 모호한 힘이라는 것을 반드시 알아야 한다. 그리고 그 방법은 영적인 이점 측면에서는 크게 개선될 필요가 있다.

현재의 형태로는 매우 원시적인 수준에 머물러 있으며 동물적이고 본능적인 매혹 수단에 가깝다. 노골적이고 조잡한 이 형태는 마치 고양이가 힘없는 새를 사냥할 때나 인디언 주술사가 유령춤 의식을 수행할 때 사용하는 방식과 다를 바 없다. 특히 암시에 매우 취약한 어린아이에게 이 방법이 자주 사용되었는데, 이는 어떤 이유로든 정당화될 수 없으며 정신적으로나 도덕적으로도 매우 해롭다고 할 수 있다.

나는 격렬한 감정적 격동과 조잡한 형태의 암시 사용이 확고한 죄인에게도 도움이 될 거라 보지 않는다. 따라서 대중을 상대로 이 수단을 사용하는 것은 심리학적 오남용에 지나지 않는다고 생각한다. 생리학적 산과 분야에서 돌팔이 의료 행위를 신중하게 경계하듯, 영적 탄생 과정을 인도하는 영적 리더에게도 더욱 엄격한 훈련과 규제를 적용할 필요가 있어 보인다.

부흥회 방식을 옹호하면서도 정신적 암시가 매우 중요한 역할을 한다는 사실을 인정하는 사람은 여기서 제시된 비판이 부흥회 방식에는 해당되지 않는다고 주장한다. 정신적 암시는 잘 알려진 바와 같이 나쁜 목적뿐만 아니라 선한 목적, 즉 이익과 성장에도 활용될 수 있다. 선의를 지닌 사람은 이 전제를 바탕으로 부흥회에서의 정신적 암시가 정당한 수단이며 '악마의 요새에 대한 공격 무기'라고 주장한다. 그러나 이 주장은 효과와 결과를 면밀히 살펴보면 결함이 드러난다. 우선 부흥회에서 조성된 감정적이고 불안정하며 흥분된 상태를 진정한 종교적 경험에서 얻는 영적 성장과 도덕적 변화와 같다고 여기려는 경향이 있다. 이는 가짜를 진짜와 동일시하려는 시도며, 정신적 암시라는 해로운 달빛을 생기 넘치고 활력 있는 영적 태양의 빛과 같은 수준에 놓으려는 것이다. 최면 상태를 인간의 '영적 사고' 단계로 끌어올리려는 시도이기도 하다. 그러나 두 현상을 잘 아는 사람이라면, 두 상태가 극과 극처럼 엄청난 차이가 있음을 분명히 알 수 있다.

오늘날 현대 종교 사상이 어떤 방향으로 흐르고 있는지를 보여주는 하나의 지표로 조지 A. 고든 박사가 집필한 『종교와 기적』을 소개한다. 보스턴에 있는 뉴올드사우스교회의 명예 목사이기도 한 그의 저서에서는 다음과 같은 내용을 확인할 수 있다.

✦ 목적을 이루기 위해 조직적이고 계획된 부흥 운동만으로는 결코 충분하지 않다. 즉, 선한 사람들의 기대에 부응하려 수치를 조작하는 보도진, 광고 시스템, 모든 건전한 비판적 의견의 배제나 억압, 감정에 대한 호소, 그리고 은혜와는 전혀 관련이 없으며 결코 영광으로 이어질 수 없는 수단들만으로는 부족하다. 세상은 히브리 선지자의 비전과 열정, 단순함, 엄격한 진실성을 기다리고 있으며, 세계를 향한 기독교 사도의 폭넓은 포용과 도덕적 에너지를 기다리고 있다. 세상은 예수 그리스도처럼 위대한 정신과 위대한 인격을 가진 리더를 기다리고 있다.

부흥회에서 감정적 흥분에 이끌려 신앙이 깊어진 많은 사람은 이후 더 의미 있는 종교적 삶을 살아간다. 그러나 부흥회의 영향이 일시적인 선한 효과에 그쳐서 시간이 지나 흥분이 가라앉으면 오히려 진정한 종교적 감정에 대한 무관심이나 심지어 반감을 불러일으키기도 한다. 흔히 반작용은 처음의 감정적 반응과 같은 정도로 나타난다. 활기찬 부흥회 이후 신앙이 후퇴하는 '배교' 현상이 일어나는 것이다. 또한 부흥회가 열릴 때마다 반복적으로 '회심'하고, 집회의 영향력이 사라지면 다시 '이전 상태로 돌아가는 일'을 반복하는 사람도 있다.

전형적인 부흥회에서 감정적 흥분과 과도한 감정 표현에 몰입한 사람은 그 뒤로 이전보다 훨씬 더 암시에 쉽게 영향을 받는다. 그 결과, 다양한 '사상'이나 유행, 그리고 사이비 종교에 대해서도 개방성이 높아지는 경향을 보인다. **현대의 여러 사이비 종교 지도자나 사기꾼을 따르는 사람은 대개 이전에 부흥회에서 가장 열정적이고 흥분된 상태를 경험했던 것으로 밝혀졌다.** 지난 50년간 미국과 영국에서 많이 등장한 '메시아', '엘리야', '새벽의 예언자' 등의 추종자는 거의 정통 교회의 부흥회의 열정을 '경험'했다. 이는 최면 대상 훈련의 전형적 사례다. 이런 형태의 감정적 중독은 특히 청소년과 여성에게 해롭다. 청소년기는 개인의 정신적 본성이 큰 변화를 겪는 시기다. 이때 감정적 본성과 성적 본성, 종교적 본성의 특이한 발달이 두드러진다. 따라서 부흥회나 심령회 혹은 최면 시연회에서 겪는 정신적 혼란이 특히 해로울 수 있다. 청소년의 과도한 감정적 흥분이 신비와 두려움, 경외심과 결합하면 이후의 삶에서 종종 병적이고 비정상적인 상태가 나타난다.

데븐포트는 이에 관해 다음처럼 설명한다.

✦ 이 시기는 두려움에서 비롯된 충격이나 후회의 고통을 겪기에 적절한 때

가 아니다. 이러한 잘못된 종교적 열정은 많은 경우, 특히 여성에게 병적인 성향과 히스테리, 불안과 의심을 더욱 심화시키는 결과를 가져온다.

이외에도 비정상적인 종교적 흥분과 성적 본능의 과도한 자극 사이의 밀접한 관계가 있다는 증거가 있다. 여기서 자세히 언급하지는 않겠으나 데븐포트의 다음 글을 참고해보자.

✦ 사춘기에는 성적 본능과 영적 본능이 거의 동시에 활성화되는 유기적 과정이 진행된다. 하지만 성적 본능이 영적 본능을 직접 유발한다는 증거는 없다. 다만, 두 본능이 신체적으로 각기 다른 방향으로 나뉘는 중요한 시점에서 서로 밀접하게 연관된 것은 분명하다. 따라서 이 시기에 한 가지 본능이 급격히 자극되면 다른 본능 역시 영향을 받는다.

이 중요한 진술을 신중하게 고려하면 과거에 많은 선량한 사람이 마을 부흥 운동이나 야영 집회에서 왜 흥분했는지를 이해하는 데 도움이 될 것이다. 우리 조상을 당황하게 했던, 이른바 악마의 영향은 사실 자연스러운 심리적·생리적 법칙의 작용일 뿐이다. 이를 이해하는 것이 해결책을 찾는 첫걸음이다. 그렇다면 권위자는 미래의 부흥회, 즉 새로운 부흥이나 진정한 부흥을 어떻게 전망할까? 이에 대해 비평가를 대변하기에 적합한 데븐포트의 말을 들어보자.

✦ 앞으로 부흥회는 개인의 의지를 억누르고 이성을 압도하는 거친 강압적 도구로 사용되는 일이 훨씬 줄어들 것으로 생각한다. 공개적인 종교 집회

의 영향은 더욱더 간접적이고 은밀해질 것이다. 최면과 강요된 선택은 영혼을 약화한다고 인식되고 있기에, 흥분과 전염, 암시의 영향 아래 중대한 결정을 내리도록 압박을 가하는 시도는 없을 것이다…. 개종자는 적을 수 있고 많을 수도 있다. 결과가 어떻든 그들은 설교자의 조직적 최면 능력이 아니라 기독교인이 지닌 이타적인 우정의 능력에 따라 평가될 것이다.

하지만 다음과 같은 사실을 확신한다. 종교적 격정과 감정적 무절제의 시대는 저물고 있으며, 지적이고 침착하며 자기희생적인 경건의 시대가 오고 있다. 정의롭게 행동하고 자비를 사랑하며 겸손히 하나님과 동행하는 것이야말로 인간 내면의 신성을 시험하는 기준으로 남을 것이다.

종교적 경험은 하나의 진화 과정이다. 우리는 기초적이고 원시적인 단계에서 이성적이고 영적인 단계로 나아간다. 사도 바울의 말을 빌리면, 성령의 성숙한 열매는 부흥회의 무의식적인 환희나 자제력의 상실이 아니다. 이성적인 사랑과 기쁨, 평안, 오래 참음, 친절, 선행, 신실함, 온유 그리고 자제력이다.

집중력의 법칙은 마스터 마인드 법칙을 성공적으로 활용하려는 모든 사람이라면 반드시 이해하고 지혜롭게 적용해야 한다. 앞서 언급한 세계적 권위자들의 의견은 집중력의 법칙을 이해하는 데 도움을 줄 것이다. 특히 어떻게 군중의 마음을 '혼합'하거나 '융합'해 하나의 단일한 정신처럼 작용하게 하는지를 설명해준다.

이제 협력에 대해 알아볼 준비가 되었다. 다음 장에서는 성공 철학의 기반이 되는 심리학 법칙을 적용하는 방법을 더욱 깊이 있게 탐구할 수 있을 것이다.

목표를 이루는 사람만이 가진 것은 무엇인가?

그림 속에 등장한 15명의 병사는 각각 다음과 같은 이름을 가지고 있다. 명확한 주요 목표, 자신감, 저축 습관, 상상력, 주도력과 리더십, 열정, 자기 통제, 받는 것보다 더 많이 일하기, 호감 가는 성격, 정확한 사고, 집중력, 협력, 실패, 관용, 황금률.

힘은 조직적인 노력에서 나온다. 그림에서는 모든 조직적인 노력에 작용하는 힘들을 볼 수 있다. 이 15가지 힘을 통달하면 인생에서 원하는 무엇이든 가질 수 있다. 다른 사람들은 당신의 계획을 꺾을 수 없을 것이다. 이 15가지 힘을 자신의 것으로 만들면 정확한 사고를 하는 사람이 될 수 있다.

그림에서 우리는 지구상에서 가장 강력한 군대를 볼 수 있다! 특히 '강력한'이라는 단어에 주목하자. 이 군대는 차렷 자세로 서서, 명령을 내리는 누구에게든 따를 준비가 되어 있다. 당신이 주도권을 잡는다면 이 군대는 당신 뜻대로 움직이는 군대가 될 것이다.

이 군대는 당신이 마주하는 모든 장해물을 쓸어버릴 만큼 강력한 힘을 줄 것이다. 그림을 주의 깊게 살펴본 후 자신을 점검해보고 몇 명의 병사가 필요한지 알아보자.

누구나 물질적인 성공을 꿈꾼다. 성공과 힘은 항상 함께한다. 힘이 없으면 성공을 확신할 수 없고, 15가지 필수 자질을 기르지 않고는 힘을 가질 수 없다. 이 자질들은 각각 하나의 연대를 통솔하는 지휘관에 비유할 수 있다. 마음속에서 이 자질들을 키운다면 강력한 힘을 가질 것이다.

이 군대에서 15명의 지휘관 중 가장 중요한 지휘관은 명확한 목표다. 명확한 목표가 없다면 나머지 군대는 아무런 힘을 발휘하지 못한다. 인생에서 가능한 한 빨리 자신의 주요 목표를 찾아야 한다. 그렇지 않으면 방향 없이 떠도는 표류자가 되어 불어오는 상황이라는 바람에 휩쓸릴 수밖에 없다. 그렇게 수많은 사람이 자신이 진정으로 원하는 것이 무엇인지 모른 채 인생을 살아간다.

모든 사람에게는 목적이 있지만 100명 가운데 단 두 명만 명확한 목표가 있다. 자신의 목표가 정말로 확실한지 판단하기 전에 먼저 사전에서 그 단어의 의미를 찾아보자. 자신이 원하는 것이 무엇인지 명확히 알고, 반드시 이루겠다고 결심한 사람에게 불가능이란 없다!

크리스토퍼 콜럼버스는 명확한 목표가 있었고 결국 현실로 만들었다. 링컨은 남부 흑인 노예의 해방을 가장 명확한 목표로 세우고 마침내 이루어냈다. 루스벨트는 첫 임기 동안 파나마운하 건설을 명확한 목표로 삼았으며, 살아 있는 동안 그 목표가 실현되는 것을 직접 지켜보았다. 포드는 세계에서 가장 뛰어난 대중적인 자동차를 만드는 것을 목표로 했고, 끊임없는 노력 끝에 세상에서 가장 영향력 있는 인물이 되었다. 버뱅크는 식물 생태를 개선하는 것을 목표로 삼았으며 노력 덕분에 단 26제곱미터 정도의 땅에서 전 세계를 먹여 살릴 만큼의 식량을 생산하는 것이 가능해졌다.

20년 전 반스는 마음속에 명확한 목표를 세웠다. 그 목표는 에디슨의 동업자가 되는 것이었다. 이 목표를 정했을 당시만 해도 반스는 에디슨과 동업자가 될 만한 자격이나 조건을 전혀 갖추고 있지 않았다. 그럼에도 그는 결국 위대한 발명가 에디슨의 동업자가 되는 데 성공했다. 5년 전 그는 현역에서 은퇴했다. 에디슨과 동업하여 거대한 부를 축적한 뒤였다.

명확한 목표가 있는 사람에게 불가능이란 없다! 기회, 자본, 다른 사람들의 협력, 그리고 성공에 필요한 모든 요소는 자신이 무엇을 원하는지 아는 사람에게 자연스럽게 끌려온다! 명확한 목표로 마음을 채우는 순간, 당신의 마음은 목표와 조화를 이루는 모든 것을 끌어당기는 강력한 자석이 된다.

철도왕 힐은 한때 박봉을 받는 평범한 전신 기사였다. 40세가 될 때까지도 여전히 전신 키를 두드리며 겉으로 보기에 성공의 기미조차 없었다. 그러던 어느 날 중요한 일이 일어났다! 힐 본인은 물론 미국 국민에게도 중요한 일이었다. 그는 광활한 서부의 황무지를 가로지르는 철도를 건설하겠다는 명확한 목표를 세웠다. 명성과 자본, 주변의 격려는 없었지만, 그는 오직 목표만으로도 자금을 조달했고 마침내 미국 역사상 가장 위대한 철도망을 건설해냈다.

울워스 역시 허름한 잡화점에서 박봉을 받으며 일하던 점원이었다. 그러나 그는 마음속에 5센트, 10센트짜리 상품을 전문적으로 판매하는 소매 체인점을 구상한 뒤 명확한 목표로 삼았다. 결국 그는 목표를 현실로 만들었고 평생 쓰고도 남을 부를 쌓았다.

커티스도 마찬가지였다. 그는 세계 최고의 잡지를 발행하겠다는 명확한 목표를 세웠다. 그리고 "그건 불가능한 일이야!"라고 말하는 주변 사람들의 만류에도 불구하고 《새터데이이브닝포스트》로 끝내 목표를 현실로 이루었다.

마틴 W. 리틀턴은 세계에서 가장 높은 보수를 받는 변호사로 5만 달러 이하의 선임료는 받지 않는다고 알려져 있다. 그는 12세가 될 때까지도 학교에 가본 적이 없었다. 그러던 어느 날, 살인 사건의 피고인을 변호하는 변호사의 연설을 듣고 깊은 감명을 받았다. 그는 아버지의 손을 꼭 잡고 이렇게 말했다. "아버지, 언젠가 저는 미국 최고의 변호사가 될 거예요."

어떤 사람은 이렇게 말할지도 모른다. "배운 것도 없는 산골 소년이 어떻게 위대한 변호사가 될 수 있겠어." 하지만 잊지 말아야 한다. 자기가 원하는 것이 무엇인지 분명히 알고, 반드시 이루겠다고 결심한 사람에게 불가능이란 없다.

서두에 제시된 그림 속 15명의 병사를 하나하나 자세히 살펴보자.

그림을 보면서 기억할 것이 있다. 바로 병사들 중 누구도 혼자서는 승리를 보장할 수는 없다는 점이다. 단 한 명만 빠져도 군대 전체의 힘이 약화된다.

강한 사람이란 자신을 스스로 발전시킨 사람이다. 그림 속 15명의 병사가 상징하는 15가지 자질을 내면에 모두 갖춘 사람이야말로 진정한 강자다. 힘을 가지려면 먼저 명확한 목표가 있어야 한다. 그리고 목표를 뒷받침할 자기 확신이 필요하다. 자기 확신을 실천하려면 주도력과 리더십이 있어야 하며, 목표를 창조하고 이를 실현할 계획을 세우기 위해서는 상상력이 필수다. 또한 열정을 더해야 한다. 열정 없는 행동은 밋밋하고 활력이 없다. 자기 절제를 실천하고, 받은 것 이상으로 해내는 습관을 들여야 한다. 호감 가는 성격의 사람이 되도록 하고, 저축하는 습관과 정확한 사고력도 길러야 한다. 정확한 사고는 사실을 기반으로 해야 하며, 소문이나 단순한 정보에 휘둘려서는 안 된다. 한 가지 일에 온전히 집중하는 집중력을 높이고, 모든 계획에서 협력을 실천해야 한다. 실패를 두려워하지 말고, 자신과 다른 사람의 실패에서 교훈을 얻는 법을 배워야 한다. 관용을 행하며, 무엇보다 다른 사람에게 영향을 미치는 모든 행동의 기초로 황금률을 실천해야 한다.

이 그림을 매일 볼 수 있는 곳에 두고 15명의 병사를 하나씩 불러 세워 깊이 탐구해보자. 그리고 그 자질을 자기 내면에서 발전시켜라.

모든 강한 군대는 철저하게 훈련되어 있다! 마찬가지로 당신이 마음속에 구축하는 군대도 훈련되어야 한다. 군대는 모든 단계에서 당신의 명령에 복종할 수 있어야 한다.

13번째 병사인 실패를 불러낼 때, 실패와 일시적인 패배만큼 좋은 훈련은 없다는 사실을 기억하자. 이 병사와 자신을 비교하며, 과거의 실패와 좌절에서 교훈을 얻고 있는지 스스로 점검해보자.

실패는 누구에게나 한번쯤 찾아온다. 실패가 찾아오면 배울 점이 있다는 사실을 떠올리자. 또한 우리의 내면에 실패가 들어올 여지가 있었기에 찾아왔음을 깨달아라.

이 세상에서 성장하고 발전하기 위해서는 먼저 자신의 내면에 있는 힘에만 의지해 첫걸음을 내디뎌야 한다. 첫걸음을 내디딘 후에는 다른 사람의 도움을 받을 수도 있지만 시작은 반드시 스스로 해야 한다. 일단 시작하고 나면, 놀랍게도 당신을 돕고자 하는 사람들이 곳곳에서 나타나기 시작한다는 사실을 발견할 것이다.

성공은 여러 가지 사실과 요소로 이루어지며, 그중 가장 중요한 것은 15명의 병사가 상징하는 15가지 자질이다. 균형 잡힌 완전한 성공을 누리려면 자신의 타고난 능력에서 부족한 자질을 찾아 가능한 한 많이 적어도 성공에 충분할 만큼 채워야 한다.

우리는 이 세상에 태어날 때, 수천 세대에 걸친 수백만 년의 진화 과정을 통해 형성된 특정한 선천적 특성을 함께 갖고 태어난다. 여기에 더해 성장하는 과정에서 환경과 어린 시절의 교육에 따라 또 다른 다양한 자질을 습득한다. 결국 우리는 선천적으로 타고난 특성과 태어난 이후 경험으로 배운 것, 그리고 생각하고 가르침 받은 모든 것의 총합이다.

확률의 법칙에 따라 수백만 명 중 단 한 명 정도만 선천적인 유전적 요소와 후천적으로 습득한 지식을 통해 그림에서 언급된 15가지 자질을 모두 갖출 것이다. 그러므로 성공에 필수적인 자질을 충분히 갖추지 못한 나머지 사람은 스스로 이를 개발해야 한다.

이 개발 과정의 첫 단계는 자신에게 선천적으로 부족한 자질이 무엇인지 깨닫는 것이다. 두 번째 단계는 부족한 부분을 채우기 위해 자신을 발전시키겠다는 강한 열망을 가지는 것이다.

기도는 때로 효과가 있지만, 그렇지 않을 때도 있다. 그러나 절대적인 믿음이 뒷받침되면 기도는 항상 효과를 발휘한다. 이는 누구도 부정할 수 없는 진리이지만, 누구도 명확히 설명할 수 없는 진리이기도 하다. 우리가 아는 것은 단 하나, 기도는 이루어질 것이라 믿을 때 비로소 효과가 있다는 사실이다. 믿음 없는 기도는 그저 공허한 단어의 모음에 불과하다.

명확한 목표 역시 실현될 것이라 믿을 때만 현실이 된다. 아마도 믿음을 바탕으로 한 기도가 현실이 되는 원리와 같은 법칙이 믿음을 기반으로 한 명확한 목표를 현실로 이루는 데 작용할 것이다. 삶의 뚜렷한 목표를 매일의 기도 속에서 다짐하는 일은 절대 해가 되지 않는다. 그리고 기도할 때는 믿음으로 하는 기도는 반드시 이루어진다는 사실을 기억하자.

명확한 목표부터 황금률에 이르기까지 15가지 자질을 자기 내면에서 키워나가자. 그러면 믿음을 실천하는 것이 결코 어렵지 않음을 깨닫게 된다.

지금 이 순간 자신을 깊이 들여다보라. 그리고 15가지 덕목 중 몇 가지를 지니고 있는지 확인해보자. 부족한 부분이 있다면, 마음속으로 그 덕목을 하나하나 채워 넣어 15가지 모두를 온전히 갖추어야 한다. 그렇게 하면 비로소 원하는 기준에 따라 자신의 성공을 가늠할 준비가 되었다고 할 수 있다.

그림에 묘사된 15명의 병사처럼 이 자질들은 '성공'이라는 성전을 쌓아 올리는 데 필요한 벽돌이자 벽돌을 단단히 붙잡아줄 모르타르(시멘트에 모래를 섞고 물로 갠 건축 자재.―편집자)다. 15가지 덕목을 완벽히 터득하면, 마치 음악의 기초를 통달한 연주자가 악보를 처음 보고도 능숙하게 연주하듯 당신도 어떤 일이든 완벽한 성공의 교향곡을 연주할 수 있다.

15가지 자질을 온전히 자기 것으로 만들어라. 그러면 진정으로 교양 있는 사람이 될 것이다. 이와 함께 다른 사람의 권리를 침해하지 않고도 삶에서 원하는 모든 것을 이룰 힘을 얻을 것이다.

✦ 모든 세상은 인간의 것이니, 정복하고 다스리라. 이것이 인생의 영광이다.
그러나 불변의 법칙이 있으니, 먼저 자신을 단련해야 한다는 것.
모든 싸움은 여기서 시작되고 여기서 끝난다.

성공의 법칙 12

성공의 지름길을 찾는다면 협력하라

"성공의 사다리 꼭대기에 올랐을 때 당신은 혼자일 리 없다.
진정한 성공은 반드시 다른 사람과 함께하며
이루어지는 법이니까."

협력은 모든 조직적인 노력의 시작이다. 2장에서 언급했듯 카네기는 불과 20명 남짓한 소규모 그룹의 협력을 바탕으로 거대한 재산을 축적했다. 당신도 이 협력의 활용법을 배울 수 있다.

이 장에서는 2가지 형태의 협력에 주목한다. 첫째는 마스터 마인드의 법칙에 따라 특정 목표를 달성하기 위해 함께 뭉치거나 동맹을 맺는 사람들 간의 협력이다. 둘째는 의식과 잠재의식 간의 협력이다. 이는 무한 지성과 연결되고 소통하며 이를 활용할 수 있는 인간의 능력에 대한 합리적 가설을 기반으로 한다.

이 주제를 진지하게 고민해본 적이 없는 사람에게는 이 가설이 비현실적으로 보일 수 있다. 그러나 그 타당성을 뒷받침하는 증거를 따라가며 이 가설의 기초가 되는 사실을 연구해보면 스스로 결론을 내릴 수 있을 것이다.

마음의 협력이 나를 새벽에 깨운다

먼저 우리 몸의 물리적 구조를 간략히 살펴보는 것부터 시작해보자. 우리 몸은 전체가 신경망으로 이루어져 있다. 신경망은 우리가 정신이라고 부르는 내면의 영적 자아와 외부 신체 기능 사이에서 소통 채널 역할을 한다.

신경계는 이중으로 구성되어 있다. 하나는 자율 신경계, 특히 교감신경계로 소화 기관의 작용이나 조직의 회복처럼 우리 의지와 무관하게 자동으로 이루어지는 활동을 담당한다. 또 다른 하나는 체성 신경계 혹은 뇌척수 신경계라고 하는 신경계로, 신체 감각을 통해 의식적으로 정보를 받아들이고 신체 움직임을 제어하는 역할을 한다. 체성 신경계의 중심은 뇌에 있는 데 비해, 자율 신경계의 중심은 위 뒤쪽의 신경절 덩어리인 복강 신경총에 있어서 종종 '복부의 뇌'라고 불린다. 체성 신경계는 의식적인 정신 활동을 담당하는 채널이며, 자율 신경계는 신체의 생명 유지 기능을 무의식적으로 지원하는 역할을 한다.

따라서 뇌척수 신경계는 의식적인 정신의 기관이며, 자율 신경계는 잠재의식의 기관이라 할 수 있다. 그러나 의식과 잠재의식이 상호작용을 하려면 두 신경계 간의 연결이 필요하며, 그 대표적인 연결 고리가 바로 '미주 신경'이다. 미주 신경은 체성 신경계의 일부로, 뇌에서 시작되어 성대 기관을 제어한 뒤 흉부로 내려가 심장과 폐로 가지를 뻗는다. 이후 횡격막을 통과하면서 체성 신경계로서의 특징을 벗고 자율 신경계와 조화를 이룬다. 이 과정을 통해 두 신경계를 연결하는 고리가 형성되어 인간을 물리적으로 단일 개체로 만든다.

이와 마찬가지로 뇌의 다른 영역이 객관적 정신 활동과 주관적 정신 활동을 각각 담당한다. 일반적으로 전두엽은 객관적 정신 활동을, 후두엽은 주관적 정신 활동을 담당하며, 중간 부분은 2가지 기능을 모두 수행한다.

직관적 사고는 전두엽과 후두엽 사이에 있는 뇌의 상부 영역에서 이루어진다. 이 영역은 직관적 아이디어가 유입되는 곳으로, 처음에는 다소 모호하고 일반적인 형태로 들어오지만 의식은 이를 인식한다. 만약 의식이 이를 받아들이지 못한다면 우리는 직관적인 아이디어의 존재조차 알지 못할 것이다. 그 뒤로 직관적 아이디어는 점차 명확하고 실용적인 형태로 발전된다. 의식이 이를 인지하면 체성 신경계를 통해 전기적 진동 신호를 전달하고, 이 신호는 다시 자율 신경계를 자극해 유사한 진동 전류를 만들어낸다. 이로써 아이디어가 잠재의식에 전달된다. 처음에는 뇌의 꼭대기에서 전두엽으로, 그리고 체성 신경계를 통해 복강 신경총까지 내려가던 진동이 이제 반대로 복강 신경총에서 자율 신경계를 따라 후두엽으로 상승한다. 이 전류가 돌아가는 흐름은 잠재의식의 작용을 나타낸다.

뇌의 정점 표면 부분을 제거하면 바로 아래에서 '뇌량'이라고 불리는 빛나는 뇌 물질 띠를 발견할 수 있다. 이곳은 주관과 객관이 만나는 지점이다. 복강 신경총에서 이 지점으로 전류가 되돌아와 주관적 정신의 조용한 연금술을 통해 새로운 형태로 변화한 뒤 객관적 뇌로 다시 전달된다. 따라서 처음에는 막연하게 인식되었던 개념이 명확하고 실행 가능한 형태로 객관적 정신으로 돌아온다. 그런 다음 객관적 정신은 비교와 분석의 영역인 전두엽을 통해 작용해 명확하게 인식된 아이디어를 다루고 그 안에 잠재된 가능성을 끌어낸다. (이 내용은 T. 트로워드가 집필한 《에든버러 정신과학 강의》에서 발췌했다).

'주관적 정신'이라는 용어는 '잠재의식'과 동일하고, '객관적 정신'이라는 용어는 '의식'과 같은 의미다. 두 용어의 차이를 정확하게 이해하기를 바란다.

신체의 에너지를 전달하는 이중 시스템을 연구하면 두 시스템이 연결되는 정확한 지점을 발견할 수 있다. 아울러 의식에서 잠재의식으로 어떻게 생각을 전달하는지도 이해할 수 있다. 이 협력적인 이중 신경계는 인간에게 알려진 가장 중요한 협력 형태다. 이 시스템의 도움으로 진화의 원리가 작용해 정확한 사고로 발전하는데, 이와 관련해서는 11장에서 설명한 바 있다.

즉, 당신이 자기 암시 원칙으로 어떤 아이디어를 잠재의식에 각인할 때 이중 신경 시스템이 돕는다. 그리고 각인한 욕망에 대해 잠재의식이 구체적인 계획을 세우면, 그 계획은 동일한 이중 신경 시스템을 통해 다시 의식으로 전달된다. 이 협력적인 신경계는 말 그대로 당신의 일반적인 의식과 무한 지성을 연결하는 직접적인 의사소통 라인을 구성한다.

내가 이 주제를 처음 공부했을 때는 이 가설을 받아들이기가 어려웠다. 따라서 당신이 쉽게 이해하고 스스로 증명할 수 있도록 이 가설의 타당성을 간단하게 설명해보겠다.

밤에 잠자리에 들기 전, 다음 날 아침 새벽 4시에 일어나고 싶다는 열망을 마음에 새겨보라. 이때 반드시 그 시간에 일어나겠다는 확고한 결심이 동반되면 잠재의식은 이를 받아들여 정확하게 4시에 당신을 깨운다. 당신은 이런 질문을 할 수 있다. "특정 시간에 일어나겠다는 열망을 잠재의식에 각인해 정확한 시간에 깨어날 수 있다면, 왜 더 중요한 다른 욕망도 같은 방식으로 잠재의식에 각인하지 않는가?"

당신이 스스로 이 질문을 던지고 답을 찾으려 한다면, 11장에 제시된 지식으로 가는 비밀의 문을 여는 길에 한 걸음 더 가까워질 것이다.

❖ 협력, 비즈니스계의 숨은 힘

이제 특정 목표를 달성하기 위해 사람들이 모이거나 그룹을 형성하는 현상, '협력'이라는 주제를 다루려고 한다. 나는 2장에서 이 협력 형태를 '조직적인 노력'이라고 언급했다.

이 책은 거의 모든 장에서 협력의 다양한 측면을 다루고 있다. 이 책의 궁극적인 목적은 당신이 힘을 키우게 하는 데 있으며, 힘은 오직 조직적인 노력으로만 발전할 수 있기에 당연하다.

우리는 협력의 시대에 살고 있다. 오늘날 대부분의 성공적인 사업은 어떤 형태로든 협력을 기반으로 운영되며, 산업과 금융뿐만 아니라 전문직 분야에서도 마찬가지다. 의사와 변호사는 상호 지원과 보호를 위해 각각 의사회와 변호사협회를 결성한다. 은행가는 지역 및 전국 단위의 협회를 운영하며 상호 발전과 지원을 도모한다. 소매상 역시 같은 목적을 위해 자신들만의 협회를 구성한다. 자동차 제조업자는 클럽과 협회로 조직화되어 있다. 인쇄업자, 배관공, 석탄업자도 각자의 협회가 있다. 이 모든 조직의 궁극적인 목적은 협력이다.

노동자는 노동조합으로 결속하며, 이들을 감독하고 운영 자본을 공급하는 사람들 또한 다양한 명칭의 연합체를 운영하며 협력한다. 국가들도 협력적 동맹을 맺지만 아직 협력의 진정한 의미를 완전히 깨닫지는 못한 듯하다. 윌슨이 국제연맹(1차 세계대전 직후인 1920년 미국 대통령 윌슨의 제창으로 국제 평화 유지를 위해 설립된 연합체.—편집자)을 완성하려 했던 시도에 이어, 하딩이 세계법원이라는 이름으로 같은 구상을 실현하려 했던 노력은 협력을 향한 시대적 흐름을 보여준다.

우리는 점차 **협력의 원리를 가장 효과적으로 적용하는 사람이 가장 오래 살아남는다**는 사실을 깨닫고 있다. 이 원리는 하등 동물의 생존에서부터 인간의 고차원적 활동에 이르기까지 폭넓게 적용된다.

카네기, 록펠러 그리고 포드는 협력적 노력이 얼마나 가치 있는지를 기업인에게 보여준다. 다시 말해, 그들은 막대한 부를 축적하는 방법을 알고자 하는 모든 사람에게 협력의 원칙을 가르쳐주었다.

협력은 모든 성공적인 리더십의 기반이다. 포드의 가장 눈에 띄는 자산은 그가 구축한 잘 조직된 대리점 조직이다. 이 조직은 그가 생산하는 모든 자동차를 판매할 수 있는 유통 경로를 제공할 뿐만 아니라, 더 나아가 어떠한 위기가 닥치더라도 극복할 수 있는 충분한 재정적 역량을 확보해준다. 그는 실제로 한 차례 이상 이를 입증한 바 있다. 협력 원칙의 가치를 깊이 이해한 결과, 포드는 금융 기관에 의존해야 하는 일반적인 상황에서 벗어나 막강한 상업적 영향력을 갖게 되었다.

연방준비은행 시스템은 협력적 노력의 또 다른 사례다. 이 시스템은 미국이 금융 공황에 빠지는 것을 실질적으로 방지해준다. 체인점 시스템 역시 상업적 협력의 한 형태인데 구매와 유통 측면 모두에서 사업적 이점을 제공한다. 현대의 백화점은 하나의 지붕 아래 여러 작은 매장이 하나의 경영 체제와 하나의 운영 비용으로 운영된다. 백화점도 상업 분야에서 협력적 노력이 가져오는 이점을 보여주는 또 하나의 사례다.

15장에서는 협력적 노력이 가장 높은 수준에서 발휘될 가능성을 살펴보는 동시에, 힘을 발전시키는 과정에서 협력이 얼마나 중요한 역할을 하는지도 확인할 수 있을 것이다.

이미 배운 바와 같이 힘이란 조직적인 노력이다. **노력을 조직화하는 과정에서 가장 중요한 3가지 요소는 집중, 협력, 조정이다.**

협력은 어떻게 힘을 만들어내는가

앞서 살펴보았듯 힘은 조직적인 노력 혹은 에너지다. 개인의 힘은 정신의 능력을 개발하고, 조직화하며, 조정함으로써 길러진다. 이는 이 책의 기초가 되는 15가지 주요 법칙을 습득하고 적용함으로써 가능하다. 법칙을 완전히 익히기 위한 필수 절차는 16장에 자세히 설명되어 있다. 개인의 힘을 키우는 것은 연합된 노력, 즉 협력을 통해 활용할 수 있는 잠재적 힘을 개발하는 데 있어 첫 단계일 뿐이다. 이 협력은 '그룹의 힘'이라고도 불린다.

거대한 부를 축적한 모든 사람이 유능한 '조직자'였다는 것은 잘 알려진 사실이다. 그들은 협력을 통해 다른 사람에게서 자신이 갖추지 못한 재능과 능력을 끌어내는 능력이 있었다. 이 책의 주요 목표는 조직적이고 협력적이거나 연합된 노력의 법칙을 명확히 설명하여 당신이 그 중요성을 이해하고 자신의 철학적 기반으로 삼도록 하는 것이다.

어떤 사업이나 전문 직종을 분석하더라도 유일한 한계는 조직적이고 협력적인 노력의 부족이라는 사실을 알 수 있다. 이를 설명하기 위해 법률 분야를 예로 들어보자. 만약 한 법률 회사가 단일 유형의 사고방식을 가진 구성원들로만 이루어져 있다면, 설령 유능한 인물이 여러 명 있다고 하더라도 큰 한계가 있다. 복잡한 법률 체계는 어느 한 사람이 감당할 수 없는 다양한 재능을 요구한다. 따라서 단순히 조직적인 노력만으로는 탁월한 성공을 보장할 수 없으며, 조직은 서로 보완할 수 있는 고유한 전문성을 갖춘 사람들로 구성되어야 한다.

잘 조직된 법률 회사는 사건 준비에 특화된 인재를 필요로 한다. 법과 증거를 조화롭게 구성할 수 있는 통찰력과 상상력을 지닌 사람 말이다. 그러나 이러한 능력이 있는 사람이 반드시 법정에서 사건 변론을 잘한다는 법이 없기에 법정 절차에 능숙한 인재도 필요하다. 더욱이 다양한 유형의 사건이 존재하므로, 그 준비와 재판 모두에서 각기 다른 전문 능력이 있는 사람이 필요하다. 예를 들어, 기업법 전문 변호사는 형사 소송 절차를 다루는 데 완전히 준비되어 있지 않을 수 있다.

법률 파트너십을 구성할 때, 조직적이고 협력적인 노력의 법칙을 이해하는 사람은 자신이 활동하려는 모든 법률 분야와 법적 절차에 특화된 인재로 팀을 구성할 것이다. 반면 이 법칙의 잠재력을 인식하지 못하는 사람은 각자의 전문성보다 성격이나 개인적 친분을 우선시하며 복불복 방식으로 동료를 선택할 가능성이 크다.

조직적인 노력이라는 주제는 앞선 장에서도 다루었다. 하지만 목표 달성에 필요한 다양한 전문성을 갖춘 개인으로 이루어진 연합이나 조직을 구성하는 것의 중요성을 강조하기 위해 다시 언급한다.

대부분의 상업적 사업에서는 최소한 3가지 유형의 재능이 필요하다. 바로 구매 담당자, 영업 사원, 그리고 재무 전문가다. 이 세 부류가 조직적으로 협력할 때 개별적으로는 가질 수 없던 강력한 힘이 발휘되며 이를 효과적으로 활용할 수 있다는 사실은 쉽게 확인할 수 있다.

기업이 실패하는 많은 경우를 보면 그 구성원이 전부 영업 전문가거나 재무 전문가다. 본래 뛰어난 영업 전문가는 낙관적이고 열정적이며 감정적인 반면, 유능한 재무 전문가는 대체로 감정에 휘둘리지 않고 신중하며 보수적인 성향이다. 두 부류 모두 기업의 성공에 필수지만, 어느 한 부류가 다른 부류에 비해 영향력을 조절하지 않는다면 어떤 사업에도 과도한 부담이 된다.

힐은 미국에서 가장 유능한 철도 건설자로 인정받았다. 그러나 그는 토목 공학자도, 교량 기술자도, 기관차 엔지니어나 기계 공학자, 화학자도 아니었다. 철도 건설에는 고도의 전문 기술이 필수임에도 불구하고, 힐은 조직적인 노력과 협력의 원칙을 깊이 이해했다. 그는 자신에게 부족한 모든 필수 역량을 갖춘 전문가들을 곁에 두어 성공을 끌어낼 수 있었다.

현대의 백화점은 조직적이고 협력적인 노력이 빛을 발하는 대표 사례다. 각 상품 부서는 해당 부서에서 취급하는 제품의 구매와 마케팅을 깊이 이해하는 사람이 관리한다. 그리고 모든 부서 관리자 뒤에는 구매와 판매, 재무, 인력 관리 분야의 전문가로 구성된 직원이 있다. 이러한 형태의 조직적인 노력은 각 부서의 구매력과 판매력을 모두 강화한다. 해당 부서가 그룹과 분리되어 별도의 위치에서 자체 간접비로 운영되어야 했다면 누릴 수 없는 혜택이다.

미국은 세계에서 가장 부유하고 강력한 국가 중 하나다. 분석해보면 이 거대한 힘은 연방을 구성하는 주들의 협력적 노력에서 비롯되었음을 알 수 있다.

불멸의 링컨이 메이슨 딕슨선(미국 식민지 시기 펜실베이니아와 메릴랜드의 영토 분쟁 해결을 위해 생긴 경계선. 남북전쟁 때 남부와 북부를 구분하는 상징이 되었다.—편집자)을 지우기로 결심한 것도 바로 이 힘을 지키기 위해서였다. 그에게는 남부의 노예 해방보다 연방의 통합을 유지하는 것이 훨씬 더 큰 관심사였다. 그가 연방을 통합하지 못했다면, 오늘날 미국이 세계에서 강대국으로서 차지하는 위상은 지금과 크게 달랐을 것이다.

윌슨이 국제연맹 구상을 추진할 때 염두에 두었던 것도 바로 협력적 노력의 원칙이었다. 그는 국가 간 전쟁을 방지할 수 있는 수단으로 이러한 계획의 필요성을 내다보았다. 링컨이 미국 국민의 노력을 조화롭게 만들어 연방을 유지하고자 했던 것과 같은 맥락이다.

따라서 개인의 역량을 개발하는 데 도움이 되는 조직적이고 협력적인 노력의 원칙은 그룹의 역량을 강화하는 데 사용된 원칙과 동일해야 한다고 볼 수 있다.

카네기는 철강 산업에서 활발히 활동하던 시기에 이 업계를 손쉽게 장악할 수 있었다. 그가 고도로 전문화된 재무 전문가, 화학자, 영업 관리자, 원자재 구매 담당자, 물류 전문가 등 철강 산업에 필수적인 인재를 곁에 두고, 조직적이고 협력적인 노력의 법칙을 효과적으로 활용했기 때문이다. 카네기는 이 협력자들을 마스터 마인드 개념에 따라 하나의 체계적인 조직으로 구성했다.

조직적이고 협력적인 노력이 얼마나 중요한지를 보여주는 또 다른 대표 사례는 우수한 대학에서 찾아볼 수 있다. 대학의 교수진은 고도로 전문화되었지만 서로 매우 다른 인재로 구성되어 있다. 한 부서는 문학 전문가, 다른 부서는 수학 전문가, 또 다른 부서는 화학 전문가가 주관하며, 이외에 경제 철학, 의학, 법률 등 각 분야의 전문가가 각 부서를 이끈다. 하나의 대학은 각 분야의 전문가가 이끄는 단과 대학들이 모인 곳이다. 이 대학의 효율성은 단일 책임자의 지도하에 연합하거나 협력적인 노력이 이루어질 때 더욱 높아진다.

어떤 형태의 힘이든, 어디에서 나타나든 한번 분석해보자. 그러면 그 근본에는 항상 '조직'과 '협력'이 핵심 요소로 자리하고 있음을 알 수 있다. 이 2가지는 미생물과 같은 가장 단순한 생명체부터 인간과 같은 가장 고등한 존재에 이르기까지 폭넓게 적용된다.

노르웨이 연안에는 세계에서 가장 유명하고 맹렬한 소용돌이가 있다. 끊임없이 회전하는 거대한 소용돌이는 거품 물결에 휩쓸린 희생자를 결코 놓아준 적이 없다. 마찬가지로 조직적이고 협력적인 노력의 법칙을 이해하지 못한 채 살아가는 불행한 영혼은 인생이라는 거대한 소용돌이에 휩쓸려 파멸을 피할 수 없다. **우리는 적자생존의 원칙이 곳곳에서 작용하는 세상에 산다. 이 경쟁에서 살아남은 '적자'는 힘을 가진 자며, 힘은 곧 조직적인 노력에서 나온다.**

무지하거나 자만심에 빠져 홀로 독립이라는 허술한 배를 타고 삶의 바다를 항해할 수 있다고 착각하는 사람은 결국 불행을 맞이하고 만다. 그들은 곧 적대적인 물살보다 훨씬 더 위험한 인생의 소용돌이가 존재한다는 사실을 깨닫게 된다. 자연의 모든 법칙과 계획은 조화롭고 협력적인 노력에 기반을 두며, 이는 세상에서 높은 지위에 오른 모든 사람이 공통으로 깨달은 진리다. 사람들이 어떤 이유로든 적대적인 다툼에 휘말려 있다면, 그 본질이나 원인이 무엇이든 근처에는 이들을 기다리는 소용돌이가 도사리고 있다.

인생에서 성공은 평화롭고 조화로운 협력적 노력으로만 이루어질 수 있다. 혼자서 혹은 독립적으로는 결코 성공을 이룰 수 없다. 설령 누군가 홀로 문명과 동떨어진 황야에서 은둔자로 살아간다 해도 생존하려면 외부의 힘에 의존할 수밖에 없다. 따라서 문명사회의 일부가 될 수록 협력적 노력에 대한 의존성은 더욱 커진다.

사람이 근근이 생계를 유지하든, 모아둔 재산에서 나오는 이자로 생활하든, 다른 사람과 우호적으로 협력할 수 있다면 삶은 덜 힘들어진다. 더욱이 경쟁이 아닌 협력을 삶의 철학으로 삼은 사람은 더 적은 노력으로 삶의 필수품과 사치를 누릴 수 있을 뿐만 아니라, 다른 이가 결코 경험 못 할 행복이라는 추가적인 보상도 얻을 수 있다.

협력적인 노력으로 얻은 재산은 소유자의 마음에 상처를 남기지 않는다. 거의 강탈에 가까운 갈등과 경쟁적인 방식으로 얻은 재산과는 이 점에서 다르다.

단순한 생존을 위한 것이든 사치를 누리기 위한 것이든, 물질적인 부를 축적하는 데는 우리가 이 세상을 살아가는 동안 주어지는 시간의 대부분이 쓰인다. 인간의 이러한 물질 중심적인 성향을 완전히 바꾸는 것은 어렵지만, 적어도 부를 추구하는 방식을 협력이라는 기반 위에서 이루어지도록 변화시킬 수는 있다.

협력은 삶의 필수적인 것들과 풍요로움, 그리고 탐욕스러운 사람은 결코 경험할 수 없는 마음의 평화라는 보상을 동시에 제공한다. 탐욕과 욕심에 사로잡힌 사람이 엄청난 부를 쌓을 수도 있다는 것은 부인할 수 없는 사실이다. 하지만 그 과정에서 헐값에 자신의 영혼을 팔아넘기게 될 것이다.

❖ 행동하는 지식, 성공의 원천

모든 성공은 힘에 기반하며, 그 힘은 체계적으로 정리되어 행동으로 나타나는 지식에서 비롯된다는 점을 기억해야 한다. 세상은 오직 한 종류의 지식에만 가치를 부여한다. 바로 건설적인 서비스로 이어지는 지식이다.

미국의 저명한 은행가 한 명이 경영 대학원 졸업생을 대상으로 다음과 같이 연설했다.

✦ 여러분의 졸업장을 자랑스럽게 여기십시오. 그것은 위대한 비즈니스 세계에서 행동할 준비를 마쳤음을 증명하는 증표입니다. 경영 대학 교육의 장점 중 하나는 당신이 행동하도록 준비시킨다는 것입니다! 다른 교육 방법을 폄하하는 것은 아니지만, 현대 경영 대학의 교육 방식이 얼마나 중요한지를 강조하고자 하는 말입니다. 일부 대학은 많은 학생에게 정작 현실과는 거리가 먼 것들만 준비시키는 듯이 보입니다.
당신이 이곳에 온 이유는 단 하나, 서비스를 제공하고 생계를 유지하는 법을 배우기 위해서입니다. 최신 유행의 옷차림은 당신의 주된 관심사가 아니었을 것입니다. 당신은 최신 유행의 옷이 중요한 역할을 하지 않는 분야에서 일할 준비를 해왔기 때문입니다. 당신은 여기에 티 파티에서 차 따르는 법을 배우기 위해 오지 않았습니다. 더 비싼 옷을 입고 고급 자동차를 모는 사람들을 보며 겉으로는 친절한 척하지만 속으로는 부러워하는 법을 배우러 온 것도 아닙니다. 당신은 바로 일하는 방법을 배우러 왔습니다!

이 연설은 13명의 졸업반 학생들이 들었다. 그들 모두는 형편이 어려워 학비를 겨우 마련할 정도로 가난했으며, 일부 학생은 학교 수업 전후로 아르바이트하며 스스로 학비를 충당했다.

그로부터 25년이 흘렀다. 지난여름 나는 당시 경영 대학의 총장을 만나 졸업 이후 그 학생들이 걸어온 길에 관한 이야기를 들었다. 그들 중 한 명은 대형 제약사의 사장이 되어 큰 부를 이루었고, 또 다른 한 명은 성공한 변호사가 되었다. 두 명은 자신의 이름을 건 경영 대학을 운영하고 있으며, 한 명은 미국의 명문 대학에서 경제학 교수로 활약 중이다. 또 다른 한 명은 큰 자동차 제조사의 사장이 되었고, 두 명은 은행장이 되어 상당한 부를 축적했다. 한 명은 대형 백화점을 소유하고 있으며, 또 다른 한 명은 미국의 주요 철도 회사에서 부사장으로 활동하고 있다. 한 명은 공인회계사로서 성공적인 경력을 쌓았고, 한 명은 안타깝게도 세상을 떠났다. 그리고 마지막 학생은 바로 이 책을 집필하고 있다.

13명의 학생 중 11명이 성공한 것은 결코 나쁜 성과가 아니다. 이는 경영 대학의 교육이 길러준 행동의 정신 덕분이다. 중요한 것은 당신이 받은 교육 자체가 아니라, 배운 것을 얼마나 잘 조직하고 지능적으로 행동으로 표현하느냐다.

고등 교육의 가치를 깎아내리려는 게 아니다. 다만 정식 교육을 받지 못한 사람에게도 희망과 용기를 주고 싶다. 비록 지식이 부족하더라도, 건설적인 방향으로 집중해서 행동한다면 성공할 수 있다. 미국 역사상 가장 위대한 대통령 중 한 명도 정규 교육을 거의 받지 못했다. 그러나 그는 부족한 교육에서나마 얻은 지식을 적절한 방향으로 행동에 옮겼고, 그 결과 미국 역사에 이름이 영원히 남았다.

❖ 세상은 원래 '알아서' 기회를 주지 않는다

어느 도시나 마을, 작은 시골에도 누구나 다 아는 '쓸모없는 사람'이 하나쯤 살기 마련이다. 이 불행한 사람들을 분석해보면 특징 중 하나가 바로 미루는 습관이다. 그들은 부족한 행동력 탓에 점점 뒤로 물러서고 타성에 젖어버렸다. 이들은 우연한 계기로 특단의 행동이 불가피해지는 고난의 길로 내몰리지 않는 한 안주한다. 당신은 이런 상태에 빠지지 않도록 주의해야 한다. 모든 사무실과 작업장, 은행, 상점 그리고 그 밖의 모든 일터에는 미루는 습관의 희생자가 존재한다. 그들은 행동으로 자신을 표현하는 습관을 기르지 못한 까닭에 먼지 쌓인 실패의 길을 얼쩡거린다.

유심히 살펴보면 주변에서 이런 불행한 사람을 쉽게 발견할 수 있다. 그들과 이야기를 나누다 보면 다음과 같은 잘못된 철학을 가지고 있음을 깨닫는다. "나는 내가 받는 보수만큼만 일한다. 그 정도면 충분하다." 그렇다. 그들은 그저 '그 정도면 충분한' 수준에 머물러 있을 뿐 그 이상이 될 수 없다.

몇 년 전 노동력이 부족하고 임금이 유난히 높았던 시기가 있었다. 그때 나는 시카고의 공원 곳곳에서 많은 건장한 남성이 아무 일도 하지 않은 채 빈둥거리는 모습을 목격했다. 나는 그들이 자신의 행동에 대해 어떤 변명을 늘어놓을지 궁금해졌고, 어느 날 오후 일곱 명의 남성을 인터뷰해보았다.

넉넉한 시가와 담배, 그리고 약간의 돈을 활용해 신뢰를 얻은 다음, 그들의 철학을 자세히 들여다볼 수 있었다. 놀랍게도 일자리가 없는 이유에 대해 모두 똑같은 말을 했다. "세상이 나에게 기회를 주지 않는다!!!" (느낌표는 내가 강조하기 위해 덧붙였다.)

곰곰이 생각해보자. 그들은 세상이 "기회를 주지 않는다."라고 말했다. 하지만 당연히 세상은 그들에게 기회를 주지 않는다. 세상은 그 누구에게도 알아서 기회를 주지 않는다. 진정으로 기회를 원한다면 행동해서 스스로 만들어야 한다. 그러나 누군가가 은쟁반에 올려 기회를 건네주길 기다리기만 해서는 그 끝은 실망뿐일 것이다. 세상이 기회를 주지 않는다는 변명이 만연해 있다는 사실이 걱정스럽다. 나는 이 변명이 가난과 실패의 가장 흔한 원인 중 하나라고 확신한다.

그날 오후 내가 인터뷰한 일곱 번째 남자는 유난히 체격이 훤칠했다. 그는 신문을 얼굴에 덮고 땅바닥에 누운 채 잠을 자고 있었다. 내가 그의 얼굴에서 신문을 치웠지만, 그는 손을 뻗어 신문을 다시 가져가 얼굴을 덮고는 그대로 다시 잠에 빠져들었다. 그래서 나는 신문을 그의 손이 닿지 않는 내 등 뒤로 치워보았다. 그러자 그는 마침내 몸을 일으켜 앉았고 이야기를 나눌 수 있었다. 놀랍게도 그는 미국 동부의 명문 대학 두 곳을 졸업했으며, 한 대학에서는 석사 학위를, 또 다른 대학에서는 박사 학위를 받았다고 했다.

그의 이야기는 참으로 안타까웠다. 그는 여러 직장을 전전했지만 언제나 고용주나 동료들이 못마땅하게 여겼다고 말했다. 그는 자신의 대학 교육이 얼마나 가치 있는지를 제대로 보여줄 수가 없었다. 그들이 '기회를 주지 않은' 탓이다. 그는 어쩌면 거대한 사업체를 이끄는 리더가 되었거나 전문직 분야에서 두각을 나타내는 인물이 되었을 수도 있다! 미루는 습관이라는 모래 위에 자신의 미래를 건설하지 않고, 세상이 자신이 배운 지식에 대해 보상해야 한다는 잘못된 믿음을 버렸더라면 말이다.

다행히 대부분의 대학 졸업생은 그렇게 허약한 토대 위에 미래를 세우지 않는다. 세상 어떤 대학도 그저 그곳에서 배운 지식만으로 성공을 안겨주지 않는다. <u>성공은 배운 것을 어떻게 활용하는가에 달려 있다.</u>

내가 만난 남성은 버지니아에서도 손꼽히는 명문가 출신이었다. 그는 자신의 조상이 메이플라워호(1620년 미국에 처음 도착한 이민선.—옮긴이)까지 거슬러 올라간다고 자랑했다. 그는 어깨를 쫙 펴고 주먹으로 가슴을 치며 말했다. "생각해보십시오, 선생님! 저는 유서 깊은 버지니아의 명문가 후손입니다!"

하지만 내가 여러 사람을 지켜본 결과, '명문가 출신'이라는 사실이 반드시 본인이나 가문에게 좋은 것만은 아니다. 명문가의 자제는 종종 가문의 명성에 기대어 쉽게 성공하려는 경향이 있다. 어쩌면 나만의 생각일 수도 있겠지만, 세상의 중요한 일을 묵묵히 해나가는 사람은 가문을 자랑할 시간도, 그럴 마음도 거의 없다.

나는 최근 20여 년 만에 고향인 버지니아 남서부를 찾았다. 그곳에서 과거 '명문가'로 불렸던 가문의 자녀와 비록 평범한 집안 출신이지만 적극적인 행동으로 자신의 가치를 증명해온 사람을 비교하는 것은 씁쓸한 일이었다. 그 비교는 명문가 출신들에게 결코 유리하게 작용하지 않았다! 나는 다행히도 명문가 출신의 부모님 밑에서 태어나지 않았다는 사실에 크게 감사함을 느꼈다. 결코 우쭐대는 감정에서 비롯된 생각이 아니다. 물론 이는 내가 선택할 수 있는 문제가 아니며, 만약 선택권이 있었다면 어쩌면 나 역시 명문가 부모님을 택했을지도 모른다.

그 후 얼마 지나지 않아 나는 매사추세츠주 보스턴에서 강연 초대를 받았다. 강연이 끝나고 환영 위원회가 케임브리지대학교를 비롯한 시내 명소를 안내해주었고, 그 과정에서 하버드대학교를 방문했다. 그곳에서 나는 많은 명문가 자제를 보았는데 일부는 최고급 자동차를 타고 다녔다. 20년 전이었다면 나 역시 하버드대학교에서 공부하며 최고급 자동차를 타고 다니는 것을 자랑스럽게 여겼을지 모른다. 그러나 세월이 흐르고 더 성숙해진 시각으로 돌아보니, 하버드대학교에 다닐 기회가 있었다고 해도 최고급 자동차 없이도 충분히 잘 해냈을 것이라는 결론에 이르렀다.

내가 주목한 것은 최고급 자동차가 없는 학생도 있었다는 사실이다. 내가 식사했던 식당에서 웨이터로 일하는 그들은 최고급 자동차를 소유하지 못했다고 해서 무언가 중요한 것을 놓치고 있는 것처럼 보이지 않았다. 또한 부유한 명문가 부모를 둔 학생과 자신을 비교하며 괴로워하는 모습도 찾아볼 수 없었다.

이 모든 이야기는 세계적인 명문인 하버드대학교를 비난하려는 것이 아니다. 하버드대학교에 자녀를 보내는 명문가를 비난하려는 의도 또한 없다. 오히려 나처럼 가진 것도 배운 것도 많지 않은 사람에게 작은 용기를 북돋아주고자 하는 것이다. **비록 아는 것이 많지 않더라도 그 작은 지식을 건설적이고 유용한 행동으로 표현할 수만 있다면 충분히 성공할 수 있다**는 사실을 전하고 싶을 뿐이다.

행동하지 않는 심리는 일부 도시와 마을이 서서히 쇠퇴하는 주된 이유 중 하나다! X라는 도시를 예로 들어보자. 이 지역에 익숙한 사람은 내 설명만으로도 어느 도시인지 알아차릴 것이다. 이곳에서는 '일요일 휴업법'에 따라 일요일에는 모든 식당이 문을 닫는다. 기차는 시내를 통과할 때 시속 20킬로미터로 속도를 줄여야 하며, 공원 곳곳에는 "잔디에 들어가지 마시오."라고 경고하는 표지판이 눈에 띄게 붙어 있다. 각종 불리한 조례들 때문에 주요 산업체가 다른 도시로 떠나버렸다. 어디를 둘러보아도 제약의 흔적을 볼 수 있다. 거리를 걷는 사람들의 얼굴과 태도, 걸음걸이에서조차 활력이 별로 없다.

이 도시의 대중 심리는 부정적이다. 역에 내리는 순간, 부정적인 분위기가 우울할 정도로 확연하게 느껴져서 당장이라도 다음 기차를 타고 떠나고 싶어질지 모른다. 그곳은 마치 공동묘지 같고, 사람들은 걸어 다니는 유령처럼 보인다.

그들에게서는 행동하려는 어떤 기미도 찾아볼 수 없다! 이 도시의 은행 거래 내역을 보면 사람들의 부정적이고 무기력한 사고방식이 고스란히 드러난다. 상점 또한 쇼윈도 디스플레이와 점원들의 표정에서 이러한 분위기가 여실히 보인다.

이 도시에서 나는 양말 한 켤레를 사기 위해 한 상점에 들어갔다. 조금만 덜 게을렀다면 아마 플래퍼(당시 유행하던 자유분방한 여성을 일컫는 말.—옮긴이)라 불렸을 법한 단발머리를 한 젊은 여직원이 카운터에 양말 상자를 툭 던졌다.

내가 상자를 집어 들고 양말을 살펴본 뒤 못마땅한 표정을 짓자, 그녀는 나른하게 하품하며 말했다. "이런 쓰레기장 같은 곳에서는 이게 제일 좋은 거예요!"

'쓰레기장 같은 곳'이라니! 그녀는 내 마음을 읽기라도 한 듯했다. 그 말이 그녀의 입에서 나오기 전, 이미 내 머릿속에 '쓰레기장 같은 곳'이라는 단어가 떠올랐기 때문이다. 상점은 마치 쓰레기장을 떠올리게 했고, 도시 전체가 그와 다를 바 없어 보였다. 그 부정적인 분위기가 내 안까지 스며드는 느낌이었다. 사람들의 부정적인 심리가 마치 손을 뻗어 나를 집어삼키려는 것 같았다.

내가 묘사한 것과 같은 도시로 고통받는 주는 여기만이 아니다. 이와 비슷한 도시를 얼마든지 더 나열할 수 있다. 그러나 언젠가 내가 정치에 발을 들이고 싶을 수도 있을 테니, 행동력이 넘치는 활기찬 도시와 무기력하게 쇠퇴해가는 도시의 차이를 분석하고 비교하는 것은 당신에게 맡기겠다.

나는 이와 같은 무기력한 상태에 빠진 몇몇 기업을 알고 있지만, 이름은 밝히지 않겠다. 아마 당신도 그런 기업을 알고 있을 것이다.

♦ 꿈꾸는 실천가가 되라

오래전 미국에서 가장 저명하고 유능한 은행가 중 한 명으로 손꼽히는 프랭크 A. 밴더리프는 뉴욕의 내셔널시티뱅크에 입사했다. 그는 유능했고 성공적인 업적을 쌓아왔기에 처음부터 평균 이상의 급여를 받았다. 은행에서는 고급 마호가니 책상과 안락한 의자가 갖추어진 개인 사무실도 제공했다. 책상 위에는 비서의 책상과 연결된 호출 버튼이 있었다.

그러나 첫날은 아무런 일도 주어지지 않은 채 지나갔다. 둘째 날, 셋째 날, 그리고 넷째 날도 마찬가지였다. 아무도 그를 찾아오거나 말을 걸지 않았다. 한 주가 끝날 무렵 그는 불안해지기 시작했다. (행동하는 사람은 눈앞에 일이 없을 때 불안감을 느끼기 마련이다.)

다음 주에 밴더리프는 은행장실로 찾아가 이렇게 말했다. "은행장

님, 제게 높은 연봉을 주시면서도 아무런 일도 맡기지 않으시니 솔직히 답답합니다!" 은행장은 날카로운 눈빛을 반짝이며 그를 바라보았다. 밴더리프는 말을 이어 갔다. "아무 일도 하지 않고 사무실에 앉아 있는 동안, 이 은행의 사업을 확장할 계획을 하나 생각해보았습니다."

은행장은 그의 '생각'과 '계획'이 모두 가치 있는 것이라면서 계속 이야기를 해보라고 했다. 그러자 밴더리프는 자신 있게 대답했다. "저는 이 은행이 채권 사업에서 제 경험을 활용할 방안을 마련했습니다. 채권 부서를 신설하고, 이를 우리 사업의 핵심 요소로 삼아 적극적으로 홍보할 것을 제안합니다." "뭐라고요? 광고를 한다고요?" 은행장이 되물었다. "우리는 창립 이래 단 한 번도 광고를 하지 않았습니다. 광고 없이도 지금까지 잘 운영해왔는데요." "그럼 이제부터 시작해야 합니다." 밴더리프가 말했다. "그리고 가장 먼저 광고할 것은 제가 계획한 새로운 채권 부서입니다."

결국 밴더리프가 이겼다! 행동하는 사람은 대개 승리한다. 이것이 바로 그들의 가장 눈에 띄는 특징 중 하나다. 내셔널시티뱅크 역시 승리자였다. 이 대화는 은행 역사상 가장 혁신적이고 수익성 높은 광고 캠페인의 시작점이었고, 그 결과 내셔널시티뱅크는 미국에서 영향력 있는 금융 기관으로 발돋움했다.

이외에도 주목할 만한 다른 성과가 많다. 그중 하나는 밴더리프가 은행과 함께 성장했다는 점이다. 행동하는 사람들은 자신이 기여한 조직과 함께 성장하기 마련이며, 밴더리프 역시 위대한 은행의 은행장 자리에 올랐다.

당신은 상상력에 대한 장에서 기존의 아이디어를 새로운 계획으로 재구성하는 방법을 배웠다. 그러나 **아무리 실용적인 계획이라도 행동으로 옮기지 않으면 아무런 의미가 없다.** 자신이 되고 싶은 모습을 꿈꾸고, 원하는 삶에 대한 비전을 갖는 것은 훌륭한 일이다. 하지만 이 꿈과 비전을 집중적으로 행동해서 현실로 바꾸어야 한다.

세상에는 꿈만 꾸고 아무런 행동도 하지 않는 사람이 있다. 반면 비전을 현실로 바꾸어 돌과 대리석으로 조각하고, 음악을 만들고, 훌륭한 책을 저술하며, 철도와 증기선을 건설하는 사람도 있다. 그리고 꿈꾸는 데 그치지 않고 그 꿈을 현실로 만드는 사람도 있다. 이들이 바로 꿈꾸는 실천가다.

실천가를 가로막는 나쁜 습관들

집중적인 행동 습관을 길러야 하는 데에는 경제적인 이유 외에도 심리적인 이유가 있다. 우리 몸은 정신의 영향을 매우 민감하게 받는 수십억 개의 미세한 세포로 이루어져 있다. 정신이 무기력하고 활동적이지 못하면, 신체 세포 역시 게을러지고 활력을 잃는다. 고여 있는 연못의 물이 점점 탁해지고 썩어버리는 것처럼 활동이 없는 신체 세포도 결국 병들기 쉽다.

게으름이란 결국 활동하지 않는 정신이 신체 세포에 미치는 영향일 뿐이다. 이 사실이 믿기지 않는다면 다음에 게을러지려 할 때 목욕을 하거나 마사지를 받아보라. 이렇게 인위적으로 세포를 자극하면 게으른 기분이 얼마나 빠르게 사라지는지 확인할 수 있다. 혹은 이보다 더 좋은 방법은 좋아하는 게임이나 활동에 정신을 집중해보는 것이다. 그러면 당신의 열정에 신체 세포가 즉각 반응해 게으른 기분이 순식간에 사라지는 경험을 할 것이다.

<u>우리 몸을 구성하는 세포는 마음의 상태에 정확히 반응한다.</u> 마치 시민이 그 도시를 지배하는 대중 심리에 영향을 받는 것과 같다. 리더가 도시를 '활기 넘치는' 곳으로 만들고자 적극적으로 행동하면 그곳의 모든 시민에게 영향을 미친다. 같은 원리가 정신과 몸의 관계에도 적용된다. 활기차고 역동적인 정신은 신체를 구성하는 세포를 끊임없이 활동적인 상태로 유지하게 한다.

오늘날 대부분의 도시 거주자는 인위적인 생활 환경 속에서 살아가며 여러 신체적 문제를 겪는다. 그런데 나는 매일 엄청난 업무량을 소화함에도 불구하고 건강을 유지한다. 가까운 사람들조차 신기하고 놀랍게 여길 정도다. 특별한 비법이 아니지만 돈이 전혀 들지 않으니 원한다면 당신도 언제든 실천할 수 있도록 그 방법을 공개하겠다.

✦ 첫째, 아침에 일어나자마자 식사 전에 따뜻한 물을 한 잔 마신다.
둘째, 아침 식사는 주로 통밀빵, 시리얼, 과일로 하고, 가끔은 삶은 달걀과 커피로 간단하게 먹는다. 점심은 채소와 통밀빵, 버터밀크 한 잔을 먹는다. 저녁 식사는 일주일에 한두 번 잘 조리된 스테이크와 채소를 먹고 커피를 곁들인다.
셋째, 하루 평균 약 16킬로미터를 걷는다. 시골길을 따라 8킬로미터를 걸어갔다가 다시 8킬로미터를 돌아오는데, 이 시간을 명상과 사색에 활용한다. 아마도 이 생각하는 시간이 걷는 것만큼이나 건강에 도움이 될 것이다.

넷째, 등받이가 평평한 의자에 등을 대고 스트레칭을 하곤 한다. 허리 아랫부분에 대부분의 체중을 싣고, 머리와 팔을 완전히 이완한 채 거의 바닥에 닿을 정도로 늘어뜨린다. 이렇게 하면 몸의 신경 에너지가 적절하게 균형을 찾고 고르게 분산되는 효과가 있다. 아무리 피곤하더라도 이 자세를 10분만 유지하면 피로가 말끔히 해소된다.

다섯째, 나는 매일 아침 일어나자마자 뜨거운 물로 샤워한 뒤 바로 냉수 샤워를 한다.

이러한 간단한 원칙이 당신에게도 상식적으로 들린다면 직접 실천해보라. 그리고 내가 그랬듯 당신에게도 도움이 된다면, 이 책에서 이를 공유한 나의 용기도 그만한 가치를 지닐 것이다.

행동하는 사람이 되기 전에 반드시 이겨내야 할 또 다른 적은 바로 '걱정'이라는 습관이다.

걱정과 시기, 질투, 증오, 의심, 두려움은 모두 행동을 가로막는 치명적인 정신 상태다. 이 같은 정신 상태에 빠지면 음식물의 소화와 흡수 과정이 방해받으며, 심한 경우에는 완전히 망가질 수도 있다. 문제는 단순히 신체적 증상에만 그치지 않는다. 이러한 부정적인 감정은 성공을 이루기 위한 가장 필수적인 요소인 성취하고자 하는 강렬한 열망을 무너뜨린다.

2장에서 당신은 인생의 명확한 주요 목표는 반드시 이루고자 하는 강한 열망이 뒷받침되어야 한다는 사실을 배웠다. 하지만 부정적인 감정에 사로잡혀 있으면 원인이 무엇이든 간에 성취를 향한 강렬한 열망을 가질 수 없다.

나는 긍정적인 마음 상태를 유지하기 위해 아주 효과적인 방법을 찾아냈다. 바로 '기분 전환법'이다. 내가 말하는 기분 전환법은 진심 어린 웃음이다. 기분이 울적해지거나 사소한 일로 누군가와 다투고 싶은 충동이 들 때면, 나는 기분 전환법이 필요한 순간임을 깨닫고, 아무에게도 방해받지 않고 마음껏 웃을 수 있는 곳을 찾아간다. 정말 웃을 일을 찾을 수 없다면 억지로라도 웃어본다. 놀랍게도 두 경우 모두 효과는 동일하다.

이러한 정신적·신체적 운동(웃음은 모두에 해당한다.)을 단 5분만 실천해도, 부정적인 상태에서 벗어나 행동을 끌어낼 수 있다. 내 말을 맹신하지 말고 직접 시도해보라!

나는 어떤 사람인가?

얼마 전 나는 내 기억이 맞다면 〈웃는 바보〉라는 제목의 음반을 들었다. 건강을 위해 마음껏 웃고 싶지만 체면 때문에 그러지 못하는 모든 사람에게 꼭 필요한 음반이다. 그 음반은 제목 그대로였다. 한 남성과 여성이 함께 만들었는데, 남성은 코넷(트럼펫과 유사한 작은 금관 악기.—편집자)을 연주하려고 애쓰고 여성은 그를 보며 웃음을 터뜨린다. 여성의 웃음소리가 너무도 전염성이 강해서 결국 남성까지 웃게 만든다. 그 분위기는 결국 음반을 듣는 사람 역시 기분이 어떻든 저절로 웃음에 동참하게 한다.

"사람은 마음속에 품은 생각대로 자신의 모습이 된다."라는 유명한 말이 있다. 두려움을 품으면서 용감하게 행동할 수는 없다. 증오를 느끼면서 주변 사람에게 친절하게 대할 수도 없다. 우리의 지배적인 생각, 즉 가장 강렬하고 깊으며, 가장 자주 떠오르는 생각이 결국 몸의 행동에도 영향을 직접 미친다.

머릿속의 모든 생각은 몸의 모든 세포에 전달되어 영향을 미친다. 두려운 생각을 하면, 그 신호가 즉시 다리 근육을 구성하는 세포로 전달되어 최대한 빠르게 도망치도록 명령한다. 두려운 사람은 도망친다. 다리가 그를 움직이게 하는데, 사실 다리는 그의 마음속 두려움이 무의식적으로 보낸 명령을 수행할 뿐이다.

당신은 1장에서 생각이 텔레파시 원리를 통해 한 사람의 마음에서 다른 사람의 마음으로 어떻게 전달되는지 배웠다. 이 장에서는 한 걸음 더 나아가보자. 당신의 생각이 텔레파시를 통해 다른 사람의 정신에 각인된다는 사실보다 몇만 배 더 중요한 깨달음이 있다. **바로 당신의 생각이 자신의 신체 세포에도 그대로 각인되며, 그 생각의 본질과 조화를 이루는 방식으로 신체 세포에 영향을 미친다는 사실이다.** 이 원리를 이해하면 "사람은 마음속에 품은 생각대로 자신의 모습이 된다."라는 말의 진정한 의미를 깊이 깨닫기 마련이다.

❖ 균형추 유형, 발전기 유형

이 장에서 '행동'이라는 개념은 2가지 형태로 나뉜다. 하나는 신체적인 행동이고, 다른 하나는 정신적인 행동이다. 생명 유지를 위한 신체 기관의 필수 활동을 제외하고 몸을 거의 움직이지 않는다고 해도 정신적으로는 매우 활동적일 수 있다. 혹은 몸과 마음 동시에 매우 활발히 움직일 수도 있다.

'행동하는 사람'이라고 할 때, 다음의 두 유형 중 하나 혹은 둘 모두를 의미한다. 하나는 '관리자' 유형이며 다른 하나는 '기획자' 유형 혹은 '영업 사원' 유형이다. 두 유형은 모두 현대 경영, 산업, 금융 분야에서 필수다. 전자는 '균형추' 유형, 후자는 '발전기' 유형이라고도 불린다. 물론 균형추와 발전기 역할을 모두 해내는 사람을 가끔 만나기는 하지만 이처럼 균형 잡힌 성격은 흔치 않다.

대부분의 성공한 대기업은 대개 이 두 유형의 사람으로 구성된다. 단순히 사실, 수치, 통계를 정리하는 균형추 유형도 무대 위에서 수천 명을 상대로 자신의 아이디어를 강력한 개인적 매력으로 전달하는 발전기 유형만큼 행동하는 사람이다. 어떤 이가 진정으로 행동하는 사람인지 판단하려면 정신적 습관과 신체적 습관 모두를 분석해야 한다.

이 장의 앞부분에서 세상은 당신의 지식이 아니라 행하는 것에 대해 보상한다는 취지의 언급을 했다. 하지만 오해의 소지가 있을 수 있어서 다시 설명하겠다. 세상은 당신이 직접 행하는 일뿐만 아니라 다른 사람을 움직이게 하는 일에 대해서도 보상한다. 다른 사람을 협력하게 만들고 효과적인 팀워크를 유도하거나, 다른 사람을 고무시켜 더욱 적극적으로 행동하도록 영감을 주는 사람도 직접적인 방식으로 성과를 내는 사람만큼이나 행동하는 사람이다.

산업과 경영 분야에는 다른 사람의 노력을 효과적으로 끌어내고, 그들이 자기 역량을 뛰어넘어 그 힘을 발휘하도록 영감을 주는 사람이 있다. 이러한 리더의 영향 아래에서 일하는 사람은 리더가 없을 때보다 훨씬 더 큰 성과를 낸다. 카네기는 측근들을 훌륭하게 이끌어 그들의 잠재력을 최대한으로 끌어올렸다. 그 결과 카네기의 지도가 없었다면 결코 부를 이루지 못했을 많은 사람이 성공을 거두었다는 것은 유명한 이야기다. 이와 같은 사례는 산업과 경영 분야의 거의 모든 위대한 리더에게서 찾아볼 수 있다. 이익은 결코 리더 한 사람에게만 돌아가지 않는다. 리더의 지도하에 있는 사람 또한 영향받아 큰 혜택을 누린다.

어떤 부류는 자신의 재정적 위치가 고용주와 다르다는 이유로 고용주를 비난한다. 그러나 고용주가 없었다면 그들은 지금보다 훨씬 더 어려운 상황에 처했을 것이 분명하다.

1장에서 나는 연합된 노력 가치를 강조했다. 일부 사람은 비전을 가지고 계획을 세우는 능력을 지닌 데 비해, 또 어떤 이는 계획을 실행에 옮길 능력은 있지만 스스로 구상할 상상력이나 비전이 부족하다.

카네기가 각각 계획 능력과 실행 능력이 뛰어난 사람들로 주변을 조화롭게 구성한 것도 바로 협력의 원리를 잘 이해했기 때문이다. 카네기의 조력자 중에는 세계적인 수준의 영업 사원도 있었지만, 만약 카네기의 팀이 오직 영업만 할 줄 아는 사람으로만 구성되었다면 지금처럼 엄청난 부를 쌓지는 못했을 것이다. 모든 직원이 영업 사원뿐이었다면 행동력은 넘쳐났을 것이다. 그러나 이 장에서 말하는 행동은 지능적인 지휘가 뒷받침되어야 의미가 있다.

미국에서 가장 잘 알려진 법률 회사 중 한 곳에는 두 명의 변호사가 있다. 그런데 그중 한 명은 절대 법정에 모습을 드러내지 않는다. 그는 소송을 준비하는 데 집중하고, 다른 변호사는 법정에서 변론을 펼친다. 두 변호사 모두 행동력이 강력하지만 행동 방식은 각기 다르다.

　대부분의 일에서 실행 못지않게 준비 단계에서도 많은 행동이 필요하다. 세상에서 자기 자리를 찾으려면 먼저 자신을 객관적으로 분석해 발전기 유형인지 균형추 유형인지 파악해야 한다. 그리고 나서는 자신의 타고난 능력에 맞는 명확한 주요 목표를 설정해야 한다. 만약 다른 사람과 함께 일하고 있다면 자신뿐만 아니라 동료도 분석해야 한다. 그리고 각자의 성향과 타고난 능력에 가장 잘 맞는 역할을 맡도록 한다.

❖ 추진자 유형, 지킴이 유형

　또 다른 방식으로 사람들은 크게 두 유형으로 분류된다. 하나는 '추진자' 유형이고, 다른 하나는 '지킴이' 유형이다. 추진자 유형은 유능한 영업 사원이나 조직자가 될 수 있다. 지킴이 유형은 자산이 축적되면 잘 보존하고 관리하는 능력이 탁월하다.

　지킴이 유형에게 회계 업무를 맡기면 만족하며 능력을 발휘하겠지만, 영업 현장으로 내보내면 불행해하고 결국 실패한다. 반대로 추진자 유형에게 회계 업무를 맡기면 몹시 답답해한다. 그의 본성은 더 역동적인 행동을 요구하기 때문이다. 따라서 소극적인 업무만으로는 그의 야망을 충족시킬 수 없으며, 적절한 행동 기회를 얻지 못하면 결국 실패할 수밖에 없다. 실제로 자금 횡령을 저지르는 사람 중 상당수가 추진자 유형일 때가 많다. 만약 그들에게 적합한 업무를 주었더라면 유혹에 넘어가지 않았을지 모른다.

　사람은 자신의 본성에 맞는 일을 할 때, 잠재력을 최대한으로 발휘한다. 세상에서 안타까운 비극 중 하나는 대부분의 사람이 타고난 적성에 맞는 일을 평생 찾지 못한 채 살아간다는 사실이다.

많은 사람이 평생의 직업을 선택할 때, 자신의 타고난 능력을 고려하지 않고 단순히 경제적으로 가장 수익성이 좋아 보이는 일을 선택하는 실수를 저지른다. 만약 돈이 성공의 전부라면 그렇게 해도 괜찮을지 모른다. 하지만 <u>**진정한 의미의 성공은 마음의 평화와 즐거움, 행복에서 비롯된다. 이는 자신이 가장 좋아하는 일을 찾았을 때만 얻을 수 있다.**</u>

이 책의 핵심 목표는 당신이 스스로를 분석한 뒤 타고난 능력이 무엇에 가장 적합한지 파악하게 돕는 것이다. 그러려면 명확한 주요 목표를 정하기 전에 1장의 '개인 분석표'를 주의 깊게 검토해야 한다.

활동적인 사람이 되는 법

이제 행동력을 키우는 원칙에 관해 이야기하려 한다. 활동적인 사람이 되는 법을 이해하려면 먼저 미루지 않는 법을 알아야 한다. 다음은 당신의 실천을 도울 몇 가지 제안이다.

- 첫째, 매일 가장 하기 싫은 일부터 먼저 처리하는 습관을 길러라. 처음에는 어려울 수 있지만, 이 습관이 자리 잡히면 가장 어렵고 꺼려지는 일을 가장 먼저 해치우는 데서 자부심을 느낄 것이다.

  둘째, 다음 문구를 업무 공간에서 잘 보이는 곳에 붙이고, 침실에도 두어 매일 잠자리에 들 때와 일어날 때 볼 수 있게 해라. "말로 하지 말고 행동으로 보여주어라!"

셋째, 매일 밤, 잠들기 전 다음 문장을 소리 내어 12회 반복해라. "내일 나는 해야 할 일을, 해야 할 때, 해야 할 방식대로 수행할 것이다. 나는 미루는 습관을 없애고 행동하는 습관을 기르기 위해 가장 어려운 일부터 먼저 처리할 것이다."

넷째, 이 지침들을 실천할 때 타당성과 효과에 대한 확신과 신념을 가져라. 이 습관은 몸과 정신의 행동력을 키워 당신이 설정한 명확한 주요 목표를 달성하는 데 도움이 될 것이다.

이 장을 마치기 전에 진심 어린 웃음이 얼마나 행동에 좋은 자극제가 되는지를 언급했던 내용을 다시 한번 떠올려보자. 여기에 한 가지 덧붙이겠다. 노래 역시 웃음과 같은 효과를 내며 때에 따라서는 웃음보다 더 나은 효과를 가져올 수도 있다.

빌리 선데이는 세계에서 가장 역동적이고 활동적인 설교자 중 한 명이지만, 그의 설교는 찬양 예배가 만들어내는 심리적 효과의 덕을 많이 보았다고 평가받는다.

1차 세계대전 초기 독일군이 오랫동안 승기를 잡았다는 것은 잘 알려진 사실이다. 이는 독일군이 '노래하는 군대'였다는 것과 무관하지 않다. 그런데 이후에 미국에서 온 카키색 군복을 입은 미군도 노래를 부르며 전장에 나섰다. 그 노래에는 자신들이 싸우는 대의에 대한 확고한 신념이 담겨 있었다. 점차 독일군은 노래하기를 멈추었으며, 이와 함께 전쟁의 흐름도 점차 독일군에게 불리하게 바뀌었다.

교회에 가는 유일한 장점이 찬송이 주는 심리적 효과뿐이라 해도, 그것만으로 충분히 추천할 만하다. 아름다운 찬송가를 함께 부르면 누구나 마음이 한결 가벼워지고 기분이 좋아진다.

나는 오랜 세월 찬송을 부르는 예배에 참석한 다음에 글이 더 잘 써지는 경험을 했다. 내 말을 확인해보고 싶다면, 다음 주 일요일 아침 교회에 가서 온 마음을 다해 찬송을 불러보자.

전쟁 당시 나는 군수품을 생산하는 공장의 생산성을 높일 방법을 연구했었다. 그때 실제로 한 공장에서 3천 명의 노동자를 대상으로 실험을 진행했다. 노동자를 모아 합창단을 조직한 뒤 10분 간격으로 〈서 너머에〉, 〈딕시〉, 〈오늘 밤 신나는 파티가 열릴 거야〉와 같은 힘찬 노래를 연주하는 오케스트라와 밴드를 배치했다. 그 결과, 30일도 채 되지 않아 생산성이 45퍼센트 증가했다. 노동자는 음악의 리듬에 맞추어 작업 속도를 자연스럽게 높였다. 적절히 선정된 음악은 어떤 분야의 노동자에게도 더 큰 행동력을 불러일으킬 수 있다. 그러나 많은 사람을 지도하는 관리자 대부분이 이 사실을 제대로 이해하지 못하고 있다.

내가 여행하면서 만난 수많은 기업 가운데 음악을 직원의 업무 능률을 높이는 방법으로 활용하는 곳은 단 하나뿐이었다. 바로 매사추세츠 주 보스턴에 있는 필렌백화점이다. 이 백화점에서는 여름철마다 개장 30분 전, 최신 댄스곡을 연주하는 오케스트라를 운영한다. 판매 직원은 매장 복도를 무대로 삼아 춤을 추는데, 개장 시간쯤에는 몸과 마음 모두 활기찬 상태가 되어 하루 종일 에너지를 유지할 수 있다. 그래서 나는 필렌백화점 직원보다 더 친절하고 효율적인 판매 직원을 본 적이 없다. 한 부서 관리자는 아침 음악 프로그램 덕분에 직원이 훨씬 적은 노력으로 더 나은 서비스를 제공할 수 있게 되었다고 말했다.

노래하는 사람들은 전쟁터에서든, 백화점의 업무 현장에서든 승리한다. 노래의 심리적 효과에 관심 있는 이들에게 조지 워튼 제임스의 『하나님과 함께 노래하며 인생을 살아가기』라는 책을 추천한다.

만약 내가 단조롭고 힘든 작업이 많은 공장의 관리자라면, 모든 직원이 음악을 즐기도록 음악 프로그램을 도입할 것이다. 뉴욕시 브로드웨이 남쪽에서 사업체를 운영하는 한 영리한 그리스인은 축음기를 활용해 손님을 즐겁게 하는 동시에 직원의 작업 속도를 높이는 기발한 방법을 찾아냈다. 그곳의 직원은 음악의 리듬에 맞추어 구두를 닦으며 즐겁게 일한다. 작업 속도를 올리고 싶을 때는 그저 축음기 속도를 더 올리기만 하면 된다.

마인드 마스터, 추진력에 날개를 달다

두 명 이상의 사람이 명확한 목표를 달성하기 위해 협력적 동맹을 형성하는 집단화된 노력은 어떤 형태든 단순한 개인의 노력보다 더 강력한 힘을 발휘한다. 경기장 밖에서는 팀원들이 서로 사이가 좋지 않거나 조화를 이루지 못하는 축구팀도 경기장에서 팀워크가 잘 조정되면 승리를 거둘 수 있다. 이사회를 구성하는 사람들도 서로 의견이 맞지 않아 사이가 불편하며 전혀 공감대를 형성하지 못하더라도, 겉보기에는 매우 성공적으로 사업을 운영할 수 있다. 부부 역시 마스터 마인드 형성에서 필수적인 조화로운 관계를 맺지 못하더라도 함께 살면서 상당한 재산을 모으고, 가정을 이루며, 자녀를 양육하고 교육할 수 있다. 그러나 이 모든 동맹은 마스터 마인드라고 알려진 보완적 힘을 발전시키는 과정에서 형성될 때 더욱 강력하고 효과적이다. 마스터 마인드는 완벽한 조화를 기반으로 구축되는 힘이다.

단순한 협력만으로도 힘이 생기는 것은 분명하다. 그러나 목적이 완벽하게 조화된 협력은 그 이상의 차원으로 나아가 더욱 강력하고 초월적인 힘을 만들어낸다. 어떤 동맹이든 구성원 모두가 같은 목표를 향해 완전한 조화 속에서 마음을 모은다면, 마스터 마인드를 형성하는 길이 열린다. 단, 모든 구성원이 개인적인 이익을 기꺼이 내려놓고, 조직이 추구하는 목표 달성을 최우선으로 삼아야 한다.

미국이 지구상에서 가장 강력한 국가 중 하나로 성장할 수 있었던 것은 많은 면에서 주 간의 고도로 조직화된 협력적 노력 덕분이다. 미국이 역사상 가장 강력한 마스터 마인드의 결과로 탄생했다는 점을 기억할 필요가 있다. 이 마스터 마인드의 구성원은 바로 독립선언서에 서명한 사람들이다. 그들은 의식적으로든 무의식적으로든 마스터 마인드라는 힘을 발휘했고, 그 힘은 독립을 억누르기 위해 전쟁터로 보내진 모든 군대를 물리칠 수 있을 만큼 강력했다. 독립선언서를 지키기 위해 싸웠던 사람들은 단순히 돈을 위해 싸우지 않았다. 그들은 자유라는 원칙을 위해 싸웠는데, 자유는 인간에게 가장 강력한 동기를 부여한다.

사업, 금융, 산업, 정치 등 어떤 분야에서든 위대한 리더는 구성원이 열정을 갖고 받아들일 목표를 제시하고 동기를 부여할 줄 안다.

정치에서 '핵심 이슈'는 곧 전부라 해도 과언이 아니다! '핵심 이슈'란 대다수 유권자의 지지를 한데 모아 결집하는 대중적 목표다. 이는 보통 강력한 슬로건의 형태로 퍼진다. 예를 들어, "쿨리지(미국 30대 대통령 존 쿨리지를 가리킴.—편집자)를 지켜야 번영도 지켜진다."라는 구호의 선거 구호는 유권자에게 쿨리지에게 투표하면 번영이 유지된다는 인식을 심어주었고, 실제로 효과를 발휘했다! 링컨의 선거 운동 당시에는 "링컨을 지지하고 연방을 수호하라."는 구호가 외쳐졌고 이는 성공했다. 윌슨의 재선 캠페인에서는 "그는 우리를 전쟁에서 지켜냈다."라는 슬로건이 사용되었으며 역시 효과가 있었다.

어떤 집단이 협력해 만들어내는 힘의 크기는 항상 그 집단이 달성하려고 노력하는 동기의 본질에 따라 결정된다. 이는 어떤 목적을 위해서든 조직적인 협력을 끌어내고자 하는 모든 사람이 반드시 기억해야 할 점이다. 사람들이 완벽한 조화 속에서 매우 감정적이고 열정적인 정신으로 결집할 수 있는 동기를 찾아내라. 그것이 마스터 마인드를 형성하는 출발점이다. 사람은 돈보다는 이상을 실현하기 위해 더 열심히 일한다. 협력적인 집단 노력을 발전시킬 수 있는 동기를 찾고자 할 때, 이 점을 명심하는 것이 좋다.

이 글을 쓰는 시점에는 미국의 철도 산업에 대한 부정적인 여론과 전반적인 비판이 거세게 일고 있다. 선동의 배후가 누구인지는 알 수 없지만, 중요한 것은 비판이 존재한다는 사실 자체가 철도 관계자에게는 강력한 동기가 될 수 있다는 사실이다. 이를 통해 철도로 생계를 유지하는 수십만 명에 이르는 철도 노동자를 결집할 수 있다. 그렇게 한다면 철도 산업을 향한 부정적인 비판을 효과적으로 불식시킬 강력한 힘을 만들어낼 수 있다.

철도는 국가의 중추다. 만약 모든 철도 운행이 중단되면 대도시 사람들은 식량 공급이 끊겨 굶주릴 것이다. 이 사실 자체가 철도 관계자가 추진하려는 계획을 많은 대중이 지지하고 결집하게 하는 강력한 동기가 될 수 있다. 철도 산업 종사자와 철도를 이용하는 국민이 결집해 만들어내는 힘은 철도를 위협하는 각종 불리한 법안이나 그 가치를 떨어뜨리려는 시도로부터 철도를 보호하기에 충분하다. 그러나 이 힘은 조직화하여 구체적인 목표를 중심으로 결집하지 않는 한, 단지 잠재적인 힘에 불과할 뿐이다.

인간은 참으로 특이한 동물이다. 강력한 동기를 충분히 부여하면 평범한 능력의 사람도 평범한 상황에서 갑자기 초인적인 힘을 발휘한다. 여성이 어떻게 남자를 자극해 행동하게 하는지 안다는 조건하에, 남성이 자기가 선택한 여성을 기쁘게 하기 위해 무엇을 할 수 있고 또 실제로 무엇을 하는지는 인간의 마음을 연구하는 사람들에게 항상 놀라움의 대상이었다.

인간이 행동하는 데 가장 크게 영향을 미치는 3가지 주요 동기 요인이 있다. 이는 다음과 같다.

1. 자기 보존의 동기
2. 성적 접촉의 동기
3. 재정적·사회적 권력의 동기

더 간결하게 말하면 인간을 행동하게 만드는 주요 동기는 돈, 성, 자기 보존이다. 추종자로부터 행동을 끌어낼 동기를 찾는 리더는 이 중 하나 이상에서 해답을 찾을 수 있다.

이제 당신도 이 장이 마스터 마인드의 법칙을 다루는 1, 2장과 매우 밀접하게 관련되어 있음을 알 것이다. 집단이 협력적으로 기능하더라도 반드시 마스터 마인드를 형성하는 것은 아니다. 예를 들어, 사람들은 조화로운 정신을 노력의 기반으로 삼지 않고 단순히 협력만 하기도 한다. 이러한 형태의 협력도 상당한 힘을 만들어낼 수 있지만, 모든 구성원이 개인적인 이익을 내려놓고 완전한 조화를 이루며 서로의 노력에 협력할 때 얻는 힘과는 비교할 수 없다.

사람들이 얼마나 조화롭게 협력할 수 있는지는 그들을 행동하게 하는 동기 부여 요소에 달려 있다. 마스터 마인드를 형성하는 데 필수적인 완전한 조화는 모든 구성원이 개인적인 이익을 완전히 내려놓을 때 비로소 가능하다. 이는 집단의 이익, 이상적 가치, 자선적 목적, 혹은 박애주의적 목표와 같은 더 큰 목적을 위해 헌신할 만큼 충분히 강력한 동기 부여가 있을 때만 가능하다.

인간을 행동하게 하는 주요 동기 요인 3가지는 리더가 추종자의 협력을 얻기 위한 계획을 수립할 때 참고할 지침으로 제시했다. 리더는 이를 적절히 활용해 추종자가 사심 없이 완벽한 조화와 일치된 마음으로 자신의 계획을 실행하도록 이끌 수 있다.

사람들은 자신을 완전히 내려놓을 만큼 강력한 동기가 없다면, 조화로운 정신으로 리더를 지지하지 않는다. 우리는 사랑하는 일을 가장 잘 해낸다. 현명한 판단력을 갖춘 리더는 이 사실을 명심하고, 모든 추종자에게 이 법칙과 조화를 이루는 역할을 할당하도록 계획해야 한다.

추종자로부터 최대한의 것을 끌어내는 리더는 각자의 마음속에 충분히 강력한 동기를 심어준다. 이를 통해 각자가 자신의 이익을 제쳐두고 그룹의 다른 모든 구성원과 완벽한 조화를 이루며 일하도록 한다.

당신이 누구든 그리고 명확한 주요 목표가 무엇이든, 다른 사람들의 협력적인 노력으로 목표를 달성할 계획이라면, 온전하고 헌신적이며 이타적인 협력을 이끌어낼 만큼 그들의 마음속에 충분히 강력한 동기를 심어주어야만 한다. 그렇게 할 때 당신의 계획은 마스터 마인드의 법칙으로 더욱 강력한 추진력을 얻을 수 있다.

이제 14장으로 넘어갈 준비가 되었다. 다음 장에서는 당신이 경험한 모든 실수와 오류, 실패를 어떻게 자산으로 바꿀 수 있는지 배울 것이다. 또한 다른 사람의 실수와 실패에서 어떻게 교훈을 얻고 이익으로 활용할 수 있는지도 배울 것이다.

미국의 주요 철도 시스템 중 한 곳의 사장은 다음 장을 읽은 후 이렇게 말했다. "이 장의 내용에 주의를 기울이고 제대로 이해한다면, 누구든 자신이 선택한 분야에서 대가가 될 수 있게 도울 것이다."

다 읽고 나면 알 수 있겠지만, 다음 장은 내가 이 책에서 가장 아끼는 내용이기도 하다.

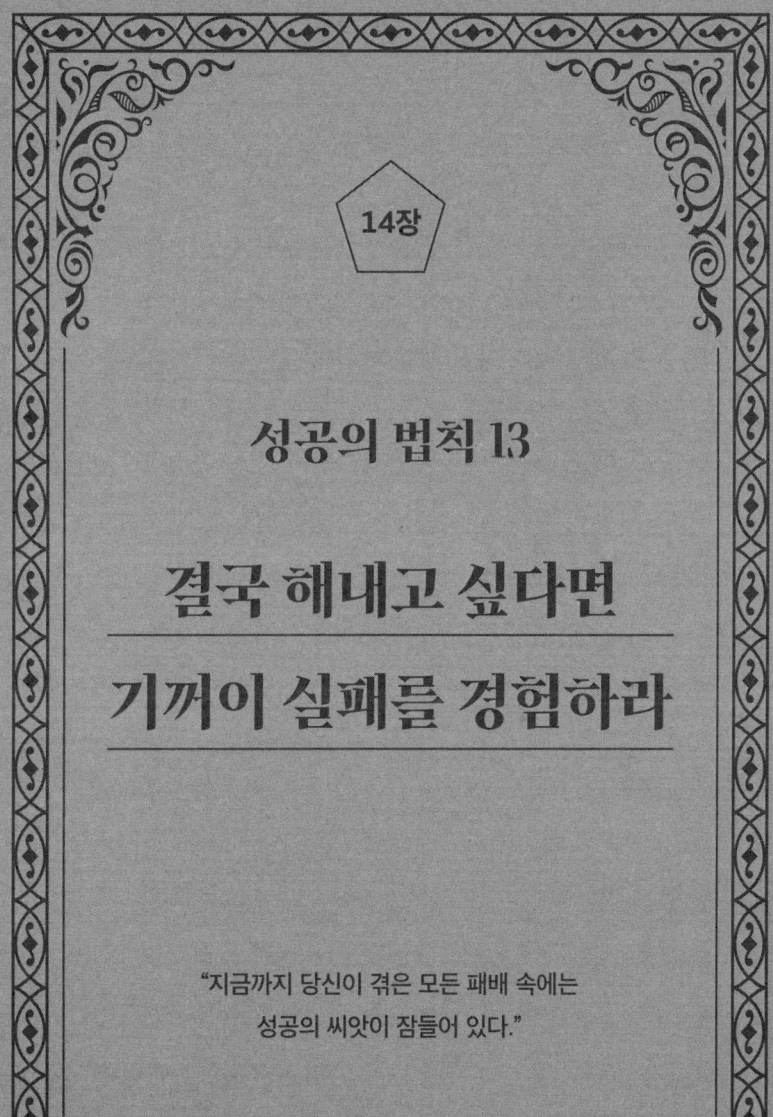

14장

성공의 법칙 13

결국 해내고 싶다면
기꺼이 실패를 경험하라

"지금까지 당신이 겪은 모든 패배 속에는
성공의 씨앗이 잠들어 있다."

일반적인 상황에서 '실패'라는 용어는 부정적인 의미를 지닌다. 그러나 이 장에서는 이 단어에 새로운 의미를 부여할 것이다. 이 단어는 여태껏 너무나 잘못 사용된 나머지, 수많은 사람에게 불필요한 슬픔과 고난을 안겨주었다.

우선 '실패'와 '일시적인 패배'를 구분하자. 흔히 '실패'라고 여겨지는 것이 실제로는 '일시적인 패배'가 아닌지 살펴보자. 더 나아가 **일시적인 패배가 변장한 축복은 아닌지 생각해보자. 일시적인 패배는 정신을 번쩍 들게 하고, 에너지를 더 바람직한 방향으로 향하게 한다.**

9장에서 우리는 저항에서 힘이 나온다는 사실을 배웠다. 이 장에서는 진정한 인격은 역경과 좌절, 일시적인 패배를 겪으며 완성된다는 것을 배울 것이다. 세상의 무지한 사람들은 이를 '실패'라고 부르지만, 실은 그것이야말로 성공을 빚어낸다.

일시적인 패배나 역경은 그 속에서 교훈을 찾는 사람에게는 실패가 아니며 오히려 스승이다. 사실 모든 좌절과 모든 패배에는 크고 값진 교훈이 담겨 있고, 이는 대개 패배를 통해서만 배울 수 있다.

패배는 종종 이해하기 어려운 '무언의 언어'로 말을 건다. 그 언어를 이해할 수 있다면 우리는 아무것도 배우지 못한 채 같은 실수를 반복하지 않을 것이다. 또한 다른 사람들이 저지르는 실수를 더 자세히 관찰하고 같은 실수를 하지 않으려고 할 것이다.

이 장의 주요 목적은 패배가 전하는 이 무언의 언어를 당신이 이해하게 하고 그로부터 이익을 얻도록 돕는 것이다.

내 인생을 바꾼 일곱 번의 터닝포인트

나는 아마도 당신에게 패배의 의미를 가장 잘 이해시킬 수 있는 사람일 것이다. 약 30년에 걸친 내 경험을 당신과 공유한다면 말이다. 이 기간에 나는 일곱 번의 터닝포인트를 맞이했다. 세상은 그것을 '실패'라고 불렀고, 나 역시 매번 비참한 실패를 했다고 생각했다. 그러나 지금 와서 돌아보니 그것은 실패가 아니라 보이지 않는 친절한 손길이었다. 그 손길은 내가 선택한 길에서 나를 멈추어 세우고, 깊은 지혜로 나의 노력을 한층 나은 방향으로 다시 쏟도록 이끌어주었다.

하지만 나는 이 사실을 깨닫기까지 오랜 시간이 걸렸다. 수많은 경험을 되돌아보며 깊이 분석하고, 신중하게 숙고하는 과정을 거친 후에야 비로소 이를 알았다.

✤ 첫 번째 터닝포인트

경영 대학 과정을 마친 후, 나는 광산을 운영하는 회사의 속기사 겸 회계원으로 취직해 5년간 근무했다. 9장에서 설명한 대로 나는 급여보다 더 많은 일을 더 훌륭하게 해내는 습관을 실천했다. 그래서 빠르게 승진해 내 나이에 비해 훨씬 더 큰 책임을 맡았고 높은 급여를 받았다. 나는 돈을 저축했고 은행 계좌에는 수천 달러가 쌓였다. 내 평판은 빠르게 퍼졌고 여러 곳에서 경쟁적으로 더 나은 조건을 제시하기에 이르렀다. 경쟁자들의 제안에 대응하기 위해 당시 고용주는 광산의 총괄 관리자로 나를 승진시켰다. 나는 빠르게 성공 가도를 달렸고 그 사실을 스스로 잘 알았다!

그때 운명의 손이 나를 살짝 밀어냈다. 고용주가 파산한 것이다. 나는 직장을 잃었다. 이것이 나의 첫 번째 진정한 패배였다. 비록 내가 통제할 수 없는 원인으로 발생한 일이었지만 그 경험에는 배워야 할 교훈이 있었다. 물론 수년이 지난 후에야 비로소 그 교훈을 얻었지만 말이다.

❖ 두 번째 터닝포인트

다음 일자리는 남부에 있는 대규모 목재 생산 회사의 영업 관리자였다. 나는 목재에 대해서는 아무것도 몰랐고, 영업 관리에 대해서도 아는 바가 거의 없었다. 그러나 받는 급여 이상으로 가치를 제공하는 것이 좋다는 것과, 누가 시키지 않아도 스스로 할 일을 찾아 나서는 주도적 태도가 중요하다는 것은 잘 알았다. 넉넉한 은행 잔고와 이전 직장에서 꾸준히 승진했던 경험은 내게 충분한 자신감을 심어주었다. 어쩌면 그때 나는 지나치게 자신감을 느꼈는지도 모른다.

나는 빠르게 승진했고 입사 첫해에만 급여가 두 번 차례나 인상되었다. 영업 관리를 워낙 잘 해낸 덕분에 고용주는 나를 동업자로 삼았다. 우리는 돈을 벌기 시작했고, 나는 다시 한번 세상의 정상에 섰다고 여겼다! 세상의 정상에 서는 것은 멋진 기분을 선사한다. 하지만 그 자리는 단단히 서 있지 않으면 매우 위험하다. 자칫 발을 헛디디면 너무나 길고 고통스러운 추락을 해야 한다. 나는 맹렬한 기세로 성공 가도를 달리고 있었다! 그때까지 나는 성공이 돈과 권력 외의 다른 기준으로 측정될 수 있다는 사실을 전혀 생각하지 못했다. 아마도 내가 필요 이상으로 많은 돈과 그 나이에 감당하기 어려운 큰 권한을 가지고 있었기 때문일 것이다.

당시 나는 내 관점에서 성공을 이루고 있었을 뿐만 아니라, 내 기질과 완벽하게 맞는 일을 하고 있다는 확신도 갖고 있었다. 어떤 이유에서든 다른 일을 해야겠다는 생각은 전혀 없었다. 적어도 나를 변화시킬 수밖에 없었던 그 일이 일어나기 전까지는.

보이지 않는 운명의 손은 내가 자만심에 취해 우쭐대도록 내버려두었다. 나는 점점 자신을 과신하기 시작했다. 지금 와서 돌이켜보면, 어쩌면 보이지 않는 손은 일부러 우리 어리석은 인간들을 허영의 거울 앞에 세워 자신을 과시하도록 놔두는지도 모른다. 우리가 얼마나 천박하게 행동하는지 깨닫고, 스스로 부끄러워지는 순간이 올 때까지 말이다. 어쨌든 내 앞에는 탄탄대로가 펼쳐진 듯했다. 연료 창고에는 석탄이 가득했고 물탱크에도 물이 충분했다. 나는 가속 레버를 쥐고 전속력으로 질주했다.

아아! 그러나 운명은 바로 모퉁이 너머에서 솜방망이가 아닌 단단한 곤봉을 들고 기다리고 있었다. 물론 나는 다가오는 충돌을 알아채지 못했다. 눈앞에서 일이 벌어지기 전까지 그랬다. 내 이야기는 슬픈 이야기다. 하지만 솔직하게 돌아볼 수 있다면 비슷한 이야기를 털어놓는 사람이 나뿐만은 아닐 것이다.

맑은 하늘에 날벼락처럼 1907년 경제 침체가 덮쳤다. 하룻밤 사이에 사업이 완전히 무너졌고 내가 가진 모든 돈이 사라졌다. 그리고 영원히 남을 교훈을 얻었다. 이것이 나의 첫 번째 심각한 패배였다! 하지만 그때는 실패로 착각했지만, 사실 실패가 아니었다. 이 장을 마치기 전에 왜 실패가 아니었는지 말해주겠다.

♣ 세 번째 터닝포인트

1907년 경제 침체와 패배는 내가 목재 사업을 떠나 법학 공부로 방향을 전환해 노력을 쏟아붓는 계기가 되었다. 세상 그 무엇도 이 같은 변화를 불러올 수 없었을 것이다. 오직 패배만이 가능하게 했다. 이처럼 내 인생의 세 번째 터닝포인트는 사람들이 대개 실패라고 부르는 사건을 계기로 시작되었다. 이는 다시 한번, 모든 패배는 배울 준비가 된 사람에게 필요한 교훈을 전한다는 사실을 깨우쳐준다.

법대에 들어갈 때 나는 무지개 끝자락에 있는 금 항아리를 차지할 수 있도록 누구보다 철저히 준비된 상태로 졸업하겠다고 굳게 다짐했다. 그때까지 나에게 성공이란 돈과 권력뿐이었다.

나는 밤에는 법대에 다니고 낮에는 자동차 영업 사원으로 일했다. 목재 사업에서의 판매 경험은 좋은 이점으로 작용했다. 나는 빠르게 성장했다. 여전히 급여보다 더 많고 더 나은 서비스를 제공하는 습관이 있었기에 일을 매우 잘 해냈고, 그러다 자동차 제조 사업에 뛰어들 기회가 왔다. 숙련된 자동차 정비공의 필요성을 느낀 나는 제조 공장 내에 교육 부서를 신설했다. 그리고 일반 기계공을 대상으로 자동차 조립 및 수리 작업을 훈련시켰다. 학교는 번창해 나에게 월 1천 달러 이상의 순이익을 안겨주었다. 다시 나는 무지개 끝자락에 가까워졌다. 마침내 세상에서 내가 할 일을 찾았다고 확신하며, 아무것도 나를 자동차 사업에서 벗어나게 하거나 관심을 흐트러뜨릴 수 없다고 생각했다.

은행은 내 사업이 번창하고 있다는 것을 알고 기꺼이 사업 확장 자금을 대출해주었다. 은행은 사람들이 잘나갈 때는 망설임 없이 돈을 빌려준다! 은행은 내가 빚더미에 앉아 헤어날 수 없을 때까지 돈을 빌려주었다. 그러고는 마치 자기 사업인 양 태연하게 내 사업을 인수했다. 실제로도 은행 것이나 마찬가지였다! 나는 월 1천 달러 이상의 수입을 누리다가 갑자기 빈털터리가 되었다.

20년이 지난 지금, 나는 그런 강제적인 변화를 일으킨 운명의 손에 감사한다. 하지만 당시에는 이 변화를 실패라고만 생각했다. 무지개는 사라졌고, 그 끝에 있어야 할 전설의 금 항아리도 함께 사라졌다. 그러나 이 일시적인 패배가 내 인생에서 가장 큰 축복이었을지도 모른다는 사실을 깨달은 것은 오랜 시간이 흐른 후였다. 그 사건은 나 자신이나 다른 사람에 대한 이해를 깊이 발전시키는 데 아무런 도움이 되지 않는 사업에서 벗어나게 했고, 내 노력을 더 풍부한 경험을 쌓을 수 있는 길에 쏟도록 이끌었다.

나는 생전 처음으로 무지개 끝에서 돈과 권력 외에 진정으로 가치 있는 무언가를 찾을 수 있을지 자신에게 묻기 시작했다. 이 잠깐의 의문은 반항심으로 이어지거나 답을 얻기 위한 깊은 탐구로 이어지지는 않았다. 우리가 수없이 떠올렸다가 금세 잊어버리는 다른 많은 생각처럼 스쳐 지나갔을 뿐이다. 만약 내가 점증하는 보상의 법칙에 대해 지금만큼 이해하고, 경험을 지금처럼 해석할 수 있었다면 달랐을 것이다. 아마도 그 사건을 운명의 손이 보낸 부드러운 경고였음을 알아차렸을 것이다.

그때까지 나는 일시적인 패배를 실패로 받아들였다. 그렇게 내 인생에서 가장 힘든 싸움을 벌인 후, 네 번째 터닝포인트로 들어서게 되었다. 이번 터닝포인트는 내가 배운 법률 지식을 활용할 기회를 주었다.

♦ 네 번째 터닝포인트

나는 영향력 있는 아내의 집안 덕분에 세계 최대의 석탄 회사에서 법률 고문 보좌관으로 일할 기회를 얻었다. 내 급여는 신입에게 일반적으로 지급되는 수준을 훨씬 뛰어넘었고, 내 능력에 비하면 더더욱 과분한 액수였다. 하지만 어쨌든 나는 그 자리에 있었다. 부족한 법률적 역량은 받은 보수 이상의 가치를 제공한다는 원칙과 할 일을 스스로 찾아 나서는 태도로 보완해갔다.

이에 나는 어려움 없이 자리를 지켰고, 원하기만 하면 사실상 평생 안정적인 일자리를 보장받은 셈이나 다름없었다. 하지만 나는 가족이나 지인과 상의하지 않은 채 예고도 없이 사표를 냈다!

이 사건은 내가 스스로 선택한 첫 번째 터닝포인트였다. 외부의 압력에 떠밀린 게 아니라, 운명의 신이 다가오는 것을 감지하고 먼저 문을 박차고 나갔다. 직장을 그만둔 이유를 묻는 말에 나름대로 타당해 보이는 답을 내놓았지만, 가족에게 내가 현명한 선택을 했다고 설득하기란 쉽지 않았다.

나는 그 일을 별다른 노력 없이 너무 쉽게 해내고 있다는 이유로 그만두었다. 그곳에서 나는 점점 무기력에 익숙해졌고, 이렇게 안주하다 보면 결국 퇴보할 것임을 직감했다. 법조계에는 나를 도와줄 친구들이 많았고, 특별히 나를 계속 전진하도록 몰아붙이는 자극도 없었다. 나는 친구와 친척들 사이에서 원하기만 하면 아무런 노력 없이도 계속 유지할 수 있는 자리를 이미 차지하고 있었다. 게다가 생활에 필요한 모든 것을 충족할 만큼의 수입도 있었고, 자동차를 비롯한 사치품까지 충분히 감당할 수 있는 여유도 있었다. 더 이상 무엇이 필요하단 말인가?

"아무것도 필요하지 않아!" 나는 이렇게 자신에게 말했으나 강한 충격에 빠지고 말았다. 벌써 내가 서서히 퇴보하고 있다고 느꼈다. 결국 나는 많은 이가 비합리적이라고 여기는 결론을 내렸다. 바로 사표였다. 그때 나는 다른 문제에 무지했을지 모른다. 하지만 힘과 성장은 오직 지속적인 노력과 분투를 통해서만 얻을 수 있으며, 육체와 정신은 사용하지 않으면 위축되고 쇠퇴한다는 사실을 깨달을 만큼의 분별력은 있었다. 그리고 그 점에 대해 지금까지도 늘 감사하게 생각한다.

그 선택은 내 인생에서 아주 중요한 터닝포인트가 되었다. 물론 이후 10년 동안 노력을 쏟아부으며 인간이 겪을 수 있는 거의 모든 슬픔을 경험하는 힘든 시간이 이어졌지만. 나는 친구와 친척들 사이에서 잘살면서 안정적으로 다니던 법조계의 직장을 그만두었다. 주변 사람이 보기에는 누구보다도 밝고 유망한 미래가 있었는데 말이다. 솔직히 무슨 이유로 어떻게 용기를 내어 그렇게 행동할 수 있었는지 스스로에게 놀라곤 한다. 나는 논리적인 추론보다 '직감'이나 일종의 '어떤 내면의 소리' 때문에 퇴사 결정을 내렸다.

새로운 도전의 무대로 나는 시카고를 선택했다. 나는 시카고야말로 치열한 경쟁 속에서 살아남는 데 필수적인 강인한 자질을 갖추었는지를 시험해볼 수 있는 곳이라고 믿었다. 그리고 시카고에서 어떤 일이든 인정받는다면, 내 안에 진정한 능력으로 발전할 수 있는 자질이 있다는 증거가 되리라 생각했다. 지금 돌이켜보면 다소 비약적인 논리였지만 당시의 나는 그렇게 여겼다.

물론 우리의 모든 행동이 우리 힘으로 통제할 수 없는 여러 원인 때문에 결정된다는 것은 아니다. 다만 인생에서 가장 중요한 터닝포인트를 맞이하는 순간, 즉 우리가 아무리 애써도 기존의 길에서 새로운 방향으로 흐름이 바뀌는 순간을 주의 깊게 분석하고 올바르게 해석하는 것은 중요하다. <u>적어도 어떤 패배도 섣불리 실패로 단정 짓지 말고 최종적인 결과를 충분히 분석할 시간을 가져야 한다.</u>

시카고에서 내가 처음 맡은 직책은 대형 통신 교육 기관의 광고 관리자였다. 광고에 대해 거의 아는 것은 없었지만, 영업 사원으로 일했던 경험과 받은 보수 이상의 서비스를 제공하려는 태도가 강점으로 작용했다. 덕분에 나는 기대 이상의 성과를 냈다.

첫해에 나는 5,200달러를 벌었다. 나는 빠른 속도로 재기했다. 서서히 무지개의 끝이 내 주변을 맴돌기 시작했고, 다시 한번 금 항아리가 손에 닿을 듯했다. 역사를 돌아보면 풍요 뒤에는 반드시 기근이 찾아온다는 증거가 많다. 나는 풍요를 한껏 누리고 있었지만 그 뒤에 닥칠 기근은 예상하지 못했다. 모든 일이 너무 잘 풀리고 있었기에 완전히 긍정적인 상태였다.

자기 긍정은 때로 위험한 상태다. 이는 많은 사람이 인생의 대부분을 보내고, 시간이 조용히 어깨에 내려앉을 즈음이 되어서야 비로소 깨닫는 위대한 진리다. 어떤 이는 끝내 깨닫지 못하기도 한다. 그리고 이 진리를 깨우친 사람은 마침내 패배의 무언의 언어를 이해하기 시작한다. 나는 확신한다. 자기 긍정만큼 위험한 적은 거의 없다. 개인적으로 나는 패배보다도 자기 긍정을 더 두려워한다. 이는 나를 다섯 번째 터닝포인트로 이끌었고, 이 또한 내 선택이었다.

❖ 다섯 번째 터닝포인트

나는 통신 교육 기관의 광고 관리자로 일하며 뛰어난 실적을 올렸다. 이에 학교장은 내게 사직을 권하며 함께 사탕 사업을 해보지 않겠냐고 제안했다. 결국 우리는 베치로스캔디컴퍼니를 설립했고, 나는 초대 사장이 되어 또 한 번 인생의 중요한 터닝포인트를 맞이했다.

사업은 빠르게 성장해 18개 도시에 체인점을 두었다. 다시 한번 내 손끝에 무지개의 끝이 닿을 듯했다. 나는 마침내 평생 몸담고 싶은 사업을 찾았다고 확신했다. 사탕 사업은 수익성이 좋았다. 돈을 성공의 유일한 증거로 여기던 나는 당연히 성공을 눈앞에 두고 있다고 믿었다. 모든 것은 순조로웠다. 세 번째 인물이 등장하기 전까지는 그랬다. 사업에 새롭게 영입한 그 남자와 동업자는 내 사업 지분을 정당한 대가 없이 차지하려는 계획을 품었다.

그들의 계획은 어느 정도 성공했다. 그러나 내가 예상보다 강하게 저항하자 그들은 더욱 극단적인 방법을 택했다. 그들은 나를 허위 혐의로 체포되게 한 뒤, 내가 사업 지분을 넘기면 고소를 취하하겠다고 협박했다. 그때 나는 처음으로 인간의 마음속에는 잔인함과 불의, 부정직함이 넘쳐난다는 것을 알게 되었다.

예비 심리 기일이 가까워질 때까지 나를 고발한 사람들을 어디에서도 찾을 수 없었다. 하지만 나는 끝까지 그들을 찾아 법정에 세웠고 증언하게 했다. 결과적으로 나는 완전히 무죄 판결을 받았다. 동시에 나를 함정에 빠뜨린 자들을 상대로 손해배상 소송을 제기했다.

이 사건은 나와 동업자들 사이에 돌이킬 수 없는 균열을 일으켰으며, 결국 나는 사업에서 손을 뗐다. 하지만 나의 손실은 상대적으로 사소했다. 정작 큰 대가를 치른 것은 그들이었다. 그들은 여전히 대가를 치르고 있으며 아마도 평생 값을 치를 것이다.

나는 악의적인 명예 훼손에 대해 손해배상을 청구하는 소송을 냈다. 이 소송이 진행된 일리노이주에서는 불법 행위에 대한 판결이 내려지면, 승소한 당사자는 패소한 사람이 배상금을 지급할 때까지 그를 감옥에 가둘 권리를 갖는다. 시간이 흘러, 결국 나는 동업자들을 상대로 막대한 손해배상 판결을 받아냈다. 이제 원한다면 그들 모두를 철창 안에 가둘 수 있었다.

내 인생에서 처음으로 적에게 치명적인 반격을 가할 기회를 마주했다. 나는 날카로운 이빨을 가진 무기를 손에 쥐고 있었는데, 역설적이게도 그것은 적들 스스로가 내 앞에 놓아준 것이다. 그 순간 나를 휩쓴 감정은 매우 낯설고 묘했다! 적을 감옥에 가둘 것인가, 아니면 자비를 베풀어 내가 다른 유형의 사람임을 증명할 것인가. 바로 그때 내 마음속에는 16장의 토대가 되는 결정이 내려졌다. 그들을 용서하기로 결심한 것이다. 자비와 용서를 베풀어 그들을 자유롭게 해주기로 말이다.

그러나 내가 결정을 내리기도 전에 운명의 손은 나를 파괴하려 헛되이 애썼던 그들을 혹독하게 다루었다. 우리 모두가 언젠가는 굴복해야 하는 시간은 노련한 일꾼이라 내가 손대지 않아도 전 동업자들을 가차 없이 심판했다. 그중 한 명은 나중에 다른 범죄로 장기 징역형을 선고받았고, 또 다른 한 명은 결국 극도의 빈곤 속에 몰락했다.

우리는 인간이 만든 법을 피해 갈 수는 있어도 점증하는 보상의 법칙만큼은 절대 피할 수 없다! 내가 받아낸 판결은 시카고고등법원의 기록에 내 명예가 정당했음을 증명하는 조용한 증거로 자리하고 있다. 그러나 이 판결이 가지는 의미는 단순한 승리 그 이상이다. 그것은 나를 파괴하려 했던 적조차도 용서할 수 있다는 사실을 깨닫게 해주었다. 바로 이런 이유로 그 사건은 내 인격을 무너뜨리기는커녕 오히려 더욱 강하게 단련해주었다.

그 당시 체포당한 일은 끔찍한 치욕처럼 느껴졌다. 비록 혐의가 없었지만 전혀 달갑지 않은 경험이었고 다시는 같은 일을 겪고 싶지 않다. 그러나 치른 모든 대가를 고려하더라도 그 사건이 충분히 가치 있는 일이었음을 인정할 수밖에 없다. 이를 계기로 복수심이 내 본성의 일부가 아니라는 사실을 깨달았기 때문이다.

나는 이 장에서 설명한 사건들을 당신이 면밀하게 분석해보기를 추천한다. 주의 깊게 살펴보면 성공의 법칙이 어떻게 발전해왔는지를 알 수 있다. 각각의 일시적인 패배는 내 마음에 흔적을 남겼으며 성공의 법칙이 만들어지는 토대가 되었다.

운명을 개척한 인물들의 전기를 살펴보면, 거의 모든 사람이 '성공'에 이르기 전에 가혹한 시험을 거치고 무자비한 경험의 맷돌을 통과한다. 그러니 시련을 두려워하거나 회피하지 말자. 운명은 우리에게 큰 책임을 맡기기 전에 다양하고 복잡한 방식으로 '우리가 어떤 강철로 만들어졌는지' 시험하는 것이 아닐까.

내 인생의 다음 터닝포인트로 넘어가기 전에 각 전환점이 나를 무지개의 끝에 한 걸음씩 더 가까이 이끌었다는 점에 주목하길 바란다. 또한 그 과정에서 얻은 유용한 여러 지식이 결국 내 삶의 철학 속에 영구적으로 자리 잡았다는 사실도 기억해주었으면 한다.

♦ 여섯 번째 터닝포인트

이제 다른 어떤 순간보다도 나를 무지개의 끝에 더 가까이 데려다준 터닝포인트에 도달했다. 내가 익힌 거의 모든 지식을 총동원해야 하는 상황이 닥쳤고, 인생의 이른 시기에는 좀처럼 오지 않는 자기표현과 성장의 기회가 주어졌다. 이 변화는 사탕 사업에서 성공을 꿈꾸던 희망이 산산이 부서진 직후에 찾아왔다. 그때 나는 중서부의 한 대학에서 광고 및 판매학을 가르치는 일을 하고 있었다.

어떤 현명한 철학자가 이렇게 말했다. "우리가 특정 주제에 대해 다른 사람에게 가르치기 시작하기 전까지는 그 주제를 결코 진정으로 배우지 못한다." 교사로서의 첫 경험으로 나는 이 말이 사실임을 알게 되었다. 학교는 처음부터 번창했다. 나는 대면 수업과 통신 수업을 병행했으며, 특히 통신 수업으로 거의 모든 영어권 국가의 학생을 가르칠 기회를 얻었다. 전쟁의 혼란에도 불구하고 학교는 빠르게 성장했고, 또다시 무지개 끝이 눈앞에 보이는 듯했다.

그러던 중 시작된 2차 징병이 사실상 학교를 무너뜨렸다. 등록한 학생 대부분이 징집되었다. 학교는 단번에 7만 5천 달러 이상의 수업료를 손해 보았으며, 동시에 나 역시 국가를 위해 복무하게 되었다.

나는 다시 빈털터리가 되었다! 그러나 빈털터리가 되는 극적인 경험을 해보지 못한 사람은 어쩌면 불행한 것일지도 모른다. <u>복은 솔직하게 "가난은 인간이 경험할 수 있는 가장 값진 배움이다."라고 말했다. 하지만 그는 가능한 한 빨리 가난에서 벗어나라고도 조언했다.</u>

나는 다시 한번 노력을 다른 방향으로 돌릴 수밖에 없었다. 그런데 마지막 중요한 터닝포인트를 이야기하기 전에 지금까지 설명한 사건들은 개별적으로 보면 의미가 없다는 사실에 주목해주기 바란다. 간략하게 설명한 여섯 번의 터닝포인트는 따로 분석하면 별다른 가치가 없다. 그러나 이 모든 사건을 종합적으로 바라보면, 각각은 다음 터닝포인트를 위한 중요한 토대인 동시에 인간이 삶의 경험을 통해 끊임없이 변화하고 진화한다는 강력한 증거가 된다. 비록 개별적으로는 명확하고 실용적인 교훈을 주지 않는 듯 보일지라도 말이다.

나는 이 점을 분명히 설명해야겠다는 강한 충동을 느낀다. 왜냐하면 이제 내 경력에서 가장 결정적인 기로에 도달했기 때문이다. 이럴 때 사람들은 과거의 경험을 어떻게 해석하느냐에 따라 전혀 다른 길을 걷는다. 어떤 이는 영구적인 패배로 추락하고, 또 어떤 이는 새로운 에너지를 얻어 엄청난 성취의 정점으로 도약한다. 만약 내 이야기가 여기서 끝난다면 당신에게 아무런 의미도 없을 것이다. 그러나 아직 가장 중요한 이야기가 남았다. 바로 내 인생의 모든 터닝포인트 중에서도 가장 의미심장한 일곱 번째 터닝포인트에 관한 이야기다.

이미 설명한 여섯 번의 터닝포인트를 돌아보면 알 수 있듯 나는 여전히 세상에서 진정한 내 자리를 찾지 못하고 있었다. 내가 겪은 일시적인 패배 대부분은 아직 마음과 영혼을 쏟을 일을 발견하지 못한 데서 비롯되었다. 자신에게 가장 잘 맞으면서도 가장 좋아하는 일을 찾는 것은 가장 사랑하는 사람을 찾는 것과 매우 흡사하다. 그 자리를 찾는 데에는 규칙은 없지만, 딱 맞는 자리를 발견하는 순간 즉시 알아볼 수 있다.

♦ 일곱 번째 터닝포인트

이 장을 마무리하기 전에 나는 일곱 번의 터닝포인트에서 얻은 교훈을 종합적으로 정리할 것이다. 그에 앞서 가장 마지막이자 가장 중요한 일곱 번째 터닝포인트 이야기를 하겠다. 그러기 위해서는 1918년 11월 11일, 그 운명적인 날로 돌아가야 한다!

모두가 알다시피 그날은 세계대전 종전일이었다. 이미 말했듯 전쟁으로 나는 무일푼이 되었으나 학살이 중단되고 이성이 다시 문명을 되찾으려 한다는 사실에 행복했다.

나는 사무실 창가에 서서 전쟁의 종식을 기뻐하며 환호하는 군중을 바라보았다. 그 순간 내 마음은 과거로 거슬러 올라갔다. 특히 한 친절한 노신사가 내 어깨에 손을 얹고, 교육을 받으면 세상에 이름을 떨칠 거라 말해주었던 그날이 떠올랐다. 돌아보면 나는 오랜 세월 나도 모르게 교육을 받아온 셈이었다. 20년 이상 '쓰라린 경험'이라는 대학에 다니고 있었다. 당신도 내 인생의 여러 터닝포인트를 살펴보며 이 사실을 짐작했을 것이다. 창가에 서 있는 동안, 쓰라림과 달콤함, 성공과 실패, 오르막과 내리막으로 가득했던 모든 과거가 주마등처럼 스쳐 지나갔다. 또 다른 터닝포인트를 맞이할 때가 오고 있었다!

나는 타자기 앞에 앉았다. 그러자 놀랍게도 손가락이 자연스럽게 리듬을 타듯 키보드를 두드리기 시작했다. 그토록 빠르고 쉽게 글을 써 본 적이 없었다. 무엇을 쓸지 미리 계획하거나 깊이 고민하지도 않았다. 그저 마음속에 떠오르는 대로 써 내려갔을 뿐이다. 나는 무의식적으로 내 인생에서 가장 중요한 터닝포인트의 토대를 마련하고 있었다. 글을 마쳤을 때 하나의 문서가 완성되었다. 그리고 그것으로 전국적인 잡지를 창간할 자금을 마련할 수 있었다. 그 잡지는 나에게 영어를 사용하는 전 세계 사람과 연결될 기회를 제공했다. 그 문서는 나의 경력뿐만 아니라 수많은 사람의 삶에도 깊은 영향을 미쳤기에 당신에게도 흥미로울 것으로 생각한다. 그래서 《힐의 황금률》 잡지에 실었던 그 글을 그대로 여기에 소개한다.

✦ 나는 1918년 11월 11일 월요일에 이 글을 쓰고 있다. 오늘은 역사상 가장 위대한 휴일로 기록될 것이다.

내 사무실 창문 바로 바깥, 길거리에서는 끓어오르는 군중이 지난 4년간 문명을 위협했던 세력의 몰락을 축하하고 있다.

전쟁이 끝났다!

곧 우리 젊은이들이 프랑스 전장에서 집으로 돌아올 것이다.

폭력적인 군주이자 지배자는 이제 과거의 희미한 유령에 불과하다!

2천 년 전 예수는 떠돌이로 내몰려 머물 곳조차 없었지만 지금은 상황이 완전히 뒤바뀌었다. 이제 악마가 머리를 기댈 곳조차 없어졌다.

우리 모두는 세계대전이 가르쳐준 위대한 교훈을 마음에 새겨야 한다. 즉, 정의와 자비, 약자와 강자, 부자와 가난한 자 모두에게 공평하게 기반을 둔 것만이 살아남을 수 있다. 그 외의 모든 것은 사라져야 한다.

이 전쟁에서는 황금률 철학에 기초한 새로운 이상주의가 나올 것이다. 이 이상주의는 우리를 '동료에게서 얼마나 많은 것을 얻어낼 수 있는지'가 아니라, '그를 위해 얼마나 많은 것을 할 수 있는지'를 생각하도록 이끌 것이다. 이런 생각은 그의 고난을 덜어주고, 인생의 길가에 머무는 동안 그를 더 행복하게 만들 것이다.

에머슨은 위대한 에세이 〈보상〉에서 이상주의를 구현했다. 또 다른 위대한 철학자는 "사람이 무엇을 심든지 그대로 거둘 것이다."라는 말로 그것을 구체화했다.

황금률 철학을 실천할 때가 다가왔다. 사업에서든 사회적 관계에서든 이 철학을 거래의 기초로 사용하는 것을 소홀히 하거나 거부하는 사람은 실패 시기를 앞당길 뿐이다.

전쟁이 끝났다는 가슴 벅찬 소식에 온 세상이 들떠 있는 지금, 나는 빌헬름 호엔촐레른(독일 제국의 마지막 황제로 '빌헬름 2세'라고도 불린다. 1차 세계대전의 패배와 함께 왕위에서 퇴위했다. —편집자)의 헛된 야욕이 남긴 교훈을 미래 세대에게 전하는 일에 힘을 보태야겠다는 강한 사명감을 느낀다. 그는 무력으로 세계를 지배하려 했지만 결국 실패하지 않았는가?

이 이야기를 가장 잘 풀어낼 방법은 22년 전 내 인생의 첫 페이지로 돌아가는 것이다. 함께 떠나보지 않겠는가.

때는 11월의 어느 황량한 아침, 아마도 11일쯤이었을 것이다. 나는 버지니아 탄광촌에서 하루 1달러를 받는 노동자로 사회생활에 첫발을 내디뎠다. 그 시절 하루 1달러는 꽤 큰돈이었다. 특히 나처럼 어린 소년에게는 더욱더 그랬다. 나는 그중 숙식비로 하루 50센트를 지불했다.

일을 시작한 지 얼마 되지 않아 광부들은 불만을 품고 파업을 논의하기 시작했다. 나는 그들이 하는 모든 말을 열심히 들었다. 특히 노조를 결성한 조직책의 말에 깊은 인상을 받았다. 그는 내가 이제껏 들어본 연사 중 가장 달변가였고, 그의 말은 나를 사로잡았다. 그가 한 말 가운데 특히 잊을 수 없는 한마디가 있다. 만약 그를 찾을 수만 있다면 지금이라도 당장 찾아가 진심으로 감사를 표하고 싶을 정도다. 그의 말에서 얻은 철학은 내 삶에 지대하고도 지속적인 영향을 미쳤다.

혹자는 노동 운동가 대부분 제대로 된 철학을 갖추지 못했다고 말할지도 모른다. 나 역시 어느 정도 동의하는 바다. 어쩌면 그 조직책 역시 훌륭한 철학자는 아니었을 것이다. 하지만 적어도 그가 그날 역설했던 철학만큼은 틀림없이 훌륭했다.

그는 어느 허름한 상점 한구석에 놓인 나무 상자 위에 올라서서 모임을 주재하며 외쳤다.

"우리는 지금 파업을 말하고 있습니다. 하지만 표결에 들어가기 전에 꼭 당부하고 싶은 말이 있습니다. 제 말을 명심한다면 분명 모두에게 큰 도움이 될 것입니다.

우리는 더 많은 임금을 원하고, 저 또한 그 돈을 받아야 한다고 생각합니다. 우리는 충분히 그럴 자격이 있기 때문입니다.

그렇다면 우리가 탄광주의 신뢰를 얻으면서도 더 많은 돈을 버는 방법을 알려드려도 되겠습니까? 물론 파업으로 탄광주를 압박하면 임금을 올릴 수 있습니다. 하지만 그렇게 해서는 그가 우리의 요구를 기꺼이 받아들이도록 만들지 못합니다. 그러니 파업을 선언하기 전에 탄광주와 우리 모두에게 공정한 방법으로 접근해봅시다. 탄광주를 직접 찾아가 광산의 수익을 우리와 공정하게 나눌 의향이 있는지 물어보는 겁니다.

만약 탄광주가 좋다고 대답한다면, 지난달 광산의 수익이 얼마였는지 물어봐야 합니다. 그리고 우리가 합심해 다음 달에 더 많은 수익을 낼 수 있도록 돕는다면, 그 추가 수익의 일정 부분을 우리와 나눌 의향이 있는지도 다시 한번 확인해야 합니다.

탄광주도 우리와 같은 사람입니다. 아마 그는 당연히 이렇게 말할 것입니다. "물론이지, 자네들! 힘을 내보게. 기꺼이 자네들과 나누겠네." 이렇게 말하는 것이야말로 지극히 자연스러운 일입니다.

우리가 진심임을 보여준다면 탄광주도 분명히 동의할 겁니다. 그러면 그때부터 한 달 동안 우리는 웃는 얼굴로 출근해야 합니다. 광산 입구에 들어설 때 흥겨운 휘파람 소리가 울려 퍼지길 바랍니다. 우리가 이 광산의 주인이라는 마음으로 일에 임해주십시오.

무리하지 않고도 우리는 지금보다 거의 두 배는 더 많은 일을 해내게 될 겁니다. 더 많은 일을 하면 탄광주가 더 많은 돈을 버는 것도 확실합니다. 그리고 그가 더 많은 돈을 벌면 당연히 그 이익의 일부를 우리와 기꺼이 나눌 겁니다. 설령 공정한 마음이 없더라도, 사업적인 이치만 따져봐도 당연합니다.

신이 존재하는 한, 우리가 탄광주를 적으로 돌린다면 그는 반드시 우리에게 복수할 겁니다. 그가 이익을 나누지 않는다면 제가 개인적으로 책임을 지겠습니다. 모두가 원한다면 이 광산을 폭파하는 데 앞장서겠습니다! 이것이 바로 제가 이 제안에 거는 각오입니다! 저와 함께하시겠습니까?"

광부들은 모두 한마음으로 그의 제안에 찬성했다! 그 말은 마치 뜨겁게 달군 쇠로 지진 것처럼 내 마음에 깊이 새겨졌다.

다음 달에 광산의 모든 광부가 월급의 20퍼센트에 해당하는 상여금을 받았다. 그 후 매달 모든 광부가 자신의 추가 수익이 담긴 선명한 빨간색 봉투를 손에 쥐었다. 봉투 겉면에는 이렇게 적혀 있었다.

"이는 당신이 보상 없이 수행한 일에서 얻은 추가 수익 중 당신의 몫입니다."

그로부터 20여 년의 세월이 흐르는 사이 나는 꽤 험난한 일들을 겪어왔다.

하지만 실제로 받은 보수 이상으로 일한다는 법칙을 꾸준히 실천한 덕분에 늘 위기를 극복하고 더 높은 곳으로 올라설 수 있었다. 그 결과 나는 조금 더 현명해졌고 조금 더 행복해졌으며 다른 사람에게 봉사할 수 있는 사람이 되었다.

내가 석탄업계에서 마지막으로 맡았던 직책이 세계 최대 규모의 회사에서 최고 법률 고문의 보좌관이었다는 점은 당신에게 흥미롭게 느껴질 것이다. 단순한 광산 노동자에서 그 자리에 오른 것은 실로 엄청난 도약이었고, 받는 것 이상으로 일한다는 법칙이 없었다면 결코 불가능했다.

받는 보수보다 더 많은 일을 하는 법칙이 나를 수많은 난관에서 어떻게 벗어나게 해주었는지 일일이 다 이야기할 수 있는 공간이 있었으면 좋겠다. 나는 이 법칙 덕분에 고용주에게 큰 도움을 준 적이 많았고, 결과적으로 망설임이나 논쟁 혹은 불평이나 불쾌한 감정 없이 내가 원하는 것을 얻었다. 더 중요한 것은 그 과정에서 내가 고용주로부터 부당한 이익을 취하지 않았다는 점이다.

나는 진심으로 믿는다. 상대방의 온전한 동의 없이 얻은 것은 무엇이든, 결국에는 우리에게 큰 상처를 남길 것이라는 사실을. 돈이라면 주머니에 구멍을 낼 테고, 명예라면 손바닥에 흠집을 만들며, 양심에는 지울 수 없는 후회의 상처가 남을 것이다.

처음에 말했듯 나는 11월 11일 아침에 이 글을 쓰고 있다. 거리에서는 정의가 불의를 이긴 위대한 승리를 축하하는 사람들의 함성이 드높다!

이런 날 나는 자연스럽게 마음속 깊은 곳으로 시선을 돌려 오늘 세상에 전할 가치 있는 메시지를 찾게 된다. 바로 미국인이 목숨 바쳐 지켜냈으며, 세계대전에 참전했던 고귀한 이상주의 정신을 우리 마음속에서 영원히 살아 숨 쉬도록 하는 메시지다.

이에 앞서 이야기한 철학보다 더 적절한 것은 없다고 생각한다. 나는 독일, 즉 카이저와 그 국민이 몰락한 것이 바로 이 철학을 오만하게 무시했기 때문이라고 굳게 믿는다. 이 철학을 정말로 필요로 하는 사람들에게 전하기 위해 나는 《힐의 황금률》이라는 잡지를 창간할 것이다.

전국적인 잡지를 발행하려면 막대한 자금이 필요하지만, 지금 이 글을 쓰는 순간 내 손에는 그만한 돈이 없다. 그러나 한 달이 채 지나기 전에 이 글에서 강조했던 이 철학의 힘으로 자금을 지원해줄 귀인을 만나게 될 것이다. 그리하여 나를 더러운 탄광에서 끌어 올려 인류를 위해 봉사할 기회를 준 이 철학을 세상에 널리 알릴 것이다. 친애하는 독자인 당신이 누구든, 무슨 일을 하든, 어떤 꿈을 품고 있든, 이 철학은 당신이 원하는 삶의 목표를 성취하도록 이끌어줄 것이다.

모든 사람은 금전적 가치를 소유하려는 내재된 욕구가 있으며 마땅히 그래야 한다. 다른 사람 밑에서 일하는 사람이라면 누구나 언젠가는 자기 사업체를 운영하거나 전문직에 종사하는 꿈을 적어도 마음 한구석에는 품고 살아간다.

그 야망을 실현하는 가장 좋은 방법은 받는 보수보다 더 많은 일을 하는 것이다. 학력이 낮아도 자본이 부족해도 괜찮다. 받는 돈의 액수에 상관없이 자신이 할 수 있는 최선을 다해 정직하고 성실하게 일하려는 의지만 있다면 어떤 장해물도 극복할 수 있다.

참고로 사설을 쓰고 열흘이 지났을 무렵 나는 시카고의 조지 B. 윌리엄스에게 이 글을 읽어주었다. 그는 내가 이 글에서 설파한 철학으로

밑바닥에서부터 성공한 인물이다. 그는 《힐의 황금률》 잡지가 출간되도록 도움을 주었다.

이처럼 다소 극적인 방식으로 거의 20년 동안 내 마음속 깊은 곳에 묻혀 있던 소망이 현실로 이루어졌다. 어린 시절부터 나는 줄곧 신문 편집장이 되는 꿈을 꾸었다. 30여 년 전 아주 어린 소년 시절 나는 아버지가 소규모 주간 신문을 발행하실 때 인쇄기 옆에서 잔심부름을 하곤 했다. 그때부터 나는 인쇄 잉크 냄새에 매료되었다.

아마도 신문 편집장이 되고 싶다는 열망은 오랜 세월 무의식적으로 힘을 키우고 있었을 것이다. 인생의 수많은 터닝포인트를 거치는 동안, 그 열망은 깊숙이 눌려 있다가 마침내 때가 되자 행동으로 터져 나왔는지 모른다. 혹은 내가 알지 못하는 운명의 힘이 작용했을 수도 있다. 그 힘이 나를 어떤 일에도 안주하지 못하도록 하고, 첫 잡지를 창간할 때까지 끊임없이 이 길로 이끌었던 것 같다. 그 이유가 무엇이든 잠시 접어두자. 지금 내가 강조하고 싶은 것은 단 하나다. 나는 마침내 천직을 찾았으며 한없이 행복하다.

놀랍게도 이 일을 시작하면서 더 이상 무지개 끝을 좇지도, 그 끝에 숨겨져 있다는 금 항아리를 찾을 생각도 하지 않았다. 난생처음으로 돈보다 더 소중한 무언가를 추구해야 한다는 사실을 깨달았기 때문이다. 나는 단 하나의 생각만을 품고 편집 작업에 몰두했다. 그리고 당신도 그 생각을 곱씹어보기를 바란다. <u>그것은 바로 내 노력에 대한 금전적인 보상과 상관없이, 내가 가진 모든 능력을 쏟아부어 세상에 가장 가치 있는 봉사를 하는 것이었다!</u>

《힐의 황금률》을 발행하면서 전국 각지에서 깨어 있는 사고를 하는 사람과 교류할 기회를 얻었다. 내 목소리를 세상에 낼 절호의 기회가 찾아온 것이다. 잡지에 담긴 낙관주의와 인류애의 메시지는 큰 인기를 얻었다. 나는 그 덕분에 1920년 초 전국 순회강연 초청을 받았으며, 이 시대의 가장 앞서나가는 사상가들을 직접 만나 대화를 나누는 특권을 누렸다. 이들과의 만남은 내가 시작한 가치 있는 일을 꿋꿋하게 이어 갈 커다란 용기를 주었다. 순회강연은 그 자체로 값진 배움의 과정이 기도 했다. 각계각층과 가까이에서 소통하면서 미국이라는 나라가 얼마나 광활하고 다양한지를 아는 기회가 되었다.

일곱 번의 터닝포인트가 준 교훈

이제 내 인생의 일곱 번째 터닝포인트에서 가장 극적인 순간을 이야기할 차례다. 순회강연 중 텍사스주 댈러스의 한 식당에 앉아 창밖을 바라보고 있을 때였다. 갑자기 내 생애 가장 맹렬한 폭우가 쏟아지기 시작했다. 통유리 창문 위로 마치 양동이로 퍼붓듯 굵은 빗줄기가 쏟아져 내렸다. 두 개의 거대한 물줄기 사이로 작은 물줄기들이 이리저리 얽히고설키며 흘러내리는 모습은 마치 거대한 물 사다리가 놓인 듯한 장관을 연출했다.

그 특이한 광경을 바라보던 순간, 마치 번개처럼 한 가지 생각이 뇌리를 스쳤다. 내 인생의 일곱 번의 터닝포인트에서 얻은 교훈과 성공한 사람들의 삶을 연구하며 깨달은 교훈을 한데 엮으면 어떨까 하는 생각이었다. '성공으로 이끄는 마법의 사다리'라는 제목으로 강연을 하면 훌륭하겠다 싶었다.

나는 얼른 봉투 뒷면에 강연의 뼈대가 될 15가지 핵심 내용을 적어 내려갔다. 그리고 훗날 이 메모를 바탕으로 강연 원고를 완성했다. 이 강연은 말 그대로 내 인생의 일곱 번의 터닝포인트들, 즉 '일시적인 패배'라고 불렸던 경험으로부터 탄생했다. 내가 진정으로 가치 있다고 말할 수 있는 지식은 이 15가지 원칙 안에 모두 담겨 있다. 그리고 이 지식을 이루는 재료는 다름 아닌 누군가는 실패라고 분류했을 경험에서 얻었다! 강연의 일부를 담은 이 책은 내가 실패하며 체득한 교훈의 총합이다. 이 책이 당신에게 조금이라도 가치가 있기를 바란다. 그렇게 된다면 그 공은 이 책에서 털어놓은 나의 실패에 돌려야 할 것이다.

아마 당신은 내가 터닝포인트에서 어떤 물질적·금전적 보상을 얻었는지 알고 싶을 것이다. 우리는 생존 자체가 힘겨운 투쟁이 되고, 가난에 시달리는 사람에게는 삶이 절대 만만치 않은 시대를 살아가고 있기 때문이다.

좋다! 솔직하게 털어놓겠다. 우선 이 책의 판매로 예상되는 수입은 생활비를 충당할 만한 수준이다. 이는 내가 출판사에 누구나 부담 없이 구매할 수 있도록 포드의 철학을 적용한 대중적인 가격 정책을 고수할 것을 요청했음에도 불구하고 그렇다.

이 수익은 순전히 내가 실패를 통해 얻은 지식을 공유하는 대가일 뿐이다. 이외에도 나는 현재 전국적으로 배포되는 신문에 실릴 칼럼을 집필하고 있다. 이 칼럼은 이 책에서 다룬 15가지 핵심 원칙을 기반으로 작성될 예정이며 삽화가 포함된다. 칼럼 고료로 예상되는 수입은 생활에 필요한 비용을 충분히 충당하고도 남을 만큼 넉넉하다.

그뿐만 아니라 나는 과학자, 심리학자, 여러 사업가와 협력해 대학원 수준의 고급 교육 과정을 개발하는 프로젝트에도 참여하고 있다. 이는 기본 과정을 수료한 학생을 대상으로 제공될 예정이다. 이 책에서 다룬 15가지 법칙을 더욱 심층적으로 탐구할 뿐만 아니라 최근 새롭게 밝혀진 여러 법칙까지 익히는 교육 과정이다.

이런 이야기를 하는 이유는 많은 사람이 성공을 오직 금전적인 측면에서만 평가하기 때문이다. 또한 재정적 이익으로 직접 이어지지 않는 철학은 가치 없다고 여기는 경향이 얼마나 만연한지 잘 알고 있어서다.

나는 거의 평생을 가난 속에서 살아왔다. 솔직히 통장 잔고만 보면 극도로 가난했다. 하지만 이 가난은 어느 정도 스스로 선택한 길이었다. 나는 인생에서 가장 소중한 시간을 무지에서 벗어나 삶에 필요한 지식을 얻기 위한 고되고 험난한 여정에 온전히 쏟아부었다.

그렇게 인생에서 일곱 번의 터닝포인트를 지나오며, 패배해야만 얻을 수 있는 귀중한 지혜의 실타래를 하나하나 엮어왔다. 그리고 그 과정에서 확신하게 되었다. 패배가 전하는 무언의 언어는 일단 이해하기 시작하면 세상에서 가장 명료하고 효과적인 언어라는 것이다. 우리가 다른 어떤 가르침에도 귀 기울이지 않을 때, 필사적으로 자연은 이 언어로 우리에게 메시지를 전한다.

나는 숱한 패배를 경험한 것에 감사한다! 그 덕분에 만약 내가 안전하게 보호받는 환경에 머물렀다면 절대 시작하지 않았을 일을 수행할 용기를 키울 수 있었다. <u>패배는 실패로 받아들여질 때만 파괴적인 힘을 발휘한다! 그 안에서 값진 교훈을 발견할 수 있다면 패배는 무엇보다 귀한 축복이 된다.</u>

한때는 적들을 증오했다! 하지만 이제는 그들이 내 약점을 끊임없이 드러나게 해 스스로 더욱 경계하도록 이끌었다는 사실을 깨달았다. 그들이 없었다면 내 약점은 결국 내게 독이 되었을 것이다. 적의 존재가 이토록 가치 있다면, 어쩌면 없는 적이라도 일부러라도 만들어야 할지 모른다. 적은 내 결점을 찾아내 가감 없이 지적해주지만, 친구들은 내 약점을 알아도 그저 감싸주기만 할 테니 말이다.

문학에서 실패의 의미를 길어올리다

미국 문학가 호아킨 밀러의 시 중에서도 이보다 더 숭고한 생각을 담은 것은 없을 것이다.

✦ 상을 거머쥔 이에게 모든 영광을.
수천 년 동안 세상은 그렇게 외쳐왔다.
하지만 나는 시도했으나 실패하고 쓰러진 이에게
더 큰 영광과 명예, 그리고 뜨거운 눈물을 바치리라.

숭고한 뜻을 이루려다 실패한 모든 이에게
영광과 명예, 그리고 연민 어린 눈물을 보내리라.
그들의 영혼은 세월의 선봉에서 빛난다.
그들은 시간과 함께 태어나, 시간보다 앞서 나아갔다.

오, 위대한 자는 이름을 떨친 사람이지만

더 위대한 이는 셀 수도 없이 많고도 많다.

창백한 얼굴로 수치 속에 쓰러지며

이제는 숭고한 뜻을 하나님께 맡기는 사람은 더 위대하다.

칼을 뽑지 않고도 위대한 이는 있으며,

술을 삼가는 사람도 선하다.

그러나 실패하고도 다시 싸우는 사람,

그가 바로 나의 진정한 형제다.

'계속 싸우는 자'에게 실패란 없다. 일시적인 패배를 실패로 받아들이기 전까지 결코 실패한 것이 아니다. 이 장에서 나는 바로 일시적인 패배와 실패 사이에 차이를 강조하려고 했다.

미국 시인 앤젤라 모건은 〈자연이 한 사람을 원할 때〉라는 시에서 이 장에서 설명한 이론을 뒷받침하는 위대한 진리를 시적으로 표현했다. 바로 역경과 패배가 때로는 변장한 축복일 수 있다는 사실이다.

✦   자연이 한 사람을 단련하려 할 때,

　　그를 감동시키고,

　　그에게 기술을 가르치려 할 때,

　　자연이 한 사람을 빚어내어

　　가장 숭고한 역할을 맡기려 할 때,

　　온 마음을 다해

위대하고 대담한 인물을 창조하려 할 때,

그리하여 온 세상이 그를 칭송하게 하려 할 때

자연의 방식을 지켜보라. 어떤 방법을 쓰는지 살펴보라!

자연은 고귀하게 선택한 자를

얼마나 무자비하게 완벽하게 만드는가. 완벽하게 다듬고야 만다.

얼마나 망치로 두드리고 아프게 하는지

그리고 얼마나 강력한 타격을 가해 완전히 변화시키는지.

오직 자연만이 이해할 수 있는 거친 점토의 틀 속에 그를 밀어 넣는다.

그의 고통받는 가슴이 울부짖고 간청하며 두 손을 들어 올릴 때조차도!

자연은 그를 구부릴지언정 절대로 꺾지 않는다.

그의 선을 위한 일이라면,

자연은 선택한 자를 철저히 활용하고,

온갖 방법을 동원해

하나의 목적만을 위해 그를 융합시킨다.

마침내 그의 위대함이 빛을 발하도록.

자연은 자신이 하는 일을 정확히 알고 있다.

자연이 한 사람을 깨우고,

흔들고,

각성시키려 할 때,

자연이 한 사람을 만들어

미래의 뜻을 이루게 하려 할 때,

그 모든 기술을 다해 시도하고,

그 모든 영혼을 쏟아부어

크고 온전한 존재로 창조하려 할 때,

어떻게 교묘하게 그를 준비시키는지!

얼마나 몰아붙이면서도 결코 봐주지 않는지,

얼마나 갈고 닦으며, 불안 속에 그를 내던지는지,

어떻게 가난을 안겨주며

끊임없는 좌절을 안겨주는지,

자신이 신성하게 기름 부은 자를

어떤 지혜로 숨기는지.

설령 그의 재능이 무시당해 흐느끼고,

그의 자존심이 상처를 잊지 못한다 해도!

그에게 더 치열한 투쟁을 명한다.

그를 외롭게 만들어

그에게 오직

신의 위대한 메시지만이 닿게 만들며,

그가 반드시

천상의 계획을 깨우치도록 만든다.

비록 그가 이해하지 못할지라도,

그에게 다스려야 할 열정을 부여한다.

얼마나 가차 없이 그를 몰아붙이고

거센 열정으로 그를 뒤흔드는지

자연이 고통스러울 만큼 그를 편애하는 순간!

자연이 한 사람의 이름을 드높이고,

명예롭게 하며,

다듬어 완성하려 할 때,

자연이 한 사람을 부끄러움 속에 몰아넣어

그로 하여금 최선을 다하게 만들 때,

그에게 가장 극한의 시험을 내려

그를 평가하려 할 때,

자연이 신과 같은 존재나 왕을 원하는 순간이리라!

얼마나 단단히 고삐로 그를 조이고 억누르며,

그의 육신이 그 뜨거운 열망을 감당하기 어려울 정도로

그를 불태우고,

영감을 불어넣는지!

잡힐 듯 잡히지 않는 목표를 끊임없이 갈망하게 하고,

그의 영혼을 유혹하고, 또 찢어놓는다.

그의 정신을 시험하기 위해 도전 과제를 던지고,

그 목표에 가까이 다가설 때마다

목표를 더 높은 곳으로 끌어올리며,

그가 정복해야 할 밀림을 만들고,

두려워해야 할 사막을 만들어

그가 스스로 극복할 수 있도록 한다.

그렇게 자연은 한 인간을 만든다.

그리고 마침내 그의 의지를 시험하기 위해

그 앞에 거대한 산을 던지며,

쓰디쓴 선택을 강요한다.

그리고 가차 없이 그를 내려다보며 외친다.

"오르라, 그렇지 않으면 사라질 것이다!"

자연의 의도를 보라, 그 방식을 지켜보라!

자연의 계획은 실로 놀랍도록 자비롭다.

만일 우리가 그녀의 뜻을 온전히 이해할 수 있다면….

자연을 맹목적이라 말하는 자야말로 어리석다.

거친 시련에 발이 찢기고 피 흘릴지라도,

그의 정신은 굴하지 않고 더 높은 곳을 향해 나아간다.

그에게 깃든 모든 고귀한 힘이 그를 밀어 올리며,

새롭고 찬란한 길을 내며 불꽃처럼 나아간다.

그 안에 깃든 신성한 힘이

모든 실패에 맞서 솟구칠 때, 그의 열정은 여전히 달콤하게 타오르고,

패배 속에서도 사랑과 희망이 꺼지지 않을 때….

보라, 위기의 순간이 찾아왔다! 보라, 저 함성을!

진정한 지도자를 부르는 외침을.

사람들이 구원을 갈망할 때,

그는 마침내 일어나 지도자로 나타난다.

그리고 마침내 자연은 자신의 계획을 드러낸다.

세상이 진정한 한 사람을 찾아낸, 바로 그 순간!

— 〈앞으로, 행진〉 중에서

나는 실패가 자연이 운명을 개척하는 사람들을 시험하고 단련하는 방식이라고 확신한다. 실패는 자연이 인간의 불순물을 태워 없애고, 그 내면을 정화해 혹독한 시련 속에서도 굳건히 설 수 있도록 단련하는 거대한 용광로다.

나는 수많은 위대한 인물의 삶을 연구하며 이 이론을 뒷받침할 여러 증거를 발견했다. **소크라테스와 예수 그리스도부터 수 세기를 거쳐 현대의 위대한 업적을 이룬 인물에 이르기까지, 성공은 하나같이 그들이 극복해야 했던 장해물과 역경의 크기에 정비례한다.**

패배의 충격을 견디고 다시 일어선 사람은 예외 없이 그 경험으로 더욱 강해지고 지혜로워졌다. 패배는 우리에게 고유한 언어로 말을 걸며, 우리는 원하든 원하지 않든 반드시 그 목소리에 귀 기울여야 한다.

물론 패배를 위장된 축복으로 받아들이려면 상당한 용기가 필요하다. 그러나 인생에서 진정 가치 있는 위치에 오르기 위해서는 수많은 '모래알'과 같은 장해물이 필요하며, 이는 이 장의 철학과 조화를 이루는 한 편의 시를 떠올리게 한다.

✦ 어느 날 기차 정비소에서
출발을 기다리는 기관차를 보았다.
그것은 여행을 앞두고 숨을 고르며, 석탄을 가득 싣고, 승무원들도 자리를 잡고 있었다.
그리고 기관사는 한쪽에 모래를 가득 채운 상자를 준비하고 있었다.

가느다란 철길 위를 달리며 언제나 단단히 버틸 수는 없기에,

기관차의 바퀴는 종종 미끄러진다.
미끄러운 구간을 만나면
레일 위로 모래를 흩뿌려야만 한다.

인생 또한 그러하다.
짐이 무거울수록 미끄러지기 쉽다.
그러니 기관차의 법칙을 알았다면,
출발 전에 모래를 준비한다는 것도 알게 될 것이다.

길이 가파르고, 언덕이 많고, 험난한 오르막이 앞을 가로막을 때,
또한 앞선 자들이 레일을 미끄럽게 만들어놓았다면,
정상에 오르기 위해선
반드시 모래를 뿌려야 한다는 것을 깨닫게 되리라.

혹한의 날, 얼음이 두껍게 내려
바퀴를 미끄러뜨릴 때,
그 순간 단단히 서려면 즉시 모래를 뿌려야 한다.
그렇지 않다면 바닥까지 추락하고 말 것이다.

우리는 인생이라는 선로 위에서 어떤 역이든 도착할 수 있다.
야망이라는 강력한 엔진 속에 불꽃이 활활 타오르고 있다면.
그리고 마침내 풍요의 마을에 도착할 것이다.
모든 미끄러운 곳마다 충분한 모래를 가지고만 있다면.

이 장에서 인용된 시들을 암기하고, 그 시들에 담긴 철학을 자신의 일부로 삼아라.

실패에 대한 장을 마무리하다 보니 위대한 셰익스피어의 작품에 등장하는 철학적인 대목이 떠오른다. 그러나 나는 이 철학이 완전하지 않다고 생각하기에 이의를 제기하고 싶다. 그 대목은 다음과 같다.

✦ 사람의 일에는 밀물이 있나니
그 밀물을 타면 행운으로 이어지지만,
놓쳐버리면 인생의 항해는
얕은 물과 불행 속에 갇히고 만다.
우리는 지금 만조 속에 있다.
흐름이 우리를 이끄는 순간을 잡아야 하며,
그렇지 않으면 기회를 잃고 말 것이다.

고통받지 않은 자는 인생의 절반만 산 것이고,
실패하지 않은 자는 결코 노력하거나 추구해본 적이 없는 자다.
울지 않은 자는 웃음을 모르고,
의심해본 적 없는 자는 한 번도 생각해본 적 없는 것이다.

우리를 '얕은 물과 불행'에 묶어두는 것은 다름 아닌 두려움과 실패를 인정하지 않으려는 마음이다. 하지만 우리는 이 굴레를 끊고 당당히 떨쳐낼 수 있다. 아니, 심지어 유리한 방향으로 활용할 수도 있다. 두려움과 실패가 가르쳐주는 교훈을 제대로 관찰하고 받아들인다면 우리를 끌어당기는 예인선으로 사용할 수 있다.

이 책에서 내가 가장 좋아하는 장을 마무리하면서 잠시 눈을 감고 근심과 절망의 선이 보이는 얼굴을 한 거대한 군중을 본다. 어떤 사람은 누더기를 걸치고 있다. 하지만 그들은 실패라고 부르는 길고 긴 여정의 마지막 단계에 도달했다! 또 어떤 사람은 더 나은 상황에 있지만 얼굴에는 굶주림에 대한 두려움이 분명하게 나타난다. 용기의 미소는 그들의 입술에서 사라졌으며 이제는 전투를 포기한 듯 보인다.

갑자기 장면이 바뀐다! 나는 다시 한번 바라본다. 인류가 태양 아래 자신의 자리를 차지하기 위해 투쟁해온 긴 역사 속을 들여다본다. 그 길 끝에서 수많은 실패자를 마주한다. 그러나 그들이 인류에게 남긴 의미는 세계 역사에 기록된 화려한 성공보다 더욱 크고 깊다.

나는 소크라테스의 소박한 얼굴을 본다. 그는 실패라는 이름의 마지막 끝자락에서 조용히 하늘을 바라본다. 박해자가 그에게 독배를 들도록 강요한 바로 순간, 그 짧은 순간이 그에게는 영원처럼 느껴졌을지 모른다.

이번에는 지도에도 없는 미지의 바다를 향해 항해했던 콜럼버스를 본다. 그가 새로운 대륙을 발견하기 위해 모든 것을 걸었던 희생의 대가는 쇠사슬에 묶인 죄수의 신세였다.

다음으로 사상가 토머스 페인의 얼굴이 떠오른다. 그는 영국인에게 미국 혁명의 진정한 선동자로 지목되어 체포와 처형의 위협을 받았던 인물이다. 그는 프랑스의 누추한 감옥에 갇힌 채 단두대의 그림자 아래서 인류를 위해 싸운 대가로 다가올 죽음을 초연히 기다렸다.

마지막으로 나는 갈릴리의 한 남자(예수 그리스도를 가리킨다.—편집자)를 본다. 그는 골고다 언덕의 십자가 위에서 고통받고 있는 얼굴이다. 고난받는 인류를 위해 헌신한 대가였다.

이들은 모두 실패자였다! 오, 이런 실패자가 될 수 있다면 좋겠다. <u>오, 인류를 개인보다 위에 두고, 신념을 금전적 이익보다 우선했던 사람들처럼 역사에 남을 수 있기를 바란다. 세상의 희망은 바로 이 실패자들 위에 세워졌다.</u>

- ✦ 오, '실패자'라는 낙인이 찍힌 이들이여. 일어나라! 다시 일어나서 행동해라! 세상 어딘가에는 아직 당신이 행동할 자리가 있다. 당신을 위한 자리가 있다.
  진실한 역사의 기록에는 단 한 번도 진정한 실패가 기록된 적이 없다.
  오직 비겁하게 시도조차 하지 않은 자들을 제외하고는 말이다.
  영광은 행함에 있지, 쟁취한 트로피에 있지 않다.
  어둠 속에 놓인 벽은 태양의 입맞춤에 웃을 수 있다.
  오, 지치고 쓰러진 이여, 잔혹한 운명의 아이여,
  나는 그를 위해 노래한다. 실패한 이들을 위해 노래한다.

사람들이 실패라고 부르는 패배에 감사하자. 실패를 이겨내고 다시 도전할 수 있다면, 결국 자신의 분야에서 최고로 성장할 수 있는 능력을 스스로 증명할 기회를 얻은 것이다. 아무도 당신을 실패자로 규정할 권리는 없다. 오직 당신만이 자신을 실패자로 만들 수 있다. 만약 절망에 빠진 순간, 자신을 실패자로 낙인찍고 싶은 충동이 든다면, 페르시아 왕 키루스의 조언자였던 철학자 크로이소스의 말을 떠올려라.

"왕이시여, 이 교훈을 깊이 새기십시오. 인생의 모든 일에는 돌아가는 수레바퀴가 있습니다. 그 바퀴는 어떤 인간도 영원히 행운을 누릴 수 없도록 만들어져 있습니다."

이 짧은 문장 속에는 희망과 용기, 그리고 약속이라는 위대한 교훈이 담겨 있다.

'운이 좋지 않은' 날을 겪지 않은 사람이 있을까? 모든 것이 뜻대로 되지 않는 날 말이다. 이런 날은 우리가 인생이라는 큰 바퀴의 평평한 면만을 마주하는 순간이다. 하지만 바퀴는 항상 돈다는 사실을 기억하자. 만약 오늘이 슬픔을 가져다주었다면 내일은 기쁨을 가져다줄 것이다. 인생은 다양한 사건, 즉 행운과 불운이 교차하는 순환의 과정이다.

운명의 수레바퀴가 돌아가는 것을 막을 수는 없지만, 그 바퀴가 가져오는 불운을 바꿀 수는 있다. 자신을 믿고 정직하고 성실하게 최선을 다한다면, 행운은 밤이 지나고 아침이 찾아오듯 반드시 찾아온다.

위대한 링컨은 가장 힘든 시련 속에 있을 때조차 자주 이렇게 말했다. "이 또한 곧 지나가리라."

만약 지금 일시적인 패배의 상처로 괴로워하고 있다면, 미국 시인 월터 말론이 쓴 짧지만 강렬한 시를 추천하고 싶다.

✦   기회

내가 다시 오지 않을 거라고 말하는 자들은 나를 오해하는 것이니,
한번 문을 두드렸다가 당신을 찾지 못했을 뿐이다.
나는 매일 당신 문 앞에 서서,

깨어나 일어나 싸우고 승리하라고 외친다.

흘러가버린 소중한 기회를 아쉬워하며 슬퍼하지 마라.

저물어가는 황금시대를 보며 눈물 흘리지 마라.

나는 매일 밤, 하루의 기록을 불태우고

아침 해가 떠오르면 모든 영혼은 다시 태어난다.

지나간 영광을 소년처럼 웃어넘기고,

사라진 기쁨에는 눈도 귀도 입도 닫아라.

나의 심판은 이미 지나간 과거와 함께 봉인되며

다가올 미래의 어느 한순간도 속박하지 않는다.

깊은 수렁에 빠져 손을 흔들며 울지라도,

"할 수 있다!"라고 외치는 모든 자에게 나는 손을 내민다.

아무리 깊이 빠진 부끄러운 죄인이라도

다시 일어나 사람답게 살 수 있나니!

잃어버린 젊음을 두려워하는가?

정당한 벌에 비틀거리는가?

그렇다면 얼룩진 과거의 기록에서 돌아서서

눈처럼 새하얀 미래의 페이지를 찾아라.

슬픔에 잠겨 있는가? 그 슬픔에서 깨어나 일어서라.

죄를 지은 자인가? 죄는 용서받을 수 있다.

매일 아침은 당신에게 지옥에서 벗어날 날개가 주어지고,

매일 밤은 당신의 발걸음을 천국으로 인도할 별이 빛난다.

나폴레온 힐의 성공 수업

실패라는 역경은
무엇을 가르쳐주는가?

　지혜로운 섭리는 이성을 갖게 된 모든 사람이 어떤 형태로든 실패라는 십자가를 짊어지도록 인간사를 설계해놓았다. 오늘날 지구상에는 수억 명의 사람들이 잠잘 곳과 먹을 것 그리고 입을 옷 같은 최소한의 생존 필수품을 누리기 위해 고군분투하며 가난의 십자가를 짊어진 채 살아가고 있다. 가난의 십자가를 짊어진다는 것은 결코 가벼운 일이 아니다! 하지만 역사를 빛낸 가장 위대하고 성공적인 인물조차 '성공'하기 전에는 이 십자가를 먼저 감당해야 했다는 사실은 시사하는 바가 크다.
　실패는 일반적으로 저주로 여겨진다. 하지만 실패를 그렇게 받아들일 때만 진정으로 불행이 된다는 것을 깨닫는 사람은 드물다. 또한 실패가 영원히 지속되는 경우는 거의 없다는 진실을 아는 사람도 많지 않다.
　자신의 지난 몇 년간 경험을 되돌아보면, 대부분의 실패가 결국에는 가면을 쓴 축복이었음을 깨닫게 된다. 실패는 다른 어떤 것으로도 얻지 못하는 값진 교훈을 준다. 게다가 전 세계 모든 사람이 이해할 수 있는 보편적인 언어로 가르침을 준다. 실패가 주는 위대한 교훈 중 하나는 바로 겸손이다. 주변 세상과 하늘의 별들, 그리고 자연의 조화로운 섭리에 비해 스스로가 얼마나 겸손하고 미미한 존재인지 깨닫지 않고서는 그 누구도 진정으로 위대해질 수 없다.

인류를 위해 의미 있고 건설적인 일을 하는 부유한 집안의 자녀가 한 명 있다면, 가난과 고난을 극복하고 사회에 봉사하는 사람은 99명에 이른다. 이는 단순한 우연이라고 보기 어렵다!

자신을 실패자라고 생각하는 사람들 대부분은 사실 실패하지 않았다. 사람들이 실패라고 여기는 상황은 일시적인 좌절에 불과하다. 자신을 불쌍히 여기며 실패했다고 느낀다면, 진정으로 불평할 만한 이유가 있는 다른 사람들과 자신의 처지를 바꾸어 생각해보는 것이 좋다. 누가 더 힘든 상황에 놓여 있는지 말이다.

건강한 몸과 온전한 정신을 지닌 것만 해도 감사해야 한다. 수많은 사람이 이 축복조차 누리지 못하고 있다.

세상이 위대하다고 인정한 100명의 남녀를 주의 깊게 분석한 결과, 그들 역시 당신이 아마 경험해보지 못했거나 앞으로도 겪지 않을 큰 고난과 일시적인 좌절, 그리고 실패를 겪었다는 사실이 밝혀졌다.

윌슨은 잔인한 비난과 실망 속에서 너무나 일찍 세상을 떠났고, 분명 자신을 실패자라고 여겼을 것이다. 하지만 모든 잘못을 바로잡고 실패를 성공으로 바꾸는 시간이라는 기적의 힘은 결국 윌슨의 이름을 진정으로 위대한 인물들의 역사에 가장 빛나는 페이지에 기록할 것이다. 현재 살아 있는 사람 중 극소수만이 윌슨의 실패가 결국에는 전쟁을 완전히 없앨 만큼 강력한 전 세계적인 평화의 염원을 불러일으키는 걸 볼 수 있으리라.

링컨은 자신의 실패가 지구 역사상 가장 위대한 국가의 굳건한 기반을 다지는 데 결정적인 역할을 했다는 사실을 모른 채 세상을 떠났다.

콜럼버스는 쇠사슬에 묶인 죄수의 신분으로 생을 마감했다. 그는 자신의 실패가 링컨과 윌슨이 실패를 하면서까지 지키려 했던 위대한 국가를 발견했다는 사실을 알지 못했다.

실패라는 단어를 함부로 사용하지 말자. 일시적인 어려움을 겪는 것은 실패가 아니다. 당신 안에 진정한 성공의 씨앗이 있다면 약간의 역경과 일시적인 좌절은 오히려 그 씨앗을 성장시키고 만개하게 하는 귀중한 양분이다.

신이 세상에 필요한 일을 할 위대한 인물을 택할 때, 그 선택받은 사람은 어떤 형태로든 실패라는 시험을 거친다. 지금 당신이 실패라고 느끼는 상황을 겪고 있다면 인내심을 가지자. 어쩌면 지금 시험을 치르는 과정일지도 모른다.

유능한 경영자는 신뢰성, 충성심, 끈기 등 중요한 자질을 검증하지 않은 사람을 측근으로 뽑지 않는다. 책임과 그에 따른 높은 보수는 일시적인 패배를 영원한 실패로 받아들이지 않는 사람에게 돌아가는 법이다.

✦ 사람의 진정한 시험은 그가 벌이는 싸움,
　그가 매일 보여주는 투지에 달렸다.

그가 자신의 발로 서서

운명의 수많은 충격과 타격을 어떻게 받아들이는가에 달려 있다.

겁쟁이는 두려울 것이 없고

앞길을 막는 것도 없을 때 미소 짓는다.

하지만 누군가 다른 사람이 성공할 때

기립하여 환호할 수 있는 사람만이 진정한 승자다.

결국 중요한 것은 승리가 아니라,

형제가 벌이는 싸움이다.

벽에 몰렸음에도 불구하고,

여전히 당당히 일어서서

운명의 타격을 머리를 높이 든 채 받아들이는 사람,

피 흘리고, 멍들고, 창백해졌음에도

두려워하지 않는 사람,

그가 바로 언젠가 승리할 사람이다.

결국 중요한 것은 당신이 얻는 충격과 겪는 충돌,

그리고 당신의 용기가 시험받는 순간들이다.

슬픔의 시간들, 헛된 후회의 시간들,

당신의 손에서 벗어나는 상이야말로

당신의 기질을 시험하고 당신의 가치를 증명한다.

중요한 것은 당신이 가하는 타격이 아니라,

이 땅 위에서 당신이 견뎌내는 타격이다.

이것이야말로 당신의 본질이 진짜인지 증명하는 것이다.

　실패는 때때로 사람을 극한의 노력을 쏟아부어야만 하는 벼랑 끝으로 몰아넣는다. 수많은 이가 더 이상 물러설 수 없는 순간, 등을 벽에 기대고 싸우며 패배를 딛고 마침내 승리를 쟁취해왔다.
　카이사르 또한 오랫동안 영국 정복을 꿈꾸어왔다. 그는 병사들을 태운 함선을 영국으로 보내 병력과 보급품을 하선시킨 뒤, 배를 불태우라고 명령했다. 그리고 병사들을 모아 외쳤다. "이제 우리는 승리하거나 죽는 것, 둘 중 하나뿐이다. 선택지는 없다." 그들은 승리했다! 사람은 마음을 단단히 먹고 결심하면 마침내 승리를 거두게 마련이다. 돌아갈 다리가 불타 퇴로가 전혀 없다는 사실을 깨달으면 열정이 솟는다.
　한 전차 승무원이 새로운 도전에 나서기 위해 휴직을 신청했다. 그는 친구에게 말했다. "만약 새 직장에서 성공하지 못하더라도 언제든지 예전 일로 돌아가면 되니까." 결국 한 달이 지나 그는 결국 돌아왔고, 전차 승무원 일 외에 다른 일은 하고 싶지 않다는 생각만 더 굳어졌다. 만약 휴직이 아닌 사직을 선택했다면 그는 새로운 도전에 성공했을지 모른다.
　이 책의 기반이 된 '성공의 법칙'은 무려 20년에 걸친 고난과 빈곤, 수많은 실패 속에서 탄생했다. 그 여정은 평범한 한 사람의 인생에서 좀처럼 겪기 힘든 극심한 시련이었다.
　처음부터 이 책을 읽어온 사람이라면 글 곳곳에 스며든 이야기와 그 이면에 숨겨진 고난 속에서 자기 훈련과 자기 발견이라는 치열한 흔적을 보았을 것이다. 고난이 없었다면 나는 결코 깨닫지 못했을 것이다.

인생이라는 길 위를 걷는 모든 사람은 각자의 십자가를 지고 있다. 자연은 실패 앞에서도 두려워하거나 불평하지 않는 사람에게 가장 값진 선물을 준다.

자연의 이치는 쉽게 이해되지 않는다. 만약 쉬웠다면 아무도 책임감을 시험받는 실패를 겪지 않을 것이다.

✦ 자연이 한 사람을 만들고자 할 때,
그를 흔들고
깨우려 할 때,
자연이 미래의 뜻을 이루기 위해
한 사람을 빚고자 할 때,
온 힘과
온 영혼을 다해
그를 크고 완전한 존재로 만들고자 할 때…
자연은 얼마나 치밀하게 그를 준비시키는가!
얼마나 끊임없이 몰아세우고, 결코 그를 쉬게 두지 않는가!
어떻게 그를 갈고닦으며, 불안 속에 내던지고,
가난이라는 시련 속에 태어나게 하는가.
얼마나 자주 그를 실망시키고,
또 얼마나 자주 그를 축복하는가.
얼마나 지혜롭게 그를 숨기고,
그에게 닥치는 어떤 고난에도 전혀 개의치 않는가.

그의 천재성이 멸시 속에서 흐느끼고,

자존심이 상처를 잊지 못할지라도!

자연은 그에게 더욱 치열하게 싸우라 명령한다.

그를 외롭게 만들어,

오직 신의 고귀한 메시지만이 그에게 닿게 하고,

마침내 자연은 그에게

신의 섭리를 분명히 깨닫게 한다.

비록 그가 완전히 이해하지 못하더라도,

자연은 그에게 열정을 다스릴 힘을 부여한다.

얼마나 가차 없이 그를 몰아붙이는가

맹렬한 열정으로 그의 내면을 뒤흔들다가

날카로운 선택으로 마침내 그를 선택한다!

보라, 다가온 위기의 순간을!

보라, 지도자를 불러내는 외침을!

사람들이 구원을 갈망할 때,

그는 나라를 이끌 사명으로 나타난다.

그 순간 비소소 자연은 자신의 계획을 드러낸다.

세상이 마침내 한 사람을 찾았을 때!

실패란 존재하지 않는다. 눈앞에 보이는 실패는 대부분 잠시 머무는 패배일 뿐이다. 절대 그것을 영원한 실패로 받아들이지 마라!

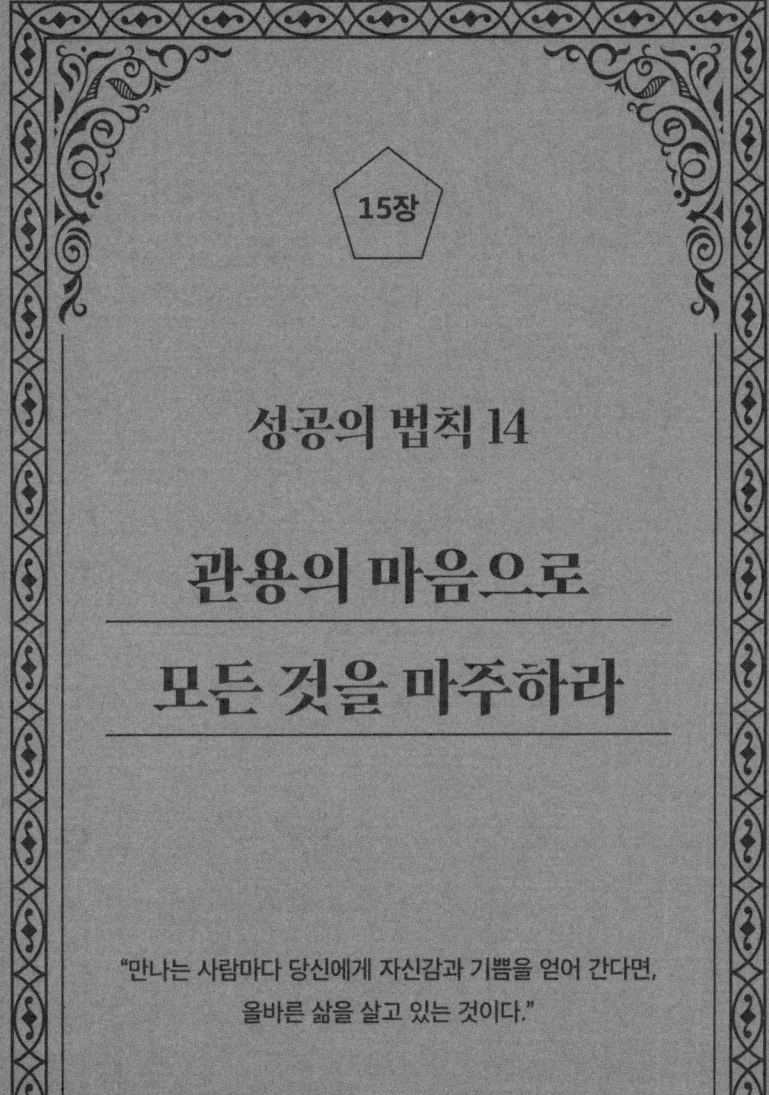

15장

성공의 법칙 14

관용의 마음으로
모든 것을 마주하라

"만나는 사람마다 당신에게 자신감과 기쁨을 얻어 간다면,
올바른 삶을 살고 있는 것이다."

편협함에는 2가지 중요한 특징이 있는데, 이 장의 서두에서는 이를 집중적으로 살펴보겠다.

첫째, 편협함은 지속적인 성공을 이루려면 극복해야만 하는 무지의 한 형태다. 편협함은 모든 전쟁의 주된 원인이다. 사업과 직업에서 적을 만들고, 사회의 조직된 힘을 붕괴시키며, 거대한 장벽처럼 전쟁을 종식하는 길을 가로막는다. 또한 이성을 무너뜨리고 군중 심리가 자리 잡게 한다.

둘째, 편협함은 세계의 조직된 종교를 분열시키는 가장 큰 요인이다. 원래 인류에게 선한 영향을 미칠 수 있는 가장 강력한 힘을 훼손한다. 그리고 그 힘을 작은 종파와 교단으로 분열시켜 세상의 악을 파괴하고자 했던 본래의 목적을 이루기보다 서로 대립하는 데 힘을 낭비하게 한다.

편협함에 대한 이러한 비판은 어디까지나 일반적인 논의에 불과하다. 이제 편협함이 개인에게 어떤 영향을 미치는지 살펴보자. 문명의 발전을 저해하는 모든 것은 개인의 성장에도 방해 요소가 된다. 반대로 말하면, 개인의 사고를 흐리게 하고 정신적 · 도덕적 · 영적 성장을 방해하는 모든 것은 결국 문명의 발전을 지체시킨다. 여기까지는 위대한 진리를 설명하는 다소 추상적인 개념에 머물렀다. 그러나 추상적인 진술만으로는 흥미를 끌지도 충분한 정보를 전달하지도 못하므로, 이제부터는 편협함이 가져오는 부정적인 영향에 대해 좀 더 구체적으로 살펴볼 것이다.

먼저 지난 5년 동안 내가 거의 모든 대중 연설에서 자주 언급했던 한 사건을 설명하겠다. 활자로 인쇄된 글은 다소 완곡하게 전달될 수 있으니 내가 의도하지 않은 의미로 파악하지 않도록 주의가 필요하다. 이 사례를 내가 의도한 그대로 정확한 문장과 의미로 받아들이지 않으면 당신에게 불이익이 될 수 있다. 이 사건 이야기를 읽으면서 비슷한 경험을 한 적이 없는지 생각해보자. 만약 있다면 그 경험은 당신에게 어떤 교훈을 주었는가?

나는 왜 아버지와 같은 당을 지지하게 되었나?

어느 날 나는 한 젊은이를 소개받았다. 그는 매우 단정하고 훌륭한 인상의 사람이었다. 맑은 눈빛, 따뜻한 악수, 부드러운 목소리 톤, 세련된 옷차림까지, 모든 것이 그가 높은 지적 수준을 갖춘 인물임을 보여주었다. 그는 전형적인 젊은 미국 대학생 같았다. 나는 늘 그렇듯, 상대를 빠르게 살펴보며 성격을 가늠해보았다. 그러던 중 그의 조끼에 달린 콜럼버스기사단(1882년 미국에서 설립된 가톨릭 남성 단체.—편집자) 배지가 눈에 들어왔다.

그 순간, 마치 차가운 얼음을 만진 듯 나도 모르게 그의 손을 놓아버렸다. 너무나 순식간에 일어난 일이라 나 자신도 놀랐고 그는 더욱 당황한 기색이었다. 나는 변명을 하며 서둘러 자리를 피했고, 걸어가면서 내 조끼에 달린 프리메이슨(16세기경 유럽에서 석공인 메이슨 길드에서 유래한 국제단체로, 자유와 평등, 시민의 권리를 중시하고 인본주의, 진보적 성향 등을 띤다.—편집자) 배지를 내려다보았다. 그리고 다시 한번 그의 콜럼버스기사단 배지를 떠올리며, 왜 이런 사소한 배지가 서로 아무것도 모르는 두 사람 사이에 깊은 골을 만드는지 스스로 의아해했다.

　그날 하루 종일 나는 그 짧은 순간의 일을 곱씹으며 생각에 잠겼다. 그 일이 내내 마음에 걸렸다. 나는 항상 개방적이고 관용적인 사람이라고 자부해왔는데, 내 안에서 무의식적으로 터져 나온 편협한 반응이 그 믿음을 뒤흔들었다. 내 깊은 무의식 속에 숨어 있던 어떤 고정관념이 나도 모르게 시야를 좁히고 있었다. 이 깨달음은 큰 충격을 주었고, 나는 곧바로 체계적인 자기 분석을 시작했다. 내면 깊숙이 파고들며, 내가 왜 그토록 무례한 태도를 보였는지 그 원인을 찾고자 했다.

　나는 계속해서 자신에게 물었다. "그 젊은이에 대해 아무것도 모르면서 왜 갑자기 손을 놓고 돌아섰을까?" 당연히 질문에 대한 답은 언제나 그가 달고 있던 콜럼버스기사단 배지로 돌아갔다. 하지만 그것은 진정한 답이 아니었으므로 나를 만족시킬 수 없었다.

　그때부터 나는 종교에 대한 연구를 시작했다. 가톨릭과 개신교를 모두 깊이 탐구하며 기원을 추적했다. 그리고 이 과정에서 인생의 본질을 이해하는 데 있어 그 어떤 배움보다도 더 깊은 깨달음을 얻었다. 일례로 나는 가톨릭과 개신교가 형식만 다를 뿐 실제적인 영향력 면에서는 거의 같다는 사실을 알았다. 두 종교는 결국 기독교라는 같은 근본 위에 세워졌다. 이것이 내가 얻은 가장 중요한 깨달음도, 그리고 깨달음의 전부도 아니다. 연구는 필연적으로 여러 방향으로 뻗어 나갔고, 결국 생물학의 영역까지 나를 이끌었다. 그러면서 나는 삶 전반과 인간이라는 존재에 대해 반드시 알아야 할 많은 것을 배웠다. 또한 연구는 다윈이 종의 기원에서 제시한 진화론의 가설로 이어졌고, 다시금 심리학이라는 훨씬 더 광범위한 분야로 나를 이끌었다.

나는 지식을 향한 갈망으로 이 분야 저 분야를 탐구하기 시작했다. 그러자 내 사고는 놀라울 정도로 빠르게 확장되었고, 결국 다음과 같은 필요성을 느꼈다. '이전에 내가 쌓아온 지식을 완전히 지워야 한다. 그리고 과거에 진실이라고 믿었던 많은 것을 잊고 새롭게 배워야 한다.'

이 말의 의미를 제대로 이해해보자! 지금까지 삶의 철학이라 여겼던 것이 사실은 편견과 선입견 위에 세워진 것이었음을 한순간 깨닫는다면 어떨지 상상해보자. 게다가 스스로 완성된 학자가 아니라 이제 막 지성의 길을 걷기 시작한 초보자에 불과하다는 사실을 인정해야 한다면 말이다!

내가 처한 상황이 바로 그랬다. 그동안 당연한 진리라고 믿어왔던 삶의 여러 근본 원칙을 다시 정립해야 했다. 연구를 통해 얻은 모든 발견 중에서도 신체적 유전과 사회적 유전의 상대적 중요성을 깨닫게 된 것이야말로 가장 의미 있었다. 이 발견 덕분에 앞서 언급했던 사건에서 내가 전혀 알지 못하는 사람으로부터 등을 돌렸던 이유를 이해할 수 있었다.

이 깨달음은 내가 종교, 정치, 경제를 비롯한 여러 중요한 문제에 대한 견해를 어떤 방식으로 사고를 전개하고, 어디서부터 접근해 견해를 형성해왔는지를 명확히 파악하게 해주었다. 그리고 그 결과 유감스럽게도, 아니 어쩌면 다행스럽게도 내가 가지고 있던 많은 견해가 확실한 사실이나 논리는커녕 합리적인 가설조차 뒷받침되지 않았음을 알았다.

그때 문득 과거에 고(故) 로버트 L. 테일러 상원의원과 나누었던 대화가 떠올랐다. 우리는 같은 정치적 신념을 가진 터라 화기애애하게 정치에 관한 대화를 나누었다. 그런데 갑자기 그가 한 가지 질문을 던졌다.

나는 그 질문 때문에 한동안 그를 용서할 수 없었다. 그러나 이 연구를 계기로 마침내 그 질문의 의미를 이해하게 되었다.

"당신은 틀림없이 민주당원이군요. 그런데 당신이 왜 민주당원이 되었는지 아십니까?" 이 같은 그의 질문에 나는 몇 초 동안 생각한 뒤 불쑥 대답했다. "당연히 제 아버지가 민주당원이셨으니까요!" 그러자 그는 활짝 웃으며 다음처럼 말했다. "그럴 줄 알았습니다! 그런데 만약 당신 아버지가 말 도둑이었다면, 참 난처한 입장이었겠군요."

오랜 세월이 흘러 내가 본격적으로 연구를 시작하고 나서야 비로소 그의 농담이 지닌 진정한 의미를 이해했다. 우리는 종종 아무런 근거도 없이 단지 다른 누군가의 신념을 따라 의견을 형성하곤 한다는 것이다.

앞서 언급한 사건을 통해 당신은 그 속에 담긴 핵심 원칙이 단지 특정 상황에 국한되지 않고 훨씬 더 광범위한 영향을 미친다는 사실을 깨달았을 것이다. 나아가 인생철학 전반을 어떻게 형성하고 어디에서 배웠는지 이해했을 것이며, 자신의 편견과 선입견을 근원까지 추적할 수 있는 통찰을 얻었을 것이다. 또한 나와 마찬가지로 당신도 15세 이전에 받은 교육과 환경이 얼마나 큰 영향을 미쳤는지를 새롭게 인식했을 것이다.

다음으로 나는 미국 평화상을 주관했던 복의 위원회에 제출했던 전쟁 종식 계획의 전문을 인용하려 한다. 이 계획은 내가 언급한 가장 중요한 원칙을 담고 있을 뿐만 아니라, 2장에서 설명한 조직적인 노력의 원칙이 세계적인 문제 해결에 어떻게 적용되는지를 보여준다. 동시에 당신이 명확한 주요 목표를 달성하는 데 있어 이 원칙을 어떻게 활용할 수 있는지를 더욱 깊이 이해하는 기회가 될 것이다.

✦ 세계의 전쟁 종식을 위한 제언

■ 배경

전쟁 예방을 위한 이 계획을 제안하기에 앞서 이 계획을 구성하는 원칙을 명확하게 설명하기 위해 간략한 배경을 먼저 제시하겠다. 배경을 간략하게 스케치하는 것이 필요해 보인다. 전쟁의 원인에 대한 논의는 전쟁 예방 원칙과 거의 관련이 없으므로 생략해도 무방하다.

이 배경 설명은 문명의 주요 지배 세력을 구성하는 2가지 중요한 요소를 다룬다. 하나는 신체적 유전이고, 다른 하나는 사회적 유전이다. 신체적 유전은 몸의 크기와 형태, 피부의 질감, 눈의 색깔, 주요 장기의 기능을 결정짓는다. 이 특성은 수백만 년에 걸친 진화의 산물이므로 고정된 상태로 변화시킬 수 없다. 그러나 우리가 어떤 존재로 성장하는가를 결정짓는 더 중요한 요소는 사회적 유전의 결과다. 이는 우리가 자라온 환경과 초기 교육의 영향을 받아 형성된다. 즉, 전쟁에 대한 인식뿐만 아니라, 종교, 정치, 경제, 철학 등과 같은 사상적 개념은 전적으로 우리가 경험한 환경과 교육의 지배적인 영향력에 따라 결정된다.

가톨릭 신자는 어린 시절 교육을 받고 가톨릭 신자가 되었고, 개신교 신자는 같은 이유로 개신교 신자가 되었다. 그러나 이는 진실을 충분히 강조한 표현이 아니다. 더욱 정확히 말하면, 가톨릭 신자는 가톨릭 신자가 될 수밖에 없었고, 개신교 신자는 개신교 신자가 될 수밖에 없었다. 몇몇 예외적인 경우를 제외하면, 성인이 된 후의 종교적 신념은 4~14세 때 가정 교육이나 학교 교육으로 형성된다.

이에 대해 한 저명한 성직자가 사회적 유전의 원리를 명확히 이해하고 있음을 보여주는 말을 남겼다. "어린이를 12세까지 제게 맡겨주십시오. 그 이후 어떤 종교를 가르치든 상관없습니다. 먼저 아이의 마음속 깊이 저희 종교를 심어놓으면, 이 세상 그 어떤 힘도 그것을 지울 수 없습니다."

사람들의 신념 중 가장 뚜렷하고 강력한 것은 외부적 강요로 형성되었거나 혹은 스스로 선택했더라도 극도로 감정적인 상태에 놓여 있을 때 받아들인 것들이다. 이처럼 감정이 고조된 상황에서는 전도자가 단 한 시간의 부흥회만으로도 종교적 신념을 깊이 새겨 넣을 수 있다. 평범한 상태에서 오랜 세월 종교적 신념을 가르치는 것보다 훨씬 더 강력하고 지속적인 영향을 미친다.

미국 국민은 워싱턴과 링컨을 불멸의 존재로 여긴다. 그들이 나라의 근간을 뒤흔들고 국민 모두의 이익에 막대한 영향을 미친 재난이 발생하여 사람들의 감정이 극도로 고양된 시기에도 국가를 이끈 리더였기 때문이다. 미국 역사를 가르치는 학교 교육과 다양한 형태의 강렬한 교육을 통해 작용하는 사회적 유전의 원리에 따라 워싱턴과 링컨의 불멸성은 젊은이의 마음속에 깊이 새겨지고 전승되었다.

사회적 유전이 작용하는 3가지 주요 조직화된 힘은 바로 학교, 종교 기관, 그리고 언론이다. 이 3가지 힘의 적극적인 협력을 얻으면 어떤 이상이라도 단 한 세대라는 짧은 시간 안에 젊은이의 마음속에 깊이 주입되어 강력한 영향력을 발휘한다.

1914년 어느 아침 세계는 전례 없는 규모의 전쟁에 휩싸인 채 깨어났다.

이 세계적인 재앙에서 특히 눈에 띄는 점은 철저히 조직된 독일군의 존재였다. 3년이 넘는 동안 독일군은 놀라운 속도로 진격해 독일의 세계 지배가 확실해 보였다. 독일의 군사 체제는 이전의 어떤 전쟁에서도 찾아볼 수 없었던 수준의 효율성을 발휘했다. '문화Kultur'를 공식적인 이상으로 내세운 현대 독일군은 모든 전선에서 수적으로 우세했던 연합군을 마치 지도력을 상실한 군대를 상대하는 듯한 기세로 휩쓸었다.

문화라는 이상을 위해 기꺼이 희생한 독일 군인의 정신은 전쟁에서 가장 놀라운 요소 중 하나였다. 그리고 희생정신은 두 인물이 만들어낸 결과였다. 이들은 독일 교육 시스템을 통제했고, 1914년 세계를 전쟁으로 몰아넣은 정신을 분명하게 문화로 정의했다. 그 두 사람은 바로 1879년까지 프로이센 교육부 장관을 지낸 아달베르트 팔크와 독일 황제 빌헬름 2세였다.

이들이 이런 결과를 만들어낸 매개체는 바로 사회적 유전이었다. 즉, 고도로 감정화된 조건하에서 젊은이의 마음에 특정 이상을 심어주는 것이다. 문화라는 국가적 이상은 초등학교에서 시작되어 고등학교와 대학교까지 이어지며 독일 젊은이의 마음속에 확고히 자리 잡았다. 독일의 교사와 교수는 학생에게 문화라는 이상을 주입하도록 강요받았다. 이 가르침으로 단 한 세대 만에 국가의 이익을 위해 개인을 희생할 수 있다는 정신이 길러졌으며, 전 세계를 충격에 빠뜨렸다.

사회학자 벤자민 키드는 다음처럼 이 문제를 매우 적절하게 설명했다. "독일 국가의 목표는 국민의 이상을 국가 정책에 대한 지지로 만드는 것이었다. 이를 위해 정부는 종교 및 세속 기관의 지도층, 관료 조직, 군 장교, 국가가 통제하는 언론, 그리고 궁극적으로는 무역과 산업 전반을 국가가 직접 관리하며 여론을 조정하고 방향을 설정했다."

독일은 언론, 성직자, 교육 기관을 철저히 통제했다. 그렇다면 단 한 세대 만에 문화라는 이상을 구현하는 군인을 길러낸 것이 과연 놀라운 일일까? 어린 시절부터 그러한 희생이 최고의 특권이라고 배운 사람이 죽음을 두려움 없이 맞이하는 것이 과연 이상한 일일까?

지금까지 독일이 국민을 전쟁에 대비시키기 위해 사용한 방식을 간략히 살펴보았다. 이제 또 하나의 흥미로운 사례인 일본으로 눈을 돌려보자. 서구 국가에서 독일을 제외하면, 사회적 유전의 강력한 영향력을 이처럼 명확하게 이해하고 활용한 나라는 일본뿐이다. 단 한 세대 만에 일본은 삼류 국가에서 문명 세계의 강대국으로 자리 잡았다. 일본은 독일과 같은 수단을 활용해 젊은이의 마음속에 개인의 권리를 국가 권력의 확장을 위해 희생해야 한다는 이념을 주입했다.

일본과 중국 간의 모든 분쟁에서 예리한 관찰자는 겉으로 드러난 원인 뒤에 일본의 은밀한 전략이 숨어 있음을 포착했다. 바로 학교를 장악함으로써 젊은이의 정신을 통제하려는 시도였다. **만약 일본이 중국 젊은이의 정신을 지배할 수 있다면, 단 한 세대 만에 그 거대한 국가를 장악하는 것도 가능할 것이다.**

사회적 유전이 국가적 이상을 발전시키는 데 어떻게 활용되는지를 또 다른 서구 국가에서 살펴보고 싶다면, 소비에트 정부가 권력을 잡은 이후 러시아에서 벌어진 일을 주목해보자. 현재 소비에트 정부는 젊은이의 사고방식을 국가적 이상에 맞추어 형성하는 작업을 진행 중이며, 굳이 전문가가 아니더라도 그 본질을 쉽게 해석할 수 있다. 그 이상은 현재 세대가 성숙기에 접어들었을 때 소련 정부가 의도한 바로 그대로 나타날 것이다.

전쟁이 끝난 이후, 러시아 소비에트 정부에 대한 엄청난 양의 선전이 미국으로 유입되었다. 수만 개의 신문 칼럼이 이를 다루었는데, 그중 다음의 짧은 기사가 단연코 가장 의미심장하다.

> 러시아 공산당, 도서를 주문하다. 독일에서 2천만 권의 책 출판 계약 체결. 주로 어린이를 대상으로 한 교육 선전물.
>
> — 조지 위츠 기자
>
> 《시카고데일리뉴스》 해외 특파원 특별 전보, 1920년 11월 9일, 독일 베를린

소비에트 정부를 대신해 페트로그라드의 저명한 출판업자이자 문학가 믹심 고리키의 친구인 그레셰빈이 독일에서 러시아어 서적 2천만 권의 인쇄 계약을 체결했다. 이 책의 상당수는 어린이를 위한 교육 자료다. 그레셰빈은 먼저 영국을 찾아가 영국 정부에 이 계획을 제안했으나 냉담한 반응이 돌아왔다. 반면, 독일은 적극적으로 환영했을뿐더러 다른 어떤 나라에서도 경쟁할 수 없을 만큼 파격적으로 낮은 가격을 제시했다. 베를린의 대표적인 신문 및 도서 출판사인 울슈타인은 심지어 손해를 감수하면서까지 수백만 권의 책을 인쇄하기로 합의했다.

이 소식은 러시아에서 어떤 일이 벌어지고 있는지를 단적으로 보여준다. 이 중대한 보도에도 불구하고 미국의 대다수 신문은 이에 충격을 받기는커녕 아예 보도조차 하지 않았다. 일부 신문이 이를 다루기는 했으나 기사 배치를 눈에 잘 띄지 않는 구석에 작게 실었다. 그러나 이 기사의 진정한 의미는 지금으로부터 20여 년 후, 소비에트 러시아 정부가 어떤 국가적 이상을 내세우든지 절대적으로 지지하는 군대를 길러냈을 때 더욱 분명해

질 것이다.

오늘날까지도 전쟁의 가능성은 엄연한 현실로 남아 있다. 이는 사회적 유전의 원리가 단순히 전쟁을 정당화하는 수단으로 사용된 것을 넘어, 전쟁을 준비시키는 핵심 도구로 활용되어왔기 때문이다. 이를 입증하는 증거는 어렵지 않게 찾을 수 있다. **어떤 국가의 역사 혹은 세계사를 살펴보면, 전쟁이 얼마나 교묘하게 미화되고 효과적으로 서술되었는지를 확인할 수 있다. 역사는 학생에게 전쟁의 참혹함을 일깨우기보다는 오히려 전쟁에 그럴듯한 정당성을 심어주고 있다.**

도시의 광장으로 나가 전쟁 영웅을 기리는 기념비를 살펴보자. 군대를 이끌고 파괴적인 원정을 감행한 것 외에는 아무것도 하지 않은 이들을 찬양하는 조각상의 자세를 관찰해보라. 그리고 돌격하는 군마에 올라탄 전사의 동상이 얼마나 효과적으로 젊은이의 마음을 자극해 전쟁을 단순히 용인할 수 있는 행위로 여기도록 만드는지 살펴보자. 나아가 전쟁을 명예와 명성, 영광을 얻기 위한 바람직한 수단으로 받아들이도록 하는 데에도 얼마나 효과적으로 작용하는지 보자. 이 글을 쓰는 현재, 일부 선의의 여성이 조지아주 스톤마운틴의 견고한 화강암을 깎아 30미터에 달하는 거대한 남부연합 병사의 형상을 새기고 있다. 이는 본래 '대의'라고 할 수도 없었던, 따라서 빨리 잊힐수록 더 나을 잃어버린 '대의'의 기억을 영속시키려는 시도다.

만약 러시아, 일본, 독일과 같은 나라에 대한 언급이 와닿지 않고 추상적으로 여겨진다면, 현재 미국에서 고도로 발달한 형태로 작용하고 있는 사회적 유전의 원리를 살펴보자. 북쪽으로는 캐나다, 동쪽으로는 대서양, 서쪽은 태평양, 남쪽은 멕시코로 경계를 이루는 이 땅 너머에서 벌어지는 일에 평범한 미국인이 관심을 두길 기대하는 것은 지나친 요구일 수 있다.

미국인 역시 젊은 세대의 마음속에 국가적 이상을 심고 있다. 이 이상은 사회적 유전의 원리를 통해 매우 효과적으로 발전되어 벌써 국가의 지배적인 이상이 되었다. 그 이상이란 바로 부에 대한 욕망이다!

우리는 새로운 사람을 만나면 가장 먼저 "당신은 누구입니까?"라고 묻지 않는다. 대신, "당신은 무엇을 가지고 있습니까?"라고 질문하며, 이어서 "어떻게 하면 그것을 얻을 수 있을까요?"라고 한다.

우리의 이상은 이제 금융과 산업, 경영 측면에서 측정된다. 몇 세대 전에 존경받던 패트릭 헨리(미국 정치인으로 '건국의 아버지'로 꼽히는 사람들 중 하나. - 편집자), 워싱턴, 링컨은 이제 철강 공장, 탄광, 목재 산업, 금융 기관, 그리고 철도를 운영하는 유능한 리더로 대체되었다. 우리가 이 사실을 부정할 수도 있겠지만 현실은 이를 뒷받침하지 않는다.

오늘날 미국인의 가장 큰 문제는 바로 불안이라는 정신 상태다. 사람들은 대체로 생존하기가 점점 더 어렵다고 느낀다. 이는 미국의 가장 유능한 인재들이 부를 축적하고, 국가의 부를 생산하는 시스템을 통제하려고 치열하게 경쟁하고 있어서다. 지금의 사회를 지배하는 이상에 관해 장황하게 설명하거나 그 존재를 증명할 필요조차 없다. 그만큼 명백한 현실이기에 아주 무지한 사람마저 지식인 행세를 하는 사람들만큼이나 잘 이해하고 있다.

돈에 대한 이 맹목적인 욕망은 너무 깊이 뿌리내려 우리는 심지어 다른 나라들이 전쟁으로 서로 파괴하는 것을 용인할 정도다. 전쟁이 우리가 부를 쟁취하는 것을 방해만 하지 않으면 말이다. 이것이 우리 스스로에 대한 가장 비극적인 비판의 전부는 아니다. 우리는 단순히 다른 나라들의 전쟁을 용인하는 데 그치지 않는다. 전쟁 물자 판매로 이익을 얻는 일부 사람이 심지어 다른 나라들에 전쟁을 부추긴다는 상당한 근거가 존재하기 때문이다.

■ 계획

<u>전쟁은 다른 사람을 희생시켜 이득을 얻으려는 개인의 욕망에서 비롯된다.</u> 여기서 나타난 욕망의 불씨는 집단의 이익을 다른 집단의 이익보다 우선시하는 개인의 집단화를 통해 큰불로 번진다.

전쟁은 갑자기 멈출 수 없다! 전쟁은 오직 교육으로 개인의 이익을 인류 전체의 더 큰 이익에 종속시키는 원칙을 실현함으로써 근절된다.

인간의 성향과 행동은 2가지 주요한 힘에서 비롯된다. 하나는 신체적 유전이고, 다른 하나는 사회적 유전이다. 신체적 유전을 통해 인간은 자기 보호를 위해 다른 사람을 해치려는 원시적 성향을 물려받는다. 이 행위는 생존 경쟁이 극도로 치열했던 시기에 육체적으로 강한 자만이 살아남던 시대의 잔재다.

점차 인간은 다른 사람들과 연합하면 더 유리한 환경에서 생존할 수 있음을 깨닫기 시작했다. 이 발견을 바탕으로 현대 사회가 형성되었으며, 사람들은 집단을 이루어 마을을 만들었고, 다시 이 마을들이 모여 국가를 이루었다. 특정 집단이나 국가 내에서는 개인들 사이에 전쟁이 발생할 가능성이 거의 없다. 사람들은 사회적 유전이라는 원리를 통해, 개인의 이익을 집단의 이익에 종속시키는 것이 생존에 가장 유리하다는 것을 배운다.

이제 과제는 집단화 원리를 확장해 세계 각국이 자국의 이익을 인류 공동의 이익에 종속시키게 하는 것이다. 이 목표는 오직 사회적 유전이라는 방식으로만 실현할 수 있다. 즉, 모든 민족의 젊은 세대에게 전쟁은 끔찍하며, 전쟁에 참여하는 개인이나 개인이 속한 집단에도 아무런 이익이 되지 않는다는 사실을 깊이 교육하는 것이다.

그러면 '어떻게 실현할 수 있는가?'라는 질문이 제기된다. 이 질문에 답하기 전에 먼저 사회적 유전의 개념을 다시 정의하고 가능성을 살펴볼 필요가 있다.

사회적 유전이란 젊은 세대가 자신을 둘러싼 환경, 특히 부모, 교사, 종교 지도자로부터 교육받으며 성인의 신념과 성향을 자연스럽게 흡수하는 것이다.

전쟁을 근절하려는 어떤 계획이든 성공하려면, 전 세계의 모든 교회와 학교가 명확한 목표를 가지고 협력해 젊은 세대의 마음속에 '전쟁 근절'이라는 개념을 깊이 심어야 한다. 그렇게 해서 '전쟁'이라는 단어 자체가 공포를 불러일으키는 존재가 되어야 한다. 전쟁을 근절할 방법은 다른 방법은 없다!

다음으로 떠오르는 질문은 '전 세계의 교회와 학교를 어떻게 조직해 이 숭고한 이상을 목표로 삼게 할 것인가?'다. 이에 대한 답은 우선 모든 교회와 학교가 한꺼번에 이 연합에 참여하도록 유도하는 것은 불가능하지만, 비교적 더 영향력 있는 여러 기관 중 상당수를 설득하는 것은 가능하다는 것이다. 시간이 지나 여론이 형성되면 나머지 기관도 자연스럽게 동참하게 되거나, 대중의 요구로 참여를 강요받을 것이다.

이후에는 또 다른 질문이 제기된다. '이처럼 강력한 종교 및 교육 리더를 모아 회의를 소집할 만큼 막강한 영향력을 가진 사람은 누구인가?' 그 답은 미국 대통령과 의회다. 그들의 행동은 언론의 전례 없는 규모의 지지를 명할 수 있으며, 이 방법만이 전 세계의 대중에게 메시지가 전달되고 강력한 선전 효과를 일으키는 길이다. 그리고 이렇게 형성된 여론은 각국의 교회와 학교가 이 계획을 받아들이는 기반이 될 것이다.

전쟁을 근절하기 위한 계획은 마치 거대한 연극과도 같으며, 그 핵심 요소는 다음과 같다.

무대 설정: 미국 국회의사당
주연 배우: 미국 대통령과 의회 의원
조연 배우: 모든 교단의 주요 성직자와 주요 교육자. 모두 미국 정부의 초청과 지원을 받아 무대에 오른다.
언론 부서: 전 세계 언론사 대표
무대 장비: 전 세계에 전 과정을 방송으로 송출할 장비
연극 제목: 살인하지 마라!
연극의 목적: 세계법원 창설. 이 법원은 모든 민족을 대표하는 위원으로 구성되며, 국가 간의 갈등에서 발생하는 사건을 심리하고 판결을 내리는 임무를 맡는다.

다른 요소들도 이 거대한 세계 드라마에 포함될 수 있지만 부차적인 역할을 할 것이다. 여기 나열된 요소들이야말로 가장 핵심적인 문제이자 필수 요소다.

마지막으로 남는 질문은 '누가 미국 정부를 움직여 회의를 소집하도록 할 것인가?'이다. 그 답은 유능한 조직가이자 리더의 지도하에 형성된 여론

이다. 이 리더는 황금률협회를 조직하고 주도하며, 그 협회의 궁극적인 목표는 대통령과 의회를 설득해 실질적인 행동에 나서도록 이끄는 것이다.

사람들 마음속에 전쟁을 용인하는 흔적이 남아 있는 한 어떠한 국제연맹이나 단순한 국가 간 협정도 전쟁을 완전히 근절할 수 없다. 진정한 국제적 평화는 처음에는 소수의 사상가가 추진하는 운동에서 시작될 것이다. 시간이 지나면서 점차 세계의 주요 교육자, 성직자, 언론인이 참여할 것이다. 그들은 결국 평화를 인류의 보편적 이상으로 깊이 뿌리내리게 해 마침내 현실로 만들 것이다.

이 바람직한 목표는 올바른 리더십 아래에서는 단 한 세대 만에도 실현될 수 있다. 그러나 현실적으로는 여러 세대를 거쳐도 달성되지 못할 가능성이 크다. 리더가 될 능력을 갖춘 사람조차 대개 세상의 부를 좇느라 바빠서 아직 태어나지도 않은 미래 세대를 위해 희생을 감수하려 하지 않기 때문이다.

전쟁은 인간의 이성에 호소하는 것만으로는 근절될 수 없다. 인류의 감정적인 측면에 호소해야 한다. 그러려면 세계 각국의 사람들이 하나의 보편적 평화 계획을 지지하도록 조직하고, 강한 감정적 공감을 불러일으켜야 한다. 이 계획은 현재 우리가 젊은 세대에게 종교적 신념을 주입하는 것만큼이나 철저하고 체계적으로, 다음 세대의 마음속에 깊이 새겨야 한다.

전 세계의 교회가 서로 반목하는 데 쏟는 노력의 절반만이라도 보편적 평화를 국제적 이상으로 확립하는 데 집중한다면, 단 한 세대 만에 세계 평화를 실현할 수 있다고 해도 과장이 아니다. 기독교 교회만으로도 충분할지 모른다. 만약 모든 교파가 힘을 합친다면 세 세대 안에 세계 평화를 인류의 보편적인 이상으로 정착시킬 수 있을 것이다.

더 나아가 전 세계 주요 종교 기관, 교육 기관, 그리고 언론이 협력한다면, 단 한 세대 만에 성인과 어린이의 마음속에 보편적 평화라는 이상을 깊이 새겨 넣을 수 있을 것이다. 이는 상상하기 어려울 정도로 놀라운 일이다. **만약 현존하는 세계의 조직화된 종교가 각자의 이익과 목적을 내려놓지 않고 세계 평화를 확립하는 것을 최우선 과제로 삼지 않는다면, 문제는 해결되지 않을 것이다. 해결책은 모든 인종을 아우르는 세계 공통의 교회를 설립하는 것이며, 이 교회는 오직 젊은 세대의 마음속에 세계 평화의 이상을 심는 데 집중해야 한다.** 이런 교회가 설립된다면 점차 다른 모든 교회의 일반 신도로부터 추종자를 끌어들일 것이다.

그리고 만약 전 세계 교육 기관이 이 높은 이상을 육성하는 데 협력하지 않는다면 어떻게 해야 할까? 해결책은 완전히 새로운 교육 시스템을 구축하여 젊은 세대의 마음속에 보편적 평화라는 이상을 심는 데 있다.

그리고 전 세계의 언론이 보편적 평화의 이상을 정립하는 데 협력하지 않는다면 독립적인 언론을 창설한다. 이 독립 언론은 인쇄 매체와 방송을 활용해 대중의 지지를 끌어내는 역할을 해야 한다.

간단히 말해 현재 세계의 조직화된 세력이 국제적 이상으로서의 세계 평화를 확립하는 데 협력하지 않는다면, 이를 대신할 새로운 조직을 만들어야 한다. **세계인 대다수는 평화를 원하며, 바로 여기에 평화 실현의 가능성이 있다!**

처음에는 전 세계의 조직화된 교회가 힘을 합쳐 하나의 목표를 위해 협력하고, 각자의 이익을 문명 전체의 이익에 맞추도록 유도하는 것이 지나친 기대처럼 여겨질 수 있다. 그러나 겉으로는 극복할 수 없어 보여도 실제로는 전혀 장해물이 아니다. 이 계획이 교회로부터 어떤 지원을 받든, 교회는 그 대가로 수천 배로 더욱 강력해진 영향력을 돌려받기 마련이다.

이제 교회가 보편적 평화라는 세계적인 이상을 확립하려는 이 계획에 참여함으로써 얻는 이점이 무엇인지 살펴보자. 우선 어떤 교회도 이 세계적인 이상을 실현하기 위해 다른 교파와 연합하더라도 기존의 고유한 이점을 잃지 않는다. 이 연합은 어떤 교회의 교리도 변경하거나 간섭하지 않는다. 연합에 참여하는 모든 교회는 연합에 들어가기 전과 같은 힘과 이점을 그대로 유지할 뿐만 아니라 더욱 강력한 영향력이란 추가적인 이점까지 얻을 것이다. 이는 세계 역사상 문명이 누린 가장 위대한 혜택인 평화를 실현하는 데 주도적인 역할을 한 대가다.

설령 교회가 이 연합으로 다른 어떤 이점도 얻지 못한다고 해도, 이 한 가지 이점만으로도 충분한 보상이 될 것이다. 그러나 교회가 연합해서 얻는 가장 중요한 이점은 뜻을 모아 지지할 때, 세계에 이상을 주입할 만큼의 힘을 갖는 것이다. 이 연합으로 교회는 조직적인 노력의 광범위한 영향력을 이해하게 될 것이다. 이를 활용하여 교회는 쉽게 세상을 주도하고 문명에 그 이상을 심어줄 수도 있다.

오늘날 교회는 세계에서 단연코 가장 강력한 잠재력을 가진 조직이지만 그 힘은 아직 실현되지 않은 상태다. 교회가 연합하거나 조직화된 노력의 원칙을 활용하지 않는 한, 여전히 잠재력에 머물러 있을 것이라는 뜻이다. 즉, 모든 교파가 하나로 결속해 조직화된 종교의 힘을 활용해 젊은 세대의 마음속에 더 높은 이상을 심어주는 협약을 공식화할 때까지 말이다.

교회가 세계에서 가장 강력한 잠재력을 가진 이유는 그 힘이 인간의 감정에서 비롯되어서다. 감정은 세상을 지배하며, 교회는 감정의 힘에만 기반을 둔 유일한 조직이다. 또한 교회는 문명의 감정적 에너지를 활용하고 방향을 제시할 수 있는, 유일한 조직화된 세력이다. 그것은 감정이 이성이 아니라 믿음으로 좌우되기 때문이다! 그리고 교회는 전 세계의 믿음이 집중되는 유일한 거대 조직이다.

그러나 현재 교회는 서로 단절된 개별적인 힘으로 존재한다. 이 개별적인 힘이 연합된 노력으로 연결된다면 세상을 지배하게 될 것이다. 이를 막을 수 있는 그 어떤 세력도 지구상에는 존재하지 않을 것이다.

이어서 더욱 급진적인 말을 하겠지만, 결코 비관적인 관점에서 나온 것이 아님을 밝힌다. 세계 평화라는 이상을 지지하는 교회 연합을 이루는 과업은 여성 신도에게 달려 있다. 전쟁의 종식이 가져올 혜택은 미래까지 계속 이어질 것이며, 아직 태어나지 않은 세대에게만 혜택을 약속하기 때문이다.

독일 철학자 아르투어 쇼펜하우어는 여성에 대해 상당히 비판적이었으나 문명의 희망이 걸린 중요한 진실을 무의식적으로 드러냈다. 그는 여성에게 인류 전체가 언제나 개인보다 더 중요한 존재라고 했다. 여성은 본능적으로 개별적인 이익보다 종족의 이익을 우선시하는 경향이 있어서 본질적으로 남성과 대립할 수밖에 없다고 지적하기도 했다.

문명은 세계대전과 함께 새로운 시대로 접어들었으며, 이 시대에는 여성이 세계의 윤리적 기준을 높이는 역할을 맡게 될 운명이라는 예언은 상당히 타당해 보인다. 이는 희망적인 징후다. 여성은 본능적으로 현재의 이익보다 미래의 가치를 우선시한다. 여성은 젊은 세대의 마음속에 이상을 심어 아직 태어나지 않은 미래 세대까지 혜택이 이어지도록 하지만, 남성은 일반적으로 현재의 편의에 따라 동기를 부여한다.

쇼펜하우어는 여성에 대한 거센 비판 속에서도 본성에 대한 중요한 진실을 밝혀냈다. 이는 보편적 평화를 세계적 이상으로 정립하는 가치 있는 일에 참여하는 모든 이에게 유용한 진실이 될 것이다.

전 세계의 여성 단체는 단순히 여성 참정권을 획득하는 것을 넘어, 세계적 문제에서 중요한 역할을 할 운명에 놓여 있다. 문명은 이를 기억해야 한다! 평화를 원하지 않는 사람은 전쟁으로 이득을 얻는 사람뿐이다. 수적으로 이들은 세계 권력의 극히 일부에 불과하다. 전쟁을 반대하는 다수가 보편적 평화를 목표로 조직화된다면 이들은 마치 존재하지 않았던 것처럼 쉽게 사라질 수 있다.

글을 맺으며 이 글이 미완성된 상태로 마무리되는 점에 대해 사과를 전하는 것이 적절할 듯하다. 그러나 보편적 평화라는 성전을 세우는 데 필요한 벽돌과 모르타르, 주춧돌, 그리고 그 외의 모든 필수 재료가 여기에 모두 언급되었다. 그리고 이 재료들을 다시 배치하고 다듬어, 이 높은 이상을 세계적인 현실로 만들 수 있다는 점을 제안했다는 사실만으로 충분히 양해받을 것으로 생각한다.

사회적 유전으로 미래 고객을 확보하라

 이제 사회적 유전의 원칙을 '사업'에 적용해 물질적 부를 얻는 데 실질적인 도움이 되는지 확인해보자.
 만약 내가 은행가라면 영업점이 있는 지역 사회의 출생 기록을 확보하겠다. 그리고 태어난 모든 아이에게 적절한 시기에 좋은 지역 사회에서 세상에 온 것을 축하하는 편지를 보낼 것이다. 이후 그 아이는 내 은행으로부터 매년 생일 알림을 받을 것이다. 동화책을 읽을 나이가 되면 아이에게 저축의 이점을 이야기 형식으로 전달하는 흥미로운 동화책을 선물할 것이다. 아이가 여자아이라면 생일 선물로 우리 은행명이 뒷면에 새겨진 인형 오리기 책을 받을 것이고, 남자아이라면 야구 방망이를 선물받을 것이다. 은행의 주요 층이나 가까운 별도 건물에는 어린이 놀이방이 마련될 것이다. 이곳에는 회전목마, 미끄럼틀, 시소, 자전거, 다양한 게임과 모래 놀이터를 준비하고, 아이들이 안전하고 즐겁게 시간을 보낼 수 있도록 유능한 관리자를 배치할 것이다. 나는 이 놀이방을 지역 사회 아이들이 자연스럽게 모이는 공간으로 만들고, 부모가 은행 방문을 하는 동안 안심하고 아이들을 맡기게 할 것이다. 나는 최상의 즐거움을 제공해서 아이들이 예금 계좌를 개설하는 고객이 되었을 때 우리 은행과 떼려야 뗄 수 없는 관계를 만들고 싶다. 동시에 아이들의 부모가 우리 은행의 고객이 될 가능성 역시 놓치지 않을 것이다.
 만약 내가 경영 대학을 운영한다면, 지역 사회의 아이들이 초등학교 5학년이 되는 시점부터 고등학교 졸업까지 꾸준히 관심을 기울여 대학을 홍보할 것이다. 그렇게 함으로써 그들이 고등학교를 졸업하고 진로를 선택할 때쯤 경영 대학의 이름이 자연스럽게 머릿속에서 떠오르도록 하겠다.

만약 내가 식료품점, 백화점, 혹은 약국을 운영한다면, 아이들을 단골로 만들어 자연스럽게 아이들과 부모 모두를 내 가게로 이끌 것이다. 부모의 마음을 사로잡는 가장 빠른 길은 자녀에게 관심을 보이는 것이다.

만약 내가 백화점을 운영하며 신문 지면 전체를 활용하여 광고한다면 하단에 만화를 게재할 것이다. 그렇게 해서 아이들이 자연스럽게 백화점 광고를 읽도록 유도할 것이다.

만약 내가 목사라면 교회 지하에 어린이 놀이방을 마련해 지역 사회의 아이들이 매일 찾아오게 할 것이다. 그리고 놀이방에 직접 가서 아이들과 함께 어울릴 것이다. 그렇게 하면 더 나은 설교를 할 수 있는 영감을 얻는 동시에 미래의 신도까지 양성할 수 있을 것이다. 이보다 더 기독교 정신에 부합하는 봉사를 실천하면서, 교회를 젊은이가 자연스럽게 찾고 싶은 장소로 만드는 효과적인 방법이 있을까.

만약 내가 전국 규모의 광고사 운영자거나 우편 주문 회사의 소유주라면, 전국의 어린이와 접촉할 수 있는 적절한 방법과 수단을 찾을 것이다. 거듭 말하지만 아이를 사로잡는 것보다 부모에게 영향을 미치는 더 좋은 방법은 없다.

만약 내가 이발사라면 어린이를 위한 전용 공간을 마련하겠다. 어린이뿐만 아니라 부모까지 자연스럽게 고객으로 유치할 수 있을 것이다.

도시 외곽에는 가끔 아이들을 데리고 외식하고 싶어 하는 가족을 대상으로 하는 음식 맛이 괜찮은 식당을 창업할 기회가 열려 있다. 만약 내가 그 사업을 한다면, 물고기가 가득한 연못과 조랑말, 아이들이 흥미를 보일 만한 다양한 동물과 새를 기르겠다. 그렇게 하면 아이들이 방문해 하루 종일 머물며 즐길 수 있다. 이처럼 기회가 넘쳐나는데 굳이 금광을 찾으러 다닐 필요가 있을까?

이러한 예들은 사회적 유전의 원칙을 사업에 효과적으로 활용할 수 있는 몇 가지 방법에 불과하다. <u>아이들을 끌어들이면 부모도 따라온다!</u> 국가가 젊은이의 사고방식을 전쟁에 맞추어 길러내는 방식으로 군인을 양성할 수 있다면, 사업가 또한 같은 원리를 활용해 고객을 확보할 수 있다.

조직적인 노력으로 강력한 힘을 축적하는 법

이제 이 책의 또 다른 중요한 요소로 넘어가겠다. 협력적이고 조직적인 노력으로 어떻게 강력한 힘을 축적할 수 있는지를 새로운 시각에서 살펴보려 한다.

지금까지 우리는 세계의 거대한 조직된 세력, 즉 학교, 교회, 언론이 어떻게 조정되어 협력할 때 보편적 평화를 실현하는 데 기여하는지를 살펴보았다.

비록 세계대전은 극도로 참혹하고 파괴적이었지만, 우리는 많은 가치 있는 교훈을 얻었다. 그중 가장 중요한 것은 바로 조직적인 노력의 힘이었다. 연합군이 프랑스 장군 페르디낭 포슈의 지휘 아래 통합되면서 전쟁의 흐름이 연합군에 유리하게 바뀌기 시작했다. 이것은 연합군 내에서 완전한 협력을 이루어낸 결정적 계기가 되었다.

세계 역사상 이토록 막대한 권력이 한 리더의 집단에 집중된 사례는 이전에 없었다. 그것은 연합군의 조직적인 노력으로 창출된 강력한 힘이었다. 연합군을 분석하자 중요한 사실이 발견되었다. 연합군은 역사상 가장 다양한 국적과 배경을 가진 군인으로 구성된 집단이었다.

지구상의 거의 모든 인종이 연합군에 포함되었다. 인종은 물론 종교, 신념이 달랐어도 그들은 대의를 위해 하나로 뭉쳤다. 전쟁의 압박 속에서 이 거대한 인류 집단은 인종적 성향이나 종교적 신념을 따지지 않고 동등하게 어깨를 나란히 하고 싸웠다.

연합군이 전쟁 중에도 편협함을 내려놓을 수 있었다면, 왜 우리는 경영, 금융, 산업과 같은 평화로운 분야에서 더 높은 윤리적 기준을 실현하려 할 때 그와 같은 태도를 보이지 못하는가? 문명화된 사람은 오직 생존을 위한 싸움에서만 편협함을 내려놓고 공동의 목표를 위해 협력할 수 있는가? 만약 연합군이 하나의 완전히 조화된 조직처럼 사고하고 행동하면서 유리한 지점을 차지했다면, 도시나 지역 사회, 혹은 산업 분야에서는 같은 방식으로 협력하는 것이 과연 덜 유리할까? 도시 내 모든 교회와 학교, 신문, 동호회, 시민 단체가 공동의 대의를 위해 힘을 합친다면, 그 연합이 대의를 성공으로 이끌 충분한 힘을 만들어낼 것임을 모르겠는가?

이 개념을 개인 차원에서 더 가까이 살펴보자. 당신의 도시에서 모든 고용주와 노동자가 연합해 협력하는 모습을 상상해보자. 서로 간의 마찰과 오해를 줄이고, 대중에게 더 낮은 비용으로 질 좋은 서비스를 제공하면서 동시에 자신의 이익도 극대화하는 것이다.

우리는 세계대전을 거치며 한 부분을 파괴하면 결국 전체가 약해질 수밖에 없다는 사실을 배웠다. 즉, 한 국가나 집단이 가난과 궁핍으로 전락하면 세계의 나머지 부분도 고통받는다. 반대로 말해, **세계대전은 협력과 관용이 지속적인 성공의 근본적인 토대라는 사실을 가르쳐주었다**. 더 사려 깊고 관찰력이 뛰어난 사람이라면 분명 세계대전에서 배운 이 위대한 교훈을 참고해 개인적으로도 이익을 얻을 것이다. 당신은 성공의 법칙을 활용해 최대한 많은 개인적인 이익을 얻으려 하고 있다. 바로 그렇기에 나는 성공의 법칙을 가능한 한 광범위한 주제에 적용하는 방법을 설명하고자 했다.

이 장에서는 조직적인 노력, 관용, 그리고 사회적 유전이라는 기본 원칙이 어떻게 적용되는지를 살펴보았다. 이를 통해 당신은 많은 생각할 거리를 얻고, 상상력을 유익하게 활용할 다양한 가능성도 보았을 것이다. 나는 당신이 어떤 직업에 종사하든 이 원칙들이 개인의 이익을 높이는 동시에 문명 전체에 기여할 방법을 보여주려 노력했다.

당신의 직업이 설교자든, 상품이나 개인 서비스를 판매하는 사람이든, 법률가나 육체노동자든 상관없다. 이 장이 당신이 더 높은 성취로 나아가는 데 필요한 사고의 전환점이 되기를 기대하는 것은 결코 지나친 바람이 아닐 것이다. 당신이 광고 작가라면 이번 장의 내용으로 글에 더욱 힘을 실어줄 충분한 생각거리를 얻었을 것이다. 또한 자신의 서비스를 판매하는 사람이라면, 이 장에서 그 서비스를 더 효과적으로 판매할 방법과 수단을 찾았을 것이다.

이 장은 편협함이 주로 발생하는 근원을 밝히고 그 과정에서 깊이 생각해볼만 한 주제를 탐구했다. 이는 당신 인생에서 유익한 전환점이 되어줄 것이다. 사실 책 자체만으로는 별 가치가 없다. 진정한 가치는 인쇄된 글자에 있는 것이 아니라, 당신이 실제로 어떤 행동을 실천하게 하는지에 달려 있다.

이 책의 원고를 읽은 교정자는 깊은 감명을 받아 남편과 광고 사업을 시작하기로 했다. 그들은 은행을 대상으로 어린이를 통해 부모에게 다가가는 광고 서비스를 제공할 계획이다. 그녀는 이 계획이 연간 1만 달러의 가치가 있을 것이라고 믿는다.

솔직히 그녀의 계획은 매우 훌륭하다. 나는 그 가치가 그녀가 예상한 금액의 최소 세 배 이상일 것이라 본다. 더 나아가 이 아이디어를 체계적으로 조직할 줄 아는 능력 있는 영업 사원이 효과적으로 마케팅하면 다섯 배 이상의 수익을 창출하는 것도 충분히 가능하리라 생각한다.

이 사례는 이 책이 원고 단계에서 이루어낸 성과의 전부가 아니다. 내가 원고를 보여준 한 저명한 경영 대학 운영자는 벌써 학생을 육성하는 수단으로 사회적 유전 개념을 활용하기 시작했다. 또한 그는 도입하려는 방안을 미국과 캐나다의 1,500개 경영 대학에 판매할 수 있다고 확신한다. 그는 이 일로 미국 대통령의 연봉을 뛰어넘는 연간 수입을 올릴 수 있을 것이라 낙관한다.

이 책이 완성되어가던 시점에 나는 조지아주 애틀랜타의 찰스 F. 크라우치 박사로부터 한 통의 편지를 받았다. 그는 애틀랜타의 저명한 사업가들이 최근 황금률클럽을 결성했으며, 이 클럽의 주요 목표는 내가 이 책에서 제시한 전쟁 종식 계획을 전국적으로 실천하는 것이라고 알려왔다. 책이 완성되기 몇 주 전에 나는 크라우치에게 전쟁 종식과 관련된 원고의 사본을 전달했었다.

몇 주라는 짧은 기간에 이 3가지 사건이 연달아 일어나면서, 나는 이 장이 이 책 전체에서 가장 중요한 내용이라고 더욱 확신했다. 그러나 이 장의 진정한 가치는 전적으로 당신이 이 내용을 접한 뒤에 얼마나 평소와 다른 방식으로 사고하고 새로운 행동을 실천하느냐에 달려 있다.

이 책, 특히 이 장의 주요 목적은 단순한 정보 제공을 넘어 교육하는 것이다. 여기서 '교육하다'가 의미하는 것은 힘을 끌어내는 것이다! 그리고 끌어낸 힘을 발전시키는 것을 의미한다. <u>즉, **당신 안에 잠들어 있는 힘을 깨워 활용하게 하고, 행동으로 나아가도록** 하는 적절한 계기를 제공하는 것이다.</u>

마지막으로 관용에 대한 내 생각을 당신과 나누고자 다음 글을 소개한다. 이 글은 어떤 적이 내 평판을 망치고 세상에 선을 행하려던 평생의 정직한 노력을 무너뜨리려 했던 힘든 시기에 작성되었다.

✦   관용!

지성의 새벽이 밝아와 진보라는 동쪽 지평선 너머로 날개를 펼칠 때, 무지와 미신은 시간의 모래 위에 마지막 발자국을 남긴다. 그때 인류의 범죄와 실수에 대한 기록에는 가장 끔찍한 죄악이 바로 편협함이었다고 남겨질 것이다.

가장 쓰라린 편협함은 인종과 종교적 의견 차이에서 비롯되며, 이는 어린 시절의 교육에 뿌리를 두고 있다. 인류의 운명을 주관하는 위대한 존재여! 우리는 언제쯤 신념과 교리, 사소한 차이로 서로를 파괴하려는 어리석음을 깨달을 것인가?

이 땅에서 우리에게 허락된 시간은 기껏해야 찰나일 뿐이다!

우리는 촛불처럼 타올랐다가 잠시 빛을 내고 이내 사그라든다! 그렇다면 왜 짧은 삶을 살아가다 죽음의 사신이 다가와 이 여정이 끝났음을 고할 때, 두려움과 떨림 없이 천막을 접고 사막의 아랍인들처럼 말없이 그 행렬을 따라 미지의 어둠 속으로 나아갈 준비를 하지 못하는가?

나는 저승으로 건너갔을 때 인종, 종교, 피부색의 구별 없이 오직 형제자매뿐인 영혼만 존재하기를 바란다. 편협함과 완전히 작별하고, 지상의 삶을 혼란과 슬픔으로 물들이던 갈등과 무지, 미신, 사소한 오해에서 벗어나 영겁의 시간 동안 평온한 휴식을 누리고 싶다.

16장

성공의 법칙 15

베푼 만큼 돌아온다, 황금률을 기억하라

"성공을 거두었다면 과거 누군가의 도움이 있었음을 기억하라. 그리고 당신이 다른 사람을 돕기 전까지는 인생에 빚이 있다는 것도 기억하라."

성공 법칙의 철학에서 정점을 이루는 이 장은 길잡이가 되어 당신이 이전 장에서 배운 지식을 더 효과적이고 건설적으로 활용하게 해줄 것이다. 지금까지 배운 내용에는 대다수의 사람은 감당하기 어려운 강력한 힘이 담겨 있으며, 이 장은 그 힘을 올바르게 조절하는 조정 장치가 되어준다. 여기서 제시되는 법칙을 잘 따르고 적용하면, 갑작스럽게 권력을 얻은 사람이 흔히 마주치는 실패의 암초와 장해물을 피하고, 지식이라는 배를 한층 안전하고 안정적으로 조종할 수 있다.

나는 25년 넘게 권력을 쥔 사람이 어떻게 행동하는지 관찰해왔다. 그리고 권력을 천천히, 단계적으로 쌓아 올리지 않고 갑작스럽게 얻은 사람은 자신뿐 아니라 주변까지도 파멸로 이끌 위험에 늘 노출되어 있다는 결론을 내릴 수밖에 없었다.

생각도, 행동도 뿌린 만큼 거두리라!

이쯤 되면 당신도 진작 깨달았겠지만, 이 책 전체는 겉으로 '불가능'해 보이는 일을 해내는 강력한 힘을 갖추는 과정으로 이루어져 있다. 이 힘은 여러 근본적인 법칙을 충실히 준수해야 얻을 수 있으며, 모든 법칙은 결국 이 장으로 한데 모인다. 이 힘은 오직 이 장에서 제시하는 법칙을 철저히 따를 때만 지속된다. 이 장에는 어리석게도 당신이 위험에 빠지는 것을 막아주는 '안전장치'가 마련되어 있다. 그래서 당신이 이 장에서 제시하는 지침을 무시하거나 우회하려 할 때 위험에 처할 수도 있는 주변 사람까지 보호해줄 것이다.

이 장에서 제시하는 법칙을 완전히 이해하지도, 엄격하게 준수하지도 않은 채 이전 장에서 얻은 지식을 '가볍게 다루는 것'은, 곧 창조와 파괴가 동시에 가능한 강력한 힘으로 '장난치는 것'과 같다.

나는 지금 추측이 아닌 직접 경험하고 확신하는 진실을 말하고 있다! 이 책 전체, 특히 이 장이 기반을 둔 진리는 내가 창조하지 않았다. 나는 단지 25년 이상 삶의 현장에서 이 법칙이 변함없이 적용되는 모습을 지켜보았을 뿐이다. 그리고 인간으로서의 나약함과 한계를 인정하면서 그 법칙을 내가 활용할 수 있는 만큼 실천해왔다.

당신이 이 책 전체와 이 장이 핵심이 되는 법칙이 타당한지에 대한 확실한 증거를 요구한다면, 나는 단 하나의 방법 외에는 증명할 수 없음을 인정할 수밖에 없다. 그 유일한 증거는 바로 당신 자신이다. 이런 법칙은 직접 시험하고 적용해야만 진실임을 증명할 수 있다.

만약 내 증언보다 더 실질적이고 권위 있는 증거를 원한다면, 예수 그리스도, 플라톤, 소크라테스, 에픽테토스, 공자, 에머슨, 그리고 현대 철학자인 윌리엄 제임스와 휴고 뮌스터베르크의 가르침과 철학을 살펴보길 권한다. 이 장의 바탕을 만들 때 내 자신의 제한된 경험에서 얻은 일부 내용을 제외하고는 이 위대한 사상가들의 저작을 참고했기 때문이다.

4천 년이 넘는 세월 동안 사람들은 황금률을 바람직한 인간관계를 위한 행동 규범으로 설교해왔다. 그러나 안타깝게도 세상은 이 보편적인 가르침의 본질을 놓친 채 문자 그대로만 받아들였다. 황금률을 단순히 윤리적 행동의 기준으로만 인식했을 뿐, 그 기반이 되는 법칙을 제대로 이해하지 못했다.

나는 지금까지 수없이 황금률이 인용되는 것을 들어왔다. 하지만 그 바탕이 되는 법칙에 관한 설명을 들어본 기억은 없다. 그리고 비교적 최근에야 이 법칙을 깨달았기에, 과거에 황금률을 인용했던 사람들조차 본질을 제대로 이해하지 못했을 가능성이 크다고 생각한다.

<u>**황금률이란 본질적으로 '당신이 상대에게 대접받기를 원하는 대로 먼저 그렇게 행동하라'는 의미를 담고 있다.**</u>

하지만 왜 그래야 하는가? 다른 사람에게 친절하게 배려해야 하는 진정한 이유는 무엇인가? <u>**세상에는 뿌린 대로 거둔다는 불멸의 법칙이 존재한다.**</u> 당신이 다른 사람과의 관계에서 어떤 행동 원칙을 따를지 선택하면 다른 사람의 삶에 긍정적이든 부정적이든 영향을 미친다. 그리고 그 영향은 결국 되돌아와서 당신을 돕거나 방해하는 힘으로 작용한다. 사람이 무엇을 심든지 그대로 거두리라! 당신에게는 다른 사람을 부당하게 대할 자유가 있다. 그러나 황금률의 법칙에 따르면 부당한 행동은 '결국 자신에게 돌아오기 마련'이다.

만약 11장에서 배운 정확한 사고의 법칙을 충분히 이해한 사람은 황금률의 법칙을 그리 어렵지 않게 이해할 수 있다. 그 본질을 이해하고 따른다면 이 법칙은 강력한 힘이 되어 당신 혼자서는 성취하기 불가능해 보이는 것을 성취하도록 도울 것이다.

황금률의 법칙은 단순히 당신이 다른 사람에게 행한 불의와 불친절이 그대로 되돌아오는 것에 그치지 않는다. 훨씬 더 깊고 넓게 작용하여 당신이 내보낸 모든 생각의 결과를 그대로 되돌려준다. 이 위대한 보편적 법칙의 혜택을 온전히 누리려면, '다른 사람이 당신에게 해주기를 바라는 대로 행동하는 것'을 넘어 <u>**'다른 사람이 당신을 어떻게 생**</u>

각해주기를 바란다면, 당신도 그렇게 생각해야 한다.'

황금률의 법칙에 따르면 당신이 어떤 생각을 방출하는 순간부터 그게 좋든 나쁘든 즉시 당신에게 영향을 미치기 시작한다. 사람들이 이 법칙을 제대로 이해하지 못하는 것은 전 세계적인 비극에 가깝다. 단순한 이 법칙은 인류가 배워야 할 가장 중요한 진리라고 해도 과언이 아니다. 이 법칙이야말로 우리가 스스로 운명을 개척하게 해주는 매개체이기 때문이다.

이 법칙을 이해하면 성경이 전하는 모든 진리를 이해할 수 있다. 성경은 인간이 운명을 스스로 만들어가는 존재며, 생각과 행동이 운명을 창조하는 도구라는 사실을 뒷받침하는 증거를 끊임없이 제시한다.

지금보다 덜 계몽되고 덜 관용적이던 과거에는 인류가 배출한 가장 위대한 사상가 중 일부가 이 보편적 법칙을 밝혀내 모든 사람이 이해할 수 있도록 전하려 했다는 이유만으로 목숨을 잃었다. 하지만 나는 지금 몇 세기 전이라면 목숨을 잃었을 내용의 글을 쓰고 있음에도 어떠한 신체적 위해도 걱정할 필요가 없다. 이는 역사를 돌아볼 때 인류가 점차 무지와 편협함의 장막을 벗어던지고 있다는 사실을 보여주는 고무적인 증거라 할 수 있다.

삶 속에서 만나는 황금률

이 책은 인간이 해석할 수 있는 가장 고차원의 우주 법칙을 다루지만, 그 목적은 어디까지나 이 법칙들이 실제 삶의 문제에서 어떻게 활용될 수 있는지를 보여주는 데 있다. 이제 실질적인 적용이라는 목표를 염두에 두고, 황금률이 삶에 미치는 영향을 분석해보자.

♦ 기도의 위대한 힘

"아니오." 변호사가 말했다. "나는 그 사람을 상대로 당신의 청구를 밀어붙이지 않을 겁니다. 다른 변호사를 구하든, 그냥 소송을 취하하든, 당신이 원하는 대로 하세요."

이에 의뢰인이 물었다. "돈이 안 되는 사건이라고 생각하는 건가요?"

"약간의 돈은 될 겁니다. 하지만 그 돈은 그 사람이 살고 있는 작은 집을 팔아서 나온 돈일 겁니다! 어쨌든 나는 이 일에 관여하고 싶지 않습니다."

"겁이라도 먹은 건가요?"

"전혀 그렇지 않습니다."

"혹시 그 사람이 간절히 애원했나요?"

"음… 네, 그렇습니다."

"그래서 결국 마음이 약해졌군요?"

"네."

"도대체 무슨 일이 있었던 겁니까?"

"저도 모르게 눈물을 좀 흘렸습니다."

"그 노인이 그렇게 간절히 애원했다고 했죠?"

"아니요, 그는 한마디도 하지 않았어요."

"그럼 실례를 무릅쓰고 묻겠습니다. 그가 당신이 듣는 앞에서 누구에게 말했던 겁니까?"

"전능하신 하나님께요."

"아, 그가 기도를 올렸군요?"

"제 선처를 바라고 기도한 건 아니었습니다. 저는 작은 집을 쉽게 찾았고, 바깥문을 두드렸습니다. 문이 살짝 열려 있었지만 아무도 제 소리를 듣지 못한 듯했습니다. 그래서 조심스레 작은 복도로 들어섰는데 문틈으로 아늑한 거실이 보였습니다. 침대 위에는 베개에 은빛 머리를 기댄 채 누운 한 노부인이 있더군요. 그녀는 내가 이 세상에서 마지막으로 본 어머니와 비슷한 모습이었습니다. 막 문을 두드리려던 찰나에 그녀가 조용히 말했습니다. '여보, 이제 시작하세요. 저는 다 준비되었어요.' 그녀 곁에는 무릎을 꿇은 한 백발의 노인이 있었습니다. 제 생각에 그는 아내보다도 더 나이가 들어 보였습니다. 그때 저는 도저히 문을 두드릴 수 없었습니다.

그가 기도를 시작했습니다. 먼저 아내와 자신은 여전히 하나님의 순종하는 자녀며, 하나님이 어떤 시련을 주더라도 결코 그 뜻을 거역하지 않을 것이라고 고백했습니다. 하지만 늙은 몸으로 집을 잃고 거리로 나서는 것은 너무나 힘든 일이겠지요. 특히 병들고 무력한 아내를 생각하면 더욱 가슴이 아팠을 겁니다. 그 순간 그의 목소리가 떨리더니 울컥 끊어졌고, 가녀린 흰 손이 침대 위 이불에서 나와 부드럽게 그의 눈처럼 하얀 머리 위를 쓰다듬었습니다. 그리고 나서 그는 아내와의 이별 말고는 세 아들과의 이별만큼 고통스러운 일은 없었다고 다시한번 되뇌었습니다.

그러나 마침내 그는 자신과 아내가 사랑하는 작은 집을 잃을 위기에 처한 것이 결코 자기 잘못이 아니라는 사실을 하나님이 알고 계신다며

위안을 찾기 시작했습니다. 그들에게 그 집은 단순한 거처가 아니라 삶의 마지막 보루였기에 집을 잃는다는 것은 구걸과 빈민 구호소 생활로 내몰리는 것을 의미했습니다. 그들은 빈민 구호소에 가지 않도록 구원해달라고 간절히 기도했습니다. 하나님의 뜻에 부합한다면 말이죠. 그리고 그는 하나님이 보호를 약속하는 수많은 성경 구절을 인용했습니다.

그 기도는 제가 들어본 것 중 가장 가슴을 울리는 간절한 호소였습니다. 마지막으로 그는 자신들에게 정의를 요구하려는 이들에게도 하나님의 축복이 함께하길 기도하더군요."

변호사는 한층 낮은 목소리로 말을 이어 갔다.

"그리고 저는… 차라리 오늘 밤 빈민 구호소에 가는 것이 이런 소송을 맡아 제 마음과 손을 더럽히는 것보다 낫다고 생각합니다."

"노인의 기도를 거스를까 봐 조금 두려운 겁니까?"

"아닙니다. 당신은 그 기도를 꺾을 수 없습니다!" 변호사가 단호하게 말했다.

"그는 모든 것을 하나님의 뜻에 맡겼습니다. 동시에 그는 소망을 하나님에게 아뢰라고 배웠다고도 했죠. 제가 들어본 모든 간청 중에서도, 그 기도는 가장 간절하고도 절절한 호소였습니다. 사실 저도 어릴 때부터 그런 가르침을 받고 자랐습니다.

그런데 도대체 왜 저는 그 기도를 듣게 되었을까요? 그 이유는 알 수 없지만, 이제 저는 이 사건에서 손을 떼려고 합니다."

의뢰인은 불편한 듯 몸을 비틀며 말했다. "당신이 그 노인의 기도에 관해 말해주지 않았더라면 좋았을 텐데요."

"왜 그러시죠?"

"그 집을 팔면 저는 돈을 벌 수 있습니다. 하지만 어릴 때부터 성경을 배우며 자랐으니… 지금 당신이 한 말을 무시하는 건 쉽지 않군요. 차라리 이 이야기를 듣지 않았더라면 좋았을 겁니다. 그리고 다음번에는 제 귀에 들어오지 않은 탄원은 아예 듣지 않도록 조심해야겠어요."

변호사는 미소 지으며 말했다.

"아닙니다, 친구여. 당신은 또다시 틀렸습니다. 그 기도는 제 귀에 들렸으나, 당신의 귀에도 들려야 했던 겁니다. 전능하신 하나님이 그렇게 의도하신 겁니다. 제 기억으로는, 늙으신 어머니는 하나님이 신비로운 방식으로 움직이신다고 찬양하곤 하셨습니다."

"글쎄요, 제 어머니도 그 찬양을 부르곤 하셨어요." 의뢰인은 손에 쥔 서류를 구기며 깊은 생각에 잠겼다.

"원한다면 아침에 들러서 '어머니'와 '그'에게 청구가 해결되었다고 말해도 좋습니다."

"신비로운 방식으로요." 변호사가 미소를 지으며 덧붙였다.

이 장은 물론 이 책 전체는 감상적인 감정에 호소하지 않는다. 그러나 진정한 성공의 경지에 이르면, 결국 모든 인간관계를 깊은 감정으로 바라보게 된다는 사실은 부정할 수 없다. 마치 변호사가 노인의 기도를 엿들었을 때 느낀 감정처럼 말이다.

다소 전통적인 생각처럼 들릴지 모르지만, 진심 어린 기도의 도움이 없이는 아무도 성공의 정점에 이를 수 없다! 기도는 11장에서 언급했듯 성공의 문을 여는 마법 열쇠다. 지금은 부의 축적이나 생존을 위한 투쟁이 거의 모든 사람에게 최우선 과제가 된 세속적인 시대다. 그러니 진지한 기도의 힘을 간과하기 쉽고, 어쩌면 그러는 게 당연하게 여겨질지 모른다.

지금 즉각적인 해결이 필요한 일상적인 문제를 풀기 위한 수단으로 기도에 의지하라고 주장하는 것이 아니다. 돈으로 측정되는 성공의 길을 찾고자 이 책을 읽는 당신에게 그렇게까지 말할 생각은 없다. 하지만 다른 모든 방법이 만족스러운 성공을 가져다주지 못했을 때는 적어도 한번쯤 기도를 해보라고 권할 수는 있지 않겠는가?

❖ 노래의 위대한 힘

눈이 충혈되고 초췌한 30명의 남자가 샌프란시스코법원의 판사 앞에 줄을 섰다. 매일 아침 단골로 모습을 드러내는 취객과 난동꾼이었다. 어떤 이는 완고한 표정을 지었고, 또 어떤 이는 수치심에 고개를 떨구었다. 이들이 이송되며 벌어졌던 소란이 가라앉던 때 뜻밖의 일이 벌어졌다. 누군가가 힘차고 맑은 목소리로 노래를 부르기 시작한 것이다. "지난밤 나는 잠자리에 들었고, 너무나 아름다운 꿈을 꾸었네."

'지난밤!' 그들에게 지난밤은 꿈이 아니라 악몽 혹은 술에 취한 혼수상태에 가까웠다. 노래는 그들이 처한 끔찍한 현실과 너무도 대조적이라, 그 순간 노랫말이 불러일으킨 이미지가 예상치 못한 충격을 안겼다.

"나는 옛 예루살렘, 그 성전 옆에 서 있었네."

노래는 계속되었다. 판사는 조용히 무슨 일이냐고 물었다. 그러자 법원 직원이 전국적으로 알려진 유명 오페라단의 전 단원이 위조 혐의로 재판을 기다리고 있다고 했다. 그가 유치장에서 노래를 부르고 있었다.

노래는 계속되자 줄지어 있던 모든 이가 감정을 드러냈다. 한두 명은 무릎을 꿇었고, 줄 끝에 있던 한 소년은 필사적으로 자제하려 애쓰다가 벽에 기대어 팔짱을 낀 채 얼굴을 묻고 흐느꼈다. "오, 어머니, 어머니."

듣는 이들의 가슴을 울리는 흐느낌과 여전히 법정 안에 울려 퍼지는 노랫소리가 정적 속에 어우러졌다. 마침내 한 남성이 항의했다. "판사님, 왜 우리가 노래를 들어야 합니까? 처벌받으러 여기 오긴 했지만, 이건…." 하더니 그 역시 흐느끼기 시작했다.

법정 업무를 진행하는 것은 불가능했지만, 법원은 노래를 중단하라는 명령을 내리지 않았다. 경찰관도 뒤로 물러났다. 노래는 절정으로 치달았다.

"예루살렘, 예루살렘! 밤이 끝났으니 노래하라! 호산나, 가장 높은 곳에서! 영원토록 호산나!"

마지막 선율이 법정에 울려 퍼지자 깊은 침묵이 감돌았다. 판사는 앞에 선 이들의 얼굴을 찬찬히 살펴보았다. 노래에 감명받지 않은 사람은 단 한 명도 없었고, 모두의 마음속에 선한 감정이 일렁이고 있었다.

판사는 죄목을 하나하나 읊지 않았다. 따뜻한 격려의 한마디와 함께 그들 모두를 풀어주었다. 그날 아침은 벌금형이나 노역형을 선고받은 자가 단 한 명도 없었다. 한 곡의 노래가 어떤 형벌보다도 죄지은 이들을 효과적으로 교화시켰다.

믿고 '행해야' 의미 있는 위대한 법칙

당신은 황금률을 실천한 변호사와 판사의 이야기를 읽었다. 평범한 일상에서 있었던 이 사건들을 통해 황금률이 실천될 때 어떤 결과를 낳는지 확인했을 것이다.

그러나 황금률을 단순히 믿기만 하는 것으로는 아무런 변화를 만들어낼 수 없다. <u>가르침을 마음속에 품는 것만으로는 충분하지 않으며 실제 관계 속에서 실천해야만 한다. 진정한 결과를 원한다면 황금률을 적극적으로 실천하자.</u> 단순히 올바름을 믿는 소극적인 태도로는 아무런 결과를 얻지 못한다.

당신이 황금률을 믿는다고 세상에 선포해도 신념이 행동으로 드러나지 않으면 아무 소용이 없다. 반대로 겉으로는 황금률을 실천하는 척하면서 속으로는 탐욕과 이기심을 감추기 위한 망토로 이 보편적인 도덕 법칙을 이용하는 것 또한 아무런 의미가 없다. 나쁜 짓은 결국 드러나기 마련이다. 아무리 둔한 사람이라도 당신의 본모습을 '감지'할 것이다.

에머슨은 다음처럼 말한다.

✦ 인간의 성품은 결국 스스로 드러나기 마련이다. 어둠을 피하고 자연스럽게 빛을 향해 나아가기에 감출 수가 없다.

나는 한 노련한 변호사가 이렇게 말하는 것을 들은 적이 있다. 변호사가 의뢰인이 승소해야 한다고 진심으로 믿는다면 변론이 배심원에게 영향을 미칠까 봐 두려워할 필요가 없다고 말이다. 반대로 변호사 자신이 확신하지 못하는 사실은 아무리 열정적으로 변론하더라도 결국 배심원에게 진실하게 전달되지 않는다. 오히려 배심원의 불신만 키우고 만다.

이는 예술가가 작품을 만들 때와 같은 감정 상태로 우리를 만드는 것과 같은 원리라고 할 수 있다. 우리가 진정으로 믿지 않는 것은 아무리 자주 반복해도 좋게 표현되지 않는다. 스웨덴 신학자 에마누엘 스베덴보리는 영적 세계에서 한 무리의 사람이 자신이 믿지 않는 명제를 말하려 애쓰는 모습을 묘사하며, 그들의 한계를 강조했다. 그들은 아무리 입술을 비틀고 구부려도 결국 그것을 표현할 수 없었고, 마침내 분개하기까지 했지만 끝내 말로 옮기지 못했다.

사람은 자신의 가치로 평가받는다. 그의 본질은 얼굴과 모습, 운명에 새겨지며, 이는 모든 사람이 읽을 수 있지만 정작 자신만은 알지 못하는 빛의 문자와 같다. … 만약 자신이 한 일을 남에게 알리지 않기를 원한다면 애초에 그 일을 하지 마라. 사막 한가운데서 어리석은 행동을 하더라도 마치 모든 모래알이 지켜보는 듯한 기분이 들기 마련이다.

에머슨이 인용문에서 언급한 것이 바로 황금률 철학의 근간이다. 그리고 그는 다음 글을 썼을 때도 이 법칙을 염두에 두었다.

✦ 진실을 어기는 모든 행위는 거짓말쟁이에게 일종의 자멸일 뿐만 아니라 인간 사회의 건강을 해치는 행위다. 아무리 이득이 되는 거짓말이라 해도 결국 시간은 가혹한 대가를 요구한다. 반면, 솔직함은 최선의 전략임이 증명된다. 솔직함은 또 다른 솔직함을 불러일으키고, 사람들을 더 편안한 관계로 이끌며, 결국 거래를 우정으로 변화시킨다. 당신이 신뢰하면 사람들

은 진실할 것이고, 당신이 존중하면 사람들 또한 스스로 훌륭한 모습을 보일 것이다. 비록 다른 모든 거래에서는 원칙을 고수하더라도 사람들은 당신에게만은 예외를 둘지 모른다.

함께해야 행복하게 성공할 수 있다

황금률 철학은 어떤 인간도 피해 갈 수 없는 보편적 법칙에 기반을 둔다. 즉 11장에서 다룬 정확한 사고의 법칙에 따라, 사람의 생각은 결국 그 본질과 정확히 일치하는 현실로 나타난다.

다음 인용문은 트로워드의 저서 《성경의 신비와 성경의 의미》에서 발췌한 것이다. 그는 내가 사람들에게 추천하는 《에든버러 정신과학 강의》를 포함해 여러 저서를 남겼다.

- ✦ 우리의 사고에 창조적인 힘이 있다는 사실을 인정하는 순간, 더는 다른 사람의 희생으로 원하는 것을 얻을 필요가 없어진다. 원하는 것을 스스로 창조할 수 있기 때문이다. 다른 사람에게서 빼앗는 게 아니라 직접 만들면 된다. 그리고 사고에는 한계가 없으므로 긴장할 필요도 없다. 모든 사람이 이러한 방식으로 살아간다면 세상에서 모든 갈등과 결핍, 질병, 슬픔을 몰아낼 수 있다.

  성경은 사고의 창조적 힘을 전제로 삼는다. 그렇지 않다면 믿음으로 구원받는다는 말이 무슨 의미가 있겠는가? 믿음이란 본질적으로 생각이다. 따라서 '하나님에게 믿음을 가지라'는 모든 가르침은 결국 우리가 하나님에 대해 갖는 생각의 힘을 신뢰하라는 의미와 같다. 성경은 이렇게 말한다. "너희의 믿음대로 될지어다."(마태복음 9장 29절.-편집자) 성경 전체는 곧 사고의 창조적 힘에 대한 끊임없는 선언이다.

그러므로 '개성의 원칙'은 곧 자유의 원칙인 동시에 평화의 복음이다. 개성의 원칙을 진정으로 이해하면 같은 원칙이 모든 사람에게도 적용된다는 사실을 알게 된다. 따라서 우리는 이 원칙을 소중히 여기는 만큼 다른 사람도 똑같이 존중하게 되며, 이는 곧 '다른 사람이 내게 해주기를 바라는 대로 그에게 행하라'는 황금률을 실천하는 것과 같다.

그리고 우리 안에 존재하는 자유의 원칙이 창조적 능력을 자유롭게 활용할 수 있음을 인식하게 되면 더 이상 다른 사람의 권리를 침해할 필요가 없어진다. 이 원칙에 대한 올바른 이해와 활용만으로도 우리의 모든 바람을 충족할 수 있다.

이러한 원리를 이해하면 협력은 경쟁을 대체할 것이다. 그 결과 개인, 계층, 그리고 국가 간의 모든 적대감이 사라질 것이다.

황금률 철학의 근간이 되는 법칙을 완전히 무시하는 사람이 어떻게 되는지 알고 싶다면 지역 사회를 한번 둘러보자. 그리고 오직 부의 축적만을 삶의 유일한 목표로 삼고, 부를 얻는 과정에서 어떠한 양심의 가책도 느끼지 않는 사람을 찾아 자세히 살펴보도록 한다. 그런 사람을 자세히 관찰하면 영혼에는 따뜻함이 없고, 말에는 친절함이 없으며, 얼굴에는 즐거운 기색이 없다. 그는 부를 갈망하는 욕망의 노예가 되었다. 그는 삶을 즐기기에는 너무 바쁘고, 다른 이들이 삶을 즐기도록 돕기에는 지나치게 이기적이다. 그는 걷고, 말하고, 숨 쉬지만, 그저 움직이는 인간 기계에 불과하다. 그런데도 많은 사람이 어리석게도 그를 진정한 성공을 이룬 사람이라고 부러워하며 그의 위치에 서고 싶어 한다.

행복 없는 성공은 존재할 수 없으며, 다른 사람에게 행복을 나누어 주지 않고서는 누구도 진정한 행복을 얻을 수 없다. 더 나아가 행복은 오직 자발적으로 나누어야 한다. 무거운 짐을 진 사람들의 마음에 따뜻한 햇볕을 전하는 것 외에는 다른 목적이 있어서는 안 된다.

미국 신학자이자 사회 운동가인 조지 D. 헤론은 황금률 법칙을 염두에 두고 다음과 같이 말했다.

✦ 우리는 다가올 형제애에 관해 오랫동안 이야기했다. 형제애는 현대적이고 영감을 주는 개념이 되기 훨씬 이전부터 우리 삶의 일부였다. 다만, 우리는 노예제와 고통 속에서, 무지와 파멸 속에서, 질병과 전쟁, 결핍 속에서, 그리고 매춘과 위선 속에서 형제로 존재해왔다.

우리 중 한 사람에게 일어난 일은 머지않아 모두에게 닥친다. 우리는 언제나 공통된 운명 속에서 서로 연결되었다. 세상은 늘 가장 낮은 곳에 있는 사람의 수준으로 끌려 내려가는 경향이 있다. 어떻게 보면 그 가장 낮은 사람이야말로 세상을 끌어안고 함께 나락으로 떨어뜨리는 세상의 진정한 지배자라 할 수 있다.

당신은 그렇게 생각하지 않을 수 있지만, 이것은 사실이며 그래야만 한다. 만약 일부만 자유로워지고, 소수만이 천국을 누리는 동안 나머지가 지옥을 겪어야 한다면, 이 세상은 심각한 불균형 속에 놓일 것이다. 그리고 세상의 일부만 소외된 노동의 고통과 위험, 비참함에서 벗어날 수 있다면,

그때야말로 이 세상은 진정으로 길을 잃고 저주받은 곳이 될 것이다.

그러나 인류는 결코 서로의 고통과 불행에서 완전히 분리될 수 없었으며, 역사는 우리가 어떤 형태로든 형제애를 피할 수 없다는 사실을 끊임없이 증명해왔다. 삶은 결국 우리가 매 순간 고통의 형제애와 선의의 형제애 사이에서 선택하고 있음을 가르쳐준다. 그러니 이제 우리는 사랑과 자유의 열매로 가득한 협력하는 세상의 형제애를 선택해야 한다.

세계대전은 우리를 협력의 시대로 이끌었으며, '자신의 방식대로 살되, 다른 사람도 그들의 방식대로 살도록 두라'는 원칙이 빛나는 별처럼 떠올라 이정표가 되어 인간관계의 방향을 제시했다. 이 위대한 협력의 흐름은 다양한 형태로 나타나며, 그중 로터리클럽, 키와니스클럽, 라이온스클럽을 비롯한 여러 사교 클럽이 중요한 역할을 하고 있다. 사교 클럽은 사람들을 친목의 정신으로 하나로 묶고, 사업 세계에서 우호적인 경쟁 시대의 서막을 열었다. 이제 다음 단계는 사교 클럽이 진정한 협력 정신 아래 더욱 긴밀히 연대하는 것이다.

윌슨과 동시대인은 국제연맹을 설립하려는 시도를 통해 세계 역사상 처음으로 황금률을 세계 각국이 만나는 공통의 기반으로 삼고자 했다. 이어서 하딩은 같은 대의를 계승해 세계법원이라는 이름하에 그 노력을 이어 갔다.

헤론의 "삶은 결국 우리가 매 순간 고통의 형제애와 선의의 형제애 사이에서 선택하고 있음을 가르쳐준다."라는 말처럼 세상이 진실을 깨달았다는 사실은 부정할 수 없다. 세계대전은 세상의 일부가 고통받으면 결국 전 세계가 그 영향을 피할 수 없다는 것을 가르쳐주었다. 아니,

더 정확히 말해 강요했다. 도덕적 설교를 하려고 이를 언급하는 것이 아니다. 이는 우리가 목격하는 변화의 근본적인 원리를 이해하기 위함이다. 4천 년이 넘는 시간 동안 인류는 황금률 철학을 고민해왔으며, 이제 그 철학은 실천하는 이들에게 실질적인 혜택을 가져다주고 있다.

나는 여전히 당신이 은행 잔고로 측정되는 물질적 성공에 관심이 있다는 점을 염두에 두고 있다. 그런 관점에서 본다면, 전 세계적으로 확산되고 있는 협력의 흐름에 맞추어 사업 철학을 조정하는 것이 분명 이익으로 이어질 것이다.

세계대전 이후 세상을 뒤흔든 거대한 변화의 의미를 이해하는 것은 중요하다. 또한 사람들을 우호적인 협력 정신으로 모이게 하는 다양한 클럽과 비슷한 모임의 본질을 해석할 수 있다면, 분명히 당신의 상상력은 중요한 기회를 포착할 것이다. 즉, 지금이야말로 우호적인 협력 정신을 자신의 사업이나 철학의 기초로 삼았을 때 성공을 이루기에 가장 적당한 때다. 반대로 말해, 스스로 정확한 사고를 한다고 자부하면서 황금률을 자신의 사업이나 철학의 기초로 삼지 않으면 결국 경제적 파멸로 이어지기 마련이다.

정직의 본질, 황금률에서 찾다

당신은 이 책에서 성공의 필수 조건으로 정직이 언급되지 않은 이유가 궁금했을 것이다. 그 해답은 이 장에서 찾을 수 있다. 황금률 철학을 올바르게 이해하고 적용하면 부정직함은 존재할 수 없다. 더 나아가

이 철학은 이기심, 탐욕, 시기, 편협함, 증오, 악의와 같은 모든 파괴적 요소까지 근본적으로 차단한다.

황금률을 실천하는 순간, 당신은 재판관인 동시에 피고인이 되고, 고발자이자 피고소인이 된다. 그래서 자신에 대해서도 물론이고 점점 다른 사람에게까지 정직하게 된다. 황금률에 기반한 정직은 단순히 편의주의적인 수준의 정직과는 다르다.

좋은 고객이나 귀중한 의뢰인을 잃거나 속임수로 감옥에 갈까 봐 정직이 가장 수익성이 좋은 선택임이 명백할 때는 정직한 게 대단하지 않다. 그러나 물질적 손실이 있는 상황에서도 일시적이든 영구적이든 정직을 실천하는 사람에게는 최고의 명예가 따른다. 그리고 자격 있는 정직한 사람이라면 누구든 성품과 평판이라는 축적된 힘으로 보상을 누리게 된다.

황금률 철학을 이해하고 적용하는 사람들은 남에게 공정해지고자 하는 욕구뿐만 아니라, 자신에게 공정해지고자 하는 욕구가 있기에 항상 정직하다. 그들은 황금률의 기반이 되는 불멸의 법칙을 이해한다. 이 법칙의 작용으로 **자신의 모든 생각과 모든 행동을 결국 어떤 형태로든 현실에서 직면하게 된다**는 것을 안다.

황금률 철학을 실천하는 사람들은 정직이 인격에 생명과 힘을 불어넣는 '필수 요소'라는 사실을 이해하기에 정직하다. 황금률 법칙을 깨달은 사람이라면 다른 사람에게 불의를 행하는 것이 마치 자신의 식수를 오염시키는 것과 다름없음을 안다. 그러한 불의는 단순히 육체적 고통을 초래하는 데 그치지 않는다. 결국 자신의 인격을 무너뜨리며, 평판을 더럽히고, 지속적인 성공을 불가능하게 만드는 연쇄적인 결과를 불러온다.

황금률 법칙은 바로 자기 암시의 원리가 작용하는 법칙과 같다. 이 말은 당신에게 깊이 있는 통찰과 막대한 가치를 지닌 추론의 실마리를 제시할 것이다. 다음 내용을 읽기 전에 이 말을 분석해보기를 바란다. 그것이 어떤 시사점을 주는지 판단하면서 성공 법칙을 얼마나 잘 익혔는지도 스스로 점검할 수 있다.

황금률의 핵심이자 본질은 다른 사람을 마치 자기 자신인 것처럼 대하는 데 있다. **이 행동은 다른 사람에게 영향을 미치는 동시에, 인과의 법칙에 따라 그 영향이 다시 자신에게 되돌아온다.** 더 나아가 이 과정은 잠재의식을 통해 당신의 인격에 깊은 흔적으로 새겨진다. 그렇다면 이 원리를 자각하고 실천하는 것은 어떤 이점을 가져다줄까?

이 질문은 본질적으로 답을 내포한다. 하지만 나는 당신이 이 중요한 주제를 직접 깊이 생각해보도록 질문을 다른 방식으로 제시하겠다.

만약 당신이 다른 사람에게 행하는 모든 행동과 심지어 생각까지도 자기 암시의 원리로 잠재의식에 각인된다면, 결국 그 사람은 당신의 생각과 행동을 그대로 반영한 인격을 형성한다. 그렇다면 행동과 생각을 신중하게 다루는 것이 얼마나 중요한지 알 수 있지 않겠는가?

이제 다른 사람에게 대접받고 싶은 대로 우리가 행해야 하는 진정한 이유의 핵심에 다다랐다. 우리가 다른 사람에게 행하는 모든 것이 결국 우리 자신에게 돌아온다는 사실은 분명하다. 달리 말하면, 당신이 내보내는 모든 행동과 생각은 그 본질과 정확히 일치하는 방식으로 당신의 인격을 형성하고 조정한다. 그리고 이 인격은 자신과 조화를 이루는 사람들과 상황을 자연스럽게 끌어당기는 자력의 중심이 된다.

당신은 먼저 자기 생각 속에서 행동의 본질을 창조하지 않고서는 다른 사람에게 그런 행동을 할 수 없다. **또한 생각의 총체와 본질, 본성을 잠재의식 속에 심어 자기 인격의 일부로 만들지 않고서는 그 생각을 내보낼 수 없다.**

이 단순한 원리를 깨닫는다면 왜 다른 사람을 미워하거나 시기해서는 안 되는지 알게 된다. 또한 당신에게 부당한 행동을 한 사람에게 똑같이 보복하는 것이 왜 바람직하지 않은지도 이해할 수 있다. 마찬가지로 '악을 선으로 갚으라'는 가르침의 의미 역시 분명해진다.

황금률 법칙을 이해하면 모든 인류가 하나의 동료애로 영원히 묶여 있다는 사실을 알게 된다. 또한 생각이나 행동으로 다른 사람을 해치는 것은 결국 자신을 해치는 셈이며, 마찬가지로 모든 선한 생각과 행동의 결과가 그대로 자기 인격에 영향을 준다는 것도 알게 된다. 그리고 잘못했을 때는 끊임없이 스스로 벌을 내리게 되고, 반대로 건설적인 행동을 했을 때는 스스로 보상하게 된다는 점을 깨닫는다.

이 책을 쓰기 시작할 때 한 동료가 내게 심각한 부당 행위를 저질렀다. 마치 섭리가 개입하듯 말이다. (이 책을 읽어온 당신은 내가 무슨 말을 하는지 알 것이다.) 그의 부당한 행위로 나는 일시적으로 어려움을 겪었다. 그러나 그 일이 이 책의 내용이 얼마나 타당한지를 시험해볼 기회를 시의적절하게 제공했다는 점을 생각하면 그리 대수롭지 않았다.

부당함 앞에서 내게는 두 선택지가 있었다. 하나는 민사 소송과 형사상 명예 훼손 소송을 내서 상대에게 '반격'해 법적 구제를 받는 것이었고, 다른 하나는 상대를 용서할 권리를 행사하는 것이었다. 전자를 선택하면 상당한 금전적 보상을 받는 데다가 적을 물리치고 처벌함으로써 기쁨과 만족도 느낄 수 있었을 것이다. 후자는 시험을 성공적으로 통과한 뒤 주기도문을 읊으며 자신에게 일어난 일의 의미를 이해하려 애쓰는 사람이나 선택할 법했다.

결국 나는 후자를 선택했다. 친한 친구들이 '반격'하라고 권고하고, 한 저명한 변호사가 무료로 나를 대신해 '반격'해주겠다고 제안했음에도 그렇게 했다. 아무도 대가 없이 다른 사람에게 반격할 수 없다. 더군다나 그 대가가 금전적인 것이 아닐 수도 있고, 어쩌면 돈보다 더 소중한 무언가를 희생해야 할 수도 있다.

황금률 법칙을 모르는 사람에게 내가 왜 적에게 반격하지 않았는지를 설명하는 것은 유인원에게 중력의 법칙을 이해시키려는 것만큼이나 가망 없는 일이다. 하지만 이 법칙을 이해한 당신이라면 내가 왜 적을 용서하기로 선택했는지 이해할 것이다.

주기도문에서는 원수를 용서하라고 권고하지만, 이유를 이해하지 못하는 사람에게는 그 말이 공허하게 들릴 뿐이다. 바로 황금률 법칙은 그 이유이자, 이 책 전체를 지탱하는 원리다. 우리는 반드시 우리가 뿌린 대로 거두며, 이 법칙의 영향력에서 벗어날 방법은 없다. 하지만 우리가 나쁜 생각과 행동을 하지 않는다면 그 결과를 피할 까닭도 없다.

황금률 법칙을 위한 윤리 강령

　이 책의 기반이 되는 원리를 더욱 구체적으로 설명해보겠다. 이에 앞서 황금률의 가르침을 그대로 실천하고자 하는 사람이 지켜야 할 윤리 강령을 살펴본다.

1. 나는 황금률이 모든 인간 행동의 근본이 된다고 믿는다. 따라서 다른 사람이 내게 하지 않기를 바라는 일은 절대로 하지 않을 것이다.
2. 나는 다른 사람과의 모든 거래에서 아주 사소한 부분까지도 정직하겠다. 이는 단순히 공정하기 위해서가 아니라, 내 잠재의식에 정직함의 중요성을 각인시켜 내 인격의 일부로 만들기 위해서다.
3. 나는 나에게 부당하게 대하는 사람을 용서하겠다. 그것이 합당한지 아닌지와 상관없이, 다른 사람을 용서하는 것이 내 인격을 강하게 만들고 잠재의식 속에서 내 과오를 지운다는 법칙을 이해하기 때문이다.
4. 나는 언제나 다른 사람에게 정당하고, 관대하며, 공정하게 행동하겠다. 비록 이러한 행동이 보상받지 못하더라도 그렇게 할 것이다. 나는 인간의 인격이 결국 자신의 행동과 행위의 총합에 불과하다는 법칙을 이해하고, 이를 실천하고 싶기 때문이다.
5. 나는 다른 사람의 약점과 결점을 발견하고 드러내는 데 시간을 쓰기보다, 그 시간을 내 약점과 결점을 발견하고 바로잡는 데 가치 있게 사용하겠다.
6. 나는 다른 사람이 아무리 비난받을 만하다고 해도 결코 누구도 비방하지 않겠다. 내 잠재의식에 어떤 부정적인 암시도 심고 싶지 않기 때

문이다.

7. 나는 생각이 삶이라는 거대한 바다에서 내 두뇌로 흘러 들어오는 통로임을 인식한다. 따라서 그 바다를 오염시켜 다른 사람의 마음을 더럽히지 않도록, 어떤 파괴적인 생각도 그 위에 띄우지 않겠다.

8. 나는 증오, 시기, 이기심, 질투, 악의, 비관주의, 의심, 그리고 두려움과 같은 인간의 보편적인 경향을 극복하겠다. 나는 이것들이 세상의 많은 문제를 만들어내는 씨앗이라고 믿는다.

9. 나는 마음이 인생에서 명확한 주요 목표를 달성하는 데 집중하지 못할 때, 용기, 자신감, 다른 사람에 대한 선의, 신뢰, 친절, 충성심, 진리에 대한 사랑, 정의에 대한 생각으로 자발적으로 채우겠다. 이러한 것들이 세상의 지속적인 성장을 이루는 씨앗이라고 믿는다.

10. 나는 황금률 철학의 타당성을 단순히 수동적으로 믿는 것만으로는 나 자신이나 다른 사람에게 아무런 가치가 없음을 이해한다. 따라서 나는 다른 사람과의 모든 거래에서 이 보편적인 법칙을 적극적으로 실천하겠다.

11. 나는 내 행동과 생각이 내 인격을 형성한다는 법칙을 이해한다. 따라서 나는 내 인격을 발전시키는 모든 요소를 신중하게 지켜낼 것이다.

12. 나는 지속적인 행복이 오직 다른 사람이 행복을 찾도록 돕는 것을 통해서만 가능하며, 어떠한 친절도 직접적인 보답을 받지 못하더라도 반드시 보상으로 돌아온다는 것을 깨달았다. 그러므로 나는 기회가 주어질 때마다 어디에서든 최선을 다해 다른 사람을 돕겠다.

나는 이 책 전반에서 에머슨을 자주 언급했다. 누구든 에머슨의 저서는 한 권쯤 소장하는 것이 좋다. 특히 보상과 관련한 에세이는 적어도 3개월에 한 번씩 읽고 연구해야 한다. 에머슨이 에세이에서 황금률 법칙과 동일한 원리를 다룬다는 점에 주목하면서 에세이를 읽어보자.

황금률 철학을 단지 하나의 이상적인 이론에 불과하다고 여기는 사람들이 있다. 그들은 다른 사람에게 봉사했지만 직접적인 보상의 혜택을 받지 못한 개인 경험을 바탕으로 그런 결론에 도달했다. 과연 이런 경험을 한 사람이 얼마나 많을까? 나 역시 그런 경험을 한두 번이 아니라 여러 번 했으며 앞으로도 마찬가지일 것이라 확신한다. 하지만 다른 사람이 내 노력에 보답하거나 감사하지 않는다고 해서 봉사를 멈추지는 않을 것이다. 이유는 분명하다.

다른 사람에게 봉사하거나 친절한 행동을 할 때 나는 그 행위의 결과를 잠재의식 속에 고스란히 저장하게 된다. 마치 전지를 충전하듯 말이다. 이 행동을 충분히 반복하면 결국 나는 내 인격과 조화를 이루거나 닮은 사람을 자연스럽게 끌어당기는 긍정적이고 역동적인 인격을 형성한다.

내가 끌어당기는 사람은 결국 내가 베푼 친절과 봉사에 보답할 것이다. 결국 보상의 법칙은 언제나 균형을 이루며 작동한다. 즉, 내가 제공한 봉사의 대가는 종종 예상치 못한 전혀 다른 경로를 통해 되돌아온다.

영업 사원의 첫 번째 고객은 바로 자신이어야 한다는 말을 들어보았을 것이다. 이는 영업 사원이 먼저 상품의 가치를 확신하지 못하면 다른 사람을 설득할 수 없다는 뜻이다. 여기에서도 끌어당김의 원리가 작용한다. 열정은 전염성이 강하다. 영업 사원이 상품에 대해 강한 열정을 보이면 자연스럽게 다른 사람도 상응하는 관심을 두기 마련이다.

자신과 인격이 조화를 이루는 사람을 끌어당기는 일종의 자석으로 자신을 바라보면 이 원리를 더 쉽게 이해할 수 있다. 즉, 당신의 지배적인 특성과 조화를 이루는 사람은 자연스럽게 끌어당기고, 그렇지 않은 사람은 밀어내는 자석과 같은 존재로 자신을 바라보는 것이다. 이때 중요한 점은 당신이 바로 그 자석을 만든다는 것이다. 따라서 당신은 정하고 따르려고 하는 이상에 맞추어 자석의 성질을 바꿀 수 있다. 이 모든 변화 과정은 생각에서 시작된다! 인격은 생각과 행동의 총합일 뿐이다! 이 진리는 내가 이 책 전체에서 여러 방식으로 반복하고 강조했다.

이 위대한 진리에 따라 다른 사람에게 유용한 도움을 주거나 친절을 베풀면 반드시 혜택을 얻게 된다. 마찬가지로 어떤 파괴적인 행동이나 생각을 하면 그만큼 대가를 치르는 것은 당연하다.

긍정적인 생각은 역동적인 인격을 형성하고, 부정적인 생각은 그와 반대되는 인격을 형성한다. 이 책의 앞선 여러 장과 이 장에서 나는 긍정적인 사고로 인격을 발전시키는 구체적인 방법을 명확하게 제시한다. 특히 자신감에 대한 3장에서는 상세한 지침을 제공했으며 당신이 따를 수 있는 명확한 공식도 있다. 이 책의 모든 공식은 당신이 생각의 힘을 의식적으로 활용하도록 돕는다. 이로써 당신은 명확한 주요 목표를 달성하는 데 도움이 될 사람을 자연스럽게 끌어당기는 인격을 개발할 수 있다.

적대적이거나 불친절한 행동은 반드시 보복을 초래한다는 사실은 굳이 증명할 필요도 없는 명백한 진리다. 이 보복은 대개 명확하고 즉각적으로 나타나기 마련이다. 마찬가지로 다른 사람을 협력하고 싶어지도록 대함으로써 더 많은 성취를 끌어낼 수 있다는 사실 또한 증거가 필요 없는 명백한 진리다. 만약 자기 통제를 다룬 8장 내용을 완전히 이해했다면, 이제 당신은 자신의 태도를 통해 원하는 방식으로 다른 사람의 행동을 유도하는 방법을 터득했을 것이다.

'눈에는 눈, 이에는 이'라는 보복의 법칙은 황금률의 법칙과 동일한 원리에 기반을 두고 있다. 심지어 가장 이기적인 사람조차 이 법칙을 피할 수 없다. 내가 당신에 관해 부정적으로 이야기한다면, 설령 부정적인 면이 사실일지라도 당신은 나를 좋게 보지 않을 것이다. 더 나아가 내게 똑같이 보복할 가능성이 크다. 그러나 내가 당신의 장점을 칭찬한다면, 당신은 자연스럽게 나를 긍정적으로 바라볼 것이며, 기회가 온다면 같은 방식으로 보답할 것이다. 이 끌어당김의 법칙이 작용함에 따라 무지한 사람들은 경솔한 말과 파괴적인 행동으로 끊임없이 문제와 슬픔, 증오와 반대를 스스로 불러들인다.

"그러므로 무엇이든지 남에게 대접을 받고자 하는 대로 너희도 남을 대접하라."(마태복음 7장 12절.—편집자) 우리는 이 가르침을 수없이 들어왔다. 하지만 과연 우리 중 얼마나 많은 사람이 그 바탕이 되는 법칙을 진정으로 이해할까? 이를 더욱 분명하게 전달하기 위해 다음처럼 풀어서 설명할 수 있다. <u>다른 사람이 당신에게 해주기를 바라는 대로 먼저 그에게 행하라. 인간은 본능적으로 받은 대로 돌려주려는 성향이 있음을 명심하자.</u>

공자가 "자신이 원하지 않는 일을 다른 사람에게 행하지 마라."고 황금률 철학을 언급했을 때는 보복의 법칙을 염두에 두었을 것이다. 어쩌면 당시 공자는 이 가르침이 인간이 본능적으로 받은 만큼 갚으려는 성향에 기반한다는 설명을 덧붙였을지도 모른다.

황금률의 법칙을 이해하지 못하는 사람은 종종 이 법칙이 실현될 수 없다고 주장한다. 그 이유는 인간이 보복의 법칙을 따르는 경향이 있기 때문이다. 하지만 이 논리를 더 깊이 탐구해보면, 황금률 법칙의 부정적인 면에만 집중하고 있으며 실제로는 긍정적인 결과를 만들어낼 수도 있다는 것을 알게 된다. 다시 말해, 당신이 눈을 잃고 싶지 않다면, 다른 사람의 눈을 해치는 행동을 삼가야 한다. 더 나아가 다른 사람에게 친절을 베풀고 도움을 주면 그 역시 당신에게 비슷한 친절을 베풀기 마련이다.

만약 상대가 당신의 친절에 보답하지 않으면 어떻게 될까? 그럼에도 당신은 여전히 이익을 얻는다. 당신의 행동이 자신의 잠재의식에 긍정적인 영향을 미쳤기 때문이다! 따라서 친절한 행동을 실천하고 황금률 철학을 꾸준히 적용하면 어떻게든 반드시 이익을 얻을 것이다. 게다가 또 다른 상당한 이익을 얻을 가능성도 크다.

어쩌면 당신은 황금률 법칙에 따라 행동했는데도 오랫동안 직접적인 보답을 받지 못했거나, 심지어 그 친절이 결코 되돌아오지 않을 수도 있다. 그러나 그 과정에서 당신의 인격은 활력을 더해왔으며 머지않아 긍정적인 인격이 당신의 가치를 드러내줄 것이다. 결국 감사도 보답도 받지 못해 낭비된 듯 보였던 친절한 행동이 사실은 복리에 복리를 더한 보상으로 돌아왔음을 깨달을 것이다.

당신의 평판은 다른 사람이 만들지만, 인격은 당신 스스로 만든다!

평판은 당신의 통제 범위를 벗어나 다른 사람의 마음속에 형성되는 것이다. 그러니 당신이 좋은 평판을 원하더라도 어찌할 수 없다. 평판이란 결국 다른 사람이 당신을 어떻게 인식하느냐에 달려 있다.

그러나 인격은 다르다. 인격은 생각과 행동이 쌓인 결과며, 진정으로 어떤 사람인지 보여준다. 그리고 본인이 직접 통제할 수 있다. 자신의 인격을 약하게 만들 수도, 올바르게 가꿀 수도, 혹은 나쁘게 변화시킬 수도 있다. 만약 당신이 자기 인격이 흠잡을 데 없음을 확신하고 진심으로 만족한다면, 평판에 대해 걱정할 필요가 없다. 자신을 제외하고는 아무도 당신의 인격을 파괴하거나 훼손할 수 없기 때문이다.

에머슨이 다음처럼 말했을 때 염두에 둔 것도 바로 이 진리였다.

✦ 정치적 승리, 임대료 인상, 병든 자의 회복, 부재중이던 친구의 귀환, 혹은 어떤 외부적인 사건이 당신의 기분을 좋게 만들고, 앞으로 좋은 날이 기다리고 있다고 생각하게 할 수 있다. 그러나 그렇게 믿지 마라. 결코 그럴 수 없다. 당신에게 평화를 가져다주는 것은 오직 자신뿐이다. 그리고 원칙이 승리할 때만이 진정한 평화를 얻는다.

다른 사람에게 공정해야 하는 한 가지 이유는 그 행동이 상대에게 같은 방식으로 보답하도록 하기 때문이다. 그런데 더 중요한 이유가 있다. **다른 사람에 대한 친절과 공정함은 그렇게 행동한 모든 사람의 인격을 긍정적으로 성장시킨다.** 도움을 제공했어도 보답받지 못할 수 있다. 하지만 도움을 베푸는 과정에서 내 인격이 성장했다면 그 혜택은 결코 누구도 빼앗을 수 없다.

산업화 시대 사회 문제와 황금률

우리는 거대한 산업 시대에 살고 있다. 어디에서나 진화의 힘이 생활 방식과 방법에 커다란 변화를 일으키며, 삶, 자유, 그리고 생계라는 보편적인 추구 속에서 인간관계가 새롭게 정립되는 모습이 목격된다.

지금은 조직적인 노력이 중심이 된다. 사방에서 조직이 모든 재정적 성공의 기초가 된다는 증거를 발견할 수 있다. 물론 성공을 이루는 데 영향을 미치는 다른 요인도 존재하지만 조직화는 여전히 중요한 요소 중 하나다.

산업 시대는 비교적 새로운 두 개념을 탄생시켰다. 하나는 '자본'이고, 다른 하나는 '노동'이다. 자본과 노동은 조직적인 노력이라는 거대한 기계에서 핵심적인 역할을 하는 톱니바퀴와 같다. 그리고 이 두 거대한 힘은 각자가 황금률 철학을 얼마나 잘 이해하고 적용하는지에 비례해 성공을 거둔다. 그런데도 고용주와 근로자 사이에서 조화가 항상 유지되는 것은 아니다. 불화를 조장하고 갈등을 유발하며 생계를 유지하는 신뢰를 무너뜨리는 방해 세력 탓이다.

지난 15년 동안 나는 고용주와 근로자 간의 갈등이 발생하는 원인을 연구하는 데 상당한 시간을 투자해왔다. 또한 이 문제를 깊이 연구한 다른 이로부터도 많은 정보를 수집했다.

사실 관련된 모든 사람이 충분히 이해한다면 갈등을 조화로 바꿀 수 있다. 여기에는 자본과 노동 사이에 완벽한 협력 관계를 구축할 단 하나의 해결책이 존재한다. 이 해결책은 내가 고안한 것이 아니며, 위대한 자연의 보편적 원리에 기반한다. 그리고 우리 시대의 위대한 인물

중 한 명이 다음처럼 이에 관해 잘 설명했다.

✤ 자본과 노동의 상호적 동반자 관계

이제부터 요즘 큰 관심을 불러일으키는 중요한 문제를 다루려고 한다. 인간의 행복에 필수적인 주제가 끊임없이 논의되고, 현명한 사람들에게 주목받는 동시에 모든 계층의 마음을 움직인다는 사실은 이 시대의 희망적인 징조 중 하나다. 이러한 움직임이 널리 퍼지고 있다는 사실은 인류의 가슴속에 새로운 생명이 깨어나고 있음을 보여준다. 마치 봄의 따뜻한 숨결이 얼어붙은 땅과 겨울을 견뎌온 식물의 싹을 깨우듯 인류의 능력이 깨어나는 것이다. 이 과정에서 큰 변화가 일어나고 일부 얼어붙고 정체된 구조가 무너질 수 있다. 어쩌면 격렬하고 파괴적인 변화가 뒤따를지도 모른다. 그러나 결국 새로운 희망의 꽃이 피고, 인간의 욕구를 충족시키며, 더 큰 행복을 위한 새로운 수확이 예고될 것이다. 새로운 힘이 작용하기 시작할 때는 이를 올바르게 이끌 지혜가 절실히 필요하다. 모든 사람이 올바른 여론을 형성하고, 대중의 의지를 현명한 방향으로 이끌기 위해 자기 역할을 다해야 할 막대한 책임을 진다.

노동과 결핍, 풍요, 고통, 슬픔의 문제는 도덕적이고 영적인 관점에서 접근할 때만 진정한 해결책을 찾을 수 있다. 이 문제는 단편적인 관점이 아니라 더 깊고 본질적인 통찰 속에서 이해되고 검토되어야 한다. <u>노동과 자본의 진정한 관계는 인간의 이기심으로는 절대로 발견될 수 없으며, 임금이나 부의 축적이라는 차원을 넘어 더 높은 목적에서 조명되어야 한다.</u> 결국 이 문제들은 인간이 창조된 본래의 목적과의 관계 속에서 고찰되어야 한다. 나는 바로 이 관점에서 우리가 직면한 주제를 살펴보고자 한다.

자본과 노동은 서로에게 필수적인 존재며, 그 이익은 떼려야 뗄 수 없을 만큼 밀접하게 연결되어 있다. 문명화되고 계몽된 사회에서 이 둘은 상호 의존적이다. 다만 차이가 있다면 자본이 노동에 의존하는 정도가 노동이 자본에 의존하는 정도보다 더 크다는 점이다. 생명은 자본 없이도 유지될 수 있다. 몇몇 예외를 제외하면 동물은 재산이 없으며 내일을 걱정하지 않는다. 하나님은 동물을 본받을 만한 모범으로 삼으라고 하신다. "공중의 새를 보라. 심지도 않고 거두지도 않고 창고에 모아들이지도 아니하되, 너희 하늘 아버지께서 기르시나니."(마태복음 6장 26절.—편집자)

야만인은 자본 없이 살아가며, 실제로 인간은 대부분이 그날 번 돈으로 생계를 유지하며 노동으로 삶을 영위한다. 그러나 어떤 사람도 오직 자신의 부만으로 살아갈 수 없다. 금과 은은 먹을 수 없으며, 부동산 증서나 주식 증서로는 옷을 지어 입을 수도 없다. 자본은 노동 없이 아무것도 할 수 없으며, 그 가치는 오직 노동이나 결과물을 구매할 수 있는 능력에 달렸다. 더욱이 자본 자체도 노동의 산물이다. 따라서 자본 자체를 필요 이상으로 중요한 존재로 여길 이유가 없다. 그런데도 자본의 가치가 절대적으로 의존하는 노동은 인간 진보에 필수 요소다.

인간이 야만적이고 비교적 독립적인 상태에서 벗어나 문명화되고 상호 의존적인 사회로 발전하기 시작하는 순간, 자본은 필수 요소가 된다. 사람들은 점점 더 긴밀한 관계를 맺고, 과거처럼 각자가 모든 것을 해결하는 대신 특정한 직업에 집중하기 시작했다. 그러면서 한 가지 직업에 종사하지 않고 다른 이들이 제공하는 다양한 것에 의존하게 되었다. 이 과정에서 노동은 점점 더 다양화되었다. 어떤 사람은 철을 다루고, 어떤 사람은 나무를 가공하며, 또 다른 사람은 천을 생산하고, 그 천으로 옷을 만드는 사람이 생겨났다. 어떤 이는 집을 짓거나 농기구를 만드는 사람을 위해 식량을 재배하기도 했다. 이 변화는 자연스럽게 교환 체계의 필요성을 가져왔다. 원활한 교환을 위해 도로가 건설되어야 했고 많은 사람이 고용되었다. 인구가 증가하고 필수품이 다양해지면서 교환의 규모는 더욱 확대되었다. 그 결과, 거대한 제조 공장이 세워지고, 철도가 세계를 연결하며, 증기선이 전 세계 바다를 오가게 되었다. 또한 점점 더 많은 사람이 직접 식량을 생산하거나 옷을 만드는 대신, 이러한 시스템에 의존하는 사회가 형성되었다.

이제 우리는 문명이 발전하고 욕구가 다양해질수록 서로에게 더욱 의존하게 된다는 사실을 안다. 각자가 자기 분야에서 전문성을 발휘하며, 시간과 노력을 특정한 유용한 활동에 집중한다. 이를 통해 더 나은 성과를 내고 사회 전체에 더욱 크게 기여한다. 우리가 다른 사람을 위해 일하는 동안에 다른 사람도 우리를 위해 일한다. 공동체의 모든 구성원이 전체를 위해 일하고, 전체는 모든 구성원을 위해 존재한다. 이는 물질세계에서 보편적으로 작용하는 완벽한 삶을 위한 법칙이다. 육체적인 일이든 정신적인 일이든 사회에 유용한 일을 하는 모든 사람은 자선가이자 사회에 기여하는 사람이다. 이는 대초원에서 옥수수를 재배하는 농부든, 텍사스나 인도에서 면화를 재배하는 사람이든, 땅속에서 석탄을 캐는 광부든, 증기선의 엔진에 석탄을 공급하는 노동자든 마찬가지다. 만약 인간의 동기가 이기심으로 왜곡되거나 파괴되지 않는다면, 우리는 모두 일상 업무를 수행하면서 자연스럽게 자선의 법칙을 실천한다.

이 거대한 교환 체계의 운영에는 막대한 자본이 필요하다. 숲과 농장, 공장과 광산을 하나로 잇고, 다양한 기후에서 생산된 자원을 모든 가정의 문 앞까지 전달하는 데는 많은 자원이 투입된다. 한 개인이 농장이나 공장을 운영하면서 동시에 철도나 증기선 노선을 건설하는 것은 불가능하다. 빗방울이 하나씩 떨어질 때는 물레방아를 돌리거나 엔진에 증기를 공급할 수 없다. 그러나 거대한 저수지에 모이면 나이아가라 폭포처럼 막강한 힘을 발휘할 수도 있고, 산에서 해안으로, 또 해안에서 해안으로 거대한 셔틀처럼 엔진과 증기선을 움직이는 동력이 된다. 마찬가지로 각자의 주머니에 있는 몇 달러는 이 거대한 사업을 이루기에는 역부족이다. 그러나 그 돈이 모이면 세상을 움직이는 원동력이 된다.

자본은 노동의 동반자로, 노동의 효율적인 활용과 정당한 보상을 위해 필수 요소다. 물론 자본이 오로지 이기적인 목적으로만 사용될 때는 무서운 적이 될 수 있으며, 실제로 그런 경우가 적지 않다. 그러나 자본은 일반적으로 생각하는 것보다 인간의 행복에 더 긍정적인 영향을 미친다. 자본은 어떤 형태로든, 직접적이든 간접적이든 노동자에게 혜택을 주지 않고서는 활용될 수 없다. 우리는 우리가 겪는 어려움에 대해서는 깊이 고민하지만 정작 우리가 누리는 혜택은 너무나 당연하게 여겨 무심코 지나치곤 한다. 더 많은 자본이 있다면 현재 겪는 문제를 해결하고 더 나은 삶을 제공할 수 있다고 생각한다. 그러나 지금 누리는 혜택이 거대한 자본 축적 없이는 불가능했을 것이라는 사실은 간과한다. 고통뿐만 아니라 혜택에 대해서도 공정하게 평가하는 것이야말로 지혜로운 태도다.

요즘 흔히 부자는 점점 더 부자가 되고, 가난한 사람은 점점 더 가난해진다고 말한다. 그러나 인간이 누리는 모든 것을 고려해보면 이 주장은 의심할 만한 충분한 이유가 있다. 부자가 점점 더 부자가 되는 것은 사실이다. 하지만 노동자의 삶 역시 끊임없이 개선되고 있다는 것 또한 사실이다. 오늘날은 평범한 노동자도 한 세기 전에는 왕족조차 누릴 수 없던 수준의 편리함과 안락함을 누린다. 더 좋은 옷을 입고, 더 다양하고 풍부한 음식을 먹으며, 더욱 편안한 주거 환경에서 생활한다. 또한 불과 몇 년 전만 해도 돈으로 살 수 없었던 다양한 생활 편의 시설을 사용할 수 있으며, 노동을 더 효율적으로 수행하는 도구를 갖추고 있다. 과거에는 황제조차 오늘날의 평범한 노동자만큼 편안하고 안락하며 신속하게 여행할 수 없었다. 노동자는 때때로 자신이 홀로 서 있으며 도움을 줄 사람이 아무도 없다고 느낄지 모른다. 그러나 사실 노동자는 끊임없이 움직이는 방대한 인력과 자원을 가졌다. 오늘날 거의 모든 사람이 당연하게 여기는 평범한 저녁 식사를 마련하기 위해서는 막대한 인력과 엄청난 자본이 투입되어야 하니 말이다.

❖ 당신의 저녁 식사가 차려지기까지

소박한 식사라 해도 이를 마련하는 데에는 방대한 자원과 인력이 투입된다. 중국인은 차를 재배하고, 브라질인은 커피를, 동인도인은 향신료를, 쿠바인은 설탕을 공급한다. 서부 대초원의 농부는 빵과 소고기를 생산하고, 정원사는 채소를 기르며, 낙농업자는 버터와 우유를 만든다. 광부는 탄광에서 석탄을 캐내서 음식 조리와 난방에 사용하게 해준다. 가구 제작자는 의자와 탁자를 만들며, 칼 제조업자는 칼과 포크를 제작한다. 또한 도예가는 접시를 만들고, 아일랜드인은 식탁보를, 정육점 주인은 고기를, 제분업자는 밀가루를 제공한다.

다양한 식재료와 이를 준비하고 제공하는 데 필요한 수단은 당신과 멀리 떨어진 곳, 그리고 서로 다른 지역에서 생산되었다. 이것들이 당신의 식탁에 오르기까지는 바다를 건너야 했고, 언덕을 깎고 계곡을 메우며 산에 터널을 뚫어야 했다. 또한 배를 건조하고 철도를 건설해야 했으며, 다양한 기계 기술 분야에서 수많은 인력을 교육하고 고용해야 했다. 그뿐만 아니라 이를 수집하고, 사고팔며, 유통하는 사람도 있어야 한다. 자기 자리에서 맡은 일을 수행하며 임금을 받는 그들은 결국 당신을 위해 일하면서 서비스를 제공하는 셈이다. 이는 마치 당신이 직접 고용하고 임금을 지급하는 것만큼이나 실제적이고 효과적인 과정이다. 이러한 사실을 인정할 때, 우리는 유용한 일을 하는 모든 사람이 사회에 이바지하는 존재임을 더욱 분명하게 이해할 수 있다. 그리고 이 인식과 태도는 노동과 노동자의 가치를 더욱 고귀하게 만든다. 결국 우리는 모두 하나의 공통된 유대로 연결되어 있다. 부자와 가난한 자, 배운 자와 배우지 못한 자, 강한 자와 약한 자는 하나의 사회적·시민적 그물망 속에서 서로 엮여 있다. 한 사람에게 해를 끼치는 것은 결국 모두에게 해를 끼치는 것이며, 한 사람을 돕는 것은 모두를 돕는 것과 같다.

이제 당신의 저녁 식사가 차려지기까지 얼마나 많은 사람이 움직이고 있는지 알았을 것이다. 이 복잡한 시스템이 작동하고 지속되려면 막대한 자본이 필요하며, 그 혜택은 모든 남성, 여성, 그리고 어린이에게 돌아간다는 사실도 알았을 것이다. 우리가 석탄, 고기, 밀가루, 차, 커피, 설탕, 쌀을 어떻게 공급받겠는가? 노동자는 배를 건조하고 항해하는 것만으로 생계를 유지할 수 없고, 농부는 농산물을 직접 시장으로 가져갈 수 없으며, 광부는 석탄 채굴만으로는 이를 운반할 수 없다. 그래서 캔자스의 농부가 집을 따뜻하게 하고 음식을 조리하는 데 옥수수를 땔감으로 쓰거나, 광부가 옥수수빵이 없어 굶주릴 수도 있다. 서로가 노동의 결실을 교환할 수 없다면 말이다. 철도와 증기선의 발전 덕분에 모든 토지, 모든 숲과 광산은 가치가 상승했으며, 생활의 편의와 사회적·지적 문화의 혜택이 가장 외진 곳까지도 전해졌다.

자본의 혜택은 단순히 현재의 필요를 충족하고 삶의 편안함을 제공하는 데 그치지 않는다. 자본은 노동의 새로운 길을 열어주며, 노동을 더욱 다양화해 각자가 타고난 재능과 성향에 맞게 일할 폭넓은 기회를 제공한다. 철도, 증기선, 전신, 그리고 기계화된 제조 공장이 창출한 일자리의 수는 이루 헤아릴 수 없다. 또한 지적·정신적 문화의 발전을 위한 다양한 수단을 제공하는 데에도 막대한 자본이 투입된다.

책은 끊임없이 인쇄되어 점점 더 저렴한 가격에 제공된다. 위대한 출판사들의 노력 덕분에 세상의 가장 위대한 사상은 가장 평범한 노동자에게까지 전달된다. 자본이 평범한 노동자에게 제공하는 혜택을 잘 보여주는 사례 중 하나가 일간 신문이다. 단 2~3센트만 내면 지난 24시간 동안 세계에서 벌어진 사건들이 문 앞까지 배달된다. 노동자는 출퇴근길에 편안하게 열차 안에서 실제로 그곳에 있는 듯 정확하게 세계 곳곳의 사건을 파악할 수 있다. 중국과 아프리카에서 벌어진 전투, 스페인의 지진, 런던의 다이너마이트 폭발, 그리고 의회에서의 토론까지 모든 사건이 신문의 작은 지면에 기록되어 전달된다. 또한 악을 억누르고, 무지한 사람을 계몽하며, 궁핍한 사람을 돕고, 일반 대중의 삶을 개선하려는 다양한 움직임도 함께 전달된다. 이로써 당신은 세계사와 연결되며, 왕과 여왕, 성인과 현자, 모든 계층과 동등한 위치에 선다. 아침 신문을 읽으며, 그 한 장의 신문을 위해 얼마나 많은 사람이 움직였는지 생각해본 적이 있는가? 세계 곳곳에서 정보를 수집하고 정리해서 당신이 쉽게 활용할 수 있도록 만들기 위해 말이다. 신문이 당신의 문 앞까지 배달되기 위해서는 수백만 달러의 자본이 투입되고 수천 명의 고용이 필요했다. 그렇다면 이 모든 서비스를 받는 데 드는 비용은 과연 얼마인가? 겨우 몇 센트에 불과하다.

　이 모든 것은 현대인이 자본에서 얻는 혜택의 예시다. 이러한 혜택은 막대한 자금이 투입되지 않으면 불가능하며, 우리가 의식하지 않아도 자연스럽게 우리에게 다가와 삶을 더욱 풍요롭게 만든다. 자본은 수많은 사람에게 혜택을 주지 않는다면 아무리 유용한 생산이라도 투자되지 않는다. **자본은 삶의 원동력이 되고, 고용을 창출하며, 전 세계의 산물을 각 가정의 문 앞까지 가져다준다. 또한 모든 나라의 사람을 하나로 연결하고, 마음과 마음을 이어주며, 모두가 풍부한 생산물을 누리게 해준다.** 이는 아무리 가난한 사람이라도 한번쯤 깊이 생각해볼 문제다.

노사 갈등의 해법, 황금률에 있다

자본이 노동에 이토록 큰 축복이며, 오직 노동을 통해서만 활용되고, 그 모든 가치를 노동으로부터 얻는다고 해보자. 그렇다면 사람들 사이에 갈등이 생길 이유가 어디에 있겠는가? 만약 자본가와 노동자 모두 인간적이고 기독교적인 원칙에 따라 행동한다면 갈등은 존재하지 않을 것이다. 그러나 현실은 그렇지 않다.

사람들은 비인간적이고 비기독교적인 원칙에 지배된다. 그리고 최소한의 노력으로 최대한의 이익을 얻고자 한다. 자본은 더 높은 수익을 원하고, 노동은 더 높은 임금을 원한다. 결국 자본가와 노동자의 이해관계는 정면으로 충돌한다. 이 전쟁에서 자본가는 이점을 재빨리 활용해 더 유리한 입장이 되었다. 이익 대부분을 가져간 자본가는 자신을 부유하게 해준 노동자를 경멸했다. 자본가는 노동자를 천한 존재, 즉 노예처럼 여기며 그 권리와 행복을 존중할 의무가 없는 듯 행동했다. 또한 입법자에게 영향을 미쳐 자신에게 유리한 법을 제정하고, 정부에 보조금을 지급하는 방법으로 권력을 이용해 자신의 이익을 극대화했다.

이에 자본가는 지배자가 되고 노동자는 종속된 존재가 되었다. 종속된 자가 유순하게 순응하며 지배자가 제공하는 보상에 만족하는 동안에는 갈등이 없었다. 그러나 이제 노동자는 더 이상 종속적이고 순응적인 태도로 희망 없는 상태로 있지 않다. 힘과 지성을 갖춘 노동자는 존중받아야 할 권리가 있음을 자각했다. 그리고 그 권리를 주장하고 지키려 단결하기 시작했다.

♦ 이기심의 대가는 모두가 지는 게임

이 전쟁에서 각 당사자는 자신의 이기적인 관점에서만 상황을 바라본다. 자본가는 노동자의 이득이 곧 자신의 손실이라고 여기며, 자신의 이익을 최우선으로 고려해야 한다고 생각한다. 게다가 노동 비용이 저렴할수록 자신의 이윤이 커진다고 믿기에 임금을 가능한 한 낮게 유지하는 것이 최선이라고 판단한다. 반면, 노동자는 자본가의 이득이 곧 자신의 손실이라고 생각한다. 따라서 최대한 높은 임금을 받는 것이 자신의 이익에 부합한다고 여긴다. 이처럼 상반된 시각 속에서 그들의 이해관계는 정면으로 충돌하는 듯 보인다. 한쪽이 얻는 만큼 다른 쪽이 잃게 된다고 여겨서 갈등이 발생한다. 양측 모두 이기적인 동기에서 행동하고 있기 때문에 본질적으로 잘못되었다. 그들은 진실의 한 부분만을 보고 전체로 착각하며, 결국 양측 모두에게 치명적인 실수로 이어진다. 각자가 자기 입장과 이기심이라는 왜곡된 시각에서만 문제와 상황을 바라본다.

열정으로 들끓는 마음은 눈을 가리고 판단력을 흐리게 한다. 감정이 극에 달하면 사람들은 자신의 이익마저 희생하면서까지 상대를 해치려 들고, 결국 양측 모두 큰 손해를 입는다. 그들은 끝없는 싸움을 이어가며, 모든 수단과 방법을 동원해 승리하려고 한다. 자본가는 마치 포위된 도시를 굶주림으로 무너뜨리듯 노동자를 경제적으로 굴복시키려 한다. 굶주림과 결핍은 가장 강력한 무기다. 이에 맞서 노동자는 완강히 저항하며, 자본이 생산적으로 쓰이지 못하도록 막아 그 가치를 무력화하려 한다. 설령 필요나 이익 때문에 휴전이 이루어진다 해도 단지 임시적인 중단일 뿐이다. 조금이라도 승산이 보이면 적대 행위가

재개된다. 결국 노동자와 자본가는 마치 전쟁을 앞둔 두 무장 세력처럼 서로 대치하며 충돌할 준비를 한다. 이 갈등은 의심할 여지 없이 한쪽이 우세를 점했다가 다시 반대쪽이 우세를 점하는 식으로 반복된다. 이 문제는 <u>양측이 마침내 서로의 이해관계가 상호적이라는 사실을 깨닫고, 협력을 통해 각자 정당한 보상을 받을 때 진정으로 해결된다. 이제 자본가와 노동자는 그동안 낭비된 막대한 부와 노동이 만든 깊은 간극을 넘어 손을 맞잡아야 할 때다.</u>

화해를 어떻게 이루어낼지는 현재 자본가와 노동자 양측의 지혜롭고 선한 사람들이 깊이 고민하는 문제다. 현명하고 공정한 입법은 분명히 맹목적인 격정을 억제하고, 모든 계층을 탐욕으로부터 보호하는 데 중요한 역할을 할 것이다. 따라서 모두가 이 입법이 실현되도록 최선을 다할 책임이 있다. 노동자가 자신의 권리를 보호하고 정당한 노동의 대가를 확보하기 위해 구성한 조직은 강력한 영향을 발휘할 것이다. 노동자의 태도가 합리적이고 확고하며, 요구하는 바가 정의와 인류애에 기반할수록 그 영향력은 더욱 커질 것이다. 여기서 폭력과 위협은 아무런 도움이 되지 않는다. 물리적인 폭발이든, 파괴적이고 무모한 감정의 폭발이든, 다이너마이트처럼 강렬한 태도는 어떤 상처도 치유하지 못하며 적대적인 감정을 가라앉히는 데도 전혀 도움이 되지 않는다. 의심의 여지 없이 현재로서는 중재가 양측의 적대감을 해소하는 가장 현명한 방법이다. 이를 통해 상호 간의 우호적인 관계를 형성하고 정의를 보장할 수 있다. 일부 경우에는 노동자에게 기업 이익의 일부를 배분하는 방식이 효과를 보였지만 여러 현실적인 어려움을 동반한다. 이 방식을 성공적으로 실행하려면 양측이 공동의 이익을 위해 더욱 지혜롭게 사고하고 절제하며, 진정한 배려를 기울여야 한다. 다양한 방법이 부분적이거나 일시적인 효과를 거둘 수는 있다. 그러나 갈등의 원인을 통제하고 완전히 제거하지 않는 한 지속적인 해결은 불가능하다.

갈등의 근본적 원인은 지나치게 자기중심적인 사고와 세상에 대한 과도한 애착이다. 이 원인이 존재하는 한 갈등은 계속해서 이어진다. 비록 갈등을 억제하고 완화할 수는 있지만 기회가 생길 때마다 다시 모습을 드러낼 것이다. 따라서 모든 현명한 사람은 그 원인을 근본적으로 제거하려 노력해야 하며, 그렇게 할 수 있는 사람이 갈등의 영향력을 통제할 수 있을 것이다. 마치 샘을 정화하면 물줄기 전체가 맑고 건강하게 유지되듯 말이다.

❖ 대접받고 싶은 대로 대접하라

여기 보편적 법칙이 하나 있다. 현재 적대적으로 대립하고 있는 노동과 자본이라는 두 위대한 요소를 조화시키기 위한 모든 성공적인 노력은 이 법칙 위에 세워져야 하며, 앞으로의 모든 시도 역시 이 법칙을 중심으로 이루어져야 한다. 이는 내가 고안하거나 발견한 것이 아니다. 그것은 인간의 지혜를 초월하는 더 높은 지혜를 담고 있다. 이 법칙은 이해하거나 적용하기 어렵지 않아서 심지어 어린아이조차 이해하고 실천할 수 있다. 그리고 그 영향력은 보편적이며 결과는 전적으로 긍정적이다. 또한 이 법칙은 노동의 부담을 덜어주고 보상을 늘려주며, 자본에는 안정성을 제공하고 그 생산성을 더욱 높여준다. **이 원칙은 바로 "그러므로 무엇이든지 남에게 대접을 받고자 하는 대로 너희도**

남을 대접하라. 이것이 율법이요 선지자니라."라는 성경 구절에 담긴 **황금률 법칙이다.**

이 법칙을 당면한 문제에 적용하기 전에 한 가지 주의를 환기하고 싶다. 이 법칙은 정치가, 철학자, 종교 지도자가 흔히 간과해왔지만 사실 인간 삶 전반에 깊이 작용하는 본질적인 법칙이다. 이 법칙은 종교의 모든 것을 담고 있다. 즉, 모든 계율, 계명, 그리고 미래에 선이 악을 이기고, 진리가 오류를 이기며, 예언자들의 영광스러운 환상에서 예언된 인간의 평화와 행복을 위한 모든 수단을 포함한다. 앞선 성경 구절을 다시 보면, 그 법칙이 단순히 현명한 규칙이라고 말하고 있지 않다. 율법과 선지서에 계시한 신성한 질서의 원칙과 일치한다고 한다.

이 법칙은 자체가 율법이자 선지자다. 여기에는 하나님에 대한 사랑이 포함된다. 하나님이 우리를 대해주시기를 바라는 방식대로 우리는 하나님을 대해야 하며, 하나님이 우리에게 행해주시기를 바라는 대로 하나님에게 행해야 한다. 만약 하나님이 온 힘을 다해 우리를 사랑해 주시기를 원한다면, 우리 또한 같은 방식으로 하나님을 사랑해야 한다. 마찬가지로 이웃이 자신을 사랑하는 것처럼 우리를 사랑해주기를 원한다면, 우리 역시 자신을 사랑하는 것처럼 이웃을 사랑해야 한다. 여기에 인간 봉사와 교제의 보편적이고 신성한 법칙이 있다. 이는 단순한 인간의 지혜가 아니라 신성한 본성에서 비롯되어 인간 본성 속에 구현된다. 이제 이 원칙을 노동과 자본 간의 갈등에 적용해보자.

당신이 자본가라고 가정해보자. 당신의 자본은 제조업, 토지, 광산, 상품, 철도, 선박 등에 투자되거나 이자를 받고 다른 사람에게 빌려줄 수 있다. 또한 직간접적으로 사람을 고용해 자본을 활용할 수도 있다. 그러나 자기 이익만 고려해서는 당신의 권리와 의무, 특권에 대해 올바른 판단을 내릴 수 없다. 은과 금의 눈부신 광채는 당신의 마음을 사로잡아 두 눈을 가리고 다른 모든 것을 보지 못하게 만든다. 그렇게 되면 당신은 자기 이익 외에는 어떤 가치도 인식할 수 없으며, 노동자를 존중해야 할 존재가 아니라 단순히 당신의 노예이자 도구, 부를 늘리는 수단으로만 보게 될 것이다. 이런 관점에서 노동자는 당신에게 봉사하는 한 친구며, 그렇지 않다면 적이 된다.

그러나 이 시각에서 벗어나야 한다. 당신이 그의 입장이 되고, 그가 당신의 입장이 되었다고 가정해보라. 만약 당신이 노동자라면 자본가가 당신을 어떻게 대하기를 바라겠는가? 아마도 당신은 이미 경험이 있을 것이다. 모든 가능성을 고려할 때 오늘의 자본가는 어제의 노동자였고 오늘의 노동자는 내일의 고용주가 될 가능성이 크다. 당신은 고통스러웠던 생생한 경험을 통해 어떻게 대우받고 싶은지 잘 알 것이다. 단순한 도구로 취급받고 싶은가? 다른 사람을 부유하게 만드는 수단으로 여겨지고 싶은가? 당신의 임금이 겨우 생필품을 감당할 정도로 유지되길 원하는가? 무관심과 냉혹함 속에서 일해야 하는가? 당신의 피, 힘, 그리고 영혼이 다른 이의 이익을 위해 돈으로 바뀌는 것을 바라는가? 이 질문들에 대한 답은 분명하다. 모든 사람은 친절한 대우를 받고, 자신의 이익이 존중되며, 권리가 인정되고 보호받을 때 기쁨을 느낀다. 또한 배려가 마음속에서 긍정적인 반응을 불러일으킨다는 것 역시 누구나 안다. **친절은 친절을 낳고, 존중은 존중을 불러일으킨다.** 이제 입장을 바꾸어보자. 마치 당신이 자신을 대하듯 노동자의 입장에서 생각하라. 그러면 나사를 한 번 더 조여 노동자의 근육에서 한 푼이라도 더 짜낼지, 아니면 부담을 덜어주고 가능하다면 임금을 더 지급하며 노고에 대해 존경을 표할지 결정하는 데 어려움이 없을 것이다.

이번에는 당신이 노동자라고 가정해보자. 하루 동안 일한 대가로 일정한 금액을 받는다. 이제 자신을 고용주의 입장에 놓아보자. 당신이 고용한 사람이 어떻게 일하기를 바라겠는가? 노동자가 당신을 적으로 여기는 것이 옳다고 생각하는가? 자기 일을 소홀히 하고, 가능한 한 적게 일하면서 최대한 많은 보수를 받는 것이 정당하다고 여겨지는가? 만약 당신이 정해진 기한 내에 반드시 완수해야 하는 큰일을 맡았는데 이를 지키지 못하면 큰 손실을 보는 상황이라고 하자. 그때 노동자가 이 상황을 이용해 임금 인상을 요구하는 것을 기꺼이 받아들이겠는가? 또한 노동자가 당신의 사업 운영에 간섭하는 것은 바람직하다고 생각하는가? 누구를 고용할지, 어떤 조건으로 고용할지를 당신 대신에 결정하려 드는 것이 옳고 현명한 일인가? 오히려 노동자가 친절하고 성실한 태도로 정직하게 일하기를 바라지 않겠는가?

노동자가 당신의 성공을 위해 노력한다는 것을 알면, 당신도 자연스럽게 노동자의 처우를 개선하고 노동의 부담을 덜어주려 할 것이다. 또한 여유가 생길 때 임금을 늘려주고, 노동자의 가족 복지에도 더 많은 관심을 기울이지 않겠는가? 나는 분명 그럴 거라고 확신한다. 물론 인간이 본래 이기적인 존재다. 더구나 일부는 지나치게 비열하고 속이 좁아 오직 자기 이익만 따진다는 사실을 부정할 수 없다. 그런 사람은 마치 심장이 살과 피가 아닌 은과 금으로 만들어진 듯 차갑고 단단하다. 어떤 인간적인 감정에도 흔들리지 않으며, 다른 이가 아무리 고통받아도 자신이 한 푼이라도 더 벌 수 있다면 개의치 않는다. 그러나 그런 사람은 예외일 뿐 일반적이지는 않다. 우리는 다른 사람의 배려와 헌신에 영향을 받는다. 고용주가 친절하게 대해주고, 이익을 존중하며, 한층 나은 환경을 만들기 위해 노력한다는 것을 알면, 노동자는 더욱 성실하게 일하며 많은 성과를 낸다. 그러면서 자신의 이익뿐만 아니라 고용주의 이익도 자연스럽게 고려할 것이다.

♣ 갈등이 협력으로 바뀌는 순간

많은 사람이 다른 사람에게 대접받고자 하는 대로 다른 사람에게 행하라는 이 신성하고 인간적인 법칙이 이기적이고 세속적인 시대에는 비현실적이라고 생각한다. 하지만 만약 모든 사람이 이 법칙에 따라 행동한다면 그 결과가 얼마나 행복할지 누구나 쉽게 알 수 있다.

그런데 현실에서는 그렇지 않을 것이라고 말하는 사람이 있다. 그런 사람에 따르면 노동자는 궁핍에 내몰리지 않는 한 자발적으로 일하지 않을 것이며 모든 어려운 상황을 이용하려 들 것이다. 그리고 고용주가 자율을 허용하면 노동자는 오히려 거만하고 오만하게 굴고 때로 적대적으로 변한다고 한다. 반면, 고용주는 노동자를 자신의 지배 아래 두고 최대한 많은 이익을 얻기 위해 모든 수단을 동원할 것이다. 자본은 노동이 창출한 부를 독점하고 이를 더욱 공고히 하기 위해 장벽을 세운 뒤 유리한 지점에 서서 노동자를 점점 더 깊은 의존과 비참한 복종의 상태로 내몰 것이다.

그러나 이러한 생각은 오해에서 비롯되었다. 세계 역사는 사람들이 극심한 적대감에 휩싸이거나 잘못된 생각으로 분노하지 않을 때, 차분하고 사심 없는 지혜로운 조언에 귀 기울일 준비가 되어 있음을 증명해왔다. 한때 수많은 노동자를 고용해 석탄을 채굴했던 한 사람은 노동자에게 인간 대 인간으로서 공통된 인간성을 인정하며 진심 어린 호소를 할 때마다 항상 차분하고 솔직한 반응을 얻을 수 있었다고 말했다. 최근 이 도시에서도 고용주와 노동자 간의 갈등을 해결하는 과정에서 차분하고 사심 없으며 현명한 조언이 행복한 효과를 거둔 주목할 만한 사례가 있었다.

마음이 격정으로 불타오를 때, 사람들은 이성의 목소리에 귀 기울이지 않는다. 자신의 이익에 눈이 멀어 다른 사람들의 이익에는 무관심해진다. <u>격정이 극에 달하는 동안에는 어떤 문제도 해결되지 않으며, 갈등 상태에서는 결코 해결책을 찾을 수 없다. 한쪽이 힘으로 제압될 수는 있지만 부당하다는 감정이 남을 것이다. 격정의 불꽃은 겉으로는 잠잠해 보일지라도 언제든 다시 타오를 준비가 되어 있다.</u>

하지만 노동자와 자본가 서로가 상대방이 일방적으로 이득을 취하려 하지 않는다는 것을 깨달으면 상황은 달라진다. 양측 모두 정의를 존중하고 공통된 이익을 추구하려는 진정한 열망과 결의가 있음을 확신하면, 모든 갈등은 마치 바람이 멎으면 거센 파도가 잔잔해지는 바다처럼 자연스럽게 가라앉는다. 노동자와 자본가는 상호 의존적인 관계에 있으며 공통된 이익을 공유한다. 어느 한쪽도 상대방의 번영 없이는 지속해서 번영할 수 없다. 그들은 한 몸의 일부와 같다. 노동이 팔이라면 자본은 피와 같다. 피가 약해지거나 낭비되면 팔은 힘을 잃고, 팔이 사라지면 피는 의미를 잃는다. 서로를 배려하면 결국 모두가 혜택을 얻는다. 만약 양측이 황금률을 지침으로 삼는다면 적대감의 원인은 사라지고 모든 갈등이 종식될 것이다. 그때 노동자와 자본가는 손을 맞잡고 함께 나아가 각자의 역할을 다하며 정당한 보상을 거둘 것이다.

당신이 이 장의 기본 법칙을 충분히 숙달했다면 대중 연설가가 자신이 말하는 내용을 진심으로 믿지 않는 한 청중에게 감동을 주거나 설득하지 못하는 이유를 이해할 수 있을 것이다. 마찬가지로 영업 사원이 먼저 자신이 파는 상품의 장점에 대해 확신하지 않으면 잠재 고객을 설득할 수 없는 이유도 분명하다.

이 책 전체는 핵심적인 원리가 관통한다. 모든 인격은 개인의 생각과 행동의 총합이며, 우리는 지배적 생각의 본질을 닮아간다는 것이다.

생각은 명확한 계획에 따라 체계적으로 사실과 자료를 조직하고, 축적하며, 조립하는 유일한 힘이다. 흐르는 강물은 흙을 모아 땅을 만들고, 폭풍은 나뭇가지를 모아 잔해 더미를 만들 수 있지만, 강도 폭풍도 생각할 수 없다. 따라서 이것들이 모은 재료는 조직적이고 명확한 형태로 정리되지 않는다.

오직 인간만이 자기 생각을 물리적 현실로 바꿀 힘이 있다. 인간만이 꿈을 꾸고 실현할 수 있다. 인간에게는 이상을 창조하고 그 이상을 달성하기 위해 나아갈 힘이 있다.

어떻게 인간만이 지구상에서 생각의 힘을 활용하는 법을 아는 유일한 존재가 되었을까? 그것은 인간이 수백만 년에 걸친 진화의 산물이며 결국 진화의 피라미드 정점에 도달했기 때문이다. 그 과정에서 인간은 자기 생각과 그 생각이 미치는 영향을 통해 다른 모든 생명체를 뛰어넘었다.

생각이 처음 인간의 뇌에 언제, 어디서, 어떻게 흘러 들어오기 시작했는지는 아무도 알지 못한다. 그러나 우리 모두는 생각이 인간을 다른 모든 생명체와 구별하는 힘임을 안다. 또한 생각이야말로 인간이 자신을 다른 생명체보다 높은 존재로 올려놓을 수 있었던 원동력이라는 것을 안다.

생각의 힘은 어디까지가 한계인지, 혹은 한계 자체가 존재하는지 아무도 알지 못한다. 인간은 자신이 할 수 있다고 믿는 것은 결국 해낸다. 불과 몇 세대 전만 해도 상상력이 풍부한 작가가 감히 '말 없는 마차'에 관해 글을 썼다. 그리고 이제 보라! 그것은 현실이 되었으며 오늘날 흔한 운송 수단이 되었다. 생각의 진화하는 힘으로 한 세대의 희망과 야망은 다음 세대의 현실이 된다.

이 책에서 생각의 힘은 중심적인 역할을 한다. 생각의 힘은 마땅히 그 자리에 있어야 한다. 세상에서 인간이 지배적인 존재가 된 것도 생각의 힘이 발휘된 결과다. 성공이 무엇을 의미하든, 당신이 성공하기 위해 반드시 활용해야 할 힘 역시 바로 생각의 힘이다.

이제 당신은 균형 잡히고 조화로운 인격을 갖추려면 어떤 자질이 필요한지를 확인하는 단계에 도달했다. 자기 점검을 할 시간이다.

이 책에서는 15가지 주요 요소를 소개했다. 당신에게는 이 중 어떤 요소가 가장 부족한지 파악하도록 한다. 필요하다면 다른 사람의 도움을 받아 주의 깊게 분석한다. 그리고 부족한 특정 요소가 충분히 개발될 때까지 집중적으로 노력을 기울이자.

결심했다면
끝까지 밀고 나아가라

시간! 미루는 습관은 기회를 앗아간다. 위대한 리더 중 미루는 버릇이 있었던 사람은 단 한 명도 없었다는 사실은 매우 의미심장하다. 만약 당신이 야망을 품고 즉시 행동에 나설 수 있으며 일단 결정을 내린 후에는 절대 주저하거나 뒤돌아보지 않는 사람이라면 큰 행운이다. 매 순간 시계가 똑딱이며 앞으로 나아가는 지금, 시간은 당신과 경주를 벌이고 있다. 시간을 지체하는 것은 곧 패배를 의미한다. 누구도 잃어버린 1초를 만회할 수 없으니까 말이다. 물론 시간은 실패와 실망의 상처를 치유하고, 모든 실수를 자산으로 바꾸는 숙련된 조력자이기도 하다. 그러나 이는 결정해야 할 순간에 주저 없이 행동하는 사람에게만 유리하게 작용한다.

인생은 거대한 체스판과 같고, 맞은편에서 당신과 대결하는 상대는 시간이다. 주저하면 판에서 사라질 테고, 계속 움직이면 승리할 수도 있다. 시간은 당신이 가진 유일한 진정한 자본이다. 하지만 시간은 활용될 때만 자산이 된다.

하루 동안 낭비하는 시간을 정확히 기록해보면 그 양에 충격받을 수도 있다. 시간을 소홀히 다루는 사람들이 결국 어떤 운명을 맞이하는지 알고 싶다면, 앞의 그림을 살펴보라. 실패의 주요 원인이 그림에 담겨 있다! 그림 속 플레이어 중 한 명은 시간이고, 그리고 다른 한 명은 평범한 사람이다. 그 평범한 사람이 당신이라고 가정해보자.

시간은 한 수, 한 수 움직이며 상대의 말을 하나씩 지워버린다. 결국 평범한 사람은 구석에 몰려 어떤 방향으로 움직이든 간에 시간에 잡힐 수밖에 없는 상황이 된다. 그를 궁지로 몰아넣은 것은 다름 아닌 우유부단함이었다.

경험 많은 영업 사원에게 물어보면 우유부단함이 대다수 사람이 가진 가장 두드러진 약점이라고 말할 것이다. 영업 사원은 고객의 "생각해볼게요."라는 진부한 변명에 익숙하다. 이는 "예." 혹은 "아니오."라고 말할 용기가 없는 사람의 마지막 방어선이다. 그림 속 플레이어처럼 용기가 없는 이는 어느 방향으로 움직여야 할지 결정을 내리지 못한다. 그러는 사이에 시간은 상대를 점점 더 구석으로 몰아넣는다.

세상의 위대한 리더는 빠른 결단력을 갖춘 사람들이었다. 그랜트 장군 역시 마찬가지였다. 그는 결단력이라는 자질을 제외하면 유능한 장군으로서 특별히 내세울 만한 점이 없었지만, 그 결단력은 모든 약점을 상쇄하기에 충분했다. 그의 군사적 성공을 단적으로 보여주는 일화가 있다. 사람들이 비판을 퍼붓자, 그는 단호하게 답했다. "이번 여름 내내 걸리더라도 이 노선을 따라 싸울 것이다."

나폴레옹이 일단 군대를 특정 방향으로 이동시키기로 결단하면 어떤 것도 그 결정을 바꾸지 못했다. 행군 경로에 적이 파놓은 도랑이 있다고 해도 그는 병사에게 돌격을 명령했다. 그리고 결국 전사한 병사와 말이 도랑을 메우더라도 계속 전진했다.

우유부단함의 긴장감은 수백만 명을 실패로 몰아넣는다. 한 사형수가 말하길, 처형을 피할 수 없는 운명으로 받아들이기로 하자 그 순간 오히려 마음속에서 두려움이 사라졌다고 한다.

결단력 부족은 부흥회 전도사에게 가장 큰 걸림돌 중 하나다. 전도사의 목표는 사람들이 특정 종교적 교리를 마음에 받아들이게 하는 것이다. 선데이는 이렇게 말했다. "우유부단함은 악마가 가장 좋아하는 도구다."

카네기는 거대한 철강 산업을 구상했다. 하지만 그 비전을 현실로 만들겠다는 결정을 내리지 않았다면 오늘날 우리가 아는 철강 산업은 존재하지 않았을 것이다.

힐 또한 마음의 눈으로 거대한 대륙 횡단 철도망을 그려보았지만,

그 프로젝트를 실현하겠다는 결단이 없었다면 그 철도는 결코 현실이 되지 못했을 것이다.

상상력만으로는 성공을 보장할 수 없다. 수백만 명이 상상력을 발휘해 쉽게 명성과 재산을 가져다줄 계획을 세운다. 그러나 계획이 결정의 단계에 도달하지 않는 경우가 많다.

사무엘 인설은 에디슨에게 고용된 평범한 속기사였다. 그는 상상력을 동원해 전기의 거대한 상업적 가능성을 발견했다. 하지만 단순히 가능성을 보는 데 그치지 않고 현실화하기로 결심했다. 결과적으로 그는 오늘날 수백만 달러 규모의 전등 공장을 운영하는 기업가가 되었다.

데모스테네스는 위대한 대중 연설가가 되고 싶었던 가난한 그리스 소년이었다. 수많은 사람이 비슷한 열망을 품었지만, 결국 꿈을 이루지 못한 채 세상을 떠났다. 데모스테네스는 아주 특별하지는 않았으나 '열망'에 '결단력'을 더했다. 그 결과 소년은 말더듬증마저 극복하며 세계적인 웅변가가 되었다.

리틀턴은 12세가 넘도록 학교 문턱조차 밟아보지 못한 가난한 소년이었다. 어느 날 그의 아버지는 남부의 한 도시에서 위대한 변호사가 살인자를 변호하는 연설을 듣게 했다. 그 연설은 어린 소년의 마음속 깊이 강렬한 인상을 남겼고, 그는 아버지의 손을 잡고 이렇게 말했다. "아버지, 언젠가 저는 미국 최고의 변호사가 될 거예요."

그것은 명확한 결단이었다! 오늘날 리틀턴은 수임료가 5만 달러 이하인 사건은 맡지 않는 바쁜 변호사로 알려져 있다. 그는 유능한 변호사가 되기로 결단했고, 결국 그 목표를 이루었다.

반스는 에디슨의 동업자가 되기로 마음속에서 결단을 내렸다. 그는 학교 교육을 받은 기간도 짧고, 기차 요금을 낼 돈조차 없었으며, 에디슨에게 자신을 소개해줄 영향력 있는 인맥도 없었다. 그런데도 젊은 반스는 화물열차에 몸을 싣고 이스트오렌지로 향했으며, 에디슨에게 인정받으려 애쓴 끝에 기회를 얻어 결국 동업자가 되었다. 그 결단이 내려진 지 불과 20년 후, 반스는 은퇴해 플로리다주 브레이든턴에서 경제적 자유를 누리며 살고 있다.

결단력 있는 사람들은 대개 그들이 원하는 것을 얻는다!

오하이오주 웨스터빌에서 사람들이 모여 '금주동맹'이라는 단체를 조직했다. 술집 주인들은 조롱했고 이웃들은 비웃었다. 그러나 그들의 결단은 확고했다. 어찌나 확고했는지 마침내 의기양양했던 술집 주인들을 궁지로 몰아넣었다. (금주동맹의 활동을 계기로 미국은 1920~1933년 금주법을 시행했다. ─편집자)

리글리는 5센트짜리 껌을 제조하고 판매하는 데 평생을 바치기로 결심했다. 그 결단 덕분에 그는 연간 수백만 달러의 수익을 올렸다.

포드는 모든 사람이 소유할 수 있는 대중적인 가격의 자동차를 만들기로 결단했다. 그 결단은 그를 세계에서 가장 영향력 있는 인물 중 한 명으로 만들었고, 수백만 명에게 이동의 자유를 선사했다.

지금까지 소개한 인물들은 2가지 뛰어난 자질이 있었다. 하나는 '명확한 목표', 또 하나는 목표를 현실로 이루겠다는 '확고한 결단력'이다.

결단력 있는 사람은 어떤 어려움 있어도, 아무리 오랜 시간이 걸리더라도 결국 자신이 원하는 것을 얻는다. 한 유능한 영업 사원이 클리

블랜드의 한 은행가를 만나고 싶어 했다. 그러나 은행가는 그를 만나 주지 않았다. 어느 아침 그는 은행가의 집 근처에서 기다리다가 은행가가 자동차를 타고 시내로 향하는 것을 보았다. 영업 사원은 자신의 자동차를 은행가의 자동차에 부딪혀 가벼운 손상을 입혀서 은행가를 만날 기회를 잡았다. 그는 차에서 내려 은행가에게 명함을 건네며 피해를 준 데 대해 유감을 표했다. 그러면서 손상된 차와 똑같은 새 차를 제공하겠다고 약속했다. 그날 오후에 새 차가 은행가에게 배달되었고 이를 계기로 두 사람 사이에는 우정이 싹텄다. 그리고 그 우정은 결국 오늘날까지 지속되는 사업 파트너십으로 발전했다.

결단력 있는 사람은 막을 수 없다! 우유부단한 사람은 시작조차 할 수 없다! 당신의 선택에 달려 있다.

✦ 그는 회색빛 아조레스제도(포르투갈 서쪽 북대서양에 있는 화산 제도.—편집자)를 뒤에 두고,
헤라클레스의 문 뒤에 있었네.
그의 앞에는 해안의 유령도 없고,
그의 앞에는 끝없는 바다뿐이었네.
훌륭한 항해사가 말했네.
"이제 우리는 기도해야 합니다.
보십시오! 별들마저 사라졌습니다.
용감한 제독님, 말씀하십시오. 제가 무슨 말을 해야 합니까?"
"왜, 그런 말을 하는가. 계속 항해하라!"

콜럼버스가 신대륙을 향한 위대한 항해를 시작했을 때, 그는 인류 역사상 가장 위대한 결단 중 하나를 내렸다. 만약 그가 결정을 굳게 지켜내지 않았다면, 오늘날 우리가 아는 미국의 자유는 결코 존재하지 않았을 것이다.

주변 사람을 주의 깊게 살펴보자. 성공한 사람은 신속하게 결정을 내리고 끝까지 지킨다.

만약 당신이 오늘 결정을 내렸다가 내일 다시 바꾸는 사람이라면 실패할 운명이다. 어느 방향으로 나아가야 할지 확신이 서지 않을 때는 아예 눈을 감고 어둠 속에서라도 움직이는 것이 그 자리에서 멈추어 아무것도 하지 않는 것보다 낫다.

세상은 실수는 용서해도 결단 내리지 않는 것은 절대 용서하지 않는다. 결단 없이는 이름 떨칠 일이 없다.

당신이 누구든, 어떤 일을 하든, 당신은 시간과 체스를 두고 있다! 항상 다음 수를 둘 차례는 당신이다. 빠르게 결단을 내리고 움직이면 시간은 당신 편이다. 그러나 멈추어 있으면 시간은 당신을 체스판에서 지워버릴 것이다.

항상 올바른 수를 둘 수는 없다. 하지만 멈추지 않고 충분히 많은 수를 둔다면 평균의 원리가 당신의 편이 되어준다. 그러면 인생이라는 위대한 게임이 끝나기 전에 의미 있는 점수를 만들 수 있다.

옮긴이 김보미
고려대학교 국어국문학과를 졸업했으며, 성균관대학교 번역테솔대학원을 졸업했다. 현재 번역 에이전시 하니브릿지에서 전문 번역가로 활동하고 있다. 옮긴 책으로는 『보이지 않는 영향력』, 『모든 것이 되는 법』, 『걱정 다루기 연습』, 『원하는 인생으로 점프하라』 등이 있다.

아포리아 13

나폴레온 힐 성공의 법칙 2

1판 1쇄 인쇄 2025년 7월 30일
1판 1쇄 발행 2025년 8월 27일

지은이 나폴레온 힐
옮긴이 김보미
펴낸이 김영곤
펴낸곳 (주)북이십일 21세기북스

정보개발팀장 이리현 **정보개발팀** 이수정 김민혜 현미나 이지윤 양지원
외주편집 눈씨 **디자인 표지 본문** STUDIO 보글 **조판** 푸른나무디자인
마케팅 김설아
영업팀 정지은 한충희 장철용 강경남 황성진 김도연 이민재
해외기획실 최연순 소은선 홍희정
제작팀 이영민 권경민

출판등록 2000년 5월 6일 제406-2003-061호
주소 (10881) 경기도 파주시 회동길 201(문발동)
대표전화 031-955-2100 **팩스** 031-955-2151 **이메일** book21@book21.co.kr

ⓒ 나폴레온 힐, 2025
ISBN 979-11-7357-433-7 04190
   979-11-7357-428-3 04190(세트)
KI신서 13723

(주)북이십일 경계를 허무는 콘텐츠 리더

21세기북스 채널에서 도서 정보와 다양한 영상자료, 이벤트를 만나세요!
페이스북 facebook.com/21cbooks 블로그 blog.naver.com/21c_editors
인스타그램 instagram.com/jiinpill21 홈페이지 www.book21.com 유튜브 youtube.com/book21pub

책값은 뒤표지에 있습니다.
이 책 내용의 일부 또는 전부를 재사용하려면 반드시 (주)북이십일의 동의를 얻어야 합니다.
잘못 만들어진 책은 구입하신 서점에서 교환해드립니다.

일상에서 마주친 사유의 정거장

아포리아는 '해결하기 어려운 난제'를 뜻하는 그리스어로,
사유의 지평을 넓혀줄 '새로운 클래식'입니다.
지금까지와는 다른 삶 속으로 나아갈 우리가 탐구해야 할 지식과 지혜를 펴냅니다.

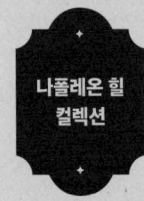

나폴레온 힐 컬렉션

01 나폴레온 힐 기적은 당신 안에 있다
내 안의 무한한 힘을 깨우는 13가지 지혜

"당신의 운명을 결정하는 것은 당신의 생각뿐이다"
두려움과 한계를 뛰어넘는 사고의 전환법을 담은 자기계발 필독서
나폴레온 힐 지음, 최지숙 옮김 | 256쪽(양장) | 20,000원

---

02 나폴레온 힐 90일 자기 경영
인생의 주도권을 잡고 매일 성취하라

"끝까지 해낸 사람들은 무엇이 다를까?"
성공을 자석처럼 끌어당기는 90일 프로그램
돈 그린·나폴레온 힐 재단 지음, 도지영 옮김 | 432쪽(양장) | 25,000원

---

03 나폴레온 힐 부의 법칙
세계 단 1%만 아는 부를 축적하는 13가지 법칙

"강렬히 열망하는 자만이 부를 얻는다!"
20세기 최고의 자기계발 유산, 수많은 억만장자와 역사가 증명한 부의 바이블
나폴레온 힐 지음, 이미숙 옮김 | 320쪽(양장) | 22,000원

---

04 나폴레온 힐 성공의 법칙 1
성공의 무한한 잠재력을 깨우는 15가지 법칙

"오직 확신하는 자가 성공을 이룬다!"
세기의 부를 이룬 앤드루 카네기부터 존 록펠러까지 25년간 집대성한 위대한 성공학 바이블 1편
나폴레온 힐 지음, 박선령 옮김 | 448쪽(양장) | 25,000원

---

05 나폴레온 힐 성공의 법칙 2
성공의 무한한 잠재력을 깨우는 15가지 법칙

"100년간 증명된 성공의 황금률을 만나라!"
앤드루 카네기의 유산에서 시작된 25년간 집대성한 위대한 성공학 바이블 2편
나폴레온 힐 지음, 김보미 옮김 | 384쪽(양장) | 23,000원